DAS GROSSE BUCH VOM FLEISCH

TEUBNER *kochen | erleben*

DAS GROSSE BUCH VOM FLEISCH

Fotos: Westermann Studios GbR: Nikolai Buroh
Teubner Foodfoto GmbH: Odette Teubner, Andreas Nimptsch

WARENKUNDE 12

KÜCHENPRAXIS 102

Küchengeheimnisse – *ausgeplaudert*

REZEPTE 152

Alle Rezepte sind für 4 Portionen berechnet, sofern nichts anderes angegeben ist.

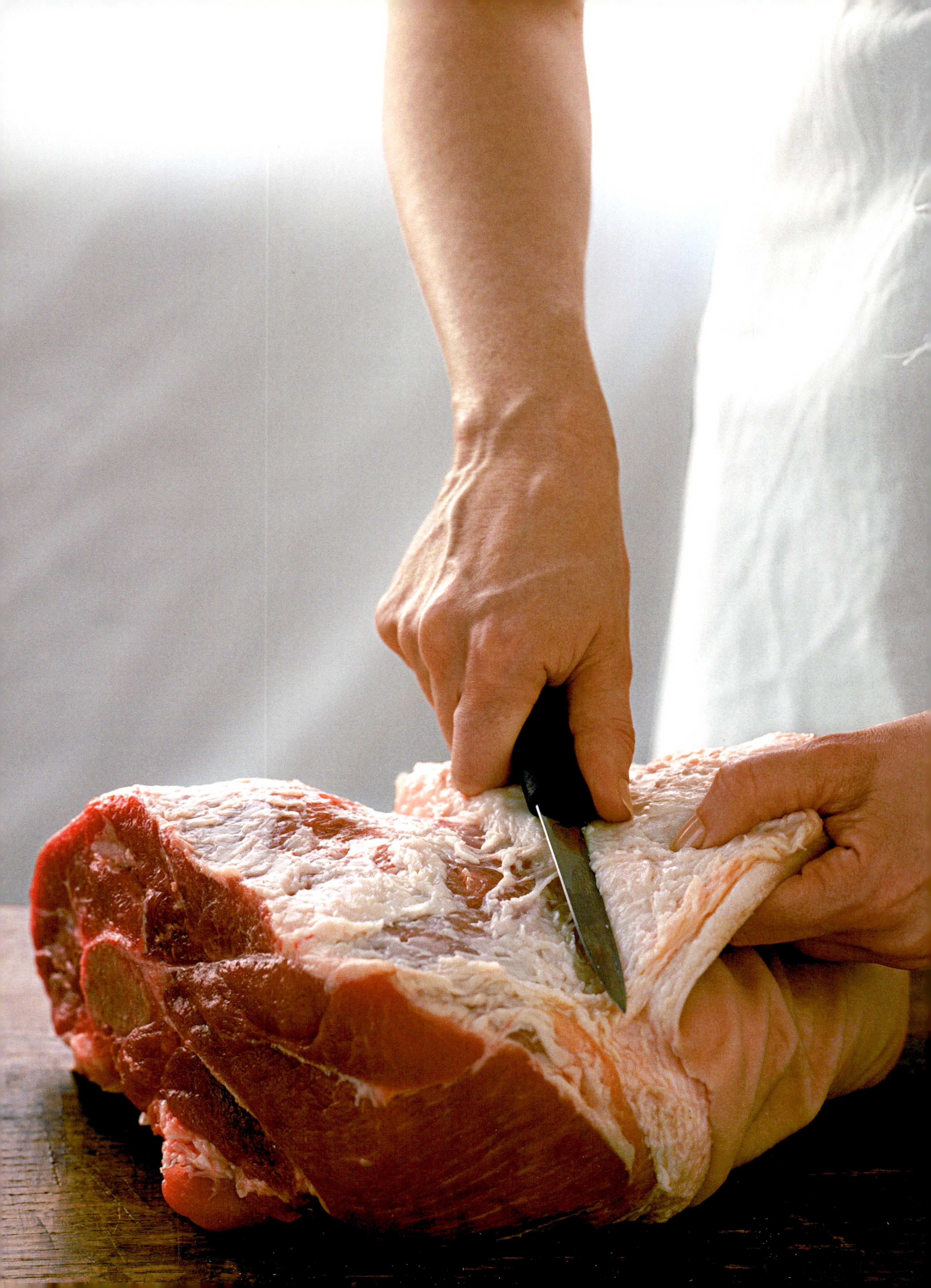

Fleisch – ein wertvolles Lebensmittel

Was ist einladender als ein würzig-aromatischer Braten in der Mitte einer festlich gedeckten Tafel oder ein saftiges, zart rosa gebratenes Rindersteak?

Über alle Zeitalter und Kulturen, über Landesgrenzen und Kontinente hinweg, unabhängig von geschmacklichen Vorlieben und kulinarischen Traditionen: Fleisch ist aus der menschlichen Ernährung ebenso wenig wegzudenken wie etwa Brot oder Wein. In schlechten Zeiten mag es zur Not entbehrlich sein – gute Zeiten aber werden mit saftigen Braten gefeiert.

Fleischgerichte verbreiten eine Wirkung, der man sich schwerlich entziehen kann. Mal sind sie kraftstrotzender Ausdruck unverfälschter Lebensfreude, mal delikate Krönung eines eleganten Festmahls. Die Bandbreite ist schier unendlich: gekocht, gebraten, geschmort oder geräuchert und immer wieder eine Gaumenfreude. Es gibt so viele Varianten, wie es Anlässe gibt.

KOCHEN MIT ALLEN SINNEN

Für die Rezepte in diesem Band haben sechs renommierte Spitzenköche ihre Lieblings-Rezepte preisgegeben. Dabei haben sie einige Klassiker neu rezeptiert und sie so modern übersetzt. Die opulenten Bilder geben bereits eine leise Ahnung davon, auf welche Genüsse Sie sich freuen dürfen. Damit die Gerichte auch in Ihrer Küche garantiert gelingen, finden Sie zusätzlich Geheimnisse und Küchentricks der Profis.

AUS HANDWERK WIRD KOCHKUNST

Bei handwerklichen Fragen – wie wird ein Schnitzel plattiert, wie wird ein Rinderfond zubereitet? – hilft ein rascher Blick in das Kapitel Küchenpraxis – mit praktischen Querverweisen darauf in den Rezepten, damit Sie gleich wissen, wo die gewünschte Information zu finden ist. Anschauliche Bildfolgen zeigen Schritt für Schritt die richtige Vorgehensweise. Hier erfahren Sie außerdem, wie Sie Fleisch lagern und haltbar machen können und welche Küchenutensilien Sie für die gute Fleischküche benötigen.

Im Kapitel Warenkunde bekommen Sie grundlegende Informationen zu allen Fleischsorten, die in unseren Breiten erhältlich sind, von Schwein, Kalb, Rind über Lamm und Ziege bis hin zu Pferd und Bison. Dabei werden wichtige Fragen zu Zucht und artgerechter Haltung geklärt und wie Sie gute Fleischqualität erkennen. Da neben der Qualität auch die Auswahl des richtigen Fleisches eine entscheidende Rolle für den Erfolg Ihrer Bemühungen spielt, finden Sie hier Abbildungen von allen Fleischteilen und können nachlesen, wie Sie diese verwenden: welches Stück zum Beispiel für ein feines Ragout geeignet ist oder welches Fleisch Sie für einen festlichen Braten benötigen.

Diese Informationen bilden die handwerklichen Grundlagen für den Erfolg in der Küche. Die krönenden Zutaten jedoch sind Hingabe und Begeisterung. Holen Sie sich Anregung und Inspiration aus den Geschichten, Reportagen und Texten, die Sie immer wieder eingestreut zwischen den Rezepten finden.

Wir wünschen Ihnen viel Vergnügen beim Kochen und Genießen!

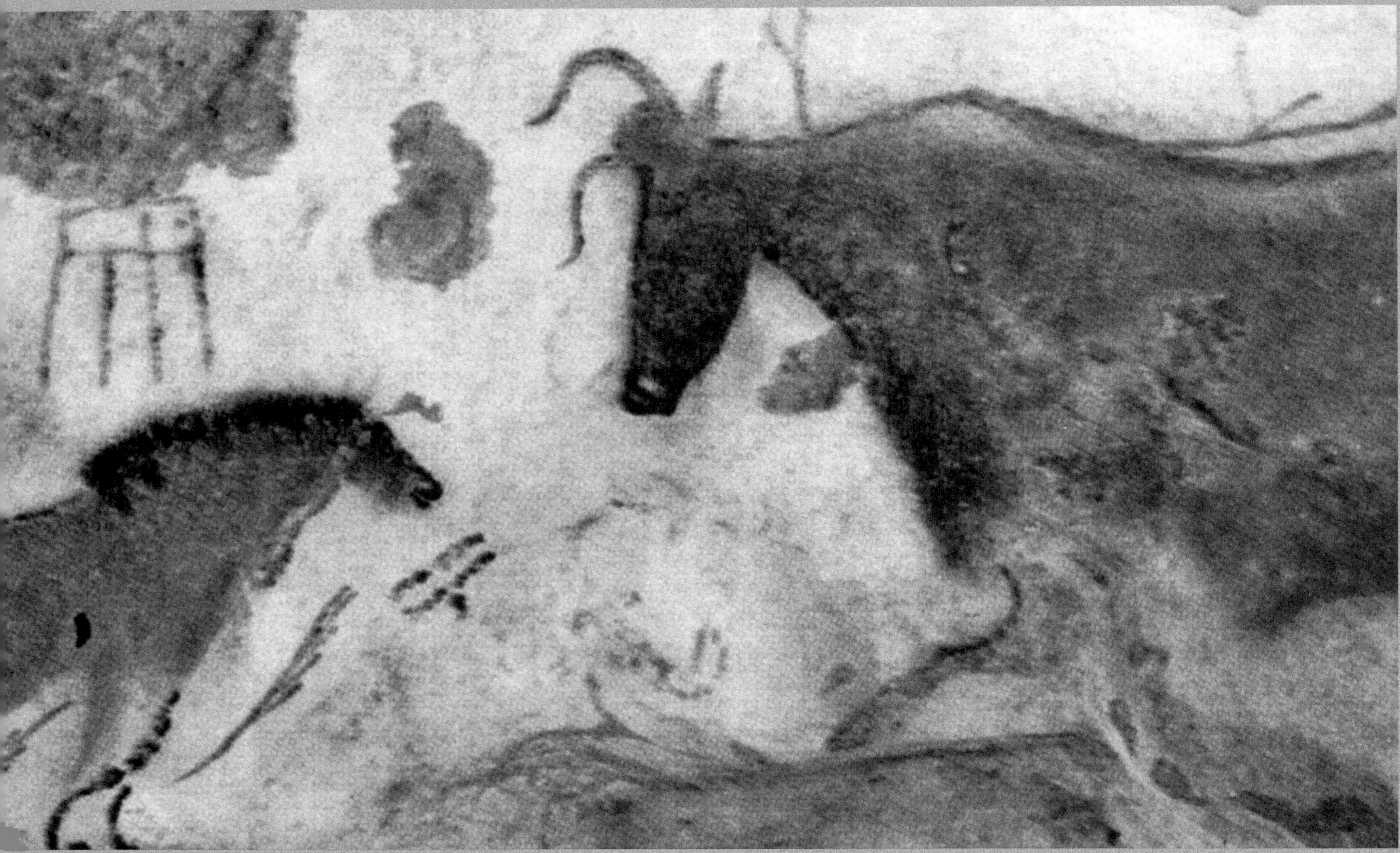

Höhlenmalerei in Lascaux, Dordogne, Frankreich.

Fleisch in Geschichte und Kulturgeschichte

Der Mensch war zu keiner Zeit ein Vegetarier. Vor zwei Millionen Jahren begann der Homo habilis Werkzeuge herzustellen, vor 1,5 Millionen Jahren Feuer zu machen und das erste Stück Fleisch zu braten. Der Homo sapiens bildete sich vor 200.000 Jahren aus. Wie sein Vorgänger führte er als Jäger und Sammler ein Nomadenleben und machte Jagd auf große Tiere wie Antilopen, Bisons, Kamele, Bären, Mammuts, Nashörner, Wildpferde, Rentiere oder Wildschweine, wodurch sich schon in der Steinzeit die Bestände dezimierten.

SINNVOLLE NAHRUNGSQUELLE

Fleisch stand immer an oberster Stelle der Nahrungshierarchie. Der Appetit auf Fleisch macht auch ernährungsphysiologisch Sinn, da dieses die beste Energiebilanz für den menschlichen Körper aufweist. In Relation zum Energieverlust durch die Nahrungsbeschaffung fiel der Gewinn von Energie, Proteinen und essenziellen Nährstoffen beim Fleisch am höchsten aus.

Als die Menschen ab Ende der letzten Eiszeit (10.000 v. Chr.) allmählich begannen, sesshaft zu werden, hat sich auch die an sich gesunde Steinzeiternährung mit viel Rohkost, Fleisch, Fisch und wenig Fett verändert, an die sie sich in den vorhergehenden Jahrmillionen gut angepasst hatten. Dabei darf man nicht übersehen, dass das Fleisch wilder Tiere wesentlich fettärmer war und ist als das heute produzierte Mastfleisch.

Die Menschen fingen an, Getreide und Feldfrüchte anzubauen und wilde Tiere zu domestizieren: zunächst um 8.000 v. Chr. Schafe und Ziegen, gegen 7.000 v. Chr. Schweine, um 6.500 v. Chr. Rinder und zuletzt um 4.000 v. Chr. Esel und Pferde. Je mehr sie sich von Getreide, Gemüse und Milch ernährten und je weniger Fleisch immer mehr Menschen zur Verfügung stand, desto höher stieg das Ansehen des Fleisches, insbesondere von Großwild. Es war Statussymbol und den Göttern geweiht.

OPFERTIERE FÜR DIE GÖTTER

Wann immer er konnte, hat der Mensch fleischliche Nahrung bevorzugt. Auch Götter und Helden waren keine Vegetarier und wurden in allen Hochkulturen mit Opferritualen gnädig gestimmt. »Götterspeise« war kein alltäglicher Getreidebrei, sondern das Beste, was aufzubieten war. Dabei wurden nicht nur die Altäre der Götter reich mit Fleisch gedeckt, sondern auch die Tische der Menschen. Die Germanen opferten den Göttern ihre Lieblingsnahrung – Pferde –, um selbst in wahren Pferdefleischorgien zu schwelgen. Die Griechen wählten beispielsweise Stiere als Opfertiere aus.
War zunächst das Opfer Anlass für ein Festmahl, wurde immer mehr das Fest zum Anlass für ein Opfer. Für die Götter blieb übrig, was den Menschen nicht behagte: Haut und Knochen, Fett, Gedärme oder die Gallenblase. Für die gefürchteten Götter der Unterwelt verbrannten die Griechen und Römer ganze Opfertiere, wofür sie im Lauf der Zeit ebenfalls auf »Minderwertiges« wie Hunde oder Esel zurückgriffen.

FASTEN UND TABUS

Das Christentum setzte den heidnischen Ritualen Fleischtabus unter anderem in Form von Fastentagen entgegen, und nachdem sich der römische Kaiser Konstantin 313 n. Chr. zum Christentum bekannt hatte, ging auch in Rom die Zeit der Tieropfer allmählich zu Ende. Das Alte Testament stigmatisiert Schweine und Kamele als unrein. Bis heute ist Schweinefleisch in der jüdischen Küche tabu. Ebenso gehen zum Beispiel das Schächten oder die konsequente Trennung von Milch- und Fleischprodukten in der koscheren jüdischen Esskultur auf biblische Ursprünge zurück. Der Koran untersagt wie die Bibel den Genuss von Schweinefleisch, was sehr wahrscheinlich auf praktische Gründe zurückzuführen ist. Zum einen ist Schweinefleisch in heißen Regionen relativ empfindlich und verdirbt schnell. Zum anderen lassen sich Schweine weit weniger gut als Rinder oder Schafe verwerten, die zusätzlich Milch, Käse, Fell oder Wolle liefern, teils auf dem Feld nützlich und zudem genügsamer als Schweine sind. Das biblische Verbot des Kamelverzehrs erklärt sich ebenfalls aus wirtschaftlichen Erwägungen: Sie waren wertvolle, genügsame Last- und Reittiere, hervorragend an die klimatischen Verhältnisse angepasst und ihre Nutzung als Schlachtfleisch folglich ökonomisch unsinnig. Die Kirche versuchte seit dem Mittelalter durch zahlreiche Fastenzeiten der Völlerei Einhalt zu gebieten. An Fastentagen hieß es auf Fleisch und, streng genommen, auch auf Eier und Milchprodukte zu verzichten. Doch man war findig und großzügig bei der Interpretation des Zulässigen. Gott hatte Fische und Vögel am gleichen Tag geschaffen, Geflügel und »Wassertiere«, wie der Biber – wegen seines geschuppten Schwanzes – oder Schildkröten, waren also erlaubt. Pasteten, Terrinen und »maskierte« Speisen wie Maultaschen schätzte man besonders, vermutlich, weil sich darin Fleisch, Speck oder Wurst verstecken ließ. Zum anderen bereitete man fleischlose Speisen derart einfallsreich zu, färbte sie ein und verzierte sie, dass sie dem beliebten Braten zum Verwechseln ähnlich waren. Grundsätzlich widmete man der Kochkunst hohe Aufmerksamkeit und pflegte Fleisch und Fisch mehrfach zu garen. Nach dem Kochen in Brühe wurde es gebraten oder in Teig gehüllt, ausgebacken oder nochmals gekocht – ungeachtet des Verlusts an Vitaminen und Eigengeschmack. Für den Geschmack hatte man ja Gewürze, von denen man reichlich Gebrauch machte.
Fleisch war übrigens in fast allen Kulturen in erster Linie den Männern vorbehalten, wie auch die Jagd Männersache war. Es wurde mit Lebens-, Kampf- und Manneskraft gleichgesetzt. Dem männlichen Familienoberhaupt standen die besten Stücke zu, Frauen durften sich in vielen Kulturen, wenn überhaupt, nur an dem gütlich tun, was die Männer übrig ließen. So erzogen etwa die Berber Frauen dazu, Fleisch mit dem Argument abzulehnen, sie nagten lieber Knochen ab oder äßen gar kein Fleisch.

Nur Dienstag, Donnerstag und Sonntag waren im Mittelalter Fleischtage. Trotzdem haben die Menschen nie mehr Fleisch verzehrt als im ausgehenden Mittelalter.

Die Teile des Schweins in einer historischen Zeichnung.

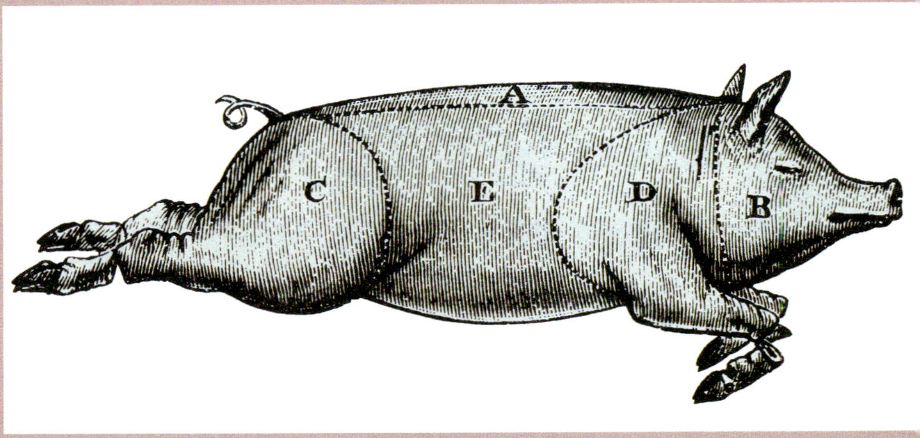

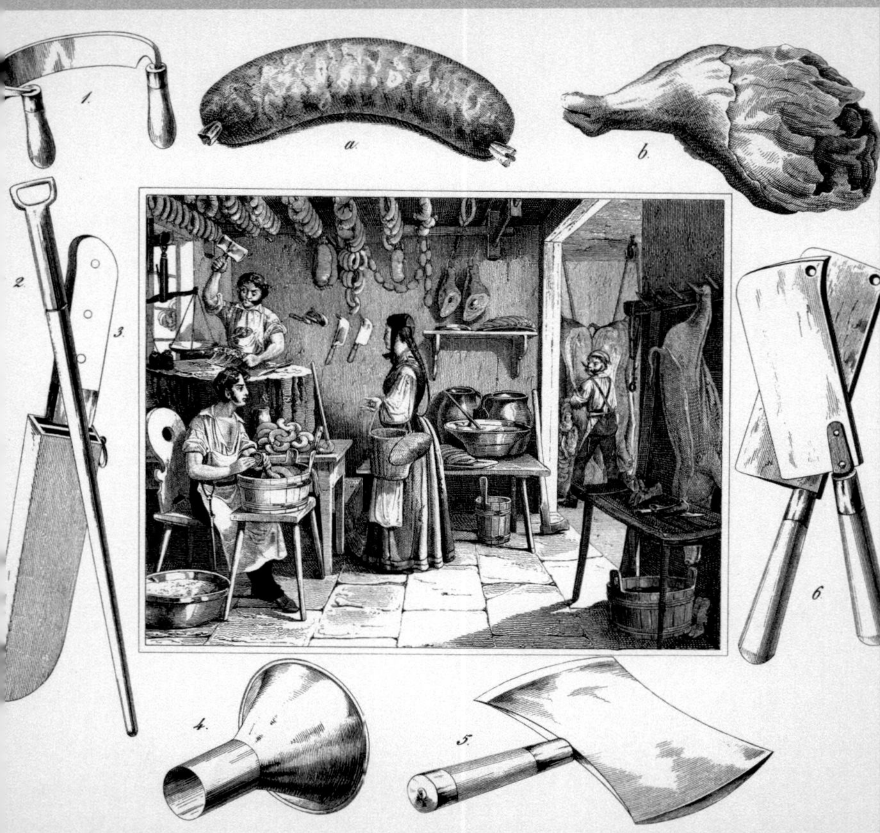

»Der Metzger«, Kupferstich von 1836.

FLEISCHESLUST

Im Mittelalter führten Bevölkerungswachstum und Missernten zu Hungersnöten, die Weideflächen nahmen ab, und der Fleischkonsum ging in Europa weiter zurück. Erst als die Pest die Bevölkerung bis Ende des 14. Jahrhunderts stark dezimierte, fand ein Umschwung statt. Der Fleischkonsum stieg quer durch alle gesellschaftlichen Klassen so stark an, dass das ausgehende Mittelalter und die frühe Neuzeit als Höhepunkt des Fleischverzehrs in Europa gelten. Die Tierhaltung wurde intensiviert, und man versuchte die Mast durch Blenden, Stopfen und Kastrieren zu steigern, damit die Tiere durch weniger Bewegung, Zwangsfütterung und Eingriffe in den Stoffwechsel mehr Fett ansetzten. Viehhandel und Fleischerhandwerk florierten. Um den Bedarf der Städte zu decken, trieb man riesige Rinderherden aus Ost- oder Nordeuropa auf die mittel- und westeuropäischen Viehmärkte, was bis ins 18. Jahrhundert hinein anhielt. Mit dem Wachstum der Städte wurden die Schlachthäuser an den Stadtrand verlegt, Fleisch wurde auf den Fleischbänken der Marktplätze verkauft. Die Hauptschlachtzeit fiel in den Herbst, damit weniger Tiere durch den Winter gefüttert werden mussten. Außerdem verdarb Fleisch in der kalten Jahreszeit weniger schnell und war zu Martini, dem Ende des bäuerlichen Jahres am 11. November, der Großteil der Naturalabgaben fällig. Die Bauern mussten ihren Lehnsherren Geflügel, Eier, Schweine, Rinder, Korn, Wein, kurz, von allem, was sie produzierten, einen Teil, den »Zehnten«, für bewaffneten Schutz und Rechtssicherheit abgeben.

STATUSSYMBOL

Status und Reichtum stellten die Mächtigen nicht mehr nur mit der Fülle der Fleischspeisen zur Schau, sondern auch mit deren Qualität. Während die Jagd schon immer das Privileg des Adels und Wild »Herrenspeise« war, sorgten nun teurere Fleischstücke vom Ochsen, Kalb und Rind beim Adel, Klerus und aufstrebenden Bürgertum für Abwechslung auf dem Speiseplan. Die »Bauernspeise« und Küche der niederen Stände, die sich überwiegend von Getreidebrei ernährten, wurde ebenfalls durch mehr Fleisch bereichert, freilich von minderer Qualität: Speck, Würste, Schaf- und Ziegenfleisch. Auch bei den Innereien gab es ein soziales Gefälle: Hirn, Bries und Leber gönnte sich die Oberschicht, Nieren und Lunge waren für das einfache Volk. Auch die Tische des Klerus waren zumeist reich gedeckt.

Ab dem 14. Jahrhundert bis Mitte des 19. Jahrhunderts wuchs die europäische Bevölkerung rasant: Sie verdreifachte sich von knapp 100 Millionen auf knapp 300 Millionen. Zwischen 1550 und 1850 sank der Fleischkonsum in Europa mit regionalen Abweichungen kontinuierlich. Die Versorgung verschlechterte sich, die Preise stiegen, Hungersnöte waren die Regel. In den Städten aß man mehr Fleisch als auf dem Land, nördlich der Alpen mehr als im Süden. Um 1800 lag der jährliche Pro-Kopf-Verbrauch in Deutschland bei 20 kg Fleisch, im Vergleich zu 100 bis 140 kg im Spätmittelalter.

Fleisch wurde an Festtagen und am Sonntag aufgetragen; der Sonntagsbraten war der Inbegriff des bürgerlichen Wohlstands, von dem jedoch das neue Arbeiterproletariat oft nur träumen konnte. Haltbares Pökelfleisch war weit verbreitet, nicht zuletzt wegen der blühenden Handelsschifffahrt. Andere, seit Urzeiten bekannte Methoden der Konservierung bestanden bis dahin im Einlegen in Fett, Trocknen von magerem und Räuchern von fettem Fleisch. Erst ab der Mitte des 19. Jahrhunderts brachten der steigende Wohlstand und der technische Fortschritt wieder mehr Fleisch auf den Tisch. Amerikanisches Rindfleisch wurde als Corned Beef seit 1818 in Blechdosen konserviert nach Europa verschifft. 1872 gelang es erstmals, frisches Fleisch mit Kühlmaschinen tiefzukühlen. Gemeinschaftseishäuser, in denen man aufwändig aus dem Norden oder den Bergen hertransportiertes Eis lagerte, waren neben kalten Kellern aber noch lange die einzigen Kühlmöglichkeiten.

»VEGETARISMUS«

Fleisch war immer ein Statussymbol, doch allmählich veränderte sich das Bild, indem der Verbrauch in den Oberschichten konstant blieb, während er bei den Mittel- und Unterschichten stetig zulegte. Parallel dazu setzte die Diskussion um die gesundheitlichen Nachteile von Fleisch ein. Der Londoner Arzt Dr. William Lambe führte Anfang des 19. Jahrhunderts alle Krankheiten auf tierische Nahrung zurück. 1847 wurde die Vegetarian Society of England gegründet, und die neue Bewegung erhielt ihren Namen. Der Vegetarismus fand auch auf dem Kontinent begeisterte Anhänger. Passend zur Lustfeindlichkeit des Viktorianischen Zeitalters wurde Fleischkonsum mit animalischer Triebhaftigkeit, Aggression und geistig-moralischer Rohheit gleichgesetzt, nach dem Motto: Vegetarier sind die besseren Menschen.

Erst nach dem Zweiten Weltkrieg veränderten sich ab Mitte des 20. Jahrhunderts die Produktionsmethoden grundlegend in Richtung einer intensiven Fleischindustrie. Nachfrage und Angebot stiegen in den Industrieländern massiv an. Trotz einer erneuten vegetarischen Bewegung, des erwachenden Umweltbewusstseins und sozialen Gewissens – »Das Vieh der Reichen frisst das Getreide der Armen« (Erklärung von Bern) – verzeichnete der Fleischverbrauch erst durch das Auftreten von BSE kurz vor der Jahrtausendwende einen Einbruch.

Lombardischer Fleischerladen im 17. Jahrhundert.

GEGENWART UND ZUKUNFT

Im Durchschnitt beläuft sich der Gesamtfleischverbrauch in Europa heute auf knapp 100 kg Fleisch pro Kopf und Jahr. Deutschland und Österreich liegen im Mittelfeld, während die Spanier und Dänen die Spitze und die Schweizer und die Briten die Schlusslichter im europäischen Durchschnitt bilden. Die Franzosen, Iren und Portugiesen zählen ebenfalls zu den europäischen Fleischliebhabern, die Italiener sind etwas zurückhaltender. Interessant ist, dass mit dem Beitritt zur EU in zuvor ärmeren Ländern wie Spanien, Irland, Portugal oder Griechenland nicht nur der Wohlstand, sondern auch der Fleischkonsum anstieg.

Weltweit liegt der Verbrauch von Fleisch und Fleischprodukten heute bei knapp 40 kg pro Kopf und Jahr. Seit Anfang der 50er Jahre des 20. Jahrhunderts hat er sich mehr als verdoppelt, ein Ende des Anstiegs ist nicht in Sicht, da in den Entwicklungsländern Nachholbedarf besteht – sie verbrauchen nicht einmal ein Drittel der Menge, die die Industrienationen konsumieren. Schweinefleisch liegt mit großem Abstand weltweit vorn. An zweiter Stelle steht Geflügel-, an dritter Rindfleisch und zuletzt Schafe, Ziegen und so genannte Exoten wie Pferd oder Bison. China produziert die Hälfte der gesamten Schweinefleischmenge überhaupt, und die Rindfleischproduktion wird inzwischen nicht mehr von den USA, sondern von Brasilien angeführt.

Fleisch ist heute in den westlichen Industrieländern ein preisgünstiges, jederzeit für jedermann verfügbares Produkt, dessen Verzehr jedoch auch kritisch diskutiert wird. Intensive Tiermast, Tierseuchen und neue medizinische Erkenntnisse werfen Fragen nach extensiver Haltung und Reduzierung des Konsums auf. »Bio«, »Slowfood«, Förderung des Regionalen und selten gewordener, alter Tierrassen stehen für diese Überlegungen, und es gibt bei manchen Verbrauchergruppen die Bereitschaft, höhere Preise für eine bessere Qualität zu akzeptieren. Die Fleischindustrie ihrerseits versucht, mit mehr Transparenz in der Produktion, verbesserten Lebensbedingungen für die Tiere und einer möglichst lückenlosen Rückverfolgbarkeit der Produkte vom Handel bis zum Bauern das Vertrauen der Verbraucher zurückzugewinnen. So hat heute der Verbraucher die Wahl, für welches Fleisch mit welcher Herkuft und Qualität er sich entscheidet.

Ingrid Schindler

WARENKUNDE

WARENKUNDE

Fleisch-Lexikon

Von Angusrind bis Ziege

Woran Sie einzelne Teilstücke erkennen
und was Sie daraus machen können:
Merkmale und Verwendung von Fleisch.

Fleisch – seit jeher begehrt

Als Grundnahrungsmittel und kulinarisches Spitzenthema spielt Fleisch nach wie vor eine herausragende Rolle auf unserem Speisezettel. Ein wenig Know-how ist heute jedoch wichtiger denn je.

IN DEN MEISTEN KULTUREN zählt Fleisch aufgrund seines hohen Genusswerts seit jeher zu den begehrtesten Nahrungsmitteln, zumindest für jene, die es sich leisten können. Zum uneingeschränkten Genuss gehört heute jedoch unbedingt auch eine gute Qualität. Und auf die wird inzwischen wieder verstärkt geachtet.

WAS HEISST HIER FLEISCH?

Genau genommen geht es um Schlachtfleisch, also um das Fleisch jener Tiere, die in erster Linie zur Schlachtung gezüchtet werden. Dazu zählen einmal die bekannten vier: Rind, Kalb, Schwein und Lamm beziehungsweise Schaf. Mengenmäßig weniger wichtig sind Ziege, Pferd und Bison. Büffel, Kamel und Lama spielen in Deutschland hingegen kaum eine Rolle. Und das Fleisch von Geflügel oder Wildtieren, die ja ebenfalls gezüchtet werden, wird nicht zum Schlachtfleisch gerechnet. Den Löwenanteil macht dabei, gleich bei welcher Tierart, immer das Muskelfleisch aus, aber auch Innereien, Schwarte, Fett und Blut werden mit hinzugerechnet.

KONTROLLEN SICHERN QUALITÄT

Gegen Ende der 1980er Jahre lag der Fleischverzehr in Deutschland (alte Bundesländer) mit 67 kg pro Kopf etwas höher als heute. Derzeit verzehren die Deutschen um die 60 kg pro Kopf und Jahr und liegen damit im europäischen Vergleich etwas unter dem Durchschnitt. Die Ursachen dafür dürften zum einen in einer veränderten Verbrauchererwartung liegen: Leicht und schnell zuzubereiten sollen die Nahrungsmittel heute sein. Zum andern haben verschiedene Krisen wie BSE das Vertrauen der Konsumenten erschüttert. Hier hat sich jedoch in der Zwischenzeit viel getan. Ein ganzes System von Kontrollen macht die Lebensmittelerzeugung nachvollziehbar. Das QS-System – erkennbar am blauen QS-Zeichen – steht für geprüfte Qualitätssicherung. Es dokumentiert und kontrolliert den Produktionsprozess von Fleisch – von der Futtererzeugung auf dem Feld bis zum Verkauf an der Theke. Ihren Beitrag zur Qualitätssicherung leisten zudem die regionalen und überregionalen Markenfleischprogramme, die ebenfalls Kontrollen auf hohem Niveau durchführen.

IM TREND: BIO-FLEISCH

Noch strenger sind die Vorgaben der EU-Öko-Verordnung für Fleisch mit dem grün-schwarzen BIO-Siegel: Artgerechte Haltung und eine Fütterung mit ökologischen Futtermitteln sind hier Vorschrift, so dass der Verbraucher davon ausgehen kann, bei diesen Produkten dann auch sehr hochwertiges Fleisch von tiergerecht gehaltenen Rindern, Schweinen, Schafen und Ziegen zu erhalten. Dass eine höhere Qualität letzten Endes auch einen höheren Preis nach sich zieht, ist die logische Konsequenz.

KNOW-HOW ALS EINKAUFSHILFE

Gerade bei Fleisch ist ein wenig Know-how von großem Vorteil, denn nicht alle Teilstücke eignen sich für jede Zubereitungsart gleichermaßen gut. Manches schmeckt geschmort, anderes vom Grill besonders köstlich. Auch muss es keinesfalls immer das Filet sein. Gewusst wie, lassen sich auch andere, fast schon ein wenig in Vergessenheit geratene Fleischstücke wieder neu entdecken. Auf den folgenden Seiten erfahren Sie im Kapitel Warenkunde das Wichtigste zu jedem Teilstück von Rind, Kalb, Schwein, Schaf und Ziege – woran Sie es erkennen können und für welche Zubereitungsart es sich am besten eignet.

Qualitätssiegel beachten

Mit dem blauen QS-Zeichen ausgezeichnete Produkte garantieren dem Verbraucher eine überwachte Erzeugung von Fleisch.
Noch strenger sind die Anforderungskriterien beim BIO-Siegel: Wer sich bewusst für Bio-Fleisch entscheidet, achtet auf das grün-schwarze BIO-Siegel.

Fleisch in der Ernährung *ist besser als sein Ruf: Neben wertvollem Eiweiß enthält Fleisch viele Vitamine, Mineralstoffe und einen hohen Anteil an ungesättigten Fettsäuren.*

In den letzten Jahren geriet Fleisch zunehmend ins Visier vieler Ernährungsfachleute: Es wurde als zu fett, zu schwer und zu kalorienreich abgelehnt, sein Verzehr galt nur noch in geringen Mengen als unbedenklich. Jüngste Studien aus den USA lassen jedoch Zweifel aufkommen: In Amerika sank der Fettanteil in der Nahrung seit den 1970er Jahren kontinuierlich von 40 auf 34 Prozent, die Zahl der stark übergewichtigen Personen stieg in derselben Zeit jedoch um über 50 Prozent. Zunehmend setzt sich die Erkenntnis durch, dass nicht das in der Nahrung, beispielsweise in Fleisch, enthaltene Fett die Ursache für diese Entwicklung sein kann. Untersuchungen belegen vielmehr, dass eine fettarme, aber kohlenhydratreiche Ernährung zu Bluthochdruck und erhöhten Blutfettwerten führt – mit der Folge, dass Zivilisationskrankheiten wie Diabetes (Typ 2) und Herzinfarkt auf dem Vormarsch sind. Vor diesem Hintergrund lohnt ein neuer, vorurteilsloser Blick auf das Lebensmittel Fleisch, seine Inhaltsstoffe und seine Beschaffenheit.

HOHER EIWEISSGEHALT

Was Fleisch sehr wertvoll macht für unsere Ernährung, ist sein hoher Eiweißgehalt: Mageres Fleisch besteht im Schnitt zu etwa 20 Prozent aus Eiweiß und zu 80 Prozent aus Wasser. Sehr hochwertig ist tierisches Eiweiß deshalb, weil es fast restlos in körpereigenes Eiweiß umgewandelt werden kann; man spricht in diesem Zusammenhang von der biologischen Wertigkeit. Nach Hühnerei und Milch steht Fleisch hier ganz oben auf der Liste. Es enthält die so genannten essenziellen Aminosäuren, das sind Eiweißbausteine, die der Körper nicht selbst herstellen kann, sondern mit der Nahrung aufnehmen muss, in einer sehr günstigen Form.

UNVERZICHTBAR: VITAMINE

Fleisch liefert darüber hinaus eine ganze Reihe lebenswichtiger Vitamine; insbesondere Vitamin A, die Vitamine der B-Gruppe und Vitamin D hat es in beachtlicher Konzentration zu bieten. Vitamin B1 – von dem sehr viel in Schweinefleisch steckt – benötigen wir beispielsweise zur Aufrechterhaltung der körperlichen und geistigen Leistungsfähigkeit sowie für unser Nervensystem. Folsäure fördert zusammen mit den Vitaminen B6 und B12 die Durchgängigkeit der Blutgefäße. Vitamin B2 unterstützt wie Vitamin B12 und Folsäure die Blutbildung. Vitamin A beeinflusst das körperliche Wachstum und die Sehkraft positiv, und Vitamin D ist für die Aufnahme und den Einbau des Knochenbausteins Kalzium zuständig und fördert damit das Knochen- und Zahnwachstum.

WERTVOLLE MINERALSTOFFE

Fleisch ist ein wichtiger Lieferant für viele Mineralstoffe. Hier sind einmal die Mengenelemente Magnesium, Kalium, Kalzium und Phosphor zu nennen. Zudem ist Fleisch reich an Spurenelementen wie Selen, Mangan, Jod, Zink und Eisen. Diese kommen zwar nur in sehr geringen Konzentrationen (unter 0,01 Prozent) im Körper vor, sind aber dennoch von herausragender Bedeutung für viele Stoffwechselabläufe im Körper. Eisen hat als Bestandteil des roten Blutfarbstoffs Hämoglobin einen unmittelbaren Einfluss auf den Stoffwechsel: Eisenmangel führt zu Kopfschmerzen, Müdigkeit und Erschöpfungszuständen. Zink ist für Wachstum, Wundheilung sowie für den Hirnstoffwechsel zuständig und stärkt außerdem die Immunabwehr, während Selen freie Radikale unschädlich macht und dadurch eine antioxidative Wirkung hat. Dass die erwähnten B-Vitamine wasserlöslich sind, gilt es bei der Zubereitung zu berücksichtigen – so lösen sich beim Kochen oder Schmoren in Flüssigkeit etwa 30 bis 60 Prozent des Vitamins B1. Daher sollte man bei der Zubereitung immer darauf achten, den Verlust von Fleischsaft möglichst gering zu halten.

FLEISCH ENTHÄLT GESUNDES FETT

Mageres Fleisch enthält weniger Fett als gemeinhin angenommen: Bei Teilstücken ohne erkennbare Fettauflage und Marmorierung – so wird das intramuskuläre Fett genannt – beträgt der Fettanteil lediglich um die 2 Prozent. Fleisch ist heutzutage oft magerer als früher, das liegt nicht zuletzt daran, dass die Teilstücke in anderen Zuschnitten ins Angebot kommen. Der größte Teil des sichtbaren Fettes wird vorher entfernt. Dabei ist die Angst vor zu viel Fett eigentlich unbegründet. Das allgemeine Vorurteil, Fleisch enthalte vor allem gesättigte Fettsäuren, stimmt nicht, im Gegenteil, die einfach und mehrfach ungesättigten Fettsäuren überwiegen. Und auch ein direkter Zusammenhang von mäßigem Fettverzehr und einer Zunahme des Körpergewichts lässt sich bisher nicht nachweisen. Einen Einfluss auf die Wertigkeit von Fett und Fleisch hat jedoch die Haltungsform der Tiere sowie das Futter: Jüngeren Studien zufolge soll etwa das Fleisch von europäischen Weiderindern, die frisches Gras und Kräuter fressen, hoch einzuschätzen sein, da es reich an essenziellen ungesättigten Fettsäuren (Linolsäure) ist.

Fett ist nicht »böse«

Im Gegensatz zur landläufigen Meinung, Fett sei der Anfang allen Übels, wird es heute wieder positiv bewertet: Zum einen enthält es mehr ungesättigte als gesättigte Fettsäuren, zum anderen ist Fett ein wichtiger Geschmacksträger.

FLEISCH IST NICHT GLEICH FLEISCH

Was den Aufbau und die Struktur von Fleisch anbelangt, gibt es erhebliche Unterschiede. Verantwortlich dafür ist der unterschiedlich hohe Gehalt an Bindegewebe. Jeder Muskel ist von einer Bindegewebshülle umschlossen, in dieser befinden sich die bündelweise zusammengefassten Muskelfasern, die wiederum von feinem Bindegewebe umhüllt sind. Stark beanspruchte, große Muskeln wie die der Vorderbeine, des Halses und der Schulter weisen deutlich mehr Bindegewebe auf als die weniger beanspruchten Partien von Rücken oder Keule. Bei reinem Muskelfleisch sind die Länge und Dicke der Muskelfasern entscheidend: Je kürzer und dünner die Faserbündel sind, desto zarter ist das Fleisch.

Qualität im Wandel

Aktuelle Verbraucherwünsche spiegeln sich oft unmittelbar in den Zuchtzielen wider. Daher verwundert es kaum, dass diese sich binnen Jahrzehnten grundlegend ändern.

Vor wenigen Jahren schon fast zum Auslaufmodell abgestempelt, erfreut sich das Schwäbisch-Hällische Schwein aufgrund seiner ausgezeichneten Fleischqualität bei Gourmets, Feinschmeckern und Köchen heute wieder größerer Beliebtheit.

ZWAR IST DER MENSCH schon seit der Jungsteinzeit von Haustieren umgeben, eine gezielte Herauszüchtung einzelner Merkmale ist dagegen vergleichsweise jung. Erst im 18. Jahrhundert begann man in England mit einer gezielten Zucht – zunächst von Rindern. Grund dafür war die wachsende Nachfrage der städtischen Bevölkerung nach Fleisch. Zu Beginn des 19. Jahrhunderts wurden die dortigen Zuchtprinzipien auch auf dem Kontinent übernommen. Verfolgt man den Verlauf der Zuchtgeschichte, wird deutlich, wie sehr Verbraucherwünsche die Zuchtziele beeinflussen können. Ein gutes Beispiel dafür sind die Entwicklungen in der Schweinezucht. Zu Beginn des 20. Jahrhunderts war die Rassenvielfalt noch sehr groß. Erste Zuchterfolge führten dazu, dass einige Rassen mehr, andere weniger wichtig wurden. Messbar wurden diese durch die von dem Ökonomen Wilhelm Seedorf 1919 in Deutschland eingeführte Leistungsprüfung, dem Beginn der konrollierten und nachvollziehbaren Herdbuchzucht. Im Jahr 1925 entstand die erste deutsche Mastprüfungsanstalt. Sie lieferte die notwendigen Daten für eine systematische Zucht. Nach der Unterbrechung durch den Zweiten Weltkrieg wurden die Zuchtbemühungen dann in den 1950er Jahren wieder aufgenommen, der Rassebestand an Schweinen war bis auf wenige Ausnahmen derselbe wie vor dem Krieg. Dann aber erfolgte innerhalb weniger Jahre eine Umorientierung der Züchter: Was war geschehen?

LIEBER FLEISCH ALS FETT

Die alten veredelten Landrassen hatten einen hohen Fettanteil. Dies war in den ersten Nachkriegsjahren kein Makel, ganz im Gegenteil: Fett war ein gefragter Energiespender. Die Menschen benötigten – wie auch in den Jahrzehnten und Jahrhunderten zuvor – aufgrund ihrer starken körperlichen Tätigkeit sehr viel mehr Kalorien als heute. Doch mit dem aufkeimenden Wohlstand stiegen gleichzeitig der Grad der Motorisierung und der Fleischverzehr. Aufgrund veränderter Lebens- und Arbeitsbedingungen verlangte der Verbraucher jetzt mageres Fleisch. Und die Züchter reagierten prompt: Schon in den 1960er Jahren war aus dem alten Fettschwein das moderne Fleischschwein geworden. Im Gegensatz zu den Schweinerassen alten Typs hatte das moderne schlanke Schwein fast keinen Bauch mehr und nur noch eine dünne Speckschicht auf dem Rücken. Dafür war der Anteil an wertvollen Teilstücken wie Schinken, Rücken oder Schultern jetzt deutlich höher als zuvor. Erreicht wurde dieses Zuchtziel zunächst durch die Einkreuzung von holländischen Landschweinen dänischer Zuchtrichtung – aus dem veredelten Landschwein wurde so 1969 die Deutsche Landrasse. Das neue Handelsklassensystem entsprach in seiner Ausrichtung auf Schinken- und Muskelfülle exakt den Wünschen der Verbraucher.

Ein Umstand, der bald dazu führte, dass auch die Deutsche Landrasse als zu wenig fleischig empfunden wurde. Ein besseres Ergebnis versprachen sich die Züchter durch die Einkreuzung der extrem fleischigen Rassen Piétrain und belgische Landrasse. Das nach dem belgischen Dorf Piétrain benannte Schwein erlebte eine Renaissance: In den 1950er Jahren hatte sich die als unzeitgemäß geltende Rasse nämlich nur noch in einem einzigen Bestand erhalten. Gerade mal 15 Jahre später genoss sie dann ihrer enormen Fleischfülle wegen wieder höchstes Ansehen. Um 1980 waren schließlich vier der alten Rassen völlig verschwunden, dafür tauchten zwei neue, robuste Rassen aus den USA im Herdbuch auf: Hampshire und Duroc. Die einseitige Orientierung der Züchter auf Fleischfülle zulasten der Fleischbeschaffenheit und Vitalität hatte dazu geführt, dass die Tiere sehr stressanfällig wurden und die Fleischqualität sich verschlechterte. Eine Untersuchung Anfang der 1980er Jahre hatte ergeben, dass ein Drittel aller Schlachttiere PSE-Eigenschaften (S. 52) aufwiesen.

ZÜCHTERISCHE NEUORIENTIERUNG

Diese Erkenntnis führte dazu, dass neben der Fleischigkeit auch wieder andere Faktoren wie Fleischqualität und Stressresistenz bei der Züchtung eine Rolle spielten. Untersuchungen ergaben, dass Tiere aus Kreuzungs- und Hybridzucht in der Bewertung wesentlich günstigere Ergebnisse brachten als die bisherigen Reinzuchtprogramme und Einfachkreuzungen. Die Züchter spezialisieren sich heute auf so genannte Mutter- und Vaterlinien. Bei Letzteren stehen Fleischigkeit und Vitalität im Vordergrund; bei den Mutterlinien sind es Fruchtbarkeit, Fleischbeschaffenheit, Stressresistenz und Mastleistung. Außerdem wurde seit den 1980er Jahren erkannt, dass gerade die alten, fast ausgestorbenen Rassen wie das Schwäbisch-Hällische Schwein oder auch das Bunte Bentheimer Schwein eine ausgezeichnete Fleischqualität liefern. Spezielle Züchterverbände haben sich dieser Rassen angenommen. Sie werden heute wieder im Herdbuch geführt, wenngleich ihr Anteil am gesamten Schweinebestand in Deutschland sehr gering ist. Dennoch erfreut sich das Fleisch dieser Rassen zunehmender Beliebtheit, zumal erkannt wurde, dass etwas mehr Fett auch mehr Geschmack bedeutet.

Die Fleischstruktur

Die einseitige Orientierung auf viel und dabei möglichst mageres Fleisch entsprach den Wünschen der Verbraucher in den 60er Jahren. Heute weiß man, marmoriertes Fleisch schmeckt einfach besser. Daher geht der Trend heute hin zu stärkerer Marmorierung.

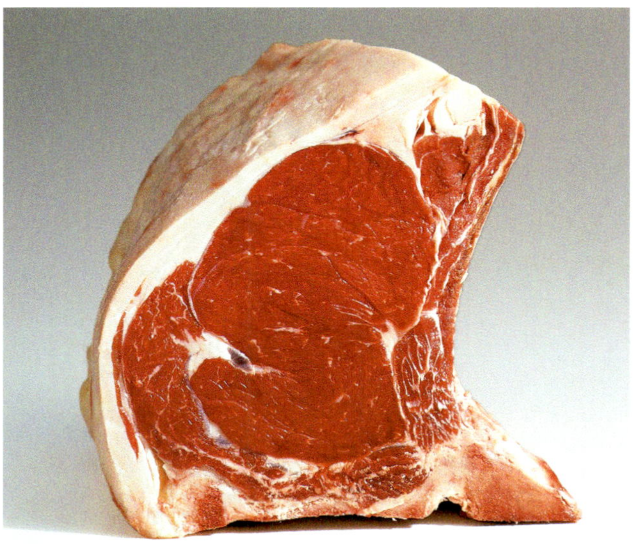

Mageres, kaum oder gar nicht marmoriertes Fleisch – hier ein Stück von der Hochrippe vom Rind – stand lange Zeit ganz oben in der Gunst der Verbraucher. »Möglichst wenig Kalorien«, lautete die Devise. Und die Züchter trugen dieser Anforderung Rechnung, indem sie immer noch mehr und noch magereres Fleisch erzeugten.

Ein schön marmoriertes Stück Fleisch von der Hochrippe wäre wohl noch vor wenigen Jahren als viel zu fett abgelehnt worden – dabei ist es Fleisch der höchsten Kategorie. Denn gerade die feinen Fettäderchen sind es, die das Fleisch beim Garen wunderbar saftig, zart und schmackhaft machen, das aufliegende Fett wird entfernt.

Artgerechte Tierhaltung

Die Ferkel im Stall eines Zuchtsaubetriebs laufen munter zwischen geschlossenem Bereich und überdachtem Offenstall hin und her und spielen mit Strohhalmen. Das ist zwar noch nicht wie in der freien Wildbahn, aber eine Form der Haltung, die man als tierfreundlich beziehungsweise artgerecht bezeichnet. Eine Ahnung vom ursprünglichen Leben bekommen erst die iberischen Schwarzhuf-Schweine (Pata negra), die in der spanischen Extremadura gezüchtet werden. Sie haben unglaublich viel Platz und können ihre Rüssel in würzige Erde stecken, sich zum Fressen Eicheln, Kräuter und Gräser und zum Ausruhen den Schatten knorriger Eichen suchen.

WAS IST ARTGERECHTE TIERHALTUNG?
Artgerechte Tierhaltung orientiert sich an den natürlichen Lebensbedingungen und Verhaltensweisen der Tiere. Ihnen soll ein möglichst »natürliches«, »ursprüngliches« Leben ermöglicht werden. Jedoch ist schon die Haltung von Tieren als Haus- und Nutztiere nicht im eigentlichen Sinn natürlich, denn ursprünglich waren sie es gewohnt, in freier Natur zu leben und das Futter selbst zu suchen.
So gilt es bei Zucht und Mast der Tiere, einen Kompromiss zwischen den Anforderungen der Tiere an ihre Lebensqualität und den Anforderungen des Menschen an den Nutzen der Tiere einzugehen. Beispielsweise können Kälber nicht ganzjährig am Euter der Mutterkuh saugen, da ja die Milch für die menschliche Ernährung verwendet wird. Und auch aus betriebswirtschaftlicher Sicht ist es nicht immer möglich, den Tieren zum Beispiel einen »naturnahen« beziehungsweise »ursprünglichen« Platz für den Auslauf zur Verfügung zu stellen. Denn dies würde zum einen eine Senkung des Fleischangebotes bedeuten (hier ist der Platz der limitierende Faktor), zum anderen wollen und könnten viele Konsumenten den daraus resultierenden höheren Preis für dieses Fleisch nicht mehr bezahlen. Also muss

auch hier wieder ein Kompromiss gefunden werden. Das bedeutet, dass für eine ausreichende Versorgung der Konsumenten die Kälber, Rinder und Schweine so gehalten werden müssen, dass die Tiergesundheit gesichert und der Tierschutz beachtet wird, wobei die Qualität ihrer Erzeugnisse gewährleistet ist. Rasse, Haltung, Fütterung und Schlachtung beeinflussen die Qualität jedes Fleischs. Die Existenzgrundlage für die Landwirte stellen gesunde und vitale Tiere dar, weshalb die Tierhalter schon im eigenen Interesse an guten Haltungs- und Fütterungsbedingungen interessiert sind. Um diese gesetzlich abzusichern, gibt es in Europa für die konventionelle und die ökologische Nutztierhaltung EU-Vorschriften zur Tierhaltung. Das nationale Recht muss diese Mindestanforderungen aufnehmen, kann jedoch auch darüber hinausgehen, was in Deutschland bei vielen Standards der Fall ist. Gemäß den einheitlichen EU-Standards, die in keinem Mitgliedsland unterschritten werden dürfen, muss jedem Tier ein bestimmtes Maß an Platz, Hygiene und Frischluft gewährt werden. Diese Mindestanforderungen regeln zum Beispiel, wie viel Platz für Schweine und Rinder notwendig ist, damit diese die Möglichkeit haben, sich bewegen und hinlegen zu können. Neben diesem definierten Mindestraum (beispielsweise muss die Stallfläche für ein Mastrind ab 400 kg mindestens 2,2 m² betragen) wird hier zudem festgelegt, dass die Spalten in perforierten Böden für Schweine, je nach Lebendgewicht des Tieres, eine gewisse Breite nicht überschreiten dürfen, wobei auch ein Mindestmaß für die Balkenbreite vorgeschrieben ist. Auch die Stärke und Frequenz der Beleuchtung werden definiert, ebenso Stallklima und -temperatur. Auch regelmäßige Besuche und Kontrollen durch den Tierarzt gehören dazu.

Bei Fleischerzeugung und Fleischkonsum geht es sowohl um eine Frage der Ethik als auch um eine Frage des Preises.

EIN ANDERER ANSATZ

Nun gibt es Konsumenten und Erzeuger, denen das »Mindestmaß« für die konventionelle Haltung der Nutztiere zu wenig ist. Sie wollen die Lebensbedingungen für Nutztiere noch besser an die »ursprünglichen« Gegebenheiten anpassen, denn sie gehen davon aus, dass diese Tiere gesünder sind und qualitativ hochwertigeres Fleisch liefern. Diese Form der artgerechten Tierhaltung wird sowohl bei einigen Markenfleischprogrammen als auch in der extensiven ökologischen beziehungsweise biologischen Landwirtschaft umgesetzt. So etwa von Ludwig Schweisfurth in Herrmannsdorf bei München, der seit 1988 einen Modellbetrieb für ökologische Landwirtschaft und Tierhaltung führt – ein Vorbild, dem so mancher folgte. Bei dieser Art der Haltung nach der EU-Bio-Verordnung haben die Tiere unter anderem mehr Platz für sich (beispielsweise muss die Stallfläche für ein Mastrind ab 350 kg mindestens 5 m² betragen), mehr Auslauf, und das Futter stammt aus ökologischer Landwirtschaft. Ein weiteres Beispiel für ebenso wirtschaftliche wie artgerechte Haltung ist außerdem die Zucht und Haltung des Bunten Bentheimer Schweins aus Westfalen, einer fast ausgestorbenen, bewährten alten Rasse. Ein extremes Beispiel sind die mit Sake, Reisstroh und Getreide gefütterten japanischen Kobe-Rinder, die zweimal täglich gebürstet werden. So viel Wellness muss nicht sein, aber ein luftiger, lichter, kühler und trockener Offenfront-Freilaufstall mit Stroh entspricht den Tieren mehr als ein relativ beengtes Stehen auf Betonspalten. Zusätzlich fördern der Auslauf im Hof oder auf der Weide und artgerechtes Futter die Tiergesundheit. Doch hier gibt es für den Konsumenten einen bedeutenden Entscheidungsfaktor – den Preis. Ein Kilogramm Rinderlende aus ökologischer Mast kostet rund ein Drittel mehr als herkömmliches Fleisch.

ALLES HAT SEINEN PREIS!

Letztlich geht es bei der Tierhaltung sowohl um eine Frage der Ethik als auch um eine des Preises. Andere Lebensbedingungen für das Tier verursachen höhere Kosten. Sind die Verbraucher bereit, diese zu bezahlen?

Der Wille dazu scheint mehr und mehr vorhanden zu sein. Heute werden bereits etwa vier Millionen Schweine gemäß den Vorgaben der EU-Bio-Verordnung sowie einiger Markenfleischprogramme gemästet. Doch egal, ob konventionell oder ökologisch, gemessen an der allgemeinen Teuerung ist Fleisch verhältnismäßig preisgünstig. Für ein Kilo Rindfleisch musste ein Industriearbeiter vor 40 Jahren mehr als doppelt so lange arbeiten, für ein Kilo Schweinefleisch gut dreimal so lange wie heute. Wichtiger denn je sind deshalb der bewusste Umgang mit und die Wertschätzung gegenüber dem Lebensmittel Fleisch.

Rindfleisch *ist in der Gastronomie wegen seines kräftigen, ausgeprägten Geschmacks beliebt. Aber: Rindfleisch ist nicht gleich Rindfleisch – sehr viel hängt von der Auswahl des richtigen Stückes ab.*

FACHWISSEN GEFRAGT! Wie bei keiner anderen Fleischart wird dem Koch beim Thema Rind einiges an Know-how abverlangt. Jedes Fleischstück ist anders und erfordert eine geeignete Art der Zubereitung, wenn das Ergebnis geschmacklich überzeugen soll. Zudem gibt es große Unterschiede in der Qualität: Faktoren wie Fleischfarbe, Faserstruktur oder Fettverteilung spielen hier eine Rolle. Die folgende Übersicht bringt das Wichtigste kurz auf den Punkt. So ausgerüstet, können Sie dann schon gleich beim Einkauf erkennen, ob ein Stück Fleisch für Ihre Zwecke in Frage kommt oder nicht.

RIND IST NICHT GLEICH RIND

Rindfleisch ist vielmehr eine Sammelbezeichnung für unterschiedlichste Qualitäten. Und die Qualität des Fleisches liegt nicht zuletzt bereits im Schlachtalter der Tiere begründet: Sind sie jünger als 15 Monate, ist der Geschmack noch nicht sehr ausgeprägt. Viel älter als zweieinhalb Jahre sollten die Rinder aber auch wieder nicht sein, denn ab dem 30. Monat beginnt ihr Fleisch langsam hart und zäh zu werden.

VERSCHIEDENE QUALITÄTEN

Das häufig von Direktvermarktern angebotene Jungrindfleisch stammt von noch nicht ausgewachsenen männlichen und weiblichen Tieren. Es ist relativ feinfaserig und zart, allerdings noch wenig marmoriert. Jungbullenfleisch bezeichnet Rindfleisch von männlichen, nicht kastrierten und überwiegend in Intensivmast gehaltenen Tieren, die im Alter zwischen 14 und 22 Monaten geschlachtet werden. Jungbullenfleisch ist hellrot, von mittlerer bis kräftiger Faserstruktur, mager und kaum marmoriert. Werden männliche, nicht kastrierte Rinder im Alter von zwei Jahren und älter geschlachtet, spricht man von Bullenfleisch. Dieses ist dunkelrot, grob-faserig und wenig marmoriert. Weibliche ausgewachsene Tiere, die bereits gekalbt haben, liefern Kuhfleisch – doch ebenso wie Bullenfleisch spielt auch das Fleisch älterer Kühe in der Küche keine Rolle, sondern wird meist zur Wurstherstellung verwendet. Spitzenqualität erwarten kann man dagegen von extensiv gehaltenen Färsen und jüngeren Ochsen. Färsenfleisch stammt von weiblichen Tieren zwischen 15 und 30 Monaten, die noch nicht gekalbt haben. Ochsenfleisch liefern männliche, jung kastrierte Tiere im Alter von 30 Monaten oder auch etwas älter. Färsen- und Ochsenfleisch ist kräftig bis dunkelrot, feinfaserig, von weißen Fettadern durchzogen (marmoriert), zart und saftig.

WICHTIG: OPTIMALE FETTVERTEILUNG

Gutes Rindfleisch ist nicht zu mager, aber auch nicht zu fett. Dabei spielt vor allem die Verteilung des Fettes eine große Rolle: Nicht als dicke weiße Schicht sollte es über magerem rotem Fleisch liegen, aus kulinarischer Sicht ist vielmehr eine feine Marmorierung wünschenswert, das heißt, dünne weiße, zwischen den Muskelfasern eingelagerte Fettäderchen. Sie garantieren Saftigkeit und Geschmack bei der Zubereitung. Neben der Haltungsform – wichtig sind Bewegung und eine langsame Mast der Tiere – spielt in Sachen Marmorierung auch die Rasse eine Rolle. In Deutschland haben sich neben reinrassigen Fleischrindern auch Züchtungen aus Fleischrassen und heimischen Landrassen wie etwa dem Höhenfleckvieh in Qualitätsfleischprogrammen bewährt.

RINDFLEISCH IN DER KÜCHE

Rindfleisch zählt zu den vielseitigsten Fleischarten, es kann pochiert, gekocht, gedämpft, geschmort, gebraten und gegrillt werden. Auf den nächsten Seiten finden Sie daher bei jedem Teilstück auch gleich seine mögliche Verwendung in der Küche beschrieben. So können Sie dann beim Einkauf bei Engpässen Ihres Fleischers – ein Rind hat nun mal nur zwei Filets – auf andere, ebenso schmackhafte Teilstücke ausweichen.

Nur zwei Prozent Filetanteil

Beim Rind liegt der Filetanteil bei etwa 2 Prozent – die Nachfrage übersteigt hier meist das Angebot. Doch es gibt eine ganze Reihe an Alternativen, die geschmacklich mindestens genauso gut, wenn nicht sogar noch besser sind.

Reich an Eiweiß und Vitaminen,

ist qualitativ hochwertiges Rindfleisch ein wertvolles Nahrungsmittel. Bis es schön mürbe und zart wird, braucht es jedoch seine Zeit.

BEWUSST GENIESSEN – beim maßvollen Verzehr von gutem Rindfleisch müssen Sie kein schlechtes Gewissen haben. Denn Rindfleisch enthält viele für unsere Ernährung wichtige Bausteine, allen voran hochwertiges Eiweiß, wertvolle Vitamine, Mineralstoffe und Spurenelemente. Die Kritik, Fleisch enthalte zu viel Fett und Kochsalz, bezieht sich in erster Linie auf Fertigprodukte und Wurstwaren. Beim Fleisch selbst sieht es hingegen besser aus: Mageres Rindfleisch enthält im Schnitt lediglich 4 Prozent Fett, dafür jedoch 20 Prozent Eiweiß.

EIN BISSCHEN FETT IST ERLAUBT

Aus kulinarischer Sicht ist jedoch nicht dem ganz mageren, sondern fein durchwachsenem Fleisch der Vorzug zu geben. Fett ist ein Aromaträger, daher schmeckt marmoriertes Rindfleisch einfach besser, ist zarter und bleibt saftiger bei der Zubereitung. Zudem enthält das Fett einen hohen Anteil an ungesättigten Fettsäuren, die der Körper mit der Nahrung aufnehmen muss. »Qualität« lautet daher die Devise: Hochwertiges, zartes und saftiges Fleisch von artgerecht aufgezogenen Tieren hat zwar seinen Preis, dafür wird der Gaumen mit einem entsprechenden kulinarischen Erlebnis belohnt.

Rindfleisch, wie es sein soll: Hier ein schön marmoriertes Stück von der Hochrippe. Die aufliegende dicke weiße Fettschicht hält das zarte Fleisch beim Braten oder Grillen schön saftig, sie kann jedoch nach Belieben vor dem Essen entfernt werden.

VITAMINE UND MINERALSTOFFE

Neben seinem hohen Gehalt an Eiweiß – nur zum Vergleich: bei Geflügel liegt der durchschnittliche Eiweißgehalt bei etwa 8 Prozent – hat Rindfleisch noch mehr zu bieten. Es versorgt den Körper mit wichtigen Vitaminen, insbesondere den B-Vitaminen (B1, B2, B6, B12 und Niacin), wobei hier dem Vitamin B12, das zur Bildung der roten Blutkörperchen gebraucht wird, eine besondere Bedeutung zukommt, da es fast nur in tierischen Lebensmitteln enthalten ist. Zudem sind noch die fettlöslichen Vitamine A, D und E in Rindfleisch enthalten, vor allem die Leber ist ein ausgezeichneter Vitamin-A-Lieferant. Außerdem finden sich im Rindfleisch eine ganze Reihe wichtiger Mineralstoffe und Spurenelemente, die den Stoffwechsel unterstützen, wie etwa Magnesium, Kalium, Kalzium und Phosphor sowie Eisen, Selen, Mangan, Zink, Kupfer und Jod.

ZART IST NUR GEREIFTES FLEISCH

Sehr stark wird die Qualität von Fleisch und insbesondere von Rindfleisch von biochemischen Vorgängen nach dem Schlachten beeinflusst. Unmittelbar nach dem Tod sind die Muskeln erst einmal weich und schlaff. Eine Weile nach dem Schlachten – die Zeit variiert je nach Tierart – werden die Muskeln jedoch zunehmend hart und fest, die Totenstarre tritt ein. In diesem Zustand ist Fleisch nicht zur Zubereitung geeignet. Der pH-Wert sinkt stark, es kommt zu einer Muskelkontraktion, das Fleisch wird zäher und hat eine schlechte Wasserbindung. Würde man es jetzt braten, wäre es strohtrocken. Nach Eintritt der Totenstarre gehen die enzymatischen Veränderungen im Muskelfleisch weiter, man spricht in diesem Zusammenhang vom

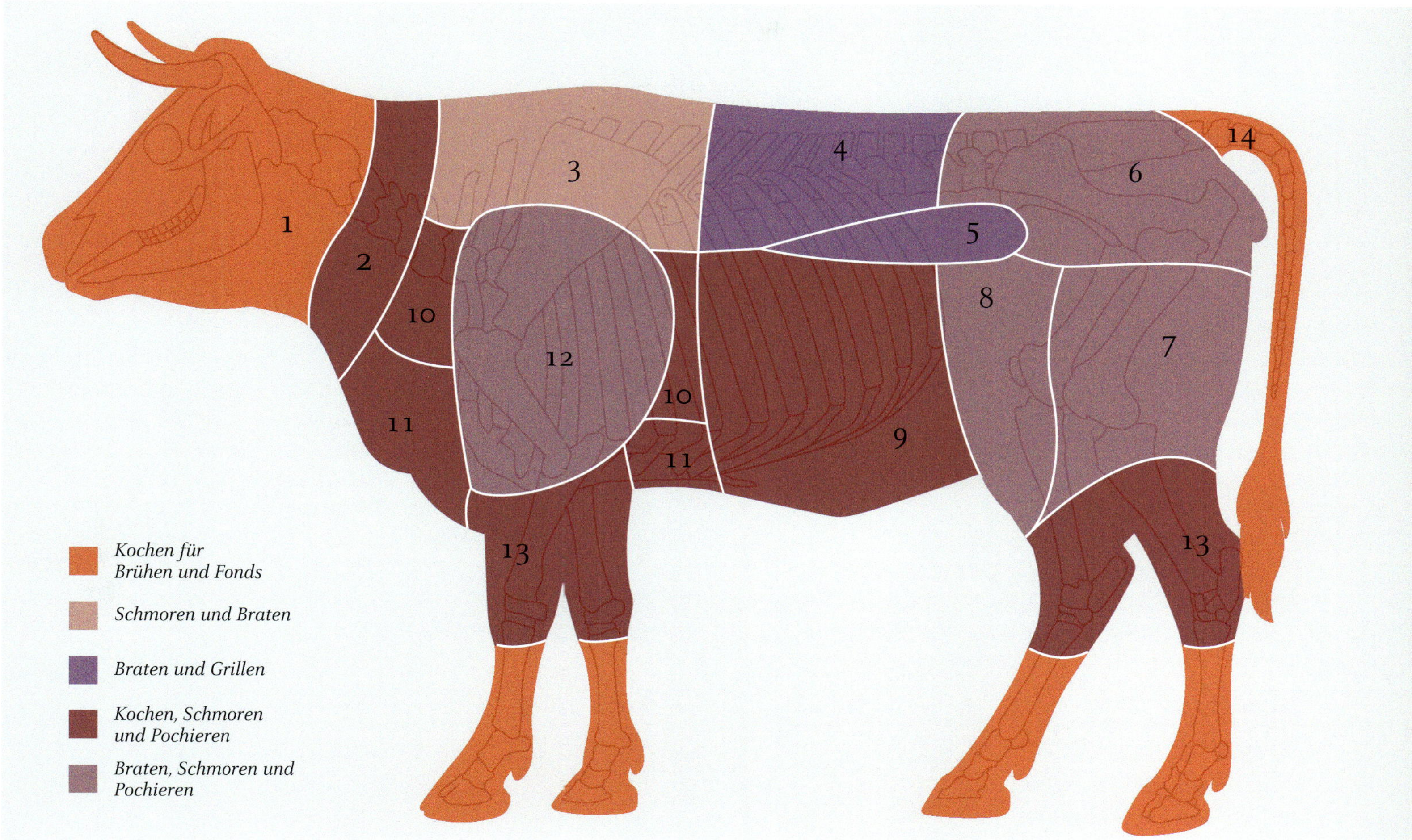

Das Rind im Querschnitt mit allen kulinarisch wichtigen Teilstücken sowie ihrer Verwendung. 1 – Kopf, 2 – Kamm, Nacken, Hals; 3 – Fehlrippe, Hohe Rippe; 4 – Hochrippe, Roastbeef; 5 – Filet; 6 – Hüfte, Blume; 7 – Unter- und Oberschale; 8 – Kugel; 9 – Dünnung, Bauch; 10 – Spannrippe, Querrippe; 11 – Brust, Brustspitze, Brustkern; 12 – Bug, Schulter, Blatt; 13 – Vorder- und Hinterhesse; 14 – Schwanz

»Reifen« des Fleisches. Der pH-Wert und damit verbunden auch die Wasserbindungsfähigkeit steigen jetzt langsam wieder an. Das Fleisch wird zunehmend mürber und zarter. Braten- und Steakfleisch vom Rind wird bei der späteren Zubereitung nur dann wirklich zart, wenn es in einer geeigneten hygienischen Umgebung 4 bis 5 Wochen gereift ist. Zum Reifen oder »Abhängen« werden die Fleischteile heute in der Regel vakuumverpackt, so ist das Fleisch vor unerwünschtem Bakterienbefall geschützt. Eine Rolle spielt bei diesem Prozess der postmortalen Glykolyse – wie die enzymatischen Veränderungen im Fleisch in der Fachsprache genannt werden – auch noch die Temperatur: Werden die Rinderhälften nach dem Schlachten bei einem ph-Wert unter 6,0 zu intensiv gekühlt, kann es zu einer Verkürzung der Muskulatur kommen, man spricht in diesem Zusammenhang vom so genannten »cold shortening effect«. Dieser bewirkt, dass das Fleisch zäh wird und auch zäh bleibt.

Richtig gereiftes gutes Fleisch kann nach dem Einkauf zu Hause dann noch 3 bis 4 Tage im Kühlschrank aufbewahrt werden, am besten legt man es dafür in Öl (S. 117) oder auch in eine Würzmarinade ein. Vakuumverpacktes Fleisch können Sie entsprechend länger lagern, wenn die Verpackung nicht beschädigt ist. Am Tag der Zubereitung sollte die Verpackung dann etwa 1 Stunde vorher geöffnet werden, damit das Fleisch durch die Einwirkung von Sauerstoff wieder seine schöne rote Farbe bekommt. Tiefgekühlt kann Rindfleisch je nach Fettgehalt 8 bis 10 Monate aufbewahrt werden.

Einige der wichtigsten Fleischrinderrassen: Oben links ein Hereford-Rind und rechts eine Herde Limousin-Rinder.

Wichtige Fleischrinderrassen und ihre Geschichte

Die Mehrzahl der heute wirtschaftlich bedeutenden Rinderrassen geht, so unterschiedlich sie in Bezug auf Größe und Aussehen auch sind, auf ein und dieselbe Stammform zurück: den Ur oder Auerochsen *(Bos taurus primigenius)*, der in Europa zum ersten Mal vor etwa 250.000 Jahren auftauchte. Mit seiner Domestikation wurde vor rund 8.000 Jahren begonnen, das Rind veränderte sich allmählich: Die Körpergröße schrumpfte, dafür wurden das Fell und die Hörner immer variantenreicher – von weit ausladenden, geschweiften großen Hörnern bis zur Hornlosigkeit war alles vertreten. Schon die Kulturen der Antike – angefangen von den Ägyptern über die Griechen bis zu den Römern – unternahmen größere züchterische Anstrengungen. Im Mittelalter ging dann aber jegliches Wissen über die Tierzucht wieder verloren. Geografisch bedingte Faktoren wie Klima und die Futtersituation vor Ort wurden jetzt zu natürlichen Selektionskriterien: In den fetten Marschen des norddeutschen Tieflandes entwickelte sich ein völlig anderer Rindertyp als in den kargen Hochlagen der Mittelgebirge. Daher lassen sich die alten Landrassen ganz grob in Höhen- und Tieflandrassen einteilen: Große, milchreiche Kühe grasten in den weiten Ebenen, kleine, robuste und trittsichere Rinder waren in den schwerer zugänglichen Bergregionen heimisch.

Der Beginn der modernen Tierzucht liegt noch gar nicht so lange zurück: 1822 erfolgte in Nordostengland der erste Eintrag in ein Zuchtbuch, darin wurden die züchterischen Fortschritte bei den Shorthorns genau protokolliert.

DIE ANFÄNGE LIEGEN IN ENGLAND

Es ist kein Zufall, dass ausgerechnet im England des 19. Jahrhunderts Züchter sich mit der gezielten Selektion von Fleischrindern befassten. Der Zusammenhang zwischen industrieller Revolution und Fleischrinderzucht ist evident: Für die rasch wachsende Bevölkerung in den Städten musste jetzt auf derselben Fläche deutlich mehr Fleisch erzeugt werden als zuvor. Und so entstanden im Lauf des 19. Jahrhunderts neben Shorthorn mit Hereford und Aberdeen Angus zwei weitere Fleischrassen, die alle drei bis heute weltweit verbreitet sind. Schon früh gelangten diese drei Rinderrassen über den Atlantik nach den USA und Südamerika. Und auch bis nach Deutschland kamen vor gut 150 Jahren die ersten Shorthorns aus Großbritannien, genauer gesagt, verschlug es sie an die Westküste Schleswig-Holsteins, wo sich bis heute eine Zucht dieser alten Rasse erhalten hat. Doch während sich in Ländern wie England, Neuseeland oder den USA die Fleischrinderzucht seither kontinuierlich weiterentwickelt hat, nahm die Geschichte auf dem Kontinent einen anderen Lauf.

Im kontinentalen Europa setzten die züchterischen Bemühungen zur Entwicklung spezieller Fleischrinderrassen erst um einiges später ein, denn hier stand lange Zeit die gleichzeitige Nutzung der Tiere als Milch- und Fleischlieferant sowie als Arbeitstier im Vordergrund. Nach und nach begann man dann aber mit einer Umzüchtung der Arbeitsrassen zu Fleischrindern – Beispiele hierfür sind die französischen Rassen Charolais und Limousin oder auch die italienischen Piemonteser. Haben diese Kraftpakete doch feinstes Fleisch und stellen bis heute die drittstärkste Rinderpopulation in Italien.

DIE ZUCHT AUF DEM KONTINENT

Aber erst seit der Zeit nach dem Zweiten Weltkrieg konnten die kontinentalen Rassen als Fleischrinderrassen wirkliche Erfolge feiern. Sie waren größer und später schlachtreif als die kleineren englischen Sorten. Zudem erbrachten die kontinentalen Rassen höhere Endgewichte bei weniger Fett, was den Verbraucherwünschen der Zeit entgegenkam.

DIE ENTWICKLUNG IN DEUTSCHLAND

Die Anfänge der modernen Fleischrinderzucht in Deutschland reichen zurück bis ins Jahr 1955, als mit Kreuzungen importierter Aberdeen Angus und heimischer Zweinutzungsrassen begonnen wurde. Das Ziel war, ein an hiesige Verhältnisse angepasstes Fleischrind zu züchten. Aus Aberdeen Angus wurde folglich bald Deutsch Angus, weil die Tiere, die in England und Übersee auf der Weide grasten, in Intensivmast zu extremer Verfettung neigten. Durch Einkreuzung von Fleck- und Gelbvieh wurde dieses Problem jedoch behoben, und es entstanden verschiedene Deutsch-Angus-Typen mit vorteilhaften Eigenschaften und feinem Fleisch. Mittlerweile machen fünf verschiedene Fleischrinderrassen über 70 Prozent des Gesamtbestands an Fleischrindern in Deutschland aus: Deutsches Fleckvieh, Charolais, Galloway, Limousin und eben Deutsch Angus. Das Deutsche Fleckvieh ging zu Beginn des 19. Jahrhunderts aus der Kreuzung einheimischer Landrassen mit Schweizer Simmentalern hervor. Zunächst wurde es als typisches Zweinutzungsrind gehalten, doch in den letzten Jahren sind Züchter um eine stärkere Fleckvieh-Fleischnutzung bemüht. Die großen weißen bis cremegelben, aus Zentralfrankreich stammenden Charolais-Rinder waren durch Kreuzungen bodenständiger Charolais mit weißen Shorthorns entstanden und wurden in den 1960er Jahren nach Deutschland importiert. Charolais-Rinder liefern ein feines Fleisch mit weniger Fett.

Eine spezielle Fleischrinderzucht in Deutschland ist noch relativ jung, erst in den letzten Jahrzehnten entstanden entsprechende Züchtervereinigungen.

Keine Einkreuzung anderer Rassen gab es bei den Galloways, von denen die ersten Anfang der 1970er Jahre nach Deutschland kamen. Die anspruchslosen, robusten, schwarzen oder graubraunen kleinen Rinder aus Schottland wurden aufgrund ihres zarten, fein marmorierten Fleisches bald äußerst beliebt. Fleisch höchster Güte liefert auch das aus dem französischen Limoges am Südwestrand des Massif Central stammende hell- bis goldrote Limousin-Rind. Diese robuste und genügsame Rasse wird in Deutschland seit 1975 gehalten. Neben diesen fünf gibt es in Deutschland heute viele weitere kleine Züchterverbände, die sich der Weiterentwicklung spezieller Fleischrassen wie beispielsweise Hereford verschrieben haben.

Katrin Wittmann

Links unten zwei Charolais-Rinder und rechts unten Angus-Rinder und Kreuzungen.

Zum Kochen ideal *sind die meisten der im Vergleich zur Keule preiswerteren, doch geschmacksintensiven Teilstücke des Vorderviertels vom Rind, allen voran die Teile der Brust.*

Die verschiedenen Teile der Rinderbrust eignen sich in erster Linie zum Kochen.

Beim Rind kommt es wie bei keiner anderen Fleischart darauf an, die einzelnen Teilstücke, ihre Konsistenz, Struktur sowie die jeweiligen Eigenschaften bei der Zubereitung zu kennen. Auf den folgenden Seiten erfahren Sie, welche Stücke vom Rind etwa zum Kurzbraten geeignet sind, welche langsam im Ofen schmoren sollten, welche zum Braten gut geeignet sind und welche Teilstücke zum Kochen oder Pochieren die richtigen sind.

Während gekochtes Rindfleisch in Österreich seit jeher ein geschätzter Genuss ist – man denke nur an die Wiener Rindfleischkultur – scheint gekochtes Rindfleisch in Deutschland fast ein wenig in Vergessenheit geraten zu sein – wohl nicht zuletzt deshalb, weil die Zubereitung der bindegewebsreichen Teilstücke deutlich mehr Zeit verlangt. Stattdessen steigt in Deutschland die Nachfrage nach Fleisch zum Kurzbraten stetig – Minutensteaks und Filet haben Konjunktur, sie stehen ganz oben in der Gunst der Verbraucher. Zu Unrecht, denn im Vergleich zum Filet oder den kurzfaserigen Teilen der Keule haben die Teilstücke des Vorderviertels ein ausgeprägteres Aroma und schmecken – entsprechend zubereitet – einfach köstlich.

Spannrippe, Querrippe

Die aus dem Brustkorb des Rindes geschnittenen Stücke nennt man Spannrippe, Querrippe oder auch Flache Rippe (1). Regional spricht man bei einem Teilstück der Spannrippe auch vom Leiterstück (3).

Merkmale: Die Spann- oder Querrippe ist mäßig durchwachsen und lässt sich horizontal in verschiedene Schichten trennen: in den mageren Deckel, in den stark marmorierten Mittelteil mit den Rippenknochen sowie in das Mittelstück. »Wie gewachsen«, also mit Rippenknochen, zählt die Querrippe zu den preiswertesten Stücken vom Rind.

Verwendung: Die Spann- oder Querrippe ergibt eine ausgezeichnete Grundlage für eine kräftige Brühe. Sie findet mit und ohne Knochen Verwendung. Nach dem Kochen lassen sich die Rippenknochen leicht aus dem Fleisch herausziehen. Ausgelöst eignet sich die Spann- oder Querrippe (2) ebenfalls zum Kochen oder Pochieren. Man kann das Stück aber auch in Würfel geschnitten in Eintopfgerichten schmoren. Und die mittlere, gut marmorierte Schicht dieses Stückes ergibt – sehr dünn geschnitten – sogar kleine Fleischscheiben zum Kurzbraten nach japanischem Vorbild.

(1) Die **SPANNRIPPE**, auch als **QUERRIPPE** oder **FLACHE RIPPE** bezeichnet, wird aus dem Brustkorb des Rindes geschnitten.

(2) **SPANNRIPPE** ohne Knochen. Sie ist stark durchwachsen und benötigt, im Ganzen gegart, eine lange Zubereitungszeit.

(3) Das **LEITERSTÜCK** ist ein Teilstück der Querrippe. Es ist in regelmäßigen Abständen von Rippen durchzogen.

(4) **RINDERBRUST** »wie gewachsen« nach der Grobzerlegung: Brustbein und Rippenansätze sind gut zu erkennen.

Die Teile der Brust

Die Rinderbrust ist beim Fleischer entweder »wie gewachsen« (4) – dann wird das Brustbein nicht entfernt – oder ausgelöst (5) erhältlich. Meist wird die Brust in drei Teilstücken angeboten: Man unterscheidet die Brustspitze, den Brustkern und außerdem noch die Nachbrust, wobei die drei Teilstücke in der Qualität etwas voneinander abweichen.
Merkmale: Die Brustspitze (6) ist das fleischigste Stück der Brust und hat einen geringeren Knochenanteil. Sie liefert ein kerniges, gut durchwachsenes Fleisch und ist von einer Fettauflage überzogen. Der Brustkern enthält den Brustbeinknochen und ist noch stärker von Fett überwachsen und durchzogen. Die Nachbrust (7) – so nennt man den flachen Teil der Brust – weist weniger Knochen auf und ist insgesamt etwas magerer. Alle Bruststücke sind relativ preiswert.
Verwendung: Die fleischige Brustspitze ist sehr gut zum Kochen geeignet, da sie beim Garen schön saftig bleibt. Die Brustspitze kann, in größere Würfel geschnitten, jedoch auch gut für herzhafte Eintopfgerichte verwendet werden. Aus dem mittleren Brustkern lässt sich eine aromatische Fleischbrühe zubereiten, und die flache Nachbrust ist in erster Linie als Siedfleisch beliebt. Pochiert taucht sie häufig als »gekochte Ochsenbrust« auf der Speisekarte auf – in Österreich ist sie gelegentlich auch als »Krenfleisch« zu finden. Entbeint und gerollt eignet sich der flache Teil der Rinderbrust auch zum Schmoren.

Das Zerteilen von Rinderhälften oder Vierteln ist Sache der Profis: Hier zertrennt der Fleischer fachgerecht Rippen und Bug. Um Verletzungen zu vermeiden, trägt er dabei einen Schutzhandschuh aus Metallgeflecht.

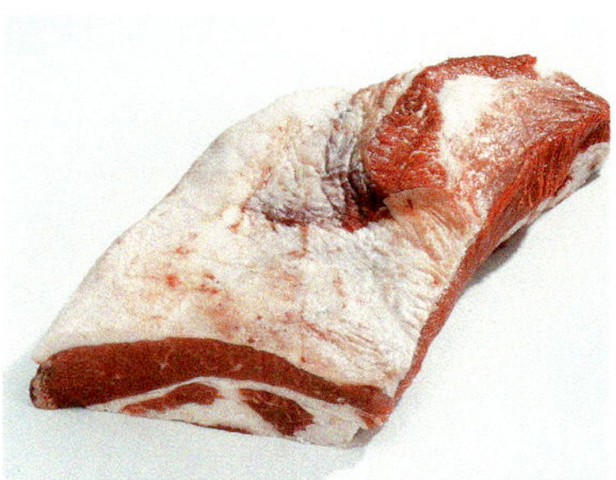

(5) **RINDERBRUST** im Ganzen. Im Hintergrund die Brustspitze, in der Mitte der Brustkern und im Vordergrund die Nachbrust.

(6) Die **BRUSTSPITZE** ist der fleischigste Teil der Brust. Ihr festes Fleisch bleibt aufgrund des Fettanteils beim Garen saftig.

(7) **NACHBRUST** nennt man den flachen, breiteren Teil der Brust. In Österreich wird es gern als Krenfleisch serviert.

Die Teile der Schulter und die Vorderfüße liefern ein gutes Fleisch zum Kochen, Pochieren, Schmoren und Braten.

Kochen, Schmoren oder Braten?

Jedes Stück aus dem Vorderviertel erfordert eine individuelle Behandlung. Wichtig ist dabei jedoch vor allem eines: gute Qualität!

Manche Teilstücke vom Rind – vor allem jene des Vorderviertels – werden in ihrer Vielseitigkeit oft unterschätzt. Dabei sind sie im Gegensatz zu den bekannteren Stücken des Hinterviertels allesamt relativ preiswert.

Schulter, Bug

Gewichtsmäßig macht die Schulter einen großen Teil des Vorderviertels aus, angeboten wird sie in verschiedenen Teilstücken (1–7).

Merkmale: Alle Stücke der Schulter sind relativ mager, aufgrund ihres hohen Anteils an Bindegewebe aber auch zäher als jene der Keule. Grund dafür ist die höhere Belastung der vorderen Muskelpartien.
Verwendung: Die Teile der Schulter lassen sich schmoren, braten oder kochen; zum Kurzbraten sind sie dagegen nicht geeignet, weil Sehnen und Bindegewebe dabei nicht weich werden. Im Einzelnen: Der Dicke Bug (1, 2) schmeckt als Braten, Sauerbraten, Gulasch oder Geschnetzeltes; auch kleine Rouladen können daraus geschnitten werden. Der Schulterdeckel (3) eignet sich bestens zum Pochieren, ebenso wie das Mittelbug- oder Schaufelstück (4). Häufig wird dieses auch als Sauerbraten oder Gulasch zubereitet. Das Falsche Filet (5) ver-

(1) Das **DICKE BUGSTÜCK**, oft auch nur **DICKER BUG** genannt, ist zartfaseriger als andere Teilstücke der Schulter. Er eignet sich daher sehr gut zum Braten und Schmoren sowie für Gulasch und Geschnetzeltes.

(2) **DICKES BUGSTÜCK MIT DECKEL**, Fettabdeckung und Bindegewebe sind gut erkennbar.

(3) Der **SCHULTERDECKEL** ist von Bindegewebe überzogen und liegt auf dem Schaufelstück auf.

(4) Das **MITTELBUGSTÜCK** oder **SCHAUFELSTÜCK** ist von einer kräftigen Sehne durchzogen.

(5) Das **SCHULTER**- oder **FALSCHE FILET** ist zartfaserig und von einer Sehne durchzogen.

(6) **MAGERE TEILE AUS DER SCHULTER** sind – pariert und gewürfelt – ideales Gulaschfleisch.

(7) **BEINSCHEIBEN VON DER VORDERHESSE** ergeben beim Kochen eine kräftige Brühe.

dankt seinen Namen der Ähnlichkeit mit dem echten Filet, es eignet sich zum Braten im Ganzen, kann aber auch für Sauerbraten oder Tatar verwendet werden. Aus den Beinscheiben der Vorderhaxe oder -hesse mit den innen liegenden Markknochen lässt sich eine ausgezeichnete Fleischbrühe herstellen.

Kamm, Nacken, Hals

Vielfach wird der fleischige Kamm (8) vom Fleischer zu Hackfleisch oder Wurst weiterverarbeitet. Ausgelöst findet das preiswerte Stück jedoch auch in der Küche Verwendung.
Merkmale: Die Halspartie beim Rind besteht aus kräftigem Muskelfleisch, das von vielen Sehnen durchzogen und von Fett durchwachsen ist. Aufgrund seiner Struktur benötigt es generell lange Garzeiten in feuchter Hitze.
Verwendung: Rinderhals ergibt, in Würfel geschnitten, ein gutes Gulaschfleisch. Das Stück eignet sich aber auch zum Kochen oder Pochieren im Ganzen.

Fehlrippe, Hohe Rippe

Die an den Kamm oder Hals anschließenden Teile der Rückenmuskulatur nennt man Fehlrippe, Hohe Rippe oder Zungenstück (9, 10).
Merkmale: Das Teilstück ähnelt in Aussehen und Struktur der Hochrippe, ist jedoch meist etwas fettärmer. Allerdings sind die Übergänge fließend, das heißt, je nach Schnittführung kann die Hohe Rippe länger oder kürzer ausfallen.
Verwendung: Die Fehlrippe oder Hohe Rippe ist zum Pochieren, Schmoren oder Braten geeignet. Auch Sauerbraten und Gulasch lässt sich daraus kochen.

(12) **HOCHRIPPE** mit Knochen. Aufgrund der Marmorierung schön saftig. Als Rinderkotelett – Côte de bœuf – wird es oft mit Knochen gebraten oder gegrillt.

Das Fleisch vom Hals und die Teile des Rückens eignen sich sehr gut zum Braten, Grillen, Schmoren und Pochieren.

Hochrippe

Die Hochrippe, manche sprechen auch von Hochrücken oder Zwischenrippenstück, ist ein wertvolles Teilstück des Rückens. Es befindet sich zwischen Schulter und Keule, und je nach Schnittführung kann es am Vorder- oder Hinterviertel verbleiben.
Merkmale: Das Fleisch der Hochrippe (11, 12) ist zartfaserig, gut marmoriert und daher schön saftig. Aus dem mittleren Stück, dem besten Teil, wird das so genannte Ribeye-Steak geschnitten.
Verwendung: Die Hochrippe eignet sich zum Pochieren, zum Braten im Ganzen, als Kotelett sowie zum Kurzbraten oder Grillen.

Hohe Rippe oder Hochrippe?

Ist das denn nicht dasselbe? Nun, nicht ganz, das eine ist die Fortsetzung des andern, beide Teile stammen jedoch vom vorderen Teil des Rückens. Die Hohe Rippe liegt anatomisch zwischen Fehlrippe und Hochrippe.

(8) **AUSGELÖSTER RINDERHALS, NACKEN** oder **KAMM**, sehnenreich und durchwachsen.

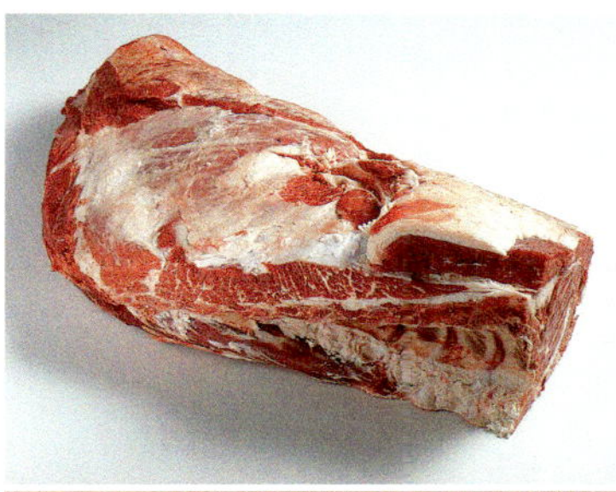

(9) **RINDERHALS UND FEHLRIPPE**, mit Knochen – links die Halspartie, rechts die Fehlrippe.

(10) **FEHLRIPPE** oder **HOHE RIPPE**. Höherer Bindegewebsanteil als die Hochrippe, saftig.

(11) **HOCHRIPPE** ohne Knochen mit Fettauflage, gut zum Schmoren, Braten und Pochieren.

Zum Kurzbraten und Braten *bestens*

geeignet sind die Teile der wenig beanspruchten Rückenpartie: Roastbeef und Filet sind wunderbar kurzfaserig, zart und schön saftig.

Vom Rücken stammen die besten Teile vom Rind: Roastbeef und Filet. Mit ihrem kurzfaserigen, zarten Fleisch eignen sie sich sehr gut zum Braten.

Roastbeef und Filet werden in der Regel zwischen der 4. und 5. Rippe vom Vorderviertel abgetrennt.

Roastbeef

Das Roastbeef (3–5), auch Zwischenrippenstück, Lenden- oder Nierstück genannt, wird aus dem Hinterviertel geschnitten. Es besteht aus zwei Teilen: dem vorderen hohen Roastbeef und dem hinteren flachen Roastbeef (4), regional auch als Rostbraten, Lendenbraten oder Lende bezeichnet.
Merkmale: Das Roastbeef liefert zartes, gut marmoriertes Fleisch. Dabei ist der Fettanteil beim hohen Roastbeef (16 Prozent) deutlich höher als beim flachen Roastbeef (10 Prozent).
Verwendung: Das Roastbeef eignet sich sehr gut zum Braten im Ganzen oder zum Kurzbraten in Scheiben.

Filet

Unterhalb des Roastbeefs – auf der anderen Seite des Knochens – liegt das geschätzte Filet (1–3).
Merkmale: Das Filet ist die von Lendenwirbeln und Beckenknochen abgetrennte und von Fettgewebe befreite innere Lendenmuskulatur. Mit einem Fettanteil von 3 bis 4,5 Prozent ist es sehr mager.
Verwendung: Quer zur Faser in Steaks (2) oder Medaillons geschnitten (S. 119), eignet sich das Filet ausgezeichnet zum Kurzbraten, kann aber auch gut im Ganzen gebraten oder kurz pochiert werden.

(1) Das **FILET**, auch Lungenbraten genannt, ist das wertvollste und teuerste Teilstück des Rindes. Weil die Rückenmuskulatur nur wenig beansprucht wird, ist das Filet besonders feinfaserig, zart und mager.

(2) Aus dem **MITTELSTÜCK DES FILETS** schneidet man verschiedene Steaks und Tournedos.

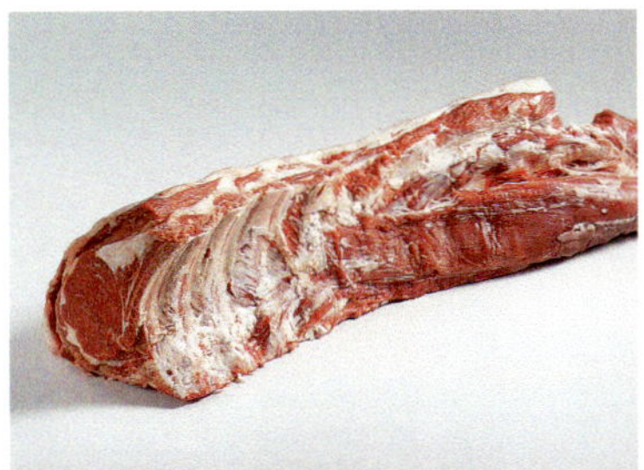

(3) **ROASTBEEF**, mit Knochen und Filet. Vorne gut zu erkennen ist der Übergang zur Hochrippe.

(4) **ROASTBEEF**, ohne Knochen. Im Vordergrund das hohe, im Hintergrund das flache Roastbeef.

(5) Das **FLACHE ROASTBEEF** hat einen geringeren Fettanteil als das hohe Roastbeef.

Marmorierung im Trend

Wer seinen Gästen ein schönes Stück Fleisch servieren möchte, für den empfiehlt es sich, vor dem Einkauf ein paar grundsätzliche Überlegungen anzustellen: Wieviel Zeit steht zur Zubereitung zur Verfügung? Soll es eher ein Steak oder ein Braten sein – und von welchem Tier? Wenn Sie sich diese Punkte beantwortet haben, lassen Sie sich am besten von Ihrem Fleischer beraten, welches Teilstück und welche Garmethode Ihrem Vorhaben am besten entspricht. Neben der richtigen Zubereitung beeinflusst jedoch auch das Fleisch selbst maßgeblich das Ergebnis auf dem Teller. Und nur die wenigsten Qualitätsmerkmale sind mit bloßem Auge zu erkennen, wie etwa die Verteilung des Fettes. Hier gilt es zweierlei Arten Fett voneinander zu unterscheiden: Zum einen gibt es das gut sichtbare, vom Muskelfleisch deutlich getrennte »aufliegende« oder subkutane Fett. Von den meisten nicht sehr geschätzt, wird dieses in der Regel vor dem Verzehr entfernt. Zum anderen wird Fett aber auch im Bindegewebe eingelagert, das die einzelnen Muskelfaserbündel umgibt, sichtbar als feine weiße Äderchen, die das Fleisch durchziehen. Und dieses intramuskuläre Fett – es wird als Marmorierung bezeichnet – gibt einen ersten Hinweis auf die Qualität. Je mehr dieser weißen Linien das rote Muskelfleisch durchziehen, desto besser schmeckt es und desto saftiger bleibt es auch beim Braten oder Grillen. Durch die Hitze beim Garen schmilzt das Fett teilweise und schützt das Fleisch vor dem Austrocknen. Mageres Muskelfleisch ohne jede Marmorierung wird dagegen beim Braten oft zäh und trocken, und auch der Geschmack lässt zu wünschen übrig. Eine feine Marmorierung ist daher ein Garant für Geschmack, Zartheit und Saftigkeit. Andere Länder mit einer großen Fleischkultur wie etwa die USA haben dies seit langem erkannt und klassifizieren Fleisch ausschließlich nach dem Grad der Marmorierung. In Deutschland wird das Fleisch, wie etwa beim Rind der Fall, nach der Fleischigkeit und Fettabdeckung, das heißt, nach dem Anteil an Muskelfleisch am ganzen Schlachttier, bewertet. Abhängig ist der Grad der Marmorierung von verschiedenen Faktoren: Eine Rolle spielen dabei die Rasse, die Aufzuchtbedingungen, das Alter sowie das Futter, das die Tiere erhalten. Manche Fleischrinderrassen haben von Haus aus eine gute Veranlagung zur Ausbildung der feinen Fettäderchen, andere weniger. Während man die Marmorierung noch relativ gut selbst erkennen kann, ist dies bei anderen Qualitätskriterien wie etwa den Mastbedingungen oder dem Schlachtalter der Tiere schon viel schwieriger. Fragen Sie daher doch einfach Ihren Fleischer, welche Tiere er bevorzugt einkauft, oder schauen Sie beim nächsten Einkauf einmal genauer auf das Etikett. Werden etwa Rinder zu jung oder zu alt geschlachtet, kann das Fleisch nicht ganz überzeugen. Beste Qualität liefern dagegen Färsen, weibliche Tiere, die noch nicht gekalbt haben, im Alter von 15 bis 30 Monaten sowie Ochsen, kastrierte männliche Tiere, die etwas älter sein können. Ideal ist eine Kombination von Weidegang und Zufütterung von Getreide in den letzten Wochen. Das Fleisch solcher Tiere ist kräftiger, kerniger, schön marmoriert und hat eine geringere Fettauflage als jenes von Tieren aus Intensivmast. Gutes Rindfleisch braucht Zeit – beim Heranwachsen der Tiere wie bei der Zubereitung – und das hat seinen Preis. Kuhfleisch eignet sich zur Herstellung von Hackfleisch oder wird zu Wurst weiterverarbeitet. Eine sehr ausgeprägte Marmorierung zeichnet das teuerste Rindfleisch der Welt aus – 1 kg kostet immerhin um die 200 Euro. Die japanischen Kobe-Rinder erhalten Naturfutter und Bier, zudem werden sie täglich massiert; dadurch gelingt es, die Fettauflage trotz der ausgeprägten Marmorierung gering zu halten.

Katrin Wittmann

Ideal zum Kurzbraten *sind Steaks aus dem Roastbeef von Hochrippe bis Hüfte. Schön marmoriert und nicht zu dünn geschnitten eignen sie sich auch ausgezeichnet zum Grillen.*

Aus dem gesamten Roastbeef von Hochrippe bis Hüfte können wunderbar zarte und saftige Steaks geschnitten werden. Wie sich dabei im Verlauf des Rückens Form, Fettauflage und Struktur verändern, zeigen die beiden Bildreihen unten. In der oberen Reihe sind vier aus dem Roastbeef geschnittene Steaks abgebildet, jeweils ohne Knochen und Filet (1–4). Gut zu erkennen ist, wie – beginnend bei der Hochrippe und endend beim flachen Roastbeef – die Form von rund gewölbt immer flacher und die Marmorierung weniger wird. Die untere Reihe zeigt den amerikanischen Steak-Zuschnitt mit Knochen, bei dem das Filet zuvor nicht entfernt wird, sondern am Lendenwirbel verbleibt (5–8).

Amerikanische Steaks

wie beispielsweise ein T-Bone- oder auch ein Porterhouse-Steak gibt es in Deutschland derzeit nicht, da aufgrund der BSE-Problematik die Wirbelknochen entfernt werden müssen. Eine gute Alternative ist jedoch ein Rinderkotelett.

Merkmale: Das Roastbeef liefert ideales, gut marmoriertes Steakfleisch. Ein Entrecôte wird aus dem mittleren Roastbeef geschnitten und wiegt etwa 200 g, das Entrecôte double wiegt etwa 400 g und ist doppelt so dick. Für ein Rumpsteak oder einen Rostbraten verwendet man eine etwa 1 cm dicke Scheibe aus dem mittleren oder flachen Roastbeef.

Verwendung: Alle aus dem Roastbeef geschnittenen Steaks eignen sich vorzüglich zum Kurzbraten. Am Knochen gegart sind sie besonders aromatisch und saftig. Gefragte Stücke zum Grillen sind das T-Bone-Steak und das Porterhouse-Steak, jeweils 3 bis 4 cm stark und 700 bis 1.100 g schwer.

(1) **STEAK** aus dem **HOHEN ROASTBEEF**, von der an die Hochrippe grenzenden Seite.

(2) **ENTRECÔTE**, ein **STEAK** aus der Mitte des **ROASTBEEFS**, leicht rund und durchwachsen.

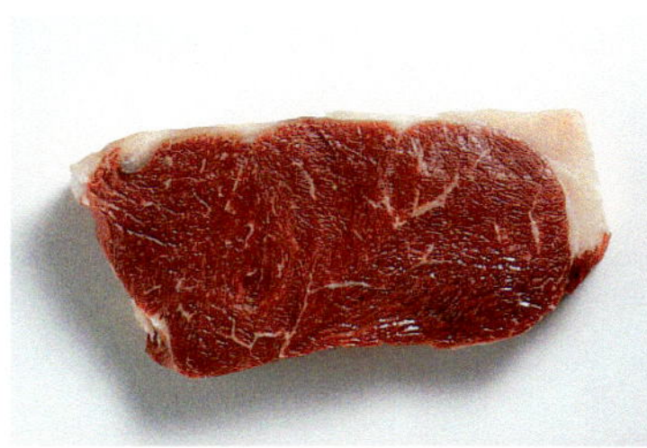

(3) **RUMPSTEAK, STEAK** aus der Mitte des **ROASTBEEFS** zur Hüfte hin, etwas fettärmer.

(4) **STEAK** aus dem **FLACHEN ROASTBEEF** geschnitten, es hat einen geringeren Fettgehalt.

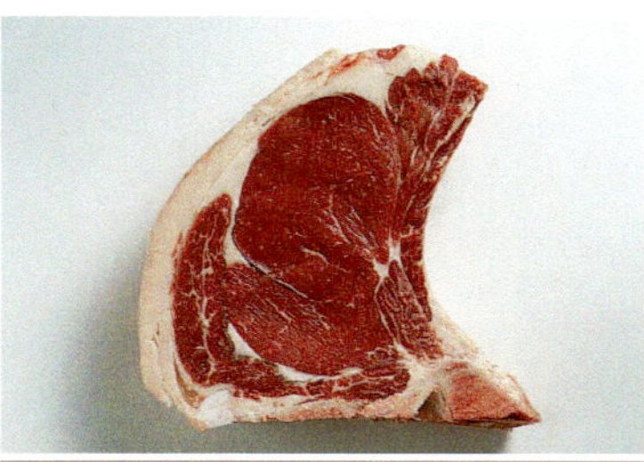

(5) **STEAK AUS DER HOCHRIPPE, KOTELETT.** Ausgelöst wird es als Ribeye-Steak verkauft.

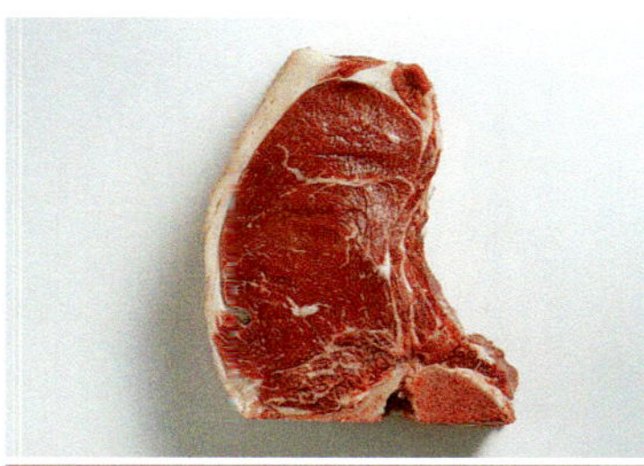

(6) **CLUBSTEAK**, geschnitten aus dem Übergang von der Hochrippe zum Roastbeef.

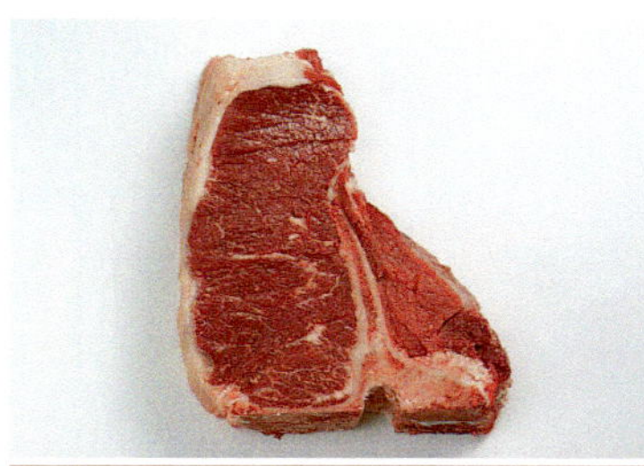

(7) Beim **T-BONE-STEAK** verbleibt das Filet am Knochen (rechts).

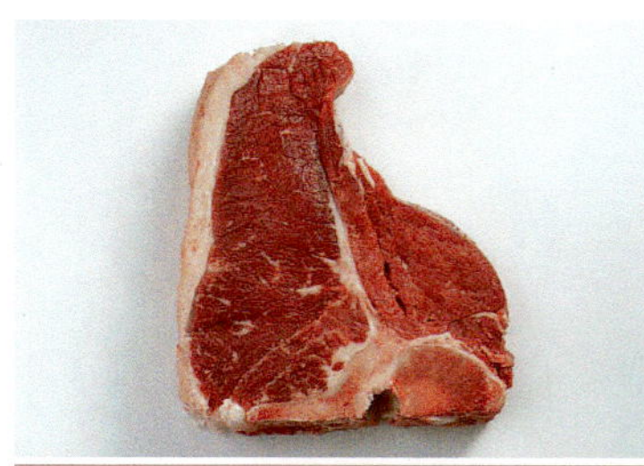

(8) **PORTERHOUSE-STEAK.** Bei ihm ist der Filetanteil größer, der des flachen Roastbeefs kleiner.

Zum Schmoren und Braten *am Stück*

oder auch in Würfel für Ragouts oder in Scheiben für Rouladen geschnitten, eignen sich die Teilstücke der Rinderkeule und -hüfte.

Die Teilstücke der Keule liefern ein sehr hochwertiges Fleisch, das zum Kurzbraten oder Schmoren geeignet ist.

Einige der zartesten Fleischteile vom Rind stammen aus der Keule (9). Sie zeichnen sich durch ein zartfaseriges, bindegewebsarmes Fleisch aus, das sich hervorragend braten und schmoren lässt. Nach Roastbeef und Filet sind die Stücke der Keule in der Küche am gefragtesten und darum auch etwas teurer als jene des Vorderviertels. Zerlegt wird die Keule in Ober- und Unterschale sowie die Kugel.

Oberschale

Die Oberschale (10, 12) – auch Kluft genannt – stammt von der Innenseite der Rinderkeule. Auf ihr liegt, durch Bindegewebe verbunden, der Deckel (11).
Merkmale: Das magere Fleisch der Oberschale ist zart, kurzfaserig und von feinen Fettadern durchzogen.
Verwendung: Die Oberschale mit Deckel eignet sich gut für große Braten sowie zum Schmoren im Ganzen. Ohne Deckel ist sie das klassische Stück für Rouladen, wird aber auch für Steaks (Kluftsteaks), Fondue oder Tatar verwendet. Den abgetrennten Deckel verarbeitet man oft zu Gulasch oder auch zu Geschnetzeltem.

Unterschale

Die Unterschale (13), auch Frikandeau genannt, wird aus der Außenseite der Rinderkeule geschnitten.
Merkmale: Die Unterschale ist grobfaseriger und magerer als die Oberschale.
Verwendung: Die Unterschale wird meist im Ganzen oder – in Würfel geschnitten – auch als Ragout geschmort. Dieses Teilstück der Keule eignet sich aber auch zum Pochieren, für Rouladen und Rostbraten. Zum Braten sollte man das Fleisch der Unterschale mit Fettstreifen spicken, damit es nicht zu trocken wird.

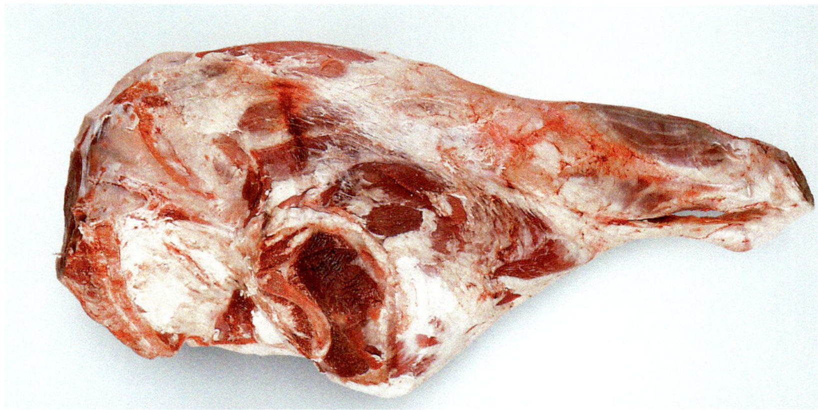

(9) Die **GANZE RINDERKEULE** bildet den größten Teil des Hinterviertels. Aus ihr stammen etwa 50 Prozent des Gesamtfleischanteils beim Rind. Die Keule wird in der Regel unterteilt in Ober- sowie Unterschale und Kugel.

(10) **OBERSCHALE** mit Deckel. Sehr mager und kurzfaserig, von der Innenseite der Keule.

(11) **DECKEL** der Oberschale. Er ist durch Bindegewebe mit der Oberschale verbunden.

(12) Die **OBERSCHALE** ohne Deckel ist eines der zartesten Stücke der Keule, für Rouladen.

(13) Die **UNTERSCHALE** ist etwas zäher und grobfaseriger als die Oberschale.

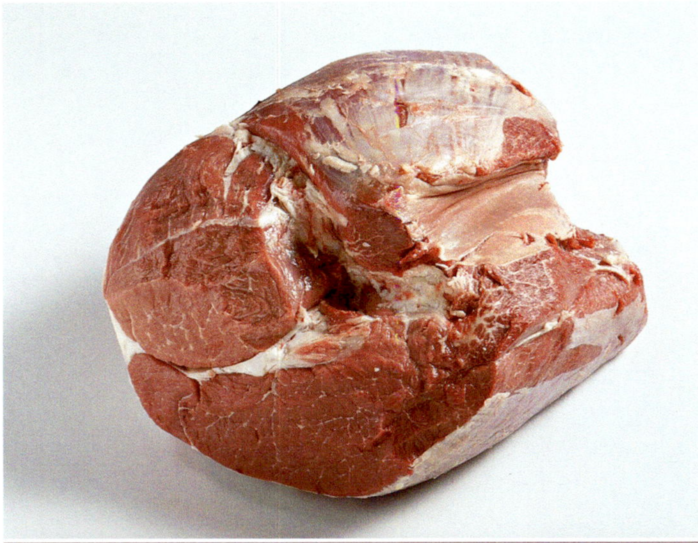

(1) Die **KUGEL** oder **NUSS** mit Deckel ist ein kompaktes Teilstück der Keule. Sie hat ein zartes, feinfaseriges Fleisch und wird oft in ihre Teilstücke zerlegt, manchmal aber auch im Ganzen verwendet.

Kugel, Nuss

Die kompakte Kugel oder Nuss (1) stammt aus dem vorderen Teil der Rinderkeule.
Merkmale: Ihr Fleisch ist kurzfaserig und zart. Die drei Teilstücke werden entlang des Bindegewebes längs der Faser voneinander getrennt.
Verwendung: Die kleinen Teilstücke der Kugel oder Nuss (2) sind vielseitig in der Verwendung: Sie eignen sich zum Braten, Schmoren, für Sauerbraten und – gut abgehangen – sogar zum Kurzbraten. Im Ganzen eignet sich das Stück als großer Braten.

Schwanzrolle, Rolle

Die Schwanzrolle (3) wird seitlich von der Unterschale abgetrennt.
Merkmale: Das magere, grobfaserige, ovale Teilstück der Keule ist von gleichmäßiger Stärke und lässt sich daher gut portionieren.
Verwendung: Das Stück eignet sich zum Schmoren, aus ihm werden zudem kleine Rouladen geschnitten.

Hüfte, Blume

Auch die Hüfte (4) ist ein Teilstück der Keule. Der Hüftdeckel (5) wird aufgrund seiner flach zulaufenden Spitze als Tafel- oder Rosenspitz bezeichnet.
Merkmale: Das Fleisch der Hüfte ist sehr zart, hat eine lockere Struktur und ist von feinen Fettadern durchzogen.
Verwendung: Der Tafelspitz oder Hüftdeckel wird zum Kochen, Schmoren und Braten verwendet und eignet sich für Geschnetzeltes. Die Hüfte ohne Deckel (8) lässt sich ausgezeichnet braten und schmoren, kann für Rouladen oder als Hüftsteak zum Kurzbraten verwendet werden.

Bürgermeister-, Pastorenstück

Dieses geschätzte relativ kleine, zarte, dreieckig geformte Teilstück vom Rind stammt aus der Nische zwischen Hüfte und Kugel. Es wurde in früheren Zeiten vom Fleischer zumeist für den Herrn Bürgermeister oder auch für den Herrn Pastor reserviert, daher der Name.
Merkmale: Das Bürgermeister- oder Pastorenstück (6) ist feinfaserig, gut marmoriert, zart und saftig.

(2) Die drei **TEILSTÜCKE DER KUGEL** trennt man entlang des Bindegewebes längs zur Faser.

(3) Die **SCHWANZROLLE**, auch nur als **ROLLE** bezeichnet, ist sehr mager und grobfaserig.

(4) **HÜFTE MIT DECKEL.** Sie zählt mit ihrer lockeren Struktur zu den besten Stücken der Keule.

(5) **HÜFTDECKEL, TAFELSPITZ.** Dieses Teilstück liefert hochwertiges mageres Fleisch.

Verwendung: Dieses Teilstück kann vielfältig zubereitet werden. Im Ganzen eignet es sich als kleiner Braten. Geschmort wird das Bürgermeister- oder Pastorenstück ebenfalls im Ganzen, es lassen sich jedoch auch kleine Rouladen oder Würfel für Ragouts daraus schneiden. Das zarte Stück ist zudem für Fondues und, in dünne Scheiben geschnitten, auch zum Kurzbraten geeignet.

Wade, Beinfleisch und -scheiben

Wade (7), Beinfleisch (9) und Beinscheiben mit Knochen (10) werden die Teilstücke von Vorder- und Hinterhesse genannt.
Merkmale: Die Beinmuskulatur ist stark beansprucht, daher sind alle diese Teilstücke sehr sehnenreich und benötigen eine ausreichend lange Garzeit bei feuchter Hitze, damit das Bindegewebe weich wird und Zeit zum Quellen hat.

Verwendung: Wade eignet sich in Würfel geschnitten für Gulasch und Ragouts, Beinfleisch zum Kochen, Pochieren oder Schmoren.

Dünnung

Das Fleisch der Flanke wird Dünnung (11) oder Bauchlappen genannt.
Merkmale: Das Fleisch der Dünnung ist relativ fett- und bindegewebsreich.
Verwendung: Dieses Teilstück vom Rind eignet sich als Kochfleisch für Brühen, häufig wird es jedoch auch zur Wurstherstellung verwendet.

Die Hüfte eignet sich zum Schmoren, Braten oder Pochieren. Beinfleisch wird pochiert oder auch als Ragout geschmort.

(6) **BÜRGERMEISTER**- oder **PASTORENSTÜCK.** Saftiges und sehr zartes Stück der Keule.

(7) **WADE, DICKE WADE.** Das stark von Sehnen durchzogene Stück benötigt eine lange Garzeit.

(8) Die **HÜFTE OHNE DECKEL,** auch **BLUME** oder **ROSE** genannt, gilt als das feinste Teilstück der Keule. Sie ist mager, besonders zart und saftig und kann auch kurzgebraten werden.

(9) **BEINFLEISCH,** links von der Vorder-, rechts von der Hinterhesse, sehr sehnenreich.

(10) **BEINSCHEIBEN** der Hinterhesse mit Knochen. Sie sind größer als jene der Vorderhesse.

(11) **DÜNNUNG, FLANKE, BAUCHLAPPEN.** Hoher Anteil an Fett und Bindegewebe.

Die österreichischen Zuschnitte

bei Rindfleisch sind detaillierter als die deutschen. Der Grund dafür liegt wohl in der großen Tradition der Wiener Rindfleischküche.

FLEDERMAUS UND KRUSPELSPITZ: Erstaunen oder gar Unverständnis erntet, wer in Deutschland unter diesem Namen ein Stück Rindfleisch bestellt. Nicht so in Österreich, dort kennt man mehr und kleinere Teilstücke als in Deutschland.
Rindfleisch war und ist in ganz Österreich, vor allem aber in Wien überaus beliebt. Der Rindfleischverbrauch der Stadt war bereits im 15. Jahrhundert überdurchschnittlich hoch. Gekocht durfte es weder auf Adelstafeln noch am Bürgertisch fehlen, ja Kaiser Franz Joseph selbst liebte dieses Gericht so sehr, dass er bei seinen Hofköchen beinahe täglich ein Stück gekochtes Rindfleisch bestellte. Dass ihm dabei nicht langweilig wurde, liegt zum einen in der

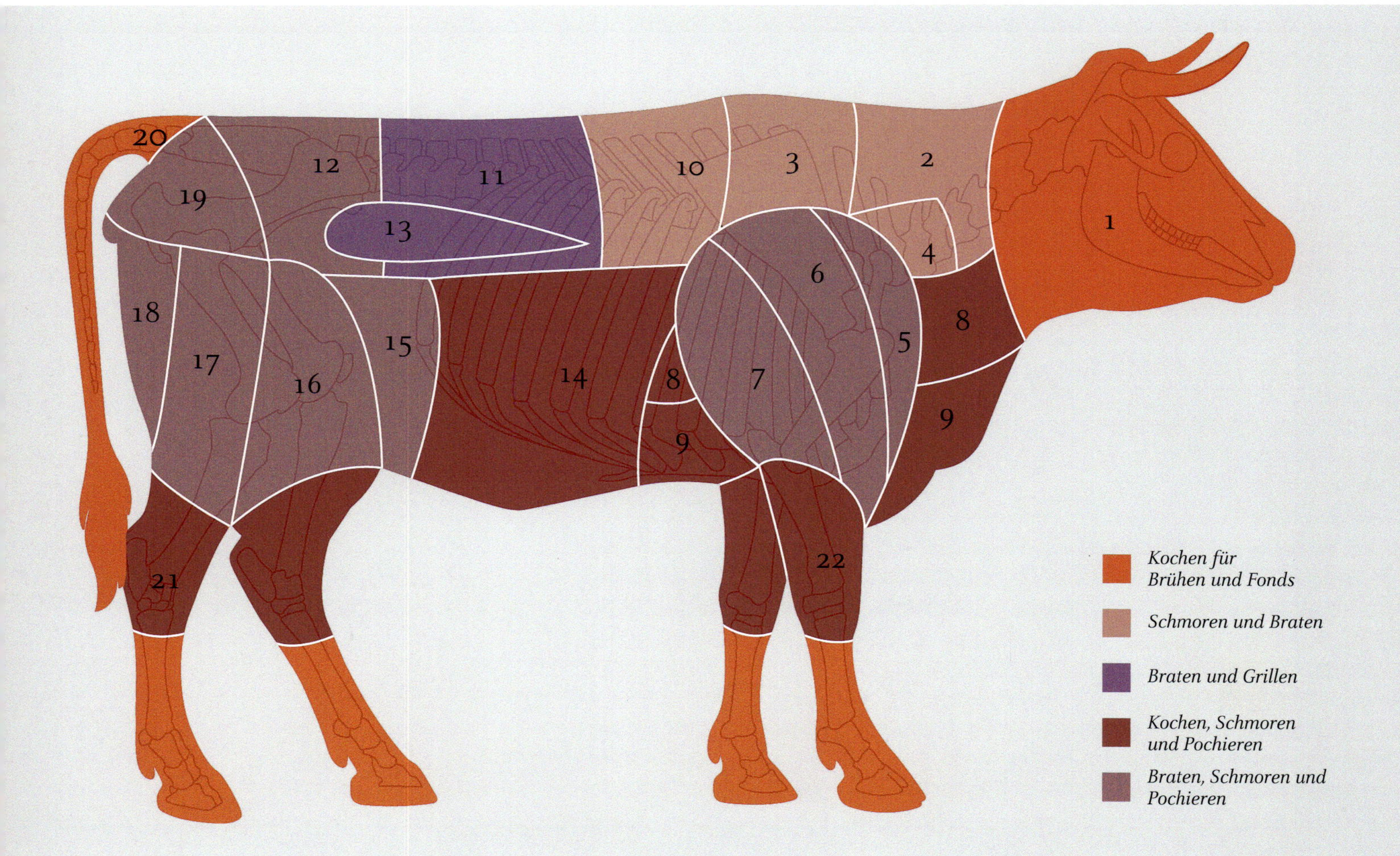

Die österreichischen Teilstücke vom Rind: 1 – Kopf; 2 – Hals; 3 – Hinteres Ausgelöstes; 4 – Fettes Meisel; 5 – Mageres Meisel; 6 – Schulterscherzel; 7 – Dicke Schulter; 8 – Dicker Spitz; 9 – Brustkern; 10 – Rostbraten; 11 – Beiried; 12 – Hüferscherzel; 13 – Lungenbraten (Filet); 14 – Platte; 15 – Hüferschwanzel; 16 – Nuss; 17 – Tafelstück; 18 – Weißes Scherzel; 19 – Tafelspitz; 20 – Ochsenschlepp; 21 – Hinterer Wadschinken und Wadelstutzen; 22 – Vorderer Wadschinken und Bugscherzel. Unter der Schulter verborgen liegen Kruspelspitz; Kavalierspitz, Rieddeckel sowie das Mittlere und Dünne Kügerl. Und unterhalb der Teilstücke der Keule befindet sich noch die so genannte Schale, sie wird in das Beinscherzel und das Schwarze Scherzel geteilt.

differenzierten Schnittführung, zum andern in der gekonnten Zubereitung. So kannte die Altwiener Küche über 200 verschiedene Arten, gekochtes Rindfleisch zuzubereiten, mancher Koch rühmte sich gar, sich das ganze Jahr nicht zu wiederholen.

DIE ÖSTERREICHISCHEN TEILSTÜCKE

Während **Kopf** und **Füße** vorwiegend zum Kochen verwendet werden, ist der **Hals** sehr vielseitig: Er wird etwa als Gulasch geschmort oder gebraten. Das **Hintere Ausgelöste** dient meist zum Schmoren und Braten, ebenso wie das **Fette Meisel,** das auch gerne pochiert wird. Mit Speck gespickt ergibt das kompakte **Magere Meisel** einen guten Braten, es eignet sich aber auch zum Schmoren und Pochieren. Das längliche, sehnenreiche **Schulterscherzel** ist saftig und im Ganzen oder gewürfelt ideal zum Schmoren und Pochieren, ebenso wie die festere **Dicke Schulter**. Der **Dicke Spitz** (1) sowie der **Brustkern** schmecken gekocht, geschmort und gebraten. Beim Braten, Kurzbraten oder Grillen Verwendung finden der **Rostbraten**, das **Beiried** und der **Lungenbraten.** Die Teile der Hüfte und Keule wie **Hüferscherzel, Hüferschwanzel** (2), **Tafelspitz, Tafelstück und Nuss** eignen sich bestens zum Pochieren, Braten und Schmoren, während der Schwanz oder **Ochsenschlepp** oft gekocht oder geschmort wird, ebenso wie der **Hintere** und **Vordere Wadschinken.** Die unter der Schulter verborgenen Teile von **Kruspelspitz** über **Rieddeckel** (4) bis **Kügerl** eignen sich alle gut zum Pochieren oder Kochen, die **Schale** zum Braten.

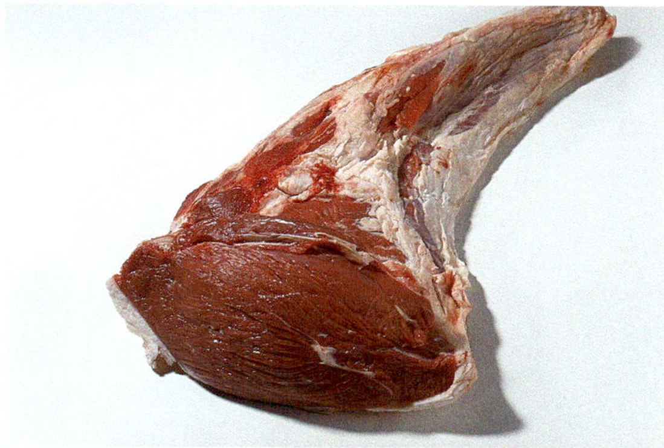

(2) Das **HÜFERSCHWANZEL** ist ein Teilstück aus der Keule, das an die Nuss anschließt. Mit seiner lockeren Faserstruktur eignet es sich bestens zum Braten, Schmoren und Pochieren.

(3) **FLEDERMAUS**, ein saftiges Teilstück zum Pochieren und Braten, das aus der Hüfte geschnitten wird und in der Wiener Küche beliebt ist. In anderen Gegenden Österreichs ist es weniger bekannt.

(1) Der **DICKE SPITZ** ist ein Teil der Brust. Das unter der Schulter liegende Stück ist bindegewebsreich und grobfaserig. Geeignet ist das Teilstück vor allem zum Pochieren, wobei es noch aufquillt.

(4) Der **RIEDDECKEL** ist ein Teilstück der Vorderhälfte. Er liegt über dem Rostbraten, der in etwa der deutschen Hochrippe entspricht. Pochiert ergibt der Rieddeckel ein zartes Suppenfleisch.

Rindfleisch-Schnitte in der Schweiz

Auch die eidgenössischen Fleischer zerteilen Rinder etwas anders als die deutschen: Im Folgenden ein kurzer Überblick über die Teilstücke.

LEMPEN, STOTZEN, FEDERSTÜCK – wie schon die österreichischen, so erfordern auch die schweizerischen Bezeichnungen der verschiedenen Rindfleischteilstücke einiges an Fachwissen. Da diese dann auch so auf den Speisekarten der Schweizer Restaurants auftauchen, ist es von Vorteil, die Namen zu kennen. Darum im Folgenden ein Überblick über die kulinarisch wichtigen Teilstücke des Rindes in der Schweiz. Hierbei wird jeweils auch der französische Name erwähnt, ebenso wie die Verwendung der unterschiedlichen Teilstücke in der Schweizer Küche. Insgesamt ist die Schweizer Schnittführung der deutschen ähnlicher und etwas weniger detailliert als die der Österreicher.

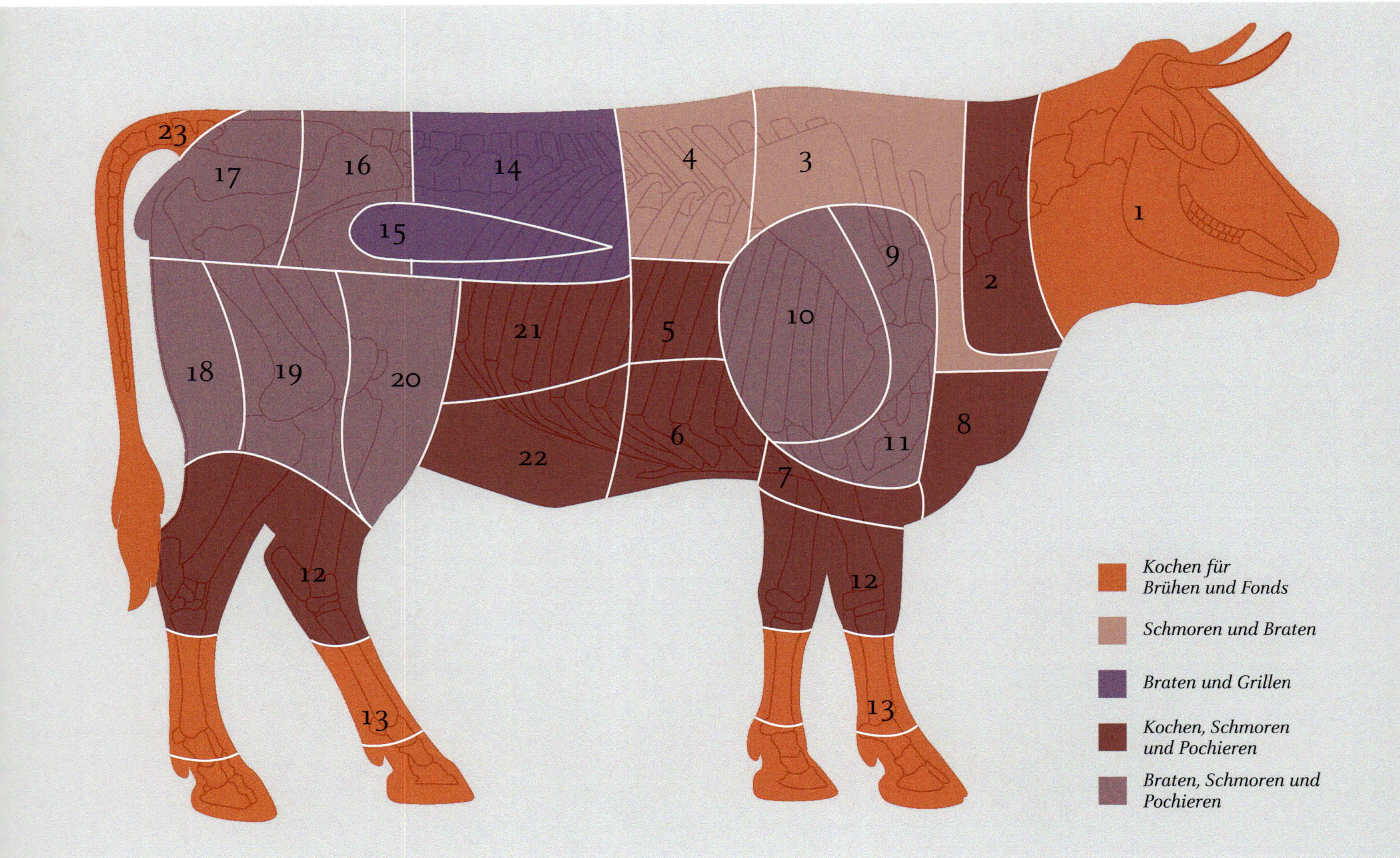

Die verschiedenen Teilstücke vom Rind nach Schweizer Zuschnitt: 1 – Kopf; 2 – Hals; 3 – Abgedeckter Rücken; 4 – Hohrücken; 5 – Federstück; unterhalb der Schulter liegt das abgedeckte Federstück; 6 – Nachbrust; 7 – Brustkern, er liegt unter der Schulter verborgen; 8 – Brustspitz; 9 – Schulterfilet; 10 – Dicke Schulter mit Schulterdeckel und Schulterspitz; 11 – Bug; 12 – Schenkel; 13 – Füße; 14 – Nierstück, Roastbeef; 15 – Filet; 16 – Huft; 17 – Huftdeckel; 18 – Eckstück; 19 – Unterspälte; 20 – Vorschlag; 21– Dicker Lempen; 22 – Dünner Lempen; 23 – Schwanz.

(1) **SCHMALER SCHENKEL** und **BREITER SCHENKEL** wird in der Schweiz die sehnenreiche Vorder- und Hinterhesse oder Wade vom Rind genannt.

(2) Die **UNTERSPÄLTE**, auch **UNTERSTÜCK** genannt, ist ein Teilstück der Rinderkeule. Sie entspricht der deutschen Unterschale (Frikandeau) und ist relativ grobfaserig.

(3) Als **RUNDER MOCKEN** wird in der Schweiz die magere Schwanzrolle bezeichnet. Dieses Teilstück der Keule liegt seitlich an der Unterspälte oder Unterschale an.

DIE TEILE VOM RIND IN DER SCHWEIZ

Der **Kopf**, frz. tête, wird wie die **Füße,** frz. pieds, meist gekocht, verwendet werden von Ersterem vor allem die Zunge, frz. langue, und das Maul, frz. museau. Der **Hals,** frz. cou, wird in der Schweiz oft für Gulasch in Würfel geschnitten und geschmort. Der **abgedeckte Rücken**, frz. basse côte, ergibt ebenso wie der **Hohrücken,** frz. côte couverte, einen saftigen Braten, beide Stücke können aber auch als Ragout geschmort werden. Die Spann- oder Querrippe wird in das **Federstück,** frz. côte plate, und in das **abgedeckte Federstück,** frz. côte plate découverte, unterteilt. Beide Stücke eignen sich gut zum Kochen, werden in der Schweiz aber auch als saftige Schmorbraten zubereitet.

Ebenso zum Kochen geeignet sind die verschiedenen Teilstücke der Brust. Dazu zählen die **Brustspitze,** frz. pointe de grumeau, der **Brustkern,** frz. grumeau, und die relativ magere **Nachbrust,** frz. os blanc, die auch gebraten wird. Das **Schulterfilet,** frz. filet d'épaule, wird gerne im Ganzen oder als Ragout geschmort, ebenso wie die **dicke Schulter,** frz. epais d'épaule, und der **Schulterdeckel,** frz. couvert d'épaule. Der **Schulterspitz,** frz. palette, wird geschmort und pochiert. Einen saftigen Schmorbraten ergibt auch der **Bug,** frz. gras d'épaule, das Stück eignet sich aber auch für Gulasch und Ragouts. Die relativ bindegewebsreichen **Schenkel** (1), wie die Wade in der Schweiz genannt wird, frz. jarret, dienen als Hack- und Klärfleisch, werden aber auch für Gulasch und Ragouts in Würfel geschnitten und geschmort. Zu den besten Stücken vom Rind zählt auch in der Schweiz das **Nierstück,** frz. aloyau, zu dem das **Roastbeef,** frz. faux-filet, sowie das **Filet,** frz. filet, zählen. Beide Stücke sind hervorragend zum Kurzbraten, Braten und Grillen geeignet.

Die Hüfte oder Blume heißt in der Schweiz **Huft,** frz. rumpsteak, culotte, und wird gebraten oder geschmort, der **Huftdeckel,** frz. pointe de culotte, wird zudem auch pochiert.

Hoch geschätzt sind auch die Teile der Keule, in der Schweiz **Stotzen,** frz. cuisse, genannt. Hierzu zählen einmal das **Eckstück,** frz. coin, wie die Oberschale genannt wird, **Unterspälte** oder **Unterstück** (2), frz. tranche carrée, sie entspricht der Unterschale, von der der **runde Mocken** (3), frz. ronde de gîte, abgetrennt wird. Ein weiteres Teilstücke der Keule ist der **Vorschlag** oder die **Nuss,** frz. fausse tranche, das ebenso wie die anderen Stücke der Keule vorwiegend zum Braten und Schmoren verwendet wird. **Dicker Lempen,** frz. epais du prin, und **dünner Lempen**, frz. flanchet du prin, entsprechen zusammen der deutschen Dünnung. Beide Teilstücke eignen sich sowohl zum Kochen als auch für Eintöpfe. Und der **Schwanz,** frz. queue, wird auch in der Schweiz gekocht oder als Ragout geschmort.

Gekocht, gebraten und geschmort,

sind Innereien in Alltagsküche und Spitzengastronomie gleichermaßen beliebt – und doch sind Bries, Leber und Niere nicht jedermanns Sache.

Zu den Innereien im engeren Sinne (1, 5–8, 9, 11) rechnet man jene Teile des Tierkörpers, die sich in den Höhlungen von Kopf, Brust oder Bauch befinden, also Herz, Leber, Niere, Milz, Mägen, Lunge, Hirn und das Knochenmark. Bei diesen, aber auch bei Zunge , Backen, Maske oder Schwanz (12) ist es wichtig, die Eigenheiten eines jeden Stückes genau zu kennen, um ein optimales Ergebnis zu erzielen.

Die Teile des Kopfes

Aufgrund von BSE gelangt das Hirn (1) nicht mehr in den Verkauf. Zunge, Maul oder Maske und Backen sind jedoch nach wie vor geschätzt.
Merkmale: Die Zunge (2) von jungen Rindern ist zart und saftig. Bei Maske (3) und Backen (4) ist der Anteil an Bindegewebe höher.
Verwendung: Zunge wird in der Regel erst 2 bis 3 Stunden gekocht, kalt abgeschreckt und gehäutet, bevor man sie dann je nach Rezept weiterverarbeitet. Backen und Maske werden oft gepökelt, aufgrund des hohen Bindegewebsanteils benötigen sie eine relative lange Kochzeit. Gekocht werden sie in Suppen verwendet, Backen können auch geschmort werden oder für Fleischwaren, Sülzen und Pasteten Verwendung finden.

Herz, Leber und Niere

Innereien haben einen hohen Gehalt an Eiweiß, Mineralstoffen und Vitaminen, so ist beispielsweise der Eisengehalt von Leber und Niere dreimal so hoch wie bei Muskelfleisch vom Rind. Gleichzeitig ist bei diesen Ausscheidungsorganen aber auch die

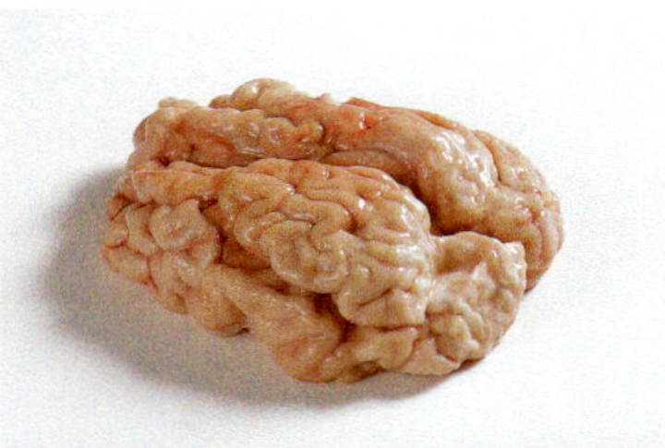

(1) Das **HIRN**, früher als leichte, energiearme Kost geschätzt, darf nicht mehr verwendet werden.

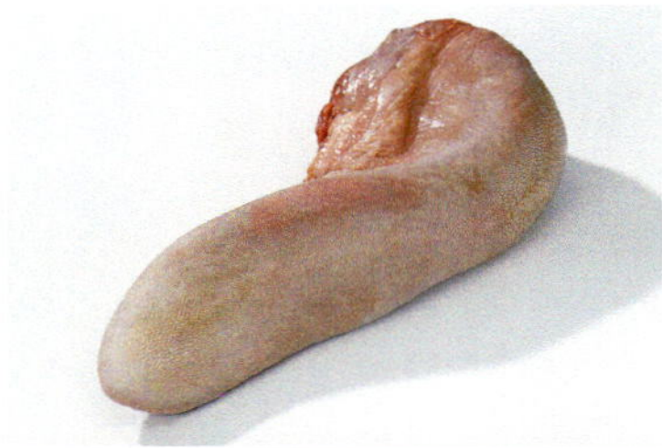

(2) Die **ZUNGE** junger Tiere besteht aus feinem Muskelfleisch mit kräftigem Aroma.

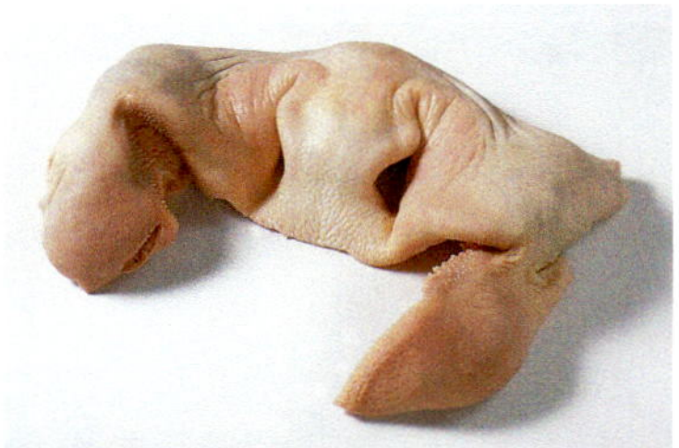

(3) **OCHSENMAUL, MASKE.** Das Maul wird meist gepökelt und gekocht für Salate verwendet.

(4) Die **BACKEN** haben einen hohen Anteil an Sehnen und Bindegewebe und ein kräftiges Aroma.

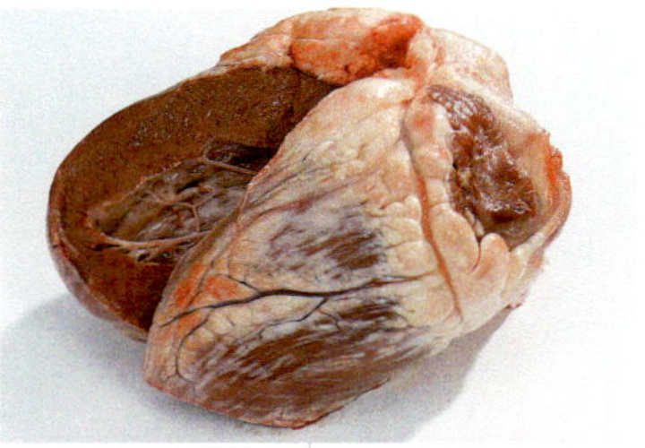

(5) Das **HERZ** junger Tiere hat ein festes, feinfaseriges Muskelfleisch mit kräftigem Geschmack.

(6) Die **MILZ** mit ihrem weichen Gewebe wird meist für Füllungen oder Pasteten verwendet.

(7) Die **LEBER** ist das größte Organ im tierischen Körper. Sie ist dunkler als bei anderen Tieren.

(8) Die **NIERE** ist beim Rind von tiefen Furchen durchzogen und in Segmente unterteilt.

Belastung mit Schwermetallen größer, zudem haben Innereien generell einen höheren Cholesterin- und Puringehalt und sollten daher nicht zu häufig auf dem Speiseplan stehen. Hinzu kommt, dass Innereien aufgrund ihres hohen Wassergehalts und pH-Werts relativ rasch verderblich sind und daher nur absolut frisch verwendet werden können. Verfärbungen oder ein unangenehmer Geruch sind Indizien für beginnenden Verderb.

Merkmale: Der Herzmuskel (5) hat ein festes, feinfaseriges Fleisch. Rinderleber (7) ist fester, dunkler und strenger im Geschmack als die Leber anderer Schlachttiere. Die Niere (8) ist fest im Biss und hat einen arteigenen Geschmack.

Verwendung: Herz, Leber und Niere können roh verwendet werden. Herz wird gekocht, gebraten oder gegrillt, gelegentlich legt man es vor der Zubereitung noch in eine Beize. Leber und Nieren eignen sich zum Kurzbraten, wobei die Garzeit nicht zu lange und die Hitze nicht zu groß sein darf, sonst werden sie hart und zäh. Das die Niere umschließende Fett (10) ergibt ausgelassen ein gutes Fett zum Anbraten von Fleisch. Rinderleber verwendet man auch für Leberknödel, Füllungen und Pasteten. Um das kräftige Aroma von Leber und Nieren etwas abzuschwächen, legt man sie für einige Stunden oder über Nacht in Milch und bewahrt sie in der kühlsten Region des Kühlschranks auf. Tiefgekühlt halten Herz, Leber und Nieren einen Monat, jedoch sind beim Tiefkühlen Qualitätseinbußen zu erwarten.

(9) **MARKKNOCHEN.** Die Röhrenknochen oder Beinknochen enthalten das weiche, fettreiche Knochenmark. Bei jungen Tieren ist es oft rot oder rötlich, daher wird es vor der Verwendung in der Regel mehrere Stunden gewässert.

Kutteln, Kaldaunen

Die Vormägen des Rindes – Pansen, Netz- und Blättermagen – und der eigentliche Magen, der Labmagen, werden Kutteln (11) oder Kaldaunen genannt.

Merkmale: Je nach Magensorte sehen die Kutteln anders aus. Der Pansen ist der größte der Vormägen, er wird bei uns am häufigsten verwendet.

Verwendung: Frische Kutteln werden gereinigt, von anhaftenden Talgresten befreit und blanchiert. Vor dem Schneiden und der eigentlichen Zubereitung benötigen sie eine Garzeit von 5 bis 6 Stunden, um weich zu werden.

Je frischer, desto besser

Innereien sind leicht verderblich und sollten daher möglichst frisch verwendet werden. Eine feucht glänzende, leicht schimmernde Oberfläche ist ein sicheres Zeichen für Frische. Farbveränderungen und ein unangenehmer Geruch hingegen weisen auf beginnenden Verderb hin, in diesem Fall sind sie nicht mehr für den Verzehr geeignet.

(10) **RINDERTALG, NIERENFETT.** Das die Nieren umgebende Fett eignet sich zum Auslassen.

(11) **KUTTELN, KALDAUNEN.** Von links nach rechts: Blättermagen, Labmagen und Pansen.

(12) Der **SCHWANZ** wird in die Segmente geteilt und geschmort, teils auch gefüllt sowie gekocht.

54 403

Rosa, mild und feinfaserig – *Kalbfleisch*

ist in der gehobenen Gastronomie aufgrund seiner Zartheit sehr begehrt, im Geschmack jedoch deutlich zurückhaltender als Rindfleisch.

KALBFLEISCH ist deshalb so besonders zart, weil bei jungen Tieren die Muskeln noch nicht vollständig entwickelt sind und das Bindegewebe noch weich ist. Aufgrund seiner günstigen Zusammensetzung – Kalbfleisch enthält viel Eiweiß, aber im Vergleich zu Rindfleisch weniger Fett – empfehlen es Ernährungsfachleute als bekömmlich und mager. So stecken in 100 g durchwachsenem Rindfleisch 31 g Fett, beim Kalb sind es dagegen nur 17 g.

KALB ODER JUNGRIND?

Auf dem EU-Markt wird unter der Bezeichnung »Kalb« Fleisch mit ganz unterschiedlichen Eigenschaften angeboten, an einer allgemein verbindlichen Definition wird gearbeitet. In Deutschland ist man sich dagegen einig, dass Kalbfleisch von jungen Rindern mit einem festgelegten Schlachtkörper- oder Zweihälftengewicht von bis zu 150 kg stammt, wobei hier bestimmte Körperteile wie Haut, Kopf oder Organe der Brust und Bauchhöhle nicht mitgerechnet werden. In den Richtlinien der »Handelsklassen für Rindfleisch« wird Kalbfleisch als Fleisch der »Kategorie KA« bezeichnet. Schwerere, aber noch nicht ausgewachsene Tiere beiderlei Geschlechts mit einem Lebendgewicht unter 300 kg werden dagegen als Jungrinder bezeichnet. Über einem Lebendgewicht von 300 kg handelt es sich dann bereits um Rinder.

UNTERSCHIEDLICHE QUALITÄTEN

Unterschiede in Farbe und Konsistenz bei Kalbfleisch sind in erster Linie durch Alter und Art der Fütterung bedingt. Bei Tieren, die ausschließlich mit Muttermilch aufgezogen werden und bei der Schlachtung weniger als 150 kg Zweihälftengewicht auf die Waage bringen, spricht man von Milchkälbern. Ihr Fleisch ist sehr mager, weich und etwas wässrig und wird daher aus kulinarischer Sicht meist weniger geschätzt. Mit zunehmendem Alter wird die Muskulatur dann ausgeprägter. Sehr helles, »weißes« Kalbfleisch erzielt man durch sehr eisenarmes Futter in Verbindung mit einer Haltung der Tiere im Dunkeln sowie einer Einschränkung ihrer Bewegungsfreiheit. In manchen Ländern ist dieses so genannte weiße Kalbfleisch nach wie vor sehr gefragt, in Deutschland wird diese Art der Kälbermast jedoch nicht mehr praktiziert, da die Kälberverordnung in Deutschland eine Zufütterung von Raufutter vorschreibt – unter anderem aus Tierschutzgründen.
Erhalten Kälber dagegen sehr eisenhaltiges Futter, wie es etwa das Grünfutter auf der Weide darstellt, verfärbt sich ihr Fleisch rot. Aus kulinarischer Sicht am höchsten bewertet wird rosafarbenes Kalbfleisch, das von Tieren stammt, die mit Vollmilch und Raufutter aufgezogen wurden. Geschlachtet werden solche Kälber in der Regel mit einem Lebendgewicht unter 220 kg und in einem Alter von 3 bis 4 Monaten. Kälber, die mit Milchaustauschern und Kraftfutter gemästet werden, schlachtet man meist noch etwas später, sie kommen im Alter von 5 bis 6 Monaten in den Verkauf.

KURZE REIFUNG, HOHER GENUSSWERT

Das zarte, feinfaserige Kalbfleisch benötigt im Gegensatz zu Rindfleisch eine sehr viel kürzere Reifezeit, bereits 2 bis 3 Tage nach der Schlachtung lässt es sich optimal in der Küche verarbeiten. Sein feiner Geschmack kommt sehr gut beim Braten und Schmoren zur Geltung. Da das Bindegewebe beim Kalb noch weich ist und daher keine langen Garzeiten benötigt werden, sind viele Teile vom Kalb auch ausgezeichnet zum Kurzbraten geeignet. Als Kochfleisch für Brühen oder zum Grillen wird das aufgrund der geringeren Ausbeute im Verhältnis zu Rind doch etwas teurere Kalbfleisch hingegen kaum verwendet, dazu ist es zu schade.

Helles Kalbfleisch

Während früher »weißes« Kalbfleisch, erzeugt durch eine spezielle Art der Mast mit eisenarmem Futter und Aufzucht im Dunkeln, sehr gefragt war, wird heute vom Verbraucher eine natürliche Rosa- bis Hellrotfärbung des Fleisches bevorzugt.

Die Keule vom Kalb zählt zu den besten Stücken und wird zerlegt in der Pfanne oder im Ofen gebraten oder geschmort.

Zum Braten und Schmoren *sehr gut geeignet sind die Teilstücke der Kalbskeule und -hüfte. In Scheiben geschnitten ergibt die Oberschale zarte Schnitzel zum Kurzbraten.*

Die Keule (1) ist das größte und das wertvollste Teilstück des Kalbs. Nach Filet und Lendenkotelett rangieren die Teile der Keule – hierzu werden Ober- und Unterschale, Hüfte, Nuss und Haxe gerechnet – ganz oben auf der Beliebtheitsskala von Köchen und Feinschmeckern. Mit Ausnahme von Haxe und Bein ist die Muskulatur der Keule nur gering beansprucht. Alle Teilstücke sind daher deutlich weniger von Sehnen und Bindegewebe durchzogen als jene des Vorderviertels.

Ober- und Unterschale

Das beste Teilstück der Keule ist für die meisten die Oberschale (2), sie ist etwas teurer als die auch als Schwanzstück bezeichnete Unterschale (4), die nicht ganz so zart ist.

Merkmale: Die Oberschale vom Kalb ist sehr mager, nahezu fettfrei, und schön feinfaserig. Im Gegensatz dazu weist die Unterschale eine etwas gröbere Faserstruktur auf. Die Unterschale lässt sich entlang des Bindegewebsstrangs noch weiter in die magere Rolle oder Schwanzrolle sowie in das seitlich anliegende, etwas weniger zarte Frikandeau trennen.

Verwendung: Aus der Kalbsoberschale werden hervorragende, magere Schnitzel (3) geschnitten. Auch als großer Braten oder für Geschnetzeltes kommt dieses große Teilstück der Keule in Frage. Die Unterschale eignet sich zum Schmoren im Ganzen, für Rouladen oder auch für Geschnetzeltes. Noch saftiger wird die Unterschale beim Braten, wenn das Fleisch zuvor gespickt oder auch mit Speckscheiben umwickelt (bardiert) wurde. Die Schwanzrolle vom Kalb kann, in Scheiben geschnitten, auch zum Kurzbraten verwendet werden.

Nuss, Kugel

Seinen Namen verdankt dieses Teilstück (5) seiner kompakten rundlichen Form.

Merkmale: Die Nuss oder Kugel hat ein zartes und feinfaseriges Fleisch. Sie ist etwas kleiner als die anderen Teilstücke der Keule.

Verwendung: Aufgrund ihrer geringeren Größe eignet sich die Kalbsnuss sehr gut als Braten im Ganzen, sie kann jedoch auch – ebenso wie die anderen Teilstücke der Keule – quer zur Faser in kleine Schnitzel geschnitten werden, etwa für die bekannte Piccata milanese oder auch für Schnitzel à la nature. Zudem findet die Nuss auch für Geschnetzeltes Verwendung.

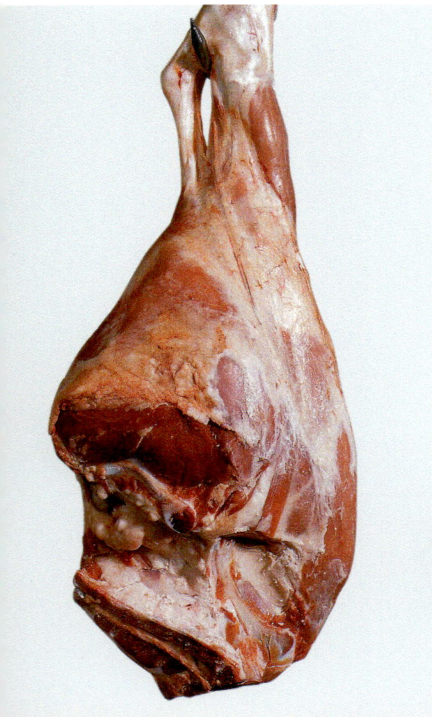

(1) **GANZE KALBSKEULE** mit Knochen. Ihr Anteil am Hälftengewicht beträgt etwa 40 Prozent.

(2) Die **OBERSCHALE VOM KALB,** hier gut pariert, sonst mit einer leichten Fettabdeckung.

(3) **SCHNITZEL** aus der Oberschale geschnitten, das Fleisch der Wahl für Wiener Schnitzel.

(4) Die **UNTERSCHALE VOM KALB** mit der Schwanzrolle (im Bild links) gut zu erkennen.

Hüfte

Wie die anderen Teilstücke der Keule ist auch die Hüfte vom Kalb (6) sehr geschätzt.
Merkmale: Das Fleisch der Kalbshüfte ist mager, zart und von feiner Faserstruktur.
Verwendung: Die Hüfte bietet sich in erster Linie zum Schmoren oder für einen großen Braten an, wobei sie am besten gespickt werden sollte, damit das zarte Fleisch nicht zu sehr austrocknet. In Scheiben geschnitten eignet sich die Hüfte vom Kalb auch als Schnitzel- oder Steakfleisch zum Kurzbraten, wobei die Qualität der Hüftsteaks in etwa jener von Kotelettsteaks entspricht. Und selbstverständlich kann das Fleisch der Hüfte auch für Geschnetzeltes verwendet werden.

Haxe, Beinscheiben

Durch ihren relativ hohen Knochenanteil – er liegt bei etwas über 30 Prozent – ist die Kalbshaxe (7) im Vergleich zu den anderen Teilstücken der Keule ein relativ preisgünstiges, dennoch aber sehr gutes Teilstück, das jedoch eine spezielle Art der Zubereitung erfordert.
Merkmale: Das Fleisch beider Haxen vom Kalb, der Vorder- und der Hinterhaxe, ist relativ mager und von vielen Sehnen durchzogen, wobei die Hinterhaxe etwas fleischiger ist. Dafür ist der Anteil an Bindegewebe bei der kleineren Vorderhaxe noch höher als bei der etwas schwereren Hinterhaxe.
Verwendung: Beide, sowohl die Vorder- als auch die Hinterhaxe eignen sich hervorragend zum Schmoren. Die Hitze bei der Zubereitung sollte relativ gering und zudem muss ausreichend Flüssigkeit vorhanden sein, damit das kollagenhaltige Bindegewebe beim Garen genügend Feuchtigkeit aufnehmen und etwas aufquellen kann, denn nur so wird das Fleisch der Haxen auch wirklich weich.
Beim Braten im offenen Kochgeschirr – und auch so schmeckt eine Kalbshaxe ganz ausgezeichnet – sollte man sie daher immer wieder mit etwas Fond oder Wasser übergießen, damit das Fleisch nicht austrocknet und dann auch so zart wird wie gewünscht.
Mitsamt dem Knochen quer in etwa 3 cm dicke Scheiben (8) geschnitten, hat vor allem die Hinterhaxe vom Kalb Karriere gemacht: Für Ossobuco werden diese erst angebraten und dann langsam bei geringer Hitze in Tomatensauce oder auch in Weißwein geschmort und anschließend mit Gremolata aromatisiert. Und aus den Kalbsfüßen kocht man dann noch geschmackvolle, stark gelierende Fonds – sie sind eine ideale Grundlage für die Herstellung von aromatischer Glace oder von Gelees und Sülzen.

Als Ossobuco bekannt

und geschätzt sind die Beinscheiben vom Kalb nicht mehr nur in Italien, auch in Deutschland werden sie immer beliebter. Aufgrund ihres hohen Anteils an Bindegewebe benötigen sie allerdings eine ausreichend lange Garzeit in feuchter Hitze.

(5) Die **KALBSNUSS** oder **KUGEL** ist ein erstklassiges, saftiges und zartes Teilstück der Keule.

(6) Die **HÜFTE**, auch **BLUME** genannt, ist ein wertvolles und zartes Stück aus der Kalbskeule.

(7) **KALBSHAXEN** mit Knochen. Links die fleischigere Hinterhaxe, rechts die Vorderhaxe.

(8) **BEINSCHEIBEN VOM KALB**, gut zu erkennen sind die Knochen mit dem Mark.

Schulter, Brust, Nacken und Rücken eignen sich zum Braten oder Schmoren, das Filet auch zum Kurzbraten.

Durch längeres Schmoren *oder Braten werden auch die bindegewebsreicheren Teilstücke des Vorderviertels vom Kalb schön weich. Das zarte Filet ist ideal zum Kurzbraten.*

Die Kalbsschulter (1), auch Bug genannt, hat im Vergleich zur Keule einen geringeren Schlachtkörperanteil, er liegt bei etwa 14 Prozent des gesamten entbeinten Fleisches. Wie beim Rind wird auch beim Kalb die Schulter deutlich mehr beansprucht und ist daher stärker von Sehnen und Bindegewebe durchsetzt als die Keule. Aus kulinarischer Sicht werden die Schulter und ihre Teilstücke daher etwas niedriger eingestuft.

Die Teile der Kalbsschulter

Für die Küche sind von den Teilstücken der Kalbsschulter die vordere Schulter, das Schulterfilet und die dicke Schulter am wertvollsten.
Merkmale: Vorderhaxe (2) und Oberbeinmuskel (3) sind sehr sehnenreich, am wenigsten von Sehnen durchzogen ist das Schulterfilet (5), die anderen Teilstücke liegen diesbezüglich dazwischen.
Verwendung: Aufgrund ihres höheren Bindegewebsanteils benötigen die Teile der Schulter eine etwas längere Garzeit. Die Vorderhaxe eignet sich gut zum Schmoren oder Braten. Die besten großen Braten ergeben Schulterfilet und dicke Schulter (4). Schaufelstück (6) und Schaufeldeckel (7) schneidet man

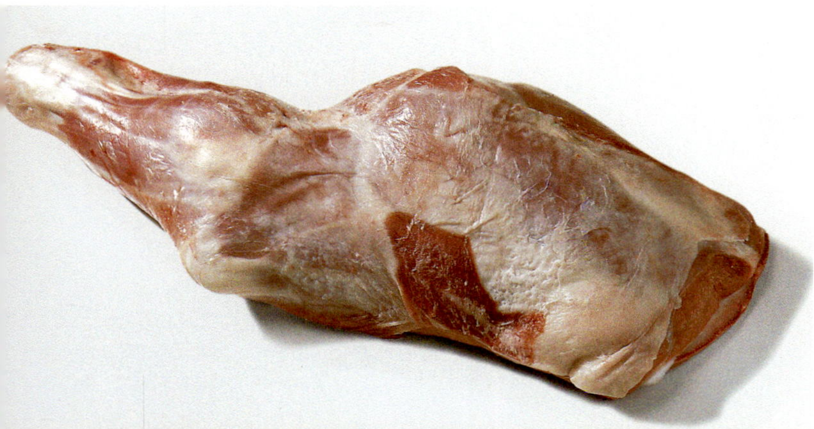

(1) **KALBSSCHULTER** oder **BUG** im Ganzen mit Knochen. Die Muskeln der Schulter werden stärker beansprucht als jene der Keule und sind daher entsprechend stärker von Sehnen und Bindegewebe durchzogen.

(2) Die **KALBSVORDERHAXE** ist kleiner, weniger fleischig und sehnenreicher als die Hinterhaxe.

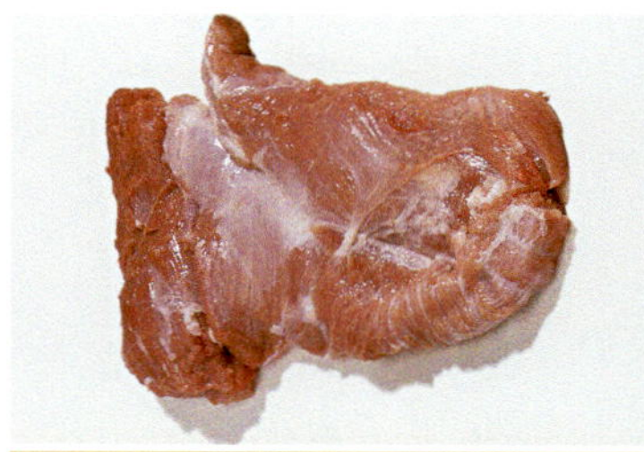

(3) Der **OBERBEINMUSKEL** ist beim Kalb sehr sehnenreich. Er wird meist verwurstet.

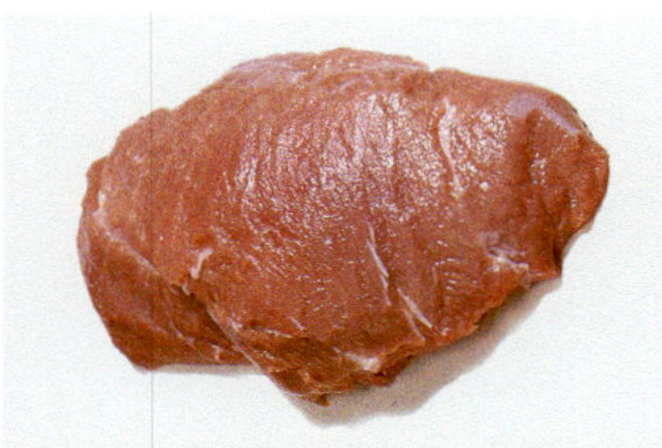

(4) Die **DICKE SCHULTER** oder der **DICKE BUG** vom Kalb ist relativ arm an Sehnen.

(5) Das **SCHULTERFILET**, auch **FALSCHES FILET** genannt, ist das zarteste Teilstück der Schulter.

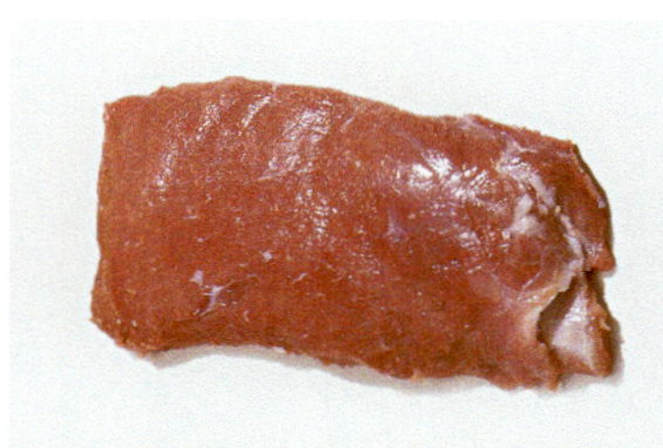

(6) Das **SCHAUFEL-** oder **MITTELSTÜCK** ist etwas sehnenreicher als die dicke Schulter.

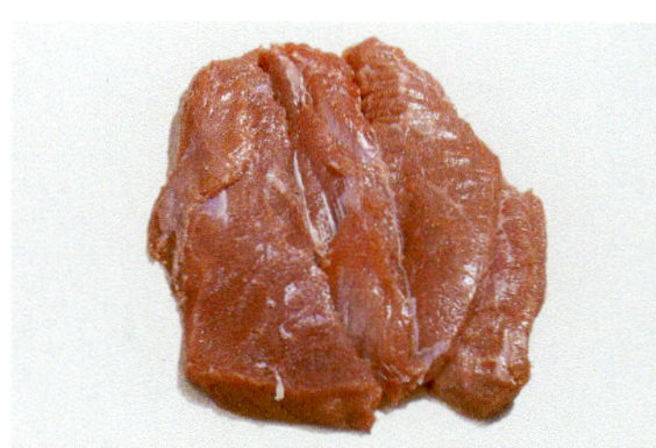

(7) Der **SCHAUFEL-** oder **BUGDECKEL** liegt auf dem Mittelstück auf, ebenfalls sehnenreich.

zu Gulasch, Ragout, Geschnetzeltem oder Frikassee oder stellt daraus Rollbraten her. Nur für Gulasch geeignet ist der Oberbeinmuskel, der jedoch meist zur Wurstherstellung verwendet wird.

Kalbsnacken

Der Nacken vom Kalb (8) ist ein beliebtes Stück und sehr vielseitig in der Verwendung.
Merkmale: Der Nacken ist durchwachsen, gut marmoriert und daher besonders saftig.
Verwendung: Am Stück eignet sich Kalbsnacken zum Braten, in Würfel geschnitten für Ragouts, Frikassee oder Gulasch. Aus ihm werden auch Koteletts zum Kurzbraten geschnitten.

Kalbsbrust

Ein Klassiker der Kalbfleischküche ist die gefüllte Kalbsbrust.
Merkmale: Das flache Bruststück ist relativ stark von Fett und Bindegewebe durchzogen.
Verwendung: Mit Knochen eignet sich die Kalbsbrust (9) zum Kochen, ausgelöst wird sie meist gefüllt und gebraten. Die Teilstücke der Brust (10) können auch für Gulasch und Ragouts verwendet werden. Wegen ihres hohen Bindegewebsanteils benötigt die Brust generell eine längere Garzeit.

Kalbsnierenbraten

Die traditionelle Spezialität (11) vom Kalb stammt vom hinteren Teil des Rückens.
Merkmale: Der Rücken wird ausgelöst und mit anhängender Niere und Dünnung aufgerollt.

(12) Das ausgelöste **KALBSFILET** ist schlank und spitz zulaufend. Gut pariert, liefert es ein besonders feinfaseriges und zartes Fleisch von mildem Geschmack. Das Filet gilt als das beste Stück vom Kalb, entsprechend hoch ist sein Preis. In der Küche wird es vorwiegend gebraten.

Verwendung: Kalbsnierenbraten schmeckt im Ofen gebraten oder geschmort, aber auch gegrillt gut.

Kalbsfilet

Vom Hinterviertel unterhalb des Rückens stammt das Filet (12), für viele das beste Stück des Kalbs.
Merkmale: Das ausgelöste Filet ist sehr mager und von zarter Fleischstruktur.
Verwendung: Kalbsfilet schmeckt ausgezeichnet, wenn es am Stück gebraten wird. Es eignet sich aber, in Medaillons geschnitten, auch bestens zum Kurzbraten oder für Fondue und Geschnetzeltes.

(8) Der **KALBSNACKEN** ist von feinen Fettadern durchzogen und besonders saftig.

(9) **KALBSBRUST** mit Knochen. Sie enthält relativ viel Fett und Bindegewebe.

(10) Ausgelöste **BRUSTSPITZE** vom Kalb. Sie ist durchwachsen und benötigt eine längere Garzeit.

(11) **KALBSNIERENBRATEN, GEROLLT,** mit der anhängenden Dünnung und Niere.

Fleisch einkaufen:
Qualität verspricht Genuss

Ein auf den Punkt gebratenes Steak, ein zarter, köstlich duftender Braten aus dem Ofen oder auch ein Kotelett vom Grill versprechen ungetrübten Genuss. Daher lohnt es sich, beim Einkauf von Fleisch auf Qualität zu achten, damit die hohen Erwartungen dann später nicht enttäuscht werden. Eine erste Entscheidungshilfe gibt schon die Farbe von Fleisch und Fett: Gutes Rindfleisch zeichnet sich durch kräftig rotes Muskelfleisch und weißes Fett aus. Eine blassrosa Farbe deutet auf sehr jung geschlachtete Tiere hin, die in Geschmack und Marmorierung noch nicht ganz überzeugen können. Ist das Fett leicht gelblich, handelt es sich um ein älteres Tier, das womöglich nicht ganz so zart ist und weniger zum Kurzbraten als vielmehr zum Schmoren oder auch für Füllungen und Farcen verwendet werden kann. Kalbfleisch guter Qualität ist nicht weiß, sondern dunkelrosa bis hellrot und weist eine feine Fettauflage auf. Zu viel vornehme Blässe ist auch bei Schweinefleisch ein Warnsignal: Hochwertiges Schweinefleisch hat eine kräftig rote Farbe, der Speck ist weiß und fest. Das Muskelfleisch vom Lamm ist kräftig dunkelrot.
Neben der Farbe ist zudem die Wasserbindungsfähigkeit ein weiteres Qualitätsmerkmal: Liegt das Fleisch nicht nass, sondern glatt und trocken in der Auslage, ist das ein Zeichen für hervorragende Qualität. Fleisch besteht zwar zu 80 Prozent aus Wasser, doch sollte dieses als »Saft« im Innern gebunden bleiben und nicht vorzeitig auslaufen. Hochwertiges Fleisch enthält also nicht weniger Wasser als minderwertige Qualitäten, doch aufgrund der guten Wasserbindungsfähigkeit der Fasern tritt es nicht aus. Anders als bei wässrigem PSE-Fleisch – von englisch pale = bleich, soft = weich und exudative = wässrig, das heute jedoch kaum mehr im Handel ist. Während das sehr dunkle und feste DFD-Fleisch – von englisch dark = dunkel, firm = fest und dry = trocken, einen zu hohen pH-Wert hat, ist dieser bei PSE-Fleisch eindeutig zu niedrig. Verantwortlich für solch minderwertige Fleischqualitäten ist unter anderem der Stress, dem die Tiere beim Transport und bei der Schlachtung ausgesetzt sind. Heute werden jedoch gezielte Maßnahmen ergriffen, um den Stress für die Tiere so gering wie möglich zu halten oder ganz zu eliminieren. Neben Farbe und Wasserbindungsfähigkeit kann auch der Preis ein weiteres Indiz für gute Qualität sein, denn Qualitätsfleisch zu Discountpreisen, das kann nicht sein. Doch auch wenn gutes Fleisch etwas teurer ist – Sie werden dafür mit einem einzigartigen kulinarischen Erlebnis belohnt. Und wer erst einmal auf den Geschmack gekommen ist, der wird gerne etwas tiefer in die Tasche greifen und den pochierten Tafelspitz, das knusprig gebratene Spanferkel oder auch die herrlich aromatische Lammkeule aus dem Ofen dann ganz bewusst genießen.

Katrin Wittmann

Zum Braten, *vor allem zum Kurzbraten, sind Kalbskoteletts und Lendensteaks neben dem Filet erste Wahl. Die Dünnung, wie der preiswerte Bauch genannt wird, kann auch gefüllt werden.*

Der Kalbsrücken liefert mit dem Kotelettstück und der Lende zwei hervorragende Teilstücke zum Kurzbraten. Der Bauch benötigt dagegen eine längere Garzeit.

Das Fleisch vom Kalbsrücken ist besonders zart und zählt zum Besten, was das Kalb zu bieten hat.

Kalbskotelett und Kotelettstück

Das Kotelettstück (2) wird aus dem halbierten Rücken oder Sattel des Kalbs gewonnen und ist ein Teilstück des Hinterviertels.
Merkmale: Das Muskelfleisch des Rückens wird beim Kalb nur wenig beansprucht und ist daher sehr zart.
Verwendung: Kalbskoteletts mit Knochen und Fettabdeckung (1), auch Stielkoteletts genannt, eignen sich sehr gut zum Kurzbraten. Das Kotelettstück mit Knochen im Ganzen ergibt einen feinen Braten.

Kalbslende

Als Kalbslende (3) bezeichnet man den ausgelösten Muskelstrang vom hinteren Teil des Rückens – dieses Teilstück entspricht dem Roastbeef beim Rind.
Merkmale: Kalbslende ist sehr mager, zartfleischig und von einer leichten Fettauflage bedeckt.
Verwendung: Die Kalbslende kann man hervorragend im Ganzen braten. In Steaks (4) geschnitten eignet sie sich auch zum Kurzbraten ausgezeichnet. Die dünne Fettauflage sollte in jedem Fall beim Braten am Fleisch verbleiben, sie hält es schön saftig.

(1) **KALBSKOTELETTS** werden mit den Knochen aus dem Kotelettstück geschnitten. Durch die Fettauflage und den Knochen, der beim Braten zusätzlich Aroma abgibt, sind sie kräftig im Geschmack.

Dünnung

Als Dünnung oder Flanke (5) wird beim Kalb das preiswerte Bauchstück bezeichnet.
Merkmale: Das flache Teilstück enthält keine Knochen, jedoch relativ viel Bindegewebe.
Verwendung: Die Dünnung eignet sich für Rollbraten, kann aber auch wie die Brust gefüllt und gebraten werden, dabei benötigt sie eine längere Garzeit.

(2) **KALBSKOTELETTSTÜCK** mit Knochen, auch als **KARREE** oder **KARBONADE** bezeichnet.

(3) Die **KALBSLENDE**, wie der ausgelöste **RÜCKEN** genannt wird, ist fast so zart wie das Filet.

(4) **KALBSLENDENSTEAKS** mit zarter Fettauflage, aus dem ausgelösten Rücken geschnitten.

(5) **DÜNNUNG, FLANKE** oder **BAUCH.** Flaches Teilstück, das auch zur Wurstherstellung dient.

Gebraten oder gekocht *gelten die feinen, zarten Innereien vom Kalb als echte Delikatesse. Daher tauchen sie häufig auf den Speisekarten der gehobenen Gastronomie auf.*

Einst preiswerte Arme-Leute-Kost, sind Innereien, insbesondere jene vom Kalb, heute von den Karten der Spitzenrestaurants nicht mehr wegzudenken. Zu Hause werden sie dagegen eher selten zubereitet. Dies liegt zum einen wohl an der mangelnden Kenntnis über ihre Zubereitung, zum andern aber sicherlich auch daran, dass Innereien zwar reich an Vitaminen, beispielsweise an Vitamin C und Vitaminen der B-Gruppe sowie an Mineralstoffen wie Kalzium, Phosphor und Eisen sind, gleichzeitig aber auch größere Mengen an Schadstoffen enthalten können als Muskelfleisch und einen hohen Cholesterin- und Puringehalt haben. Daher sollten Innereien gelegentlich, aber auch nicht allzu häufig auf dem Speiseplan stehen.

Innereien vom Kalb sollten Sie besser bei Ihrem Fleischer vorbestellen, vor allem das begehrte Bries und die zarte Niere werden heute nicht mehr regelmäßig angeboten.

Kalbsbries

Als Kalbsbries (1), Bries oder Kalbsmilch bezeichnet man die Thymusdrüse des Kalbs. Sie liegt unterhalb der Schilddrüse an der Brustspitze und steuert Wachstum und Knochenbildung des Tieres. Bei ausgewachsenen Rindern bildet sie sich zurück.
Merkmale: Das leicht verdauliche Kalbsbries hat ein feines Aroma und besteht aus zartem, aber festem Gewebe. Es ist sehr gefragt und zählt zu den teuersten Innereien.
Verwendung: Kalbsbries lässt sich nach dem Blanchieren oder Pochieren vielfältig weiterverarbeiten, in der gehobenen Küche wird es meist in Röschen geteilt oder in Scheiben geschnitten und gebraten.

Hirn, Lunge und Leber

Während Hirn (2) und Lunge (3) kulinarisch eine untergeordnete Rolle spielen, kommt der Leber – im Bild rechts oben – eine größere Bedeutung zu.
Merkmale: Kalbshirn enthält relativ viel Fett und Vitamine, ist aber auch reich an Phospholipiden und Cholesterin. Kalbslunge hat einen geringen Nährwert. Die Kalbsleber enthält viel Vitamin A, Vitamine der B-Gruppe, Eiweiß und Nährstoffe.
Verwendung: Kalbshirn wird vorwiegend zu Wurst verarbeitet, in der Küche findet es als Einlage in

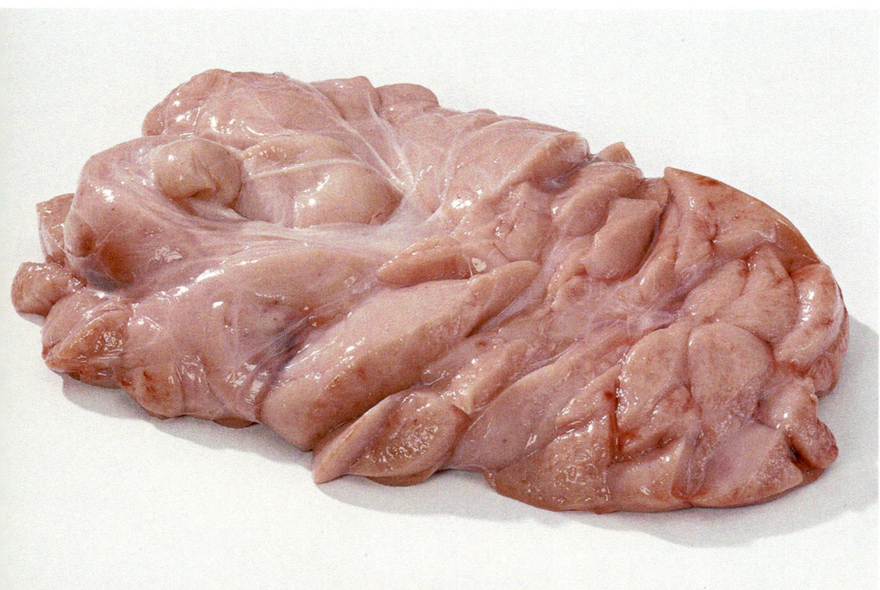

(1) Beim **KALBSBRIES** handelt es sich um die Thymusdrüse. Das im Brustkorb gelegene Organ steuert das Wachstum des jungen Tieres. Bries ist von ähnlicher Konsistenz wie Hirn, jedoch deutlich fester und wird als Delikatesse geschätzt.

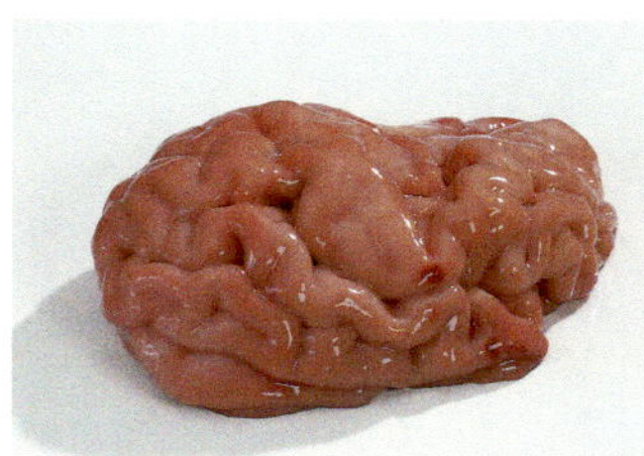

(2) **KALBSHIRN** darf, im Gegensatz zu Rinderhirn, verarbeitet und verzehrt werden.

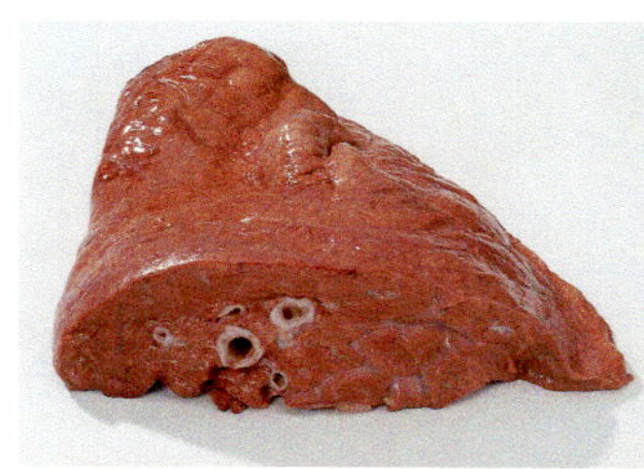

(3) **KALBSLUNGE** ist hellrot. Deutlich im Querschnitt ist die Luftröhre zu sehen.

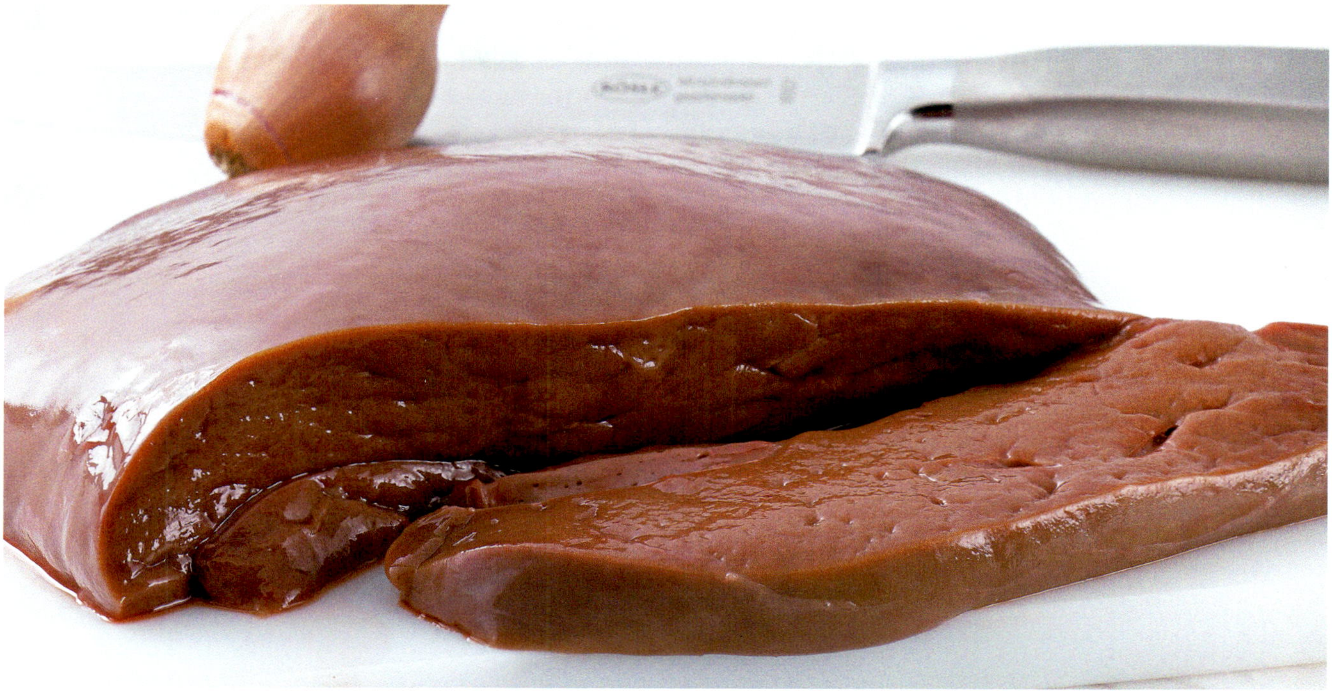

Kalbsleber ist heller in der Farbe, zarter in der Konsistenz und feiner im Geschmack als Rinderleber. Sie gehört zu den teuersten Innereien.

Suppen, Farcen oder für Ragouts Verwendung. Lunge ist eine Zutat für regionale Spezialitäten wie Beuscherl, häufiger jedoch wird sie zu Kochwurst verarbeitet. Zarte Kalbsleber eignet sich zum Braten, Grillen und wird auch für Pasteten verwendet.

Kalbsherz und Kalbsniere

Neben Bries und Leber zählen Herz (4) und Niere (5) vom Kalb zu den begehrtesten Innereien.
Merkmale: Kalbsherz besteht aus magerem, festem Muskelfleisch. Bei der Niere wird das aufliegende Fett entfernt, ihre Konsistenz ist relativ fest.
Verwendung: Kalbsherz eignet sich zum Schmoren, Braten oder Grillen. Die Niere vom Kalb wird klein geschnitten oder im Ganzen gebraten, gegrillt oder ist Bestandteil des klassischen Kalbsnierenbratens.

Kalbszunge und Kalbskopf

Die Zunge (6) vom Kalb ist frisch oder auch bereits fertig gepökelt und gekocht oder geräuchert beim Fleischer erhältlich. Der regional als Delikatesse geltende Kalbskopf (7) wird heute nur noch selten zu Hause zubereitet und muss daher sicherheitshalber vorbestellt werden.
Merkmale: Die aus Muskelfleisch bestehende Kalbszunge ist zart und saftig. Kalbskopf hat eine eher gallertartige Konsistenz.
Verwendung: Frische Kalbszunge wird zunächst gekocht, gehäutet und dann nach Rezept weiterverarbeitet. Und auch den Kalbskopf gart man zwischen 1 und 3 Stunden im Sud, bevor er dann in Würfel oder Scheiben geschnitten je nach Rezept weiterverarbeitet wird, etwa in Butter gebraten.

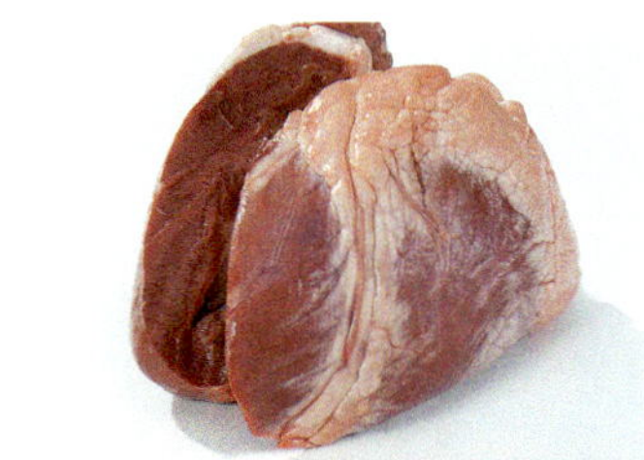

(4) **KALBSHERZ** ist zarter als Rinderherz, das aufliegende Fett wird entfernt.

(5) Die **KALBSNIERE**, hier ohne umgebendes Nierenfett, ist von zarter Struktur.

(6) Die **KALBSZUNGE** ist kleiner und milder als die Zunge vom Rind.

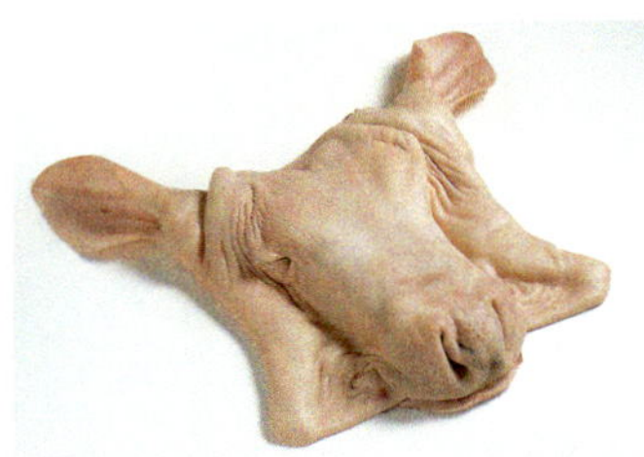

(7) **KALBSKOPF**, entbeint auch **MASKE** genannt, ist eine regionale Spezialität.

Vielseitig und schmackhaft:

Auf der Beliebtheitsskala der Fleischarten rangiert Schweinefleisch in Deutschland mit großem Abstand auf Platz eins.

SCHWEINEFLEISCH ist rosa, zart und feinfaserig. Zum Verkauf kommen beinahe ausschließlich Jungtiere im Alter zwischen 6 und 8 Monaten mit einem Zweihälftengewicht von 70 bis 130 kg. Dabei liefern fleischige, nicht zu fette junge Tiere, bei denen die Muskulatur von Fettgewebe durchwachsen – also schön marmoriert – ist, das beste Fleisch. Entscheidenden Einfluss auf die Qualität von Schweinefleisch haben neben dem Alter der Tiere vor allem die Rasse, die Aufzuchtbedingungen und das Futter, aber auch der Stressfaktor bei Transport und Schlachtung der Tiere spielt eine große Rolle.

DAS WHO IS WHO BEIM SCHWEIN

»Ferkel« oder «Saugferkel« sind Jungtiere, die noch gesäugt werden. Als »Spanferkel« werden sie dann im Alter von etwa 6 Wochen geschlachtet. Ältere, nicht mehr saugende Jungtiere nennt man »Läufer«. »Sauen« heißen weibliche Tiere mit Nachkommen. Männliche Jungschweine, die nicht für die Zucht in Frage kommen, werden im Alter von 3 bis 4 Wochen kastriert und dann »Bork», »Kunze« oder »Barch« genannt. »Eber«, »Hauer« oder »Bären« sind dagegen nicht kastrierte männliche Tiere. Sie sind in der Regel nicht für den Verzehr vorgesehen. Sollte dies aber doch einmal der Fall sein, müssen sie mindestens acht Wochen vor dem Schlachten kastriert werden, weil das Fleisch sonst einen unangenehmen Geschmack hat und beim Erhitzen einen unappetitlichen, durchdringenden Geruch aufweist.

HANDELSKLASSEN

Ausschlaggebend für den erzielbaren Marktpreis ist die Einstufung der Schweinehälften in Handelsklassen. Diese richten sich nach dem Anteil von Muskelfleisch und Fett. Schweinehälften der höchsten Klasse E haben einen Muskelfleischanteil von 55 Prozent und mehr. In Fünferschritten abwärts geht es bei den Klassen U, R und O bis zur untersten Klasse P, die einen Muskelfleischanteil von weniger als 40 Prozent zulässt. Dieses Handelsklassensystem gilt für den Gewichtsbereich von 50 bis 120 kg.

SCHWEINEFLEISCH IN DER KÜCHE ...

Nicht nur in Deutschland, in ganz Europa und auch in Ostasien hat das Schwein beim Fleischverzehr die Nase vorn. Zwei Drittel des gesamten Pro-Kopf-Verbrauchs entfällt in Deutschland auf Schweinefleisch. Grund dafür ist wohl nicht zuletzt seine enorme Vielseitigkeit in der Küche: Vom saftigen Schinken über den geliebten Sonntagsbraten bis hin zum zarten Filet hat das Schwein viel zu bieten. Kein Wunder, dass so viele Regionen eigene Schweinefleischspezialitäten hervorgebracht haben. Wichtig ist allerdings etwas Know-how über die einzelnen Teilstücke und ihre Verwendung. Die folgenden Seiten bieten einen detaillierten Überblick über die Teile vom Schwein und ihre Verwendung in der Küche. Sie erfahren hier, was am besten geschmort wird, welches Stück einen guten Braten abgibt und welches sich zum Kurzbraten eignet.

... UND IN DER STERNEKÜCHE

In der gehobenen Küche spielte und spielt das Schwein jedoch eine geringere Rolle, schon Escoffier schrieb über die großen Stücke, sie seien »mehr in der bürgerlichen als in der feinen Küche gebräuchlich«. Meist waren es nur die edleren Stücke wie Filet oder Schinken, die von den großen Köchen verarbeitet wurden. Schuld daran war wohl zum einen der relativ niedrige Preis, zum anderen aber auch die geringe Marmorierung, war doch bis vor wenigen Jahren sehr mageres Fleisch das vorrangige Zuchtziel. All dies könnte sich aber bald ändern, denn mit der Wiederentdeckung regionaler Kochtraditionen und einem neuen Qualitätsbewusstsein könnte das Schwein als etwas Besonderes auf einem neuen Preisniveau wieder zu Ehren kommen – dann hätte es doch noch »Schwein gehabt«.

Ohne Schwein kein Speck

Das Schwein – eines der ältesten Haustiere – wurde und wird oft als »schmutzig« bezeichnet. Grimod de la Reynière, ein berühmter französischer Koch des 18. Jahrhunderts, nennt es gar den »König der schmutzigen Tiere«, gleichzeitig singt er aber einen Lobgesang auf seine Vorzüge.

Besser als sein Ruf. *Schweinefleisch aus ernährungsphysiologischer Sicht, warum absolut mager nicht immer gut ist und woran Sie gutes Schweinefleisch erkennen.*

WAS STECKT DRIN in Schweinefleisch? Auf jeden Fall viel Eiweiß, Vitamine, lebensnotwendige Mineralstoffe und Spurenelemente.

HOCHWERTIGES EIWEISS

Zunächst einmal ist Schweinefleisch – wie andere Schlachtfleischarten auch – eine wichtige Eiweißquelle für den Menschen. Denn Schweinefleisch liefert ein besonders hochwertiges, in der Zusammensetzung der einzelnen Aminosäuren ausgewogenes und gut verwertbares Eiweiß. Die biologische Wertigkeit – sie ist das Maß dafür, wie viel Gramm Körpereiweiß der menschliche Organismus aus 100 g Nahrungseiweiß bilden kann, wobei Hühnereiweiß ein Wert von 100 zugeordnet wird – liegt mit 85 bei Schweinefleisch weit vorn, sogar noch vor Rindfleisch, das eine biologische Wertigkeit von 80 hat.

Der Schweinebauch ist gut durchwachsen und zählt zu den etwas fetteren Teilstücken vom Schwein. In Maßen genossen, schadet Fett jedoch nicht, sondern liefert Energie, viel Aroma und Geschmack.

WIE VIEL FETT DARF'S SEIN?

Im Vergleich zu früheren Zeiten stammt Schweinefleisch heute beinahe ausschließlich von jungen Tieren. Geschlachtet werden Schweine in der Regel in einem Alter von 7 bis 8 Monaten und mit einem Gewicht zwischen 90 und 120 kg. Zudem wurde in den letzten Jahrzehnten von züchterischer Seite viel dafür getan, den Fettanteil bei Schweinefleisch deutlich zu verringern. Die Schweine wurden fleischiger, der Anteil an Rücken- und Bauchspeck sank. Dies hatte jedoch auch unerwünschte Nebenwirkungen: Das nunmehr allzu magere Schweinefleisch wies nämlich deutlich schlechtere sensorische Qualitäten auf, es war blass, fade im Geschmack und wässrig. Die Tiere wurden zunehmend stressanfälliger und lieferten immer mehr minderwertiges PSE-Fleisch (S. 52).

Als Erkenntnis folgte daraus: Zu viel Fett ist nichts, allzu mager sollte Schweinefleisch aber auch nicht sein. Die Lösung liegt, wie so oft, wieder einmal in der Mitte. Aus heutiger Sicht kann ein bisschen Fett nicht schaden, ganz im Gegenteil, die dünnen weißen Äderchen sorgen auch beim Schweinefleisch für mehr Saftigkeit, Zartheit und Geschmack. Untersuchungen haben zudem ergeben, dass die Zusammensetzung des Fettes – also das Verhältnis von einfach und mehrfach ungesättigten Fettsäuren gegenüber den gesättigten Fettsäuren – keineswegs so ungünstig ist wie zunächst angenommen. So hat Schweineschmalz eine bessere Zusammensetzung als so manches Fett pflanzlicher Herkunft, wie beispielsweise Palmöl oder auch Kokosfett.

Das innen liegende, intramuskuläre Fett ist demnach sogar erwünscht, während das aufliegende Fett weniger gefragt ist. Dieses wird daher heute bei der Mehrzahl der Teilstücke größtenteils bereits vor dem Verkauf vom Fleischer entfernt. Manchmal ist es jedoch auch ratsam – etwa bei einem Kotelett –, den Fettrand bei der Zubereitung am Fleisch zu belassen, um es vor dem Austrocknen zu schützen. Der Fettrand kann dann nach Belieben vor dem Verzehr abgeschnitten werden.

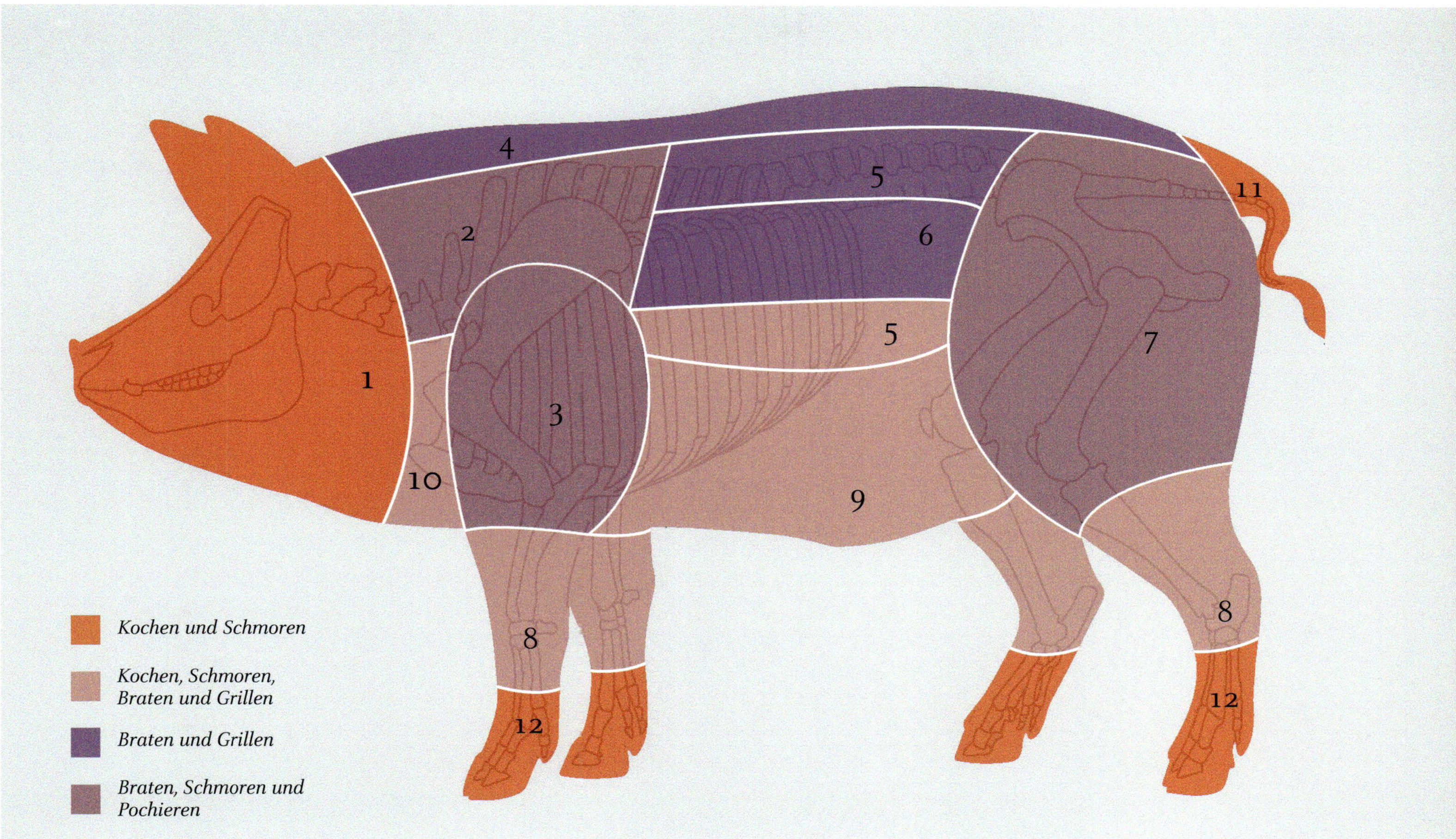

Das Schwein im Querschnitt mit allen kulinarisch wichtigen Teilstücken und ihrer Verwendung: 1 – Kopf; 2 – Nacken, Hals, Kamm; 3 – Schulter, Bug; 4 – Rückenspeck, grüner Speck; 5 – Kotelett; 6 – Filet; 7 – Schinken; 8 – Vorder- und Hintereisbein; 9 – Bauch; 10 – Dicke Rippe, Brustspitze; 11 – Schwanz; 12 – Füße

VITAMINE UND MINERALSTOFFE

Die Bedeutung von Schweinefleisch als Vitaminlieferant wird häufig unterschätzt: Schweinefleisch ist eine der wichtigsten Quellen für Vitamin B1 (Thiamin), das wichtige Funktionen im Energie- und Kohlenhydratstoffwechsel erfüllt und für die körperliche und geistige Leistungsfähigkeit, insbesondere für das Nervensystem, unabdingbar ist. Zudem weist es einen hohen Gehalt an Vitamin B6 auf, das vor allem beim Eiweißstoffwechsel eine wichtige Rolle spielt. Hervorzuheben ist außerdem der relativ hohe Anteil an Vitamin B2, Niacin sowie an Vitamin B12. Daneben enthält Schweinefleisch viele lebensnotwendige Mineralstoffe und Spurenelemente, allen voran relativ viel gut verfügbares Eisen (knapp 1,0 mg/100 g), Kalium (knapp 0,4 g/100 g) und Zink (etwa 2 mg/100g). Hervorzuheben ist bei Schweinefleisch auch der vergleichsweise hohe Gehalt an wertvollem Selen. Letzterem kommt bei der Steuerung der Schilddrüse eine wichtige Rolle zu, zudem wird ihm als Antioxidans eine Krebs hemmende Wirkung zugeschrieben.

KURZE REIFEZEIT

Im Gegensatz zu Rindfleisch muss das feinfaserige Schweinefleisch nicht wochenlang abhängen, bevor es zart und mürbe wird. Mehr als 48 Stunden Reifezeit sind bei Schweinefleisch nicht notwendig, dann hat es den optimalen Reifegrad erreicht und kommt zum Verkauf. Es kann dann entweder gleich zubereitet oder auch noch 2 bis 3 Tage im Kühlschrank aufbewahrt werden. Tiefgekühlt hält sich Schweinefleisch – je nach Fettgehalt des jeweiligen Teilstückes – zwischen 3 und 6 Monate.

Vom Wild- zum Edelschwein: Die Zahl der Rassen ist begrenzt.

Die Geschichte der gezielten Rassenzucht beim Schwein ist noch gar nicht so alt: sie begann im England des 18. Jahrhunderts. Dorthin waren – vermutlich mit Schiffen der Ostindischen Handelskompagnie – Schweine aus China gelangt, die zur Zucht verwendet wurden. Weltweit existieren etwa 150 Schweinerassen – weniger als bei anderen Nutztieren –, die meisten davon in Südostasien. Besonders in China sind auch heute noch viele Lokalformen anzutreffen. Im 19. Jahrhundert entstanden dann in England mit Large White und Middle White zwei Schweinerassen asiatischer Herkunft, die sich durch eine bessere Futterverwertung, Frühreife und Stallmasttauglichkeit auszeichneten und bald darauf in ganz Europa zur Veredelung der Landrassen verwendet wurden.

Ein kurzer Rückblick: Zum Nutztier wurde das Schwein schon in der jüngeren Steinzeit, älteste Belege finden sich um 9.000 v. Chr. in Griechenland und Anatolien, drei Jahrtausende jünger sind Funde aus China, Ägypten und vom Balkan, und seit etwa 4.000 v. Chr. ist das domestizierte Schwein in Mitteleuropa bekannt. Alle Hausschweine stammen vom Wildschwein *(Sus scrofa)* ab, das in weitere Gruppen unterschieden wird. Zwei davon, das in Europa, Nordafrika, West- und Mittelasien beheimatete Wildschwein *(Sus scrofa scrofa)* und eine in Asien vorkommende Wildform *(Sus scrofa vittatus)*, gelten als die Ahnherren unserer heutigen Schweine. Aus den Nachfahren des europäischen Wildschweintyps züchteten die Kelten ein großes Landschwein mit Schlappohren, in Ost- und Südeuropa entstand ein kleinerer Typ. Im Aussehen ähnelten die Hausschweine früherer Jahrhunderte jedoch alle noch den wilden: Sie besaßen einen lang gestreckten Kopf, dichte Körperbehaarung und einen stacheligen Borstenkamm, ganz so, wie Albrecht Dürer dies auf seinem Bildnis »Der verlorene Sohn« von 1496 dargestellt hat. Ursache dafür war die fortdauernde Einkreuzung von Wildschweinen, wenn die Tiere zur Mast auf die Weide und in die Wälder getrieben wurden. Vor allem im Herbst boten Letztere mit Eicheln und Bucheckern ein reichhaltiges Futter. Wurde das Futterangebot schlechter, bedingt durch Kriege und einen Rückgang der Waldbestände, verringerte sich auch die Zahl der Schweine

Die Hausschweine früherer Jahrhunderte ähnelten dem Wildschwein, wie auf dem Stich von Albrecht Dürer (rechts) aus dem 15. Jahrhundert zu erkennen ist. Links das 1975 ausgestorbene Deutsche Weideschwein.

Zu den alten Landrassen zählt das Schwäbisch-Hällische Schwein (links), das für sein gutes Fleisch gelobt wird. Rechts ein Vertreter der weit verbreiteten Deutschen Landrasse mit weißen Borsten.

stark. Erst im 19. Jahrhundert verbesserte sich durch den Anbau von Kartoffeln, Rüben und Getreide die Futtersituation für Schweine grundlegend – zuvor wäre eine Intensivhaltung nicht möglich gewesen, da das Schwein als Allesfresser ein direkter Nahrungskonkurrent des Menschen ist.

Auf der ersten Ausstellung der Deutschen Landwirtschaftsgesellschaft (DLG) 1887 in Frankfurt wurden noch überwiegend englische Schweinerassen gezeigt. Fünf Jahre später gab es dann schon die ersten einheimischen veredelten Landschweine zu sehen. 1904 wurden in Danzig unter anderem Weiße Edelschweine, Berkshire, unveredelte Landschweine und veredelte Landschweine ausgestellt. Einige dieser Rassen haben sich länger gehalten, andere sind wieder ausgestorben. Auskunft darüber gibt das 1919 durch den Ökonomen Wilhelm Seedorf eingeführte Herdbuch, in dem die Zuchttiere vermerkt sind. So verschwand etwa das um Donaueschingen verbreitete schwarz gefleckte Baldinger Tigerschwein – eine Kreuzung von veredeltem Landschwein und Berkshire – bald wieder von der Bildfläche. Dafür betrug 1936 der Anteil der veredelten Landschweine und der Deutschen weißen Edelschweine über 90 Prozent. Hinzu kam mit 4,8 Prozent das Schwäbisch-Hällische Schwein, das vor allem in Nordwürttemberg weit verbreitet war. Nach dem Zweiten Weltkrieg tauchten die meisten dieser Rassen bei der DLG-Ausstellung 1950 wieder auf, neu hinzugekommen war das Angler Sattelschwein aus Norddeutschland. Erst gegen Ende der 1950er Jahre sollte sich alles ändern, die bestehende Rassenvielfalt wurde aufgegeben. Seit 1975 endgültig verschwunden ist etwa das Deutsche Weideschwein mit seinem keilförmigen, zum Wühlen geeigneten Kopf – und mit ihm die letzte Schweinerasse Mitteleuropas, die frei von Einkreuzungen mit Tieren asiatischer Herkunft war. Alle züchterischen Anstrengungen gingen jetzt in eine Richtung: möglichst viel und möglichst mageres Fleisch! Die alten, fettwüchsigen Rassen wurden zum Auslaufmodell.

Gegen Ende der 1970er Jahre galten vier der alten Rassen als ausgestorben. Stattdessen wurden mit Piétrain und der belgischen Landrasse zwei extrem fleischreiche Vaterrassen aus Belgien eingeführt. Auf der DLG-Schau im Jahr 1975 konnte man dann fünf neue Rassen vom Typ des »modernen Fleischschweins« präsentieren – eine davon war die Deutsche Landrasse, wie das züchterisch veränderte Deutsche veredelte Landschwein jetzt genannt wurde. Diese fruchtbare, widerstandsfähige Rasse ist bis heute mit über 50 Prozent die erfolgreichste deutsche Schweinerasse geblieben, gefolgt von Piétrain, der Deutschen Landrasse B und dem Deutschen Edelschwein. Zusammen mit den Hybridschweinen, bei denen durch systematische Kreuzung die Vorzüge verschiedener Zuchtlinien genutzt werden, machen diese Rassen über 90 Prozent der Herdbuchtiere aus. In den 1980er Jahren kamen aus den USA noch die Robustrassen Duroc und Hampshire dazu. Aufgrund der hervorragenden Fleischqualität wurden jedoch im Lauf der 80er Jahre einige der alten Rassen wie das Schwäbisch-Hällische Schwein, das Angler Sattelschwein und das Bunte Bentheimer Schwein wiederentdeckt und in kleinem Maßstab züchterisch weiterentwickelt.

Eine Hand voll Rassen sowie die Hybridschweine machen etwa 90 Prozent des gesamten Schweinebestands in Deutschland aus. Regionale Rassen erhalten hier die Vielfalt.

Katrin Wittmann

Nacken und Schulter vom Schwein eignen sich zum Braten und Schmoren.

(1) **SCHWEINESCHULTER** oder **BUG** wie gewachsen, mit Vordereisbein (links), Rippchen (Mitte) und Nackenkotelettstrang (rechts).

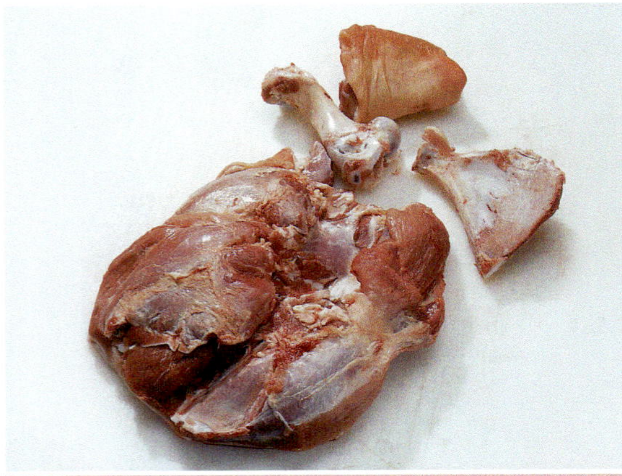

(2) Ausgelöste **SCHWEINESCHULTER** mit Oberbeinknochen (oben links), Schulterblatt (oben rechts) und Vordereisbein (oben Mitte).

Zum Braten und Kurzbraten *bestens geeignet sind Nacken und Schulter vom Schwein. Letztere schmeckt zudem – wie auch das Eisbein – gepökelt und gekocht sehr gut.*

Gewichtsmäßig hat der Schulter-Nacken-Bereich (1) den größten Anteil am Vorderviertel des Schweins. Aus kulinarischer Sicht zählen Schulter und Nacken zu den wertvollen Teilstücken des Schweins. Beide haben jedoch einen relativ hohen Fettgehalt, wobei dieser bei der Schulter (2) durch Entfernen des aufliegenden Fetts und einen entsprechenden Zuschnitt deutlich reduziert werden kann.

Nacken, Hals, Kamm

Der Schweinenacken, -hals oder -kamm ist die Verlängerung des Kotelettstrangs in Richtung Kopf und wird in der Regel vor der vierten oder fünften Rippe von diesem abgetrennt.
Merkmale: Der Schweinenacken (3) ist von zahlreichen feinen und stärkeren Fettadern durchzogen.

(3) Der ausgelöste **NACKEN**, auch **HALS** oder **KAMM** genannt, ist sehr fleischig und stark marmoriert.

(4) **NACKENKOTELETT** mit Halswirbelknochen. Letzterer gibt beim Braten oder Grillen zusätzlich Aroma ab.

(5) **NACKENSTEAK** ohne Knochen. Gut marmoriert, bleibt es beim Braten oder Grillen schön saftig.

Dementsprechend hoch ist der Fettgehalt dieses Teilstückes, er liegt zwischen 10 und 14 Prozent.
Verwendung: Dank der ausgeprägten Marmorierung verträgt der Nacken oder Hals eine starke, trockene Hitze und bleibt beim Garen saftig. Er wird gerne – wie gewachsen, mit Knochen, oder ausgelöst – am Stück gebraten oder gegrillt, kann aber auch als Rollbraten zubereitet werden. Geeignet ist der Schweinenacken außerdem zum Schmoren und für Gulasch. Mit den Knochen in Scheiben geschnitten ergibt er Nackenkoteletts (4), ohne Knochen lassen sich daraus saftige Steaks (5) schneiden, die sich ausgezeichnet zum Kurzbraten oder Grillen eignen. Eine Spezialität ist auch der gepökelte und leicht geräucherte Schweinenacken, der als »Kasseler Nacken« oder »Kasseler Kamm« angeboten wird und rustikalen Gerichten wie Sauerkraut, Grünkohl oder Eintöpfen eine herzhafte Note verleiht.

Eisbein, Haxe

Oberhalb der Pfote (Spitzbein) liegt das Eisbein (6). Die Verlängerung der Schulter wird als Vordereisbein oder -haxe bezeichnet, im Anschluss an die Keule liegt das Hintereisbein oder die Hinterhaxe.
Merkmale: Das dunkle Fleisch der Haxen ist kräftig im Geschmack, der Anteil an Knochen und Sehnen ist allerdings hoch, wobei das Hintereisbein etwas fleischiger ist.
Verwendung: Erhältlich ist Eisbein frisch und gepökelt. Es eignet sich gut zum Kochen im Ganzen – gekochtes Eisbein mit Sauerkraut ist eine deftige Spezialität und gilt mancherorts schon fast als deutsches Nationalgericht. Aber auch gebraten oder gegrillt schmeckt Eisbein gut. Ausgelöst kann das Fleisch auch für Gulasch verwendet werden.

Schulter, Bug

Die Schweineschulter (8), auch Bug oder Blatt genannt, ist wie gewachsen – mit Knochen, aufliegendem Fett und Schwarte – erhältlich. Überwiegend wird sie jedoch ausgelöst, pariert und in ihre Teilstücke zerlegt (7): Das sind die flache Schulter, das unter dem Namen »falsches Filet« angebotene Mittelstück und das dicke Schulterstück. Mit Fett und Schwarte liegt der Fettgehalt der Schulter bei 9 bis 10 Prozent, durch Parieren lässt er sich auf 5 bis 7 Prozent reduzieren.

Das »Kasseler« verdankt seinen Namen nicht etwa der Stadt Kassel, wie man vermuten könnte, sondern vielmehr einem Berliner Fleischermeister namens Cassel, der wohl als Erster auf die Idee kam, das saftige Nacken- und Rippenstück vom Schwein zu pökeln und zu räuchern.

(6) Das **HINTEREISBEIN** (links) ist etwas fleischiger als das kleinere **VORDEREISBEIN** (rechts).

(7) **SCHWEINESCHULTER**, ausgelöst und pariert. Von links: flache Schulter, falsches Filet und dickes Schulterstück.

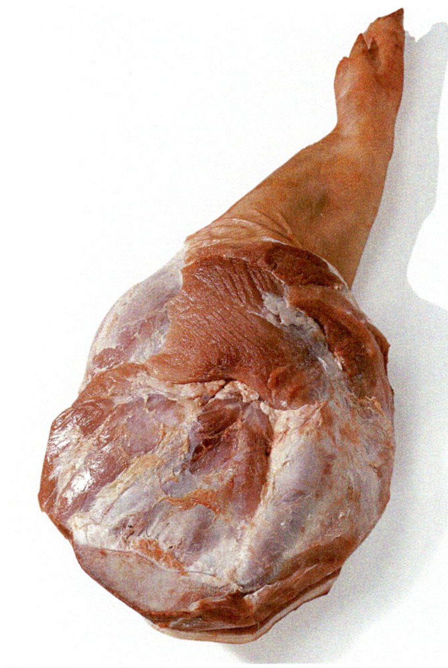

(8) **GANZE SCHWEINESCHULTER** mit Spitzbein und Vordereisbein; Rippchen und Nacken sind hier entfernt.

Die Dicke Rippe liegt unterhalb der Schulter und ist vielseitig verwendbar. Der Bauch wird gekocht, gebraten und gegrillt. Rückenspeck dient zum Spicken und Bardieren.

Merkmale: Das Fleisch der verschiedenen Teilstücke der Schweineschulter ist im Vergleich zur Keule relativ grobfaserig und sehnenreich.
Verwendung: Im Allgemeinen benötigen die Teile der Schweineschulter eine längere Garzeit. Sie sind ideal zum Schmoren im Ganzen, können aber – in Würfel geschnitten – auch für Gulasch oder Ragouts verwendet werden.
Das flache Schulterstück (1) kann ausgelöst auch zu einem Rollbraten gebunden werden. Beim Auslösen schabt man die Knochenhaut vorsichtig vom Schulterblatt ab und lässt sie auf dem Fleisch; durch diesen natürlichen Schutz bleibt es beim Garen schön saftig. Eine süddeutsche Spezialiät ist das so genannte Schäufele: Hierfür wird das flache Schulterstück mit Knochen (Schulterblatt) und Schwarte entweder langsam im Ofen gebraten wie in Franken oder gepökelt und geräuchert im Sud gegart wie im Schwarzwald. Das »falsche Filet«, wie das Mittelstück der Schulter auch genannt wird, eignet sich sehr gut zum Schmoren im Ganzen oder als Ragout. Ebenso wie das dicke Schulterstück (2), das oft auch nur als dicke Schulter bezeichnet wird. Die dicke Schulter ergibt aber auch einen hervorragenden großen Braten. Ohne Speck und Schwarte wird das dicke Schulterstück häufig auch in Würfel geschnitten und für Gulasch und Ragouts verwendet.

Immer durchgaren

Schweinefleisch wird – im Gegensatz zu Rind- oder Lammfleisch – aus hygienischen und kulinarischen Gründen immer gut durchgegart. Große Braten sollten daher auch eine Kerntemperatur zwischen 65 und 70 °C haben.

(1) **FLACHES SCHULTERSTÜCK.** Die Knochenhaut des Schulterblatts sollte als Schutz am Fleisch verbleiben.

(2) Das **DICKE SCHULTERSTÜCK,** hier mit Speck und Schwarte, ist grobfaserig und sehnenreich.

(3) **DICKE RIPPE, BRUSTSPITZE** mit Knorpeln und Knochen. Sie ist grobfaserig und stark durchwachsen.

(4) **BAUCH, WAMMERL,** eines der preiswertesten Teilstücke, mehr oder weniger durchwachsen, mit Knorpeln.

(5) **BAUCHFLEISCH** ohne Knochen, durchwachsen. Das schmale Endstück vom Bauch ist oft relativ mager.

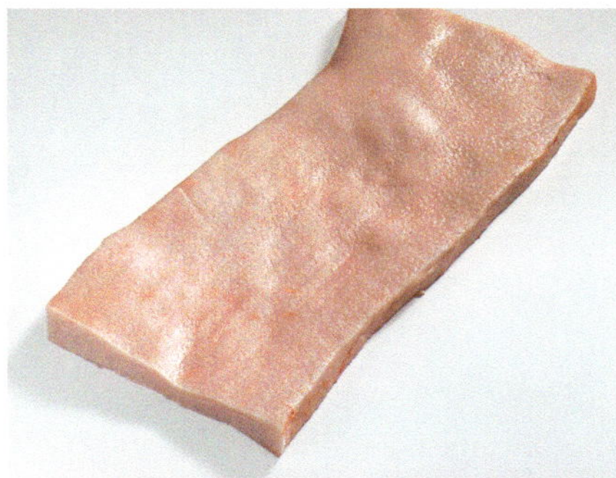

(6) **RÜCKENSPECK** oder **GRÜNER SPECK,** frisch und unbehandelt dient er zum Spicken und Bardieren.

Spareribs oder Schälrippchen sind die vom Schweinebauch abgetrennten – man spricht auch von »abgeschälten« – Rippen. Besonders gut schmecken sie in eine spezielle Barbecue- oder Honig-Marinade eingelegt und gegrillt.

Zum Grillen und Braten *ideal sind die gut durchwachsenen Rippenstücke sowie der Schweinebauch. Fett pur liefert der Rückenspeck; er schützt Mageres vor dem Austrocknen.*

Dicke Rippe, Brustspitze

Dieses vielseitige Teilstück (3) des Schweins liegt unterhalb der Schulter auf der Bauchseite.
Merkmale: Die dicke Rippe oder Brustspitze hat ein grobfaseriges, durchwachsenes Fleisch. Der Fettgehalt dieses Stückes ist mit 20 Prozent relativ hoch.
Verwendung: Kochen, schmoren, braten oder grillen – die dicke Rippe lässt sich auf verschiedene Arten zubereiten. Zudem kann sie mit oder ohne Knochen verwendet werden. Gepökelt und geräuchert gibt sie herzhaften Eintöpfen Geschmack. Wie die Kalbsbrust kann auch die Brustspitze vom Schwein gefüllt werden.

Bauch

Der Schweinebauch (4) wird ausgelöst oder mit den Rippenknochen verwendet. Je nach Verarbeitung kommt er auch als durchwachsener Speck, Bauchspeck, Wammerl, Frühstücksspeck oder Dörrfleisch auf den Markt.
Merkmale: Schweinebauch ist stark durchwachsen und hat einen Fettgehalt von etwa 20 Prozent.
Verwendung: Ausgelöster frischer Schweinebauch in Scheiben eignet sich gut zum Grillen, ebenso wie die im Ganzen abgeschälten Rippen. Als Schälrippchen (7, 8) zählen sie neben Nackensteaks zu den beliebtesten Teilstücken zum Grillen. Auch gekocht oder gepökelt und geräuchert wird Schweinebauch viel verzehrt. Fein gewürfelt gibt er vielen Gerichten noch zusätzlichen Geschmack.

Rückenspeck

Der weiße Rückenspeck (6) ist »grün«, das heißt unbehandelt, oder auch geräuchert erhältlich.
Merkmale: Im Gegensatz zum Bauch ist der fette Rückenspeck nicht durchwachsen.
Verwendung: Rückenspeckstreifen dienen zum Spicken großer Braten, Rückenspeckscheiben schützen Fleisch oder Pasteten vor dem Austrocknen.

(7) **SCHÄLRIPPCHEN** mit Rippen und Knorpeln. Sie werden vom Schweinebauch »abgeschält« und pariert.

(8) **LEITERCHEN, GETEILTE RIPPEN.** Die halbierten Rippen eignen sich als »Spareribs« bestens zum Grillen.

Die Keule vom Schwein ergibt saftige Braten, Schnitzel und Schinken in allen Variationen.

Gebraten oder gekocht *gilt der Schinken als Inbegriff des Schlaraffenlandes. Aber auch pariert und in ihre verschiedenen Teilstücke zerlegt hat die Keule vom Schwein einiges zu bieten.*

Die zum Hinterviertel zählende Keule (1) ist mit einem Anteil von 25 Prozent am gesamten Hälftengewicht das größte Teilstück des Schweins. Zerlegt liefert sie die folgenden Partien: Unterschale, Oberschale, Nuss und Schinkenspeck oder Hüfte.

Schinken

Ohne Spitzbein und Schwanzknochen wird die Keule auch als Schinken bezeichnet und gilt deshalb vielen als das wertvollste Teilstück des Schweins.
Merkmale: Die Keule liefert ein erstklassiges, mageres Muskelfleisch.
Verwendung: Zum Pökeln und Trocknen, Räuchern oder Kochen verwendet man den ganzen Schinken mit oder ohne Röhrenknochen (2, 3) – so zum Beispiel bei der Herstellung eines Westfälischen Knochenschinkens. Aber auch Ober- und Unterschale (3) sowie die anderen Teilstücke der Keule können zu Schinken verarbeitet werden, etwa zu Nuss-, Kern- oder Rollschinken. Dabei gilt: Helleres Fleisch eignet sich besser für Rohschinken, dunklere Partien bevorzugt man aufgrund des höheren pH-Werts für Kochschinken. In der Küche ist der Schinken bestens zum Braten und Schmoren geeignet.

Oberschale

Die Oberschale (4) liegt anatomisch auf der Innenseite und gilt als erstklassiges Teilstück der Keule.
Merkmale: Das Fleisch der Oberschale ist kurzfaserig und mit nur 3 Prozent Fett besonders mager.
Verwendung: Im Ganzen eignet sich die Oberschale vom Schwein ausgezeichnet für einen großen Braten, dabei sollte die Fettauflage auf dem Fleisch verbleiben. Wird sie entfernt, lassen sich aus dem parierten Teilstück quer zur Faser feine Schnitzel (5) oder auch Geschnetzeltes schneiden. Beides darf jedoch beim Braten nicht zu lange in der Pfanne bleiben, da das magere Fleisch rasch austrocknet. Auch für Gulasch kommt die Oberschale in Frage.

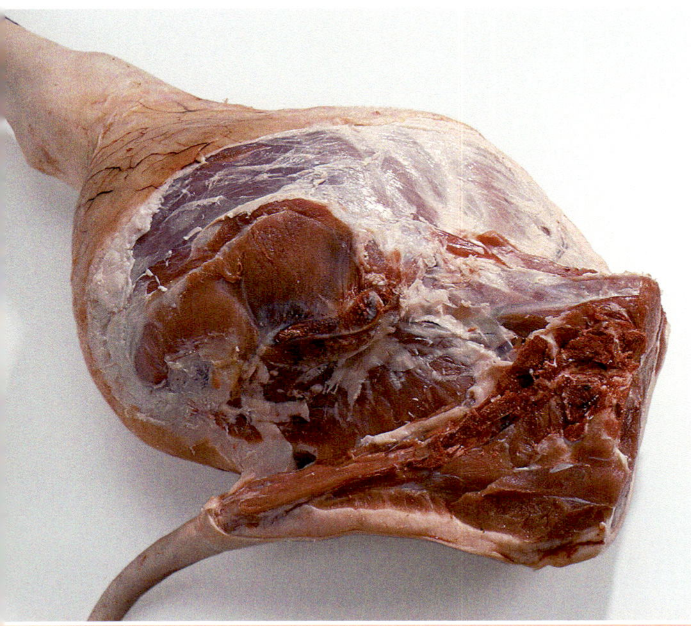

(1) Die **GANZE SCHWEINEKEULE**, hier mit anhängendem Spitzbein und Schwanzknochen, liefert beim Schwein die größten zusammenhängenden Fleischpartien.

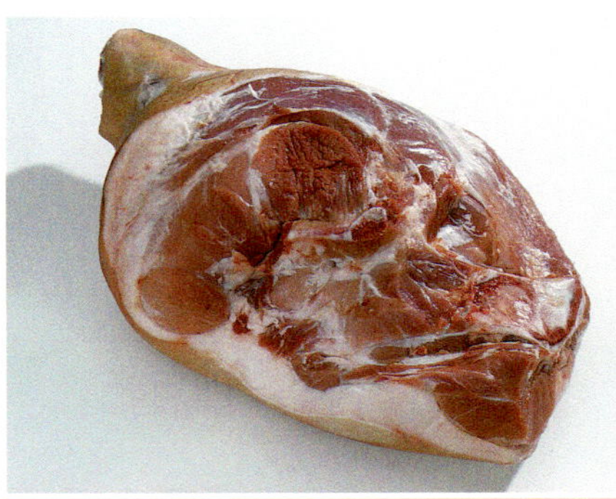

(2) Der **SCHINKEN** oder **SCHLEGEL** mit Knochen ist das Ausgangsprodukt für viele große Schinkenspezialitäten.

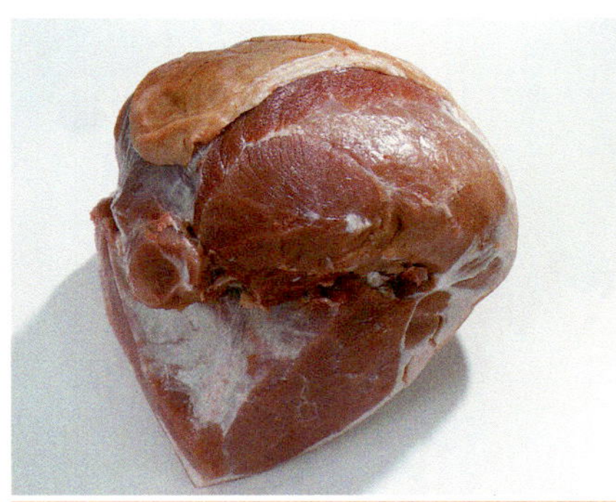

(3) **OBER- UND UNTERSCHALE** mit Speck und Schwarte, ohne Röhrenknochen – Basis für Koch- und Rohschinken.

(4) Die **OBERSCHALE** vom Schwein liefert ein kurzfaseriges und besonders mageres Fleisch.

(5) Magere **SCHNITZEL** aus der Oberschale werden immer quer zur Faser aus dem gut parierten Stück geschnitten.

(6) Die **UNTERSCHALE** vom Schwein ist leicht marmoriert. Zum Braten sollte die Schwarte am Fleisch verbleiben.

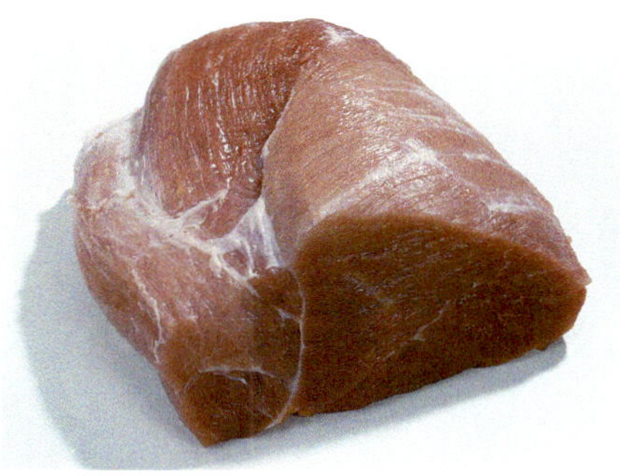

(7) **UNTERSCHALE** ohne Speck und Schwarte. So pariert, lassen sich aus dem Teilstück ebenfalls Schnitzel schneiden.

(8) Die **NUSS**, regional auch **MAUS** genannt, ist relativ feinfaserig, mager und vielseitig verwendbar.

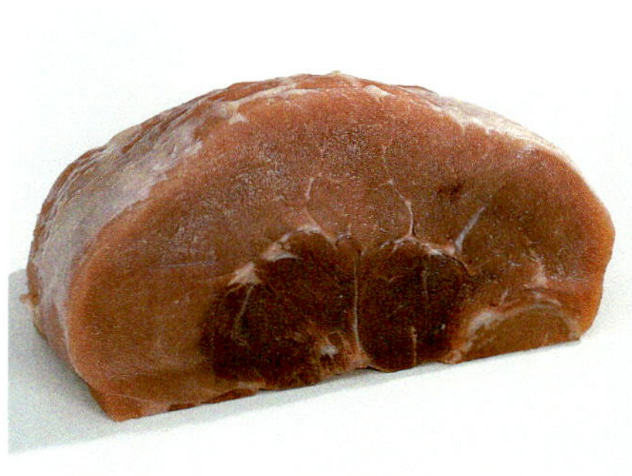

(9) **SCHINKENSPECK** oder **HÜFTE.** Dieses magere Teilstück der Keule gibt es mit und ohne Speck und Schwarte.

Unterschale

Die Unterschale (6) liegt auf der Außenseite der Keule, sie ist mit und ohne Fettauflage und Schwarte (7) beim Fleischer erhältlich.
Merkmale: Das Fleisch der Unterschale ist zart marmoriert und weist eine leichte Fettauflage auf.
Verwendung: Mit Speck und rautenförmig eingeschnittener Schwarte ergibt das Stück einen würzigen Krustenbraten. Beim Fleischer wird es fertig als Krustenschinken angeboten. Gut pariert eignet sich die Unterschale auch für Schnitzel und Gulasch oder lässt sich zu einem Rollbraten binden.

Nuss, Maus

Ein weiteres wertvolles Teilstück der Schweinekeule ist die Nuss oder Maus (8).
Merkmale: Die rundliche Nuss besteht aus feinfaserigem, zartem und magerem Fleisch.
Verwendung: Die Nuss ergibt einen feinen Braten. In Würfel geschnitten eignet sich das Stück auch für Fondues, gepökelt und geräuchert kommt es als Nuss-Schinken in den Handel.

Schinkenspeck, Hüfte

Auch der Schinkenspeck (9) beziehungsweise die Hüfte erweist sich in der Küche als sehr vielseitig.
Merkmale: Sie hat ein zartes, mageres Fleisch.
Verwendung: Mit der Schwarte eignet sich das Stück zum Braten und Schmoren, ohne Schwarte für Gulasch und Fondue.

Schinken

Das edelste Teil vom Schwein ist die Keule. Aus ihr sowie aus ihren Teilstücken werden weltweit gefragte Schinkenspezialitäten hergestellt.

Schinkenspezialitäten aus aller Welt

Wer einen herausragenden Schinken kosten will, entdeckt die Langsamkeit. Denn nur die Zeit, meist einige Monate, manchmal sogar Jahre, vermag es, ein einfaches Stück Schweinefleisch zu einem ausdrucksstarken, aromaintensiven Geschmackserlebnis zu veredeln. Natürlich unter Mithilfe sachkundiger Menschen, die salzen und pökeln, trocknen und würzen, räuchern und warten, bis der Schinken seine volle Reife erlangt hat. Das Ergebnis der Bemühungen fällt dabei je nach Gegend völlig unterschiedlich aus. Regionale Traditionen basieren auf geografischen und klimatischen Gegebenheiten, sie bestimmen Ausdruck, Charakter und Geschmack des Schinkens.

Während es in südlichen Gegenden, etwa in der Region um Parma, möglich ist, eingesalzene Schweinekeulen über Monate hinweg an der Luft zu trocknen, müssen die Produzenten im Norden zusätzlich Rauch zum Einsatz bringen, wenn das Fleisch nicht verderben soll. Die Art und Weise der Haltbarmachung – also Räuchern oder Lufttrocknen oder von beidem etwas – hat entscheidenden Einfluss auf den Geschmack. Geräucherter Schinken ist meist fruchtiger und weniger süß als luftgetrockneter aus südlicheren Gefilden, weil sich das Fett in unterschiedlicher Weise zersetzt. Auch die Hölzer, mit denen geräuchert wird, spielen eine wichtige Rolle. Buche, Eiche, Heidekraut, Wacholder, Tanne oder Hickory setzen beim Aroma des Schinkens eigene Akzente.

In Holstein etwa, wo das Lufttrocknen schlicht unmöglich ist, wird traditionell mit Buchen- und Erlenspänen geräuchert. Ursprünglich hing der Katenrauchschinken unter dem Dachfirst der schornsteinlosen Bauernhäuser. Eingesalzene Schweinekeulen wurden dort über die Wintermonate hinweg vom abgekühlten Rauch der Feuerstelle umzogen und warteten langsam der Reife entgegen. Heute wird die regionale Spezialität in der Räucherkammer hergestellt, wo in gewissen Abständen die Späne schwelen. Wenn dem Fleisch genügend Zeit zugestanden wird – traditionell von Oktober bis

Mai – entfaltet es sein unverwechselbares Aroma. Der gereifte Schinken wird in verschiedenen Stücken vom Knochen geschnitten. Der Schinkenspeck ist etwas fetter und rauchiger, der Nussschinken eher mager, aber dennoch saftig. Das Mittelstück schließlich ist so zart, dass es im Mund förmlich zergeht. Dieses beste Stück vom Katenrauchschinken war in Holstein seit alters her dem Dorfpfarrer, plattdeutsch »Pape«, vorbehalten und wird auch heute noch nach diesem benannt.

In vielen anderen Gegenden diesseits der Alpen wird ähnlich verfahren. Westfälischer Knochenschinken wird beispielsweise unter Zugabe von Wacholder über Buchen- und Birkenholz im Kamin geräuchert. Schwarzwälder Schinken wird vor dem Räuchern entbeint und entschwartet und reift über dem Rauch von Tannenspänen und -zapfen allmählich zu seiner dunklen, rauchkräftigen Gestalt. Daneben ist es vielerorts Brauch, das Fleisch vor dem Räuchern mit Kräutern zu aromatisieren, wie etwa beim belgischen Ardennenschinken.

Jenseits der Alpen genügt es, die sparsam gesalzenen Schinken luftig aufzuhängen und abzuwarten, bis sie Monate später getrocknet und fein aromatisch wieder abgenommen werden können. Bestens geeignet für diese Methode sind Orte, an denen beständig trockene, aber starke Winde wehen und die Temperaturen wenig schwanken. Aus diesen Gegenden kommen Spezialitäten wie der Parmaschinken aus der Emilia-Romagna.

Wo die Natur derart ideale Bedingungen zur Verfügung stellt, werden die luftgetrockneten Schinken häufig durch Güte- und Qualitätsklassen, Herkunftsbezeichnungen und Gütesiegel in ihrer Qualität unterschieden. Der populäre Jamón Serrano aus den Bergen Spaniens wird aus den Keulen weißer Schweine hergestellt und ist nach sechs bis neun Monaten verkaufsreif. Sein elitärer großer Bruder, der Jamón Ibérico, ist in der Regel 12 bis 18 Monate alt, wenn er auf den Markt kommt. Sein Fleisch stammt von den berühmten schwarzen Ibérico-Schweinen, den »Pata Negra« (schwarzen Hufen), die mit Eicheln gemästet werden. Entsprechend ist sein Preis – aber auch sein unvergleichlicher Geschmack. Die Krönung der spanischen Schinkenkultur sind Jamón de Jabugo aus der Hochburg der Ibérico-Schinkenproduktion und Jamón Ibérico de bellota, ein Gütesiegel für besonders aromatischen Eichelmastschinken.

Für die besten Parmaschinken werden die Schweine mit der Molke gefüttert, die bei der Herstellung von Parmesan anfällt. Die Krönung ist dabei der Culatello, das »kleine Hinterstück«, das im Naturdarm bis zu zwei Jahre reift. Der San Daniele aus dem Friaul steht dem Parma an Eleganz in nichts nach, aber auch in Slowenien und Kroatien herrschen ähnliche Schinkentraditionen, ja sogar in China am südlichen Jangtsekiang hat diese Konservierungsmethode eine uralte Tradition.

Die Bandbreite des Aromas der verschiedenen Schinken reicht von buttrig über nussig bis süß-karamellig, je nach verwendetem Teil, Herstellungsart und Reifedauer.

Obwohl Schinken vom Wortursprung her auf die Schweinekeule verweist, werden allerorts auch andere Tiere und Teile gesalzen, geräuchert oder getrocknet. So wird etwa ein ausgelöster Kotelettstrang zum Lachsschinken und ein luftgetrockneter Schweinenacken zur Coppa. Gepökelte Stücke aus der Rinderkeule trocknen in der Bergluft des Schweizer Kantons Graubünden zum Bündner Fleisch, während daraus im italienischen Valtellin Bressaola wird und in arabischen Ländern, mit viel Knoblauch und Gewürzen, Pastirma. Eine breite Palette, um Langsamkeit und Genuss zu entdecken!

Ursula Heinzelmann

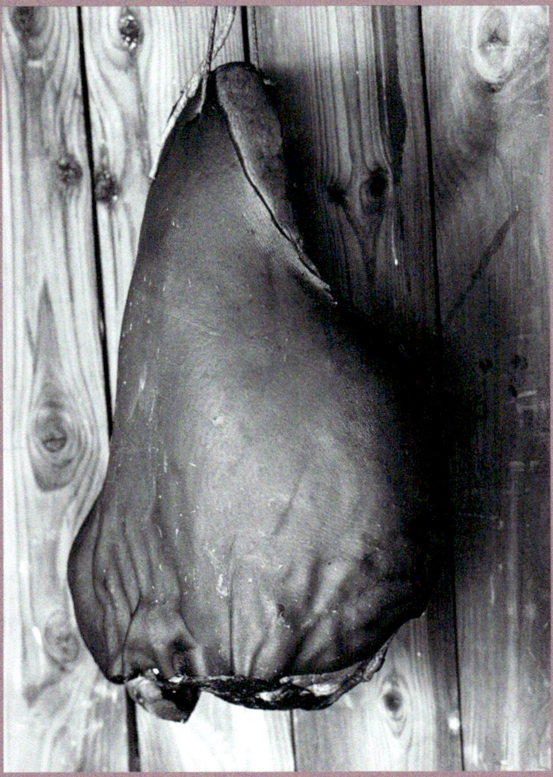

(1) **GANZER RÜCKEN VOM JUNGSCHWEIN,** ohne Hals, jedoch mit Knochen, Speck und Schwarte. Geschlachtet in einem Alter von 6 bis 7 Monaten, mit einem Gewicht von ungefähr 70 kg, ist das rosafarbene Fleisch vom Rücken – er wiegt dann etwa 8 kg – sehr hochwertig und in der Konsistenz etwas fester als Spanferkel. Durch seine leichte Marmorierung bleibt es beim Garen angenehm saftig.

Ideal zum Kurzbraten und Braten:

Nach dem Ablösen des Specks gelangt man an die begehrten Partien des Rückens – Filet, Kotelett und Lende sind die teuersten Teilstücke.

Der Schweinerücken (1) wird auch als Kotelett, Rippenstück oder Karree bezeichnet. Er setzt sich zusammen aus dem Stiel- und Lendenkotelett. In der Regel wird der Rücken vor der Weiterverarbeitung entlang des Rückgrats in zwei Hälften geteilt. Sind Nacken und Filet noch mit dem Kotelettstück verbunden, spricht man vom Kotelettstrang (3).

(2) Das **FILET** liegt auf der Innenseite der Rippen unter dem hinteren Kotelettstrang und ist eines der zartesten Stücke vom Schwein.

Filet

Je nach Region kann das Filet (2) auch Lende oder Lungenbraten heißen – was manchmal zu Verwirrung führt, da mit der Karbonade – sie entspricht dem Roastbeef beim Rind – ein weiterer Teil des Hinterviertels als Lende bezeichnet wird. Anatomisch liegen die Filets im Lendenbereich auf beiden Seiten der Wirbelsäule unterhalb des Kotelettstrangs.
Merkmale: Schweinefilet ist sehr zart, feinfaserig und mit etwa 2 Prozent Fett relativ mager. Da es jedoch nur einen geringen Anteil am Gesamtschlachtkörper ausmacht, ist es verhältnismäßig teuer.
Verwendung: Das Filet eignet sich sehr gut zum Braten im Ganzen. In dicke Scheiben – Medaillons – geschnitten, ist es zum Kurzbraten ideal, lässt sich aber auch für Geschnetzeltes und Fondue verwenden.

Kotelett

Das Kotelett, auch Karree genannt, befindet sich beiderseits der Wirbelsäule zwischen Nacken und Hinterkeule und teilt sich in einen vorderen und hinteren Bereich. Beim vorderen Teil spricht man aufgrund der anliegenden Rippenknochen von Stiel- oder Rippenkotelett, der hintere Teil wird als Lenden-, Filet- oder Lummerkotelett bezeichnet (4).
Merkmale: Sowohl das Stielkotelett (5, 7, 8) als auch das Lendenkotelett (5, 9, 10) weisen eine geringere Marmorierung auf als der Nackenbereich und sind daher weniger saftig. Ohne Rückenspeck enthalten beide Stücke im Durchschnitt etwa 5 Prozent Fett.
Verwendung: Das Kotelettstück wird meist zwischen den Rippenknochen in etwa 1 cm dicke Steaks geteilt und natur oder paniert zum Kurzbraten oder Grillen verwendet. Mit dem Knochen gegart schmecken sie in jedem Fall kräftiger als ausgelöste Kotelettsteaks, bei Letzteren ist dafür die Garzeit etwas kürzer. Delikat sind die so genannten Lummerkoteletts, bei denen der Filetanteil am Kotelettsteak verbleibt. In der Regel löst man das Filet jedoch im Ganzen aus und bereitet es separat zu. Braten lässt sich auch das ausgelöste Kotelett, etwa zu einem Rollbraten gebunden. Gepökelt und leicht angeräuchert kennt man es als Kasseler.

Lende, Rücken, Karbonade

Das ausgelöste Filet- oder Lendenkotelett nennt man auch Lende, Schweinerücken oder Karbonade.
Merkmale: Das Fleisch der Lende ist zart und kurzfaserig, wird aufgrund der geringeren Marmorierung jedoch schnell etwas trocken. Der Fettgehalt liegt ohne Fettauflage bei etwa 5 Prozent.
Verwendung: Aus der Lende lassen sich Steaks zum Kurzbraten schneiden, sie eignet sich aber auch zum Braten oder Schmoren im Ganzen, dabei sollte jedoch die Temperatur nicht zu hoch sein.

Filet, Rücken und Kotelett vom Schwein sind relativ mager und eignen sich gut zum Braten oder Schmoren.

(3) **KOTELETTSTRANG** vom Schwein mit Nacken, Stiel- und Filetkotelett sowie dem Filet.

(4) **KOTELETTSTÜCK** im Ganzen mit **STIEL-** und **LENDEN-, FILET-** oder **LUMMERKOTELETT**.

(5) Links **STIELKOTELETT**, rechts **LENDENKOTELETT**, der Filetanteil ist gut zu erkennen.

(6) Die **LENDE** oder **KARBONADE** wird aus dem Bereich des Filetkoteletts ausgelöst.

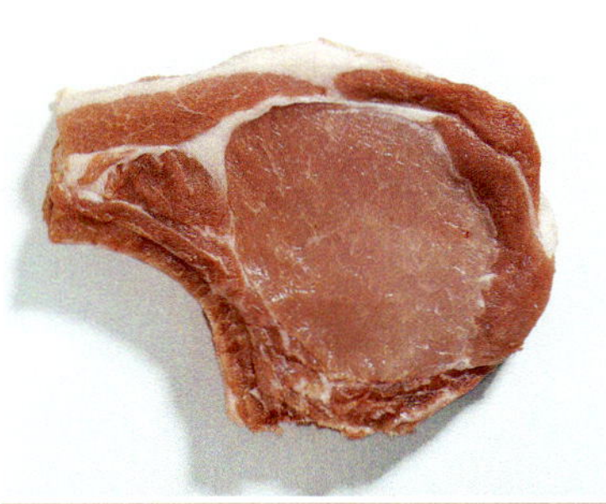

(7) **STIELKOTELETT** mit dem Rippenknochen, aber ohne Wirbelknochen, wenig marmoriert.

(8) Ein **STIELKOTELETT** ohne Rippen- und Wirbelknochen benötigt eine etwas kürzere Garzeit.

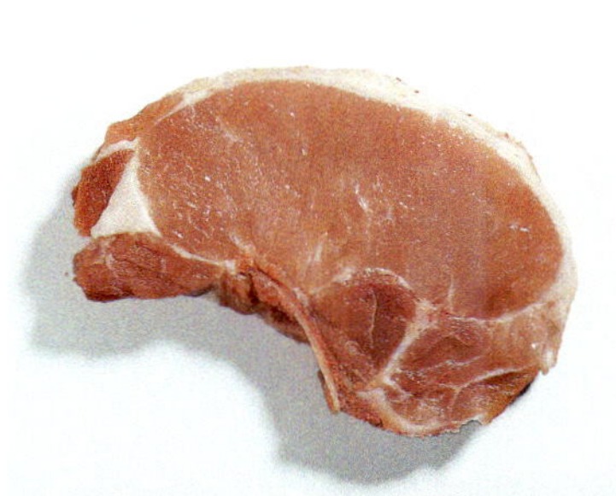

(9) Ein **LENDEN-** oder **FILET-KOTELETT**, hier mit einem Stück Rippenknochen, ohne Filet.

(10) Ein **LENDEN-** oder **FILET-KOTELETT**, hier ohne Knochen, ist magerer als ein Stielkotelett.

Gebraten und gekocht *schätzen Liebhaber die Innereien vom Schwein – ebenso wie die schmackhaften Teile des Kopfes von den Backen über die Zunge bis hin zu den Ohren.*

Die Innereien vom Schwein haben wie diejenigen anderer Schlachttiere auch einen relativ hohen Anteil an Vitaminen und Mineralstoffen, zu nennen sind hier vor allen Dingen die Vitamine der B-Gruppe, Vitamin A und Vitamin C, und bei den Mineralstoffen sind es Kalzium, Phosphor und Eisen. Allerdings weisen Innereien gleichzeitig deutlich höhere Purinwerte auf. So beträgt der Harnsäureanteil bei Muskelfleisch 152 bis 164 mg/100 g, bei der Leber ist er mit 293 mg/100 g nahezu doppelt so hoch. Zudem können Ausscheidungsorgane wie Niere und Leber stärker mit Schwermetallen belastet sein. Weil die Belastung mit zunehmendem Alter steigt, sollten nur die Innereien jüngerer Tiere und diese auch nicht zu häufig verzehrt werden.

Bewundertes Glanzstück

Heute kaum mehr vorstellbar, hat der im Ganzen gekochte und oft auch noch gefüllte Schweinskopf eine beachtliche Karriere hinter sich: Er war in früheren Zeiten das viel bewunderte große Schaustück glanzvoller Bankette und kalter Büfetts.

Die Teile vom Kopf

Der Schweinskopf (1) und seine äußeren Teilstücke wie Ohren (2), Backen (3), Schnauze und Zunge (4) zählen nicht zu den eigentlichen Innereien, nur das Hirn (5) wird hierzu gerechnet.
Merkmale: Die Kopfschwarte, auch Maske genannt, ist mit dem anhängenden Binde- und Muskelgewebe relativ fett, ebenso die Backen. Etwas magerer ist die Zunge, die hauptsächlich aus zartem Muskelfleisch besteht. Das leicht verderbliche weiche Hirn-

(1) Ein **SCHWEINSKOPF** wird heute selten im Ganzen, jedoch in seinen Einzelteilen verkauft.

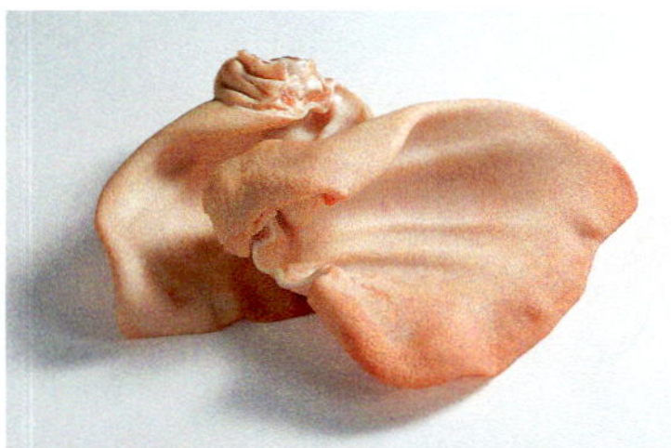

(2) **SCHWEINSOHREN** enthalten viele Knorpel und sind daher nicht jedermanns Sache.

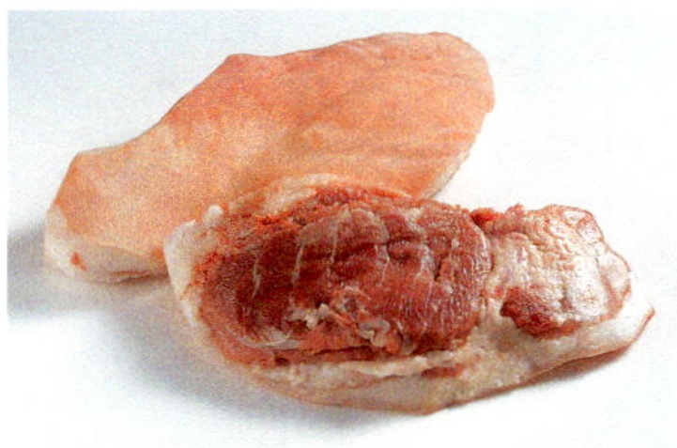

(3) Das Fleisch der **BACKEN** ist relativ fett, reich an Bindegewebe und gilt als rustikale Spezialität.

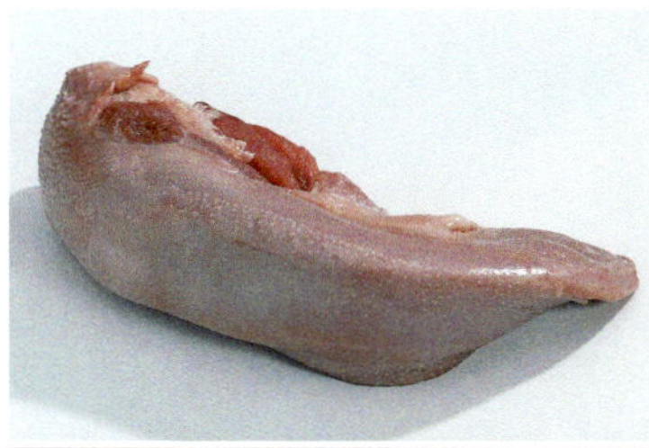

(4) Die **ZUNGE** vom Schwein wird überwiegend für die Wurstherstellung verwendet.

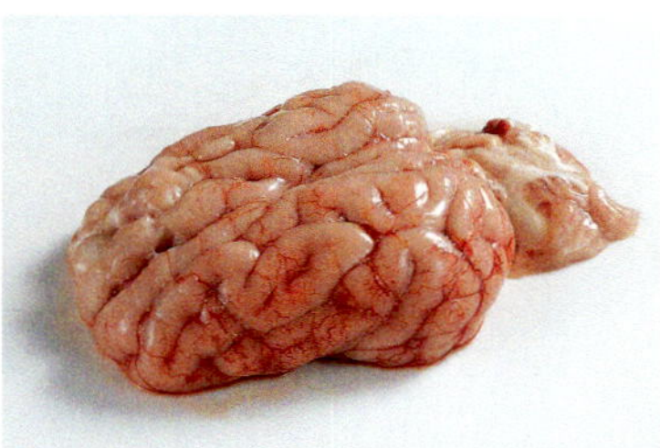

(5) Das zarte **HIRN** besteht aus empfindlichem weichem Gewebe und ist leicht verderblich.

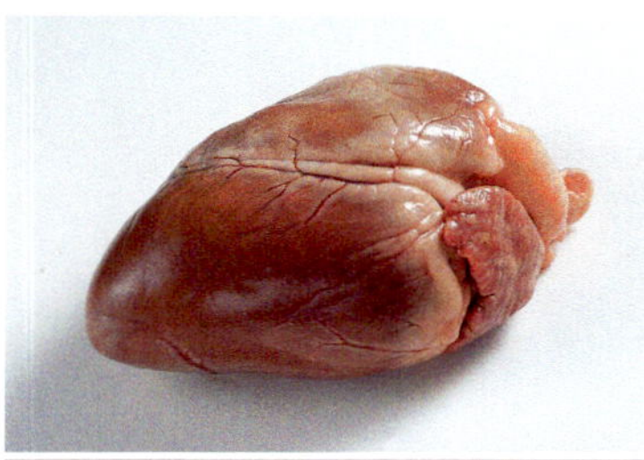

(6) Das **SCHWEINEHERZ** ist etwas kleiner als das Kalbsherz, in der Verwendung ist es ähnlich.

(7) **SCHWEINELEBER** ist zart, dunkelrot und sollte nur von jungen Tieren verzehrt werden.

(8) Die **NIERE** vom Schwein ist frisch hellbraun-rot und wird nur von jungen Tieren verwendet.

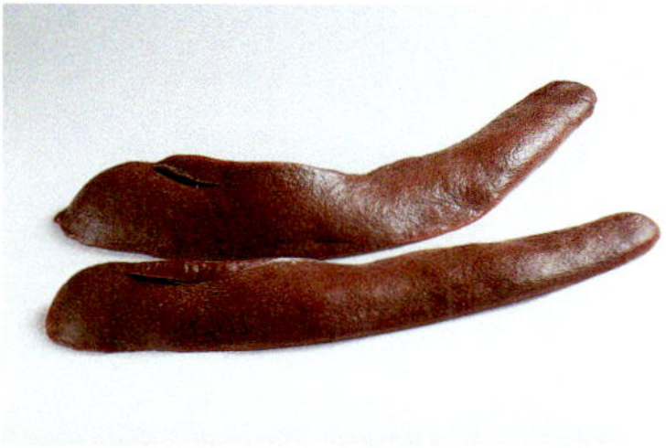

(9) Die **MILZ** vom Schwein wird heute hauptsächlich für die Wurstproduktion verwendet.

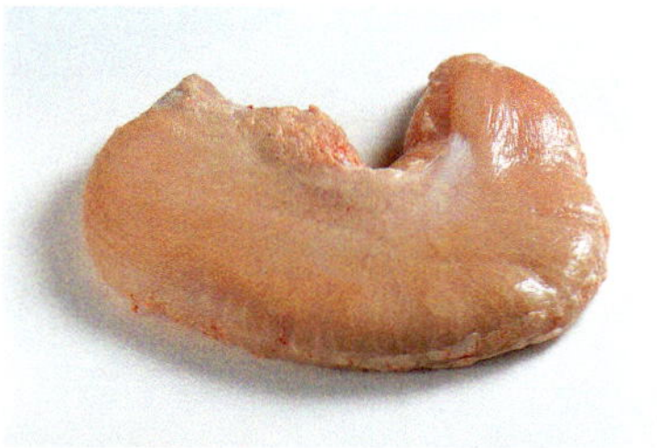

(10) **SCHWEINEMAGEN** wird selten angeboten, er dient meist als Hülle für Wurstspezialitäten.

(11) **SCHWEINENETZ** besteht aus feinem Fettgewebe und Häutchen. Es dient als Hülle für Farcen.

(12) Die **SCHWEINSBLASE** wird teilweise auch heute noch zur Wurstherstellung verwendet.

gewebe ist dagegen sehr fettreich und weist einen hohen Cholesteringehalt auf.
Verwendung: Schweinskopf und -ohren werden heute oft zu Sülzen verarbeitet, seltener gekocht. Die Backen kann man entweder kochen, in herzhaften Eintöpfen mitgaren oder auch pökeln und räuchern. Schweinezunge wird erst gekocht und dann je nach Rezept weiterverarbeitet, überwiegend ist sie jedoch für die Wurstherstellung (Zungenwurst) bestimmt. Schweinehirn wird blanchiert oder gekocht, dann eventuell noch gebraten.

Herz, Leber, Niere und Milz

Von den klassischen Innereien vom Schwein sind Leber (7) und Niere (8) die bei uns am meisten verwendeten. Das Herz (6) ist etwas weniger, Lunge und Milz (9) sind kaum noch gefragt.
Merkmale: Das 200 bis 300 g schwere Schweineherz besteht aus festem Muskelfleisch, Leber und Nieren haben dagegen ein zarteres Gewebe.
Verwendung: Schweineherz wird geschmort, gebraten, gekocht oder gegrillt. Nur kurz braten sollte man Schweineleber, sie wird schnell hart und zäh. Nieren können in Scheiben geschnitten gedünstet, geschmort oder gebraten werden, allerdings sollten diese nicht zu dünn sein, da sie leicht hart werden.

Magen, Schweinenetz und Füße

Die Organe der Bauchhöhle spielen als Hülle eine Rolle und sollten vorbestellt werden, ebenso wie die unterhalb des Eisbeins abgetrennten Schweinsfüße.
Merkmale: Der Schweine- oder Saumagen (10) besteht aus festem Gewebe. Als Schweinenetz (11) bezeichnet man die netzartig feinen Fettadern der Gewebehaut des Bauchfells. Schweinsfüße enthalten wenig Muskelfleisch, aber viel gelierende Stoffe.
Verwendung: Magen und Blase (12) dienen vorwiegend als Hülle für deftige Spezialitäten wie den Pfälzer Saumagen oder fränkische Blutwurst. Das Schweinenetz hält Lebensmittel, etwa Gehacktes, beim Garen zusammen. Das Fett schmilzt dabei, und das Gargut bleibt saftig. Schweinsfüße (13) werden meist für Sülzen verwendet oder gekocht, es gibt sie aber auch gepökelt und geräuchert.

(13) **SCHWEINSFÜSSE**, man nennt sie auch Spitzbein oder Pfoten, haben einen hohen Gehalt an gelierenden Stoffen und werden daher häufig zur Herstellung von Sülzen verwendet.

Zum Braten und Grillen *sehr gut geeignet sind Spanferkel – wie die jungen, noch säugenden Schweine genannt werden. Die Krönung des zarten Fleisches ist die knusprige Schwarte.*

Obwohl man Spanferkel so gerne grillt, hat sein Name doch rein gar nichts mit einem Holz- oder Kienspan zu tun. Aus etymologischer Sicht besteht vielmehr ein Zusammenhang zu den mittelhochdeutschen Wörtern »spen« für Zitze oder Brust und »spänen«, was so viel wie säugen bedeutet. Insofern ist der Name also schon ein direkter Hinweis darauf, worum es sich bei einem Spanferkel eigentlich handelt, nämlich um sehr junge, noch säugende Tiere. In der Praxis werden gelegentlich auch solche Ferkel als Spanferkel bezeichnet, die aufgrund von Wachstumsfehlern oder aufgrund irgendeines anderen Makels zur Mast nicht geeignet sind. Geschlachtet werden Spanferkel frühestens in einem Alter von 6 Wochen, wobei die Fleischqualität von sehr jungen Ferkeln oft als zu weich und wässrig kritisiert wird. Ideal zum Braten und Grillen sind etwas größere Spanferkel, die mit einem Gewicht um die 20 kg verkauft werden.

Rechtzeitig vorbestellen

Wenn Sie ein großes Fest planen und Ihren Gästen ein Spanferkel offerieren wollen, denken Sie daran, dieses rechtzeitig, also etwa sechs Wochen vorher, bei Ihrem Fleischer oder auch direkt beim Erzeuger zu bestellen.

(1) **SPANFERKELKOTELETTS** mit Knochen, einzeln vom Kotelettstrang abgetrennt. Sie haben ein rosafarbenes, mageres und zartes Fleisch.

Spanferkel: Die Teilstücke

Geschlachtet wird ein Spanferkel wie jedes andere Schwein auch, allerdings sollte anschließend bei Tieren, die im Ganzen gegrillt werden, weder das Brustbein geöffnet noch der Rücken gespalten werden, dies müssen Sie Ihrem Fleischer beim Vorbestellen unbedingt mitteilen, denn überwiegend wird ein Spanferkel heute nicht mehr im Ganzen, sondern in seinen Einzelteilen verkauft.

Merkmale: Spanferkelfleisch ist aufgrund des geringen Alters der Tiere zarter und heller als Schweinefleisch und milder im Geschmack. Da der Fettgehalt beim Spanferkel deutlich geringer ist als bei einem ausgewachsenen Tier, wird die Schwarte sowie die darunter liegende dünne Speckschicht vor der Zubereitung des Spanferkels nicht entfernt.

Verwendung: Ein Spanferkel, mehrere Stunden am Spieß gegrillt, ist eine echte Delikatesse. Aber auch aus dem Ofen schmeckt es ganz ausgezeichnet, etwa im Ganzen mit der Schwarte gebraten oder ausgelöst, mit Kräutern gewürzt und mit der Schwarte nach außen zu einem Rollbraten gebunden. Da man dafür jedoch einen Spezialofen oder zumindest einen großen Holzbackofen benötigt, wird Spanferkel heute üblicherweise in Einzelteilen angeboten. Zum kurzen Grillen oder Braten in der Pfanne eignen sich die kleinen Koteletts (1). Zum Braten im Ofen ist sowohl der Kotelettstrang mit Knochen und Schwarte (2) als auch der ganze Rücken (3) das richtige Stück. Ebenso eignet sich diese Zubereitungsart für die Schulter (5) oder Keule (6). Die Schwarte wird dabei meist vorher, manchmal auch bereits einen Tag vor der Zubereitung, eingeschnitten und gewürzt. Während des Bratens übergießt man sie dann regelmäßig mit Bier oder auch mit einer Mischung aus Bier und Öl. Diese Prozedur verhindert, dass die Schwarte vorzeitig austrocknet und zu hart wird. Aus Bauch, Brust und Rippen (4) sowie aus der ausgelösten Lende mit Schwarte (7) lässt sich ein Rollbraten binden, der dann am Spieß gegrillt oder im Ofen gebraten werden kann.

(2) Der **KOTELETTSTRANG** vom Spanferkel. Gut zu erkennen ist hier am Beispiel des halbierten Rückens, wie dünn die Fettschicht bei einem Spanferkel mit einem Gewicht von 20 kg noch ist. Daher wird das Fett vor der Zubereitung beim Spanferkel in der Regel nicht entfernt.

(3) Der **SPANFERKELRÜCKEN** im Ganzen. Gut zu sehen sind die Rippen links und rechts sowie die beiden innen liegenden Filets.

(4) **BRUST UND RIPPEN** vom Spanferkel sind noch viel magerer als bei einem ausgewachsenen Schwein.

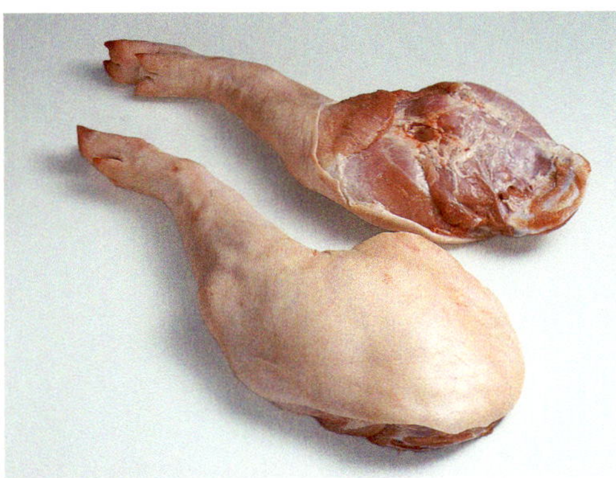

(5) Die ausgelösten **SCHULTERN** vom Spanferkel, jeweils mit Schwarte, Vorderfuß und anhängender Pfote.

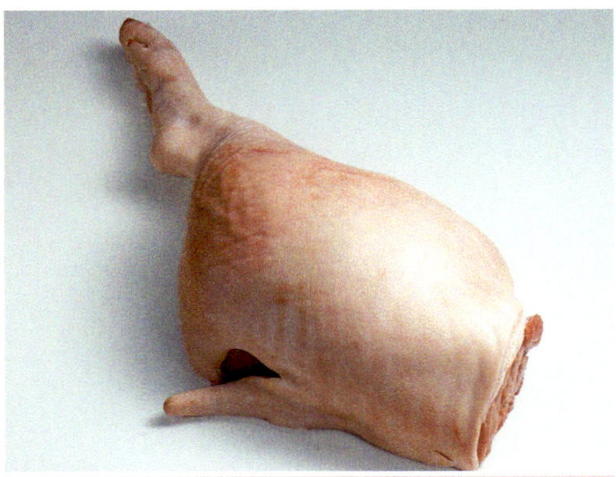

(6) **SPANFERKELKEULE** im Ganzen, mit Schwarte, Hinterfuß und Pfote. Im Vordergrund ist der kurze Schwanz zu erkennen.

(7) **AUSGELÖSTE LENDE** vom Spanferkel mit Schwarte, hier mit dem längs halbierten Filet zu einem Rollbraten gebunden.

Das Fleisch vom Schaf *ist für Feinschmecker und Gourmets seit jeher eine große Delikatesse, vor allem wenn es von jungen Weidelämmern stammt, deren Fleisch besonders zart ist.*

ES MACHT SCHON EINEN UNTERSCHIED, was die Tiere tagtäglich zu fressen bekommen: So schmeckt etwa das Fleisch der Pauillac-Lämmer, die das Gras in der Nähe der Küste abweiden, von Haus aus leicht salzig, ähnlich wie bei den Deich-Lämmern in Schleswig-Holstein oder bei jenen auf den Nord- und Ostfriesischen Inseln. Lämmer aus Küstenregionen kommen daher bisweilen unter der Bezeichnung »Pré-Salé-Lamm« in den Handel, bei ihnen sollte man bei der Zubereitung mit dem Salzen eher vorsichtig sein. Eine Spezialität aus der Lüneburger Heide sind die Heidschnucken, denen das würzige Heidegras und andere Pflanzen der Region ihren besonderen Geschmack verleihen, der etwas an Wild erinnert. In der Provence wiederum sind es die dort wachsenden mediterranen Kräuter, die das Fleisch der Sisteron-Lämmer so aromatisch machen. Neben den sensorischen Qualitäten gibt es jedoch noch weitere Kriterien zur Beurteilung der Fleischqualität bei Schaf und Lamm. Dazu gehören in erster Linie das Alter sowie der Verfettungsgrad des jeweiligen Tieres.

LAMM, SCHAF ODER HAMMEL?

Die EU-Handelsklassen unterscheiden Lamm- und Schaffleisch nach Fleischigkeits- und Fettgewebeklassen. Diese Unterteilung ist für den Endverbraucher jedoch weniger wichtig als für den Fleischhandel selbst. Wissen sollte man jedoch, was sich hinter der Bezeichnung Lamm und Schaf jeweils verbirgt. Als Lammfleisch gekennzeichnetes Fleisch stammt heutzutage von Tieren, die nicht älter als 12 Monate sind. Früher wurde noch feiner unterschieden zwischen Milch- und Mastlämmern. Da beide Namen auch heute noch gelegentlich auf den Speisekarten auftauchen, ist es vielleicht ganz interessant zu wissen, worum es sich dabei handelt. Milchlämmer durften nicht älter als 6 Monate sein, Mastlämmer wurden Tiere im Alter zwischen 6 und 12 Monaten genannt. Das Fleisch von Tieren, die älter als 1 Jahr sind, wird heute als Schaffleisch gehandelt. Trifft man auf ein Angebot von Hammelfleisch, stammt dieses entweder von 1 bis 2 Jahre alten weiblichen oder von kastrierten männlichen Tieren desselben Alters. Noch ältere weibliche Tiere haben ein grobfaseriges und stark durchwachsenes Fleisch, dieses wird in Deutschland kaum jemals zum Verkauf angeboten. Ebenso wenig wie das von männlichen, über 1-jährigen Tieren, weil das Fleisch von Widdern oder Böcken einen typischen, stark ausgeprägten Geschmack aufweist und nicht sehr beliebt ist.

UNTERSCHIEDE IN DER FLEISCHQUALITÄT

Lammfleisch ist sehr feinfaserig und zart. Das Fett – es sollte noch nicht zu viel sein – ist beinahe weiß, die Fleischfarbe liegt beim Lamm je nach Schlachtalter und Rasse zwischen hell- und ziegelrot. Schaffleisch wird in Deutschland sehr viel seltener angeboten. Zu erkennen ist es an seiner dunkelroten Färbung. Auch das Fett ist bei über 1-jährigen Tieren dunkler und weist einen leicht gelblichen Ton auf. Hammelfleisch ist dunkelrot, stark marmoriert und geschmacksintensiv. Gute Qualitäten beim Lamm zeichnen sich durch Vollfleischigkeit, einen geringen Verfettungsgrad sowie eine gleichmäßige, aber dünne Fettabdeckung aus – sie sollte nicht mehr als 3 mm betragen.

LAMMFLEISCH IN DEUTSCHLAND

Obwohl Lammfleisch bei Köchen wie Feinschmeckern gleichermaßen beliebt ist, liegt der jährliche Pro-Kopf-Verbrauch mit etwas mehr als 1 kg weit unter EU-Durchschnitt, der rund 4 kg pro Kopf und Jahr beträgt. Allerdings ist in den letzten Jahren ein leichter Anstieg zu verzeichnen, wohl weil Lammfleisch in der Regel eine sehr gute Fleischqualität besitzt. Knapp die Hälfte des bei uns konsumierten Lammfleisches stammt aus Deutschland, der Rest wird aus Neuseeland und Großbritannien importiert.

Viel Aroma

Kenner schätzen beim Lammfleisch gerade seinen intensiven Eigengeschmack, der je nach Futter der Tiere – etwa aromatische Kräuter und Gräser – noch würziger ausfallen kann.

Nährwert und Inhaltsstoffe *sind auch bei Schaffleisch – wie bei Schlachtfleisch allgemein – bedeutend, jedoch ist das zarte Lammfleisch heutzutage weniger fett als früher.*

NEBEN EINEM HOHEN GENUSSWERT kann sich Lamm- und Schaffleisch auch in puncto Inhaltsstoffe sehen lassen. Es enthält, wie die übrigen Fleischarten auch, viel Eiweiß, Vitamine und Mineralstoffe. Je nach Teilstück und Alter schwankt der Muskelfleisch- und Fettgewebeanteil der Tiere, daher sind die Angaben über Nährwert und Inhaltsstoffe Durchschnittswerte.

WERTVOLLE INHALTSSTOFFE

In 100 g magerem Lammfleisch stecken 70 bis 75 g Wasser und als Hauptbestandteil des Muskelfleisches etwa 20 g wertvolles Eiweiß, das eine hohe biologische Wertigkeit hat. Im Schnitt sind in der angegebenen Menge zudem etwa 3 g Fett enthalten, bei einer fetten Hammelbrust können es aber auch schon mal weit über 30 g sein. Geht man von dem ersten Wert aus, enthalten 100 g Lammfleisch 523 kJ oder 125 kcal. Der durchschnittliche Cholesteringehalt von Lamm liegt mit 70 mg/100 g genauso hoch wie bei Rindfleisch und ähnlich hoch wie bei Geflügel, dessen Cholesteringehalt pro 100 g bei 75 mg liegt. In Lammfleisch steckt jedoch noch viel mehr: Hervorzuheben sind vor allem die Vitamine der B-Gruppe – vertreten sind insbesondere B1, B2 und Niacin – sowie Vitamin A und C. Darüber hinaus enthält Lammfleisch wichtige Mineralstoffe und Spurenelemente wie beispielsweise Kalium (290 mg/100 g), Magnesium (23 mg/100 g), Eisen (2,5 mg/100 g) und Zink (2,9 mg/100 g). Auch aus ernährungsphysiologischer Sicht ist Lammfleisch daher empfehlenswert.

Heiß servieren

Da das Fett bereits bei 30 bis 50 °C fest wird, sollte man Lammfleisch möglichst heiß auf den Tisch bringen. Nur magere Stücke wie die Keule oder der Rücken schmecken auch kalt.

SKEPSIS UNBEGRÜNDET

Der Vorbehalt mancher Menschen gegenüber dem starken Eigengeschmack von Lammfleisch dürfte wohl daher rühren, dass früher vor allem das Fleisch älterer Tiere oder Hammelfleisch auf den Markt kam – zartes Lammfleisch war für die breite Mehrheit schlicht zu teuer –, und das hatte einen sehr viel kräftigeren Eigengeschmack. Heute ist dies jedoch kaum mehr der Fall, weil solches Fleisch als Schaffleisch gekennzeichnet sein muss. Auf den Markt kommen bei uns heute überwiegend junge Lämmer aus artgerechter Koppel- oder Wanderhaltung, und zwar in einem Alter von 4 bis 8 Monaten. Damit kann ein Auftreten des typischen und deutlich stärkeren Hammelgeschmacks weitgehend ausgeschlossen werden, weil dieser sich erst ab dem 8. Monat zu entwickeln beginnt.

GANZJÄHRIG ERHÄLTLICH

Im Gegensatz zu früher, als Lammfleisch ein reines Saisonprodukt war, das lediglich in den Monaten Dezember bis Mai auf den Markt kam und vorwiegend zu Ostern angeboten wurde, ist das feine mildwürzige Fleisch heute frisch und tiefgekühlt das ganze Jahr über erhältlich.

Hochgenuss vom Lamm: Doppeltes Lendenkotelett mit aromatischen Kräutern gewürzt und zu einem Rollbraten gebunden. Dieser kann am Stück zubereitet oder, in Steaks geschnitten, zum Kurzbraten und Grillen verwendet werden.

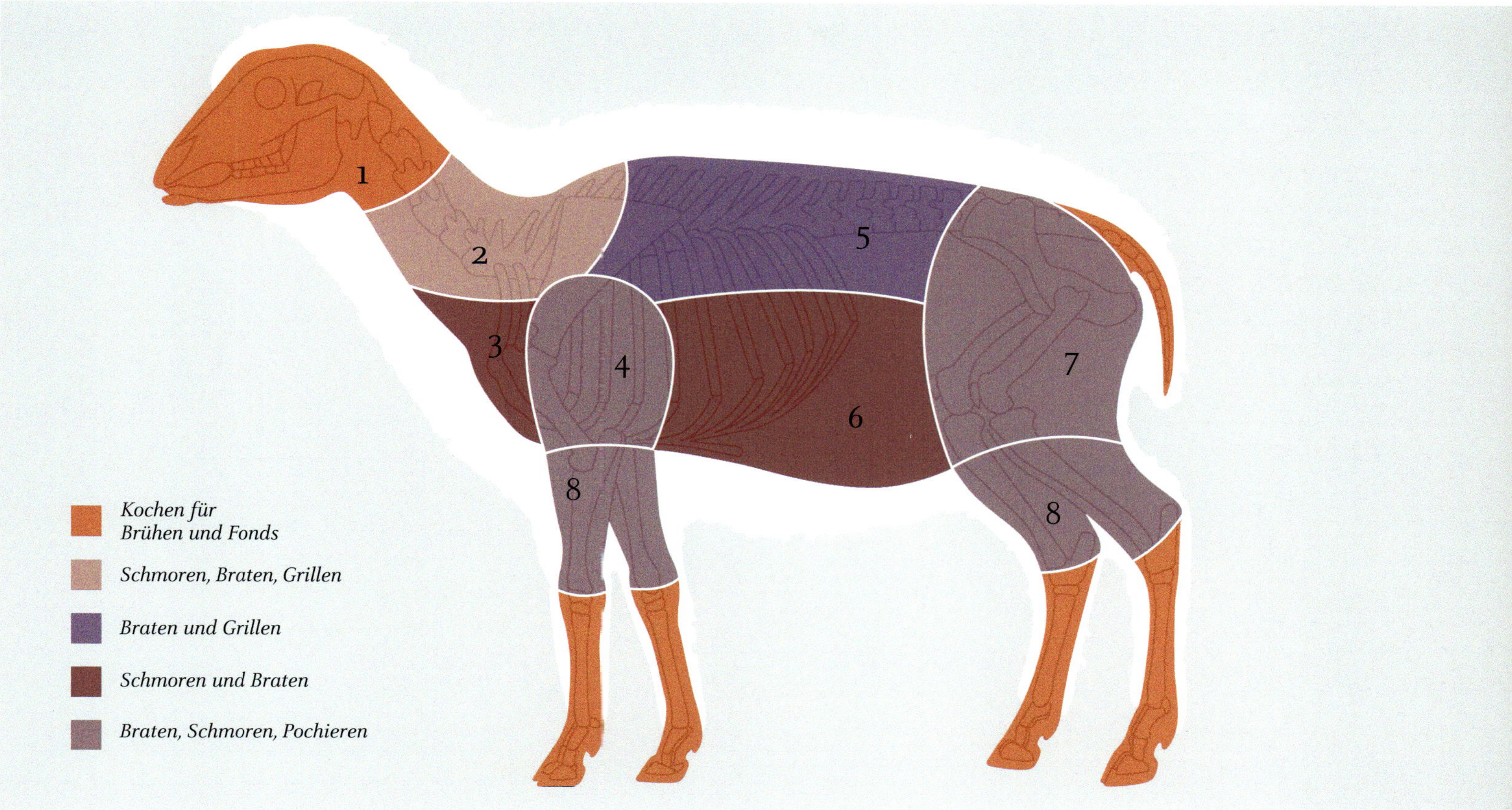

Ein Schaf im Querschnitt mit allen kulinarisch wichtigen Teilstücken: 1 – Kopf; 2 – Hals, Nacken; 3 – Brust; 4 – Schulter, Bug; 5 – Rücken; 6 – Dünnung, Bauch; 7 – Keule; 8 – Vorder- und Hinterhaxe.

KÜRZERE REIFUNG ALS BEIM RIND

Nach dem Schlachten muss Lammfleisch noch 5 bis 7 Tage bei einer Temperatur von 2 bis 4 °C »abhängen« oder reifen, bevor es seine optimale Qualität erreicht. Dabei werden nach der Totenstarre durch enzymatische Vorgänge die Fleischstruktur und das Bindegewebe wieder gelockert, das Fleisch wird zart und mürbe. Bei zu kurzer Reifung oder auch bei zu niedrigen Temperaturen vor Eintritt der Totenstarre bleibt das an sich zarte Lammfleisch eher zäh.

LAMM VERTRÄGT KRÄFTIGE GEWÜRZE

Durch seinen intensiven Eigengeschmack verträgt Lammfleisch kräftigere Gewürze als das vergleichsweise milde Kalbfleisch. Ausgezeichnet zu Lamm passen beispielsweise mediterrane Aromen wie Rosmarin, Thymian und Knoblauch. Aber auch mit Gewürzen der asiatischen Küchen wie Ingwer, Chili, Zitronengras und diversen Saucen harmoniert Lamm bestens. Sehr gut schmeckt das feinwürzige Fleisch auch als Curry geschmort, wobei auch hier die Zusammenstellung der Gewürze ruhig etwas kräftiger sein darf.

LAMMFLEISCH AUFBEWAHREN

Frisches Lammfleisch hält sich im Kühlschrank in Folie verpackt oder auch in eine Ölmarinade gelegt 2 bis 3 Tage. Tiefgekühlt kann es bei –18 °C je nach Fettgehalt zwischen 6 und 10 Monate aufbewahrt werden. Vor allem größere Teilstücke vom Lamm, wie etwa die Keule, legt man zum schonenden Auftauen am besten in den Kühlschrank. Vor der Zubereitung wird das Fleisch dann mit Küchenpapier sorgfältig trockengetupft.

Vielfältig wie kein anderes Haustier: Schafe

Die robusten und genügsamen Schafe zählen zu den ältesten Haustieren des Menschen. Heute geht man davon aus, dass das Hausschaf *(Ovis orientalis aries)* in all seinen Rasseausprägungen vom orientalischen Wildschaf *(Ovis orientalis)* abstammt und nicht, wie früher angenommen, vom Mufflon *(Ovis orientalis musimon)*. Aufgrund ihrer großen Anpassungsfähigkeit in Bezug auf klimatische Verhältnisse und Nahrungsangebot konnten sich Schafe weltweit verbreiten. Von den rund eine Milliarde Schafen weltweit leben 40 Prozent in Asien, 20 Prozent in Afrika, 15 Prozent in Australien und Neuseeland und die restlichen 25 Prozent in Europa und Amerika. Wirtschaftlich interessant war das Schaf gleich aus mehreren Gründen, ist es doch Lieferant für Milch, Wolle, Fleisch, Talg und Dünger. Vor allem die Wollproduktion war es, die in der Vergangenheit bei den Züchtern im Vordergrund stand. Sie waren ständig bemüht, die Wollqualität zu verbessern. Zu diesem Zweck wurden dann auch vor rund 250 Jahren Merinoschafe – sie gaben die feinste Wolle – nach Deutschland eingeführt. Bis zur Mitte des letzten Jahrhunderts änderte sich daran nicht viel: Schafe wurden zu 90 Prozent der Wolle und nur zu 10 Prozent des Fleisches wegen gehalten.

Die Graue Gehörnte Heidschnucke ist eine alte Landrasse mit wohlschmeckendem Fleisch. Verbreitet ist sie in Norddeutschland, vor allem in der Lüneburger Heide.

DAS SCHAF ALS FLEISCHLIEFERANT

Inzwischen hat sich dieses Verhältnis jedoch umgedreht, und das Fleisch steht gegenüber der Wolle absolut im Vordergrund. Geld verdienen können Schafhalter heute vor allem mit dem Verkauf von Schlachtlämmern. Die Ursachen für diesen Wandel liegen im Zusammenbruch des Wollmarkts: Gab es in den 1950er Jahren umgerechnet noch rund 2,20 Euro für 1 kg Wolle, so lässt sich heute mit dem Verkauf von 1 kg Rohwolle gerade mal ein Viertel davon erzielen. Diese Tatsache führte zu einer Neuausrichtung der Züchtung – gefragt ist heute ein hoher Fleischanteil.

DIE VERSCHIEDENEN RASSEN

Schafe werden einmal nach der Form ihres Schwanzes unterschieden: Es gibt kurzschwänzige Hausschafrassen wie die Heidschnucke sowie Rassen mit langen Schwänzen, zu denen etwa die Merinoschafe zählen. Unterteilt werden sie zudem nach ihrer Wolle: Die feinwolligen Merinoschafe machen heute etwa 20 Prozent des Weltbestands aus. Langwollschafe und deren Kreuzungen liegen in etwa gleichauf. Nur etwa 4 Prozent Anteil am Gesamtschafbestand haben Kurzwollschafe und deren Kreuzungen, während die Grobwollschafe mit rund 50 Prozent absolut vorn liegen. In sehr heißen Gegenden leben Haarschafe, sie besitzen nur ein kurzes Deckhaar und keine Wolle. Ihr Anteil am Weltbestand liegt bei ungefähr 6 Prozent. Als Fleischlieferant hat vor allem das Merino-Fleischschaf Bedeutung erlangt. Das mittelgroße Schaf mit

Auch als Landschaftsgärtner tätig: Eine Herde Rauwolliger Pommerscher Landschafe bei der Deichpflege an der Ostseeküste.

seitwärts abstehenden Ohren entstand im 19. Jahrhundert durch die Einkreuzung von spanischen und französischen Merinoschafen in heimische Landschafrassen, später kamen noch die Gene englischer Rassen wie Leicester hinzu. In Deutschland ist das Merinolandschaf heute am weitesten verbreitet. Aber auch andere Rassen wie das Schwarzköpfige Fleischschaf, Suffolk, Texel oder das Blau- oder Weißköpfige Fleischschaf spielen eine Rolle. Das Schwarzköpfige Fleischschaf, mittelgroß und hornlos, entstand ebenfalls um die Mitte des 19. Jahrhunderts aus der Einkreuzung englischer Fleischrassen wie Oxford und Hampshire in einheimische Landschafrassen. Auch das mittelgroße bis große Suffolk mit seinem schwarzen Kopf – heute eine der wichtigsten Fleischschafrassen – hat seinen Ursprung in England, wo es zu Beginn des 19. Jahrhunderts durch Kreuzung entstand. Von der gleichnamigen Insel in den Niederlanden stammt das mittelgroße bis große weiße Texel-Schaf mit seinen kräftigen Stehohren. Entstanden ist es durch die Einkreuzung zweier englischer Rassen. So unterschiedlich wie die Rassen selbst ist auch ihr Erscheinungsbild in Bezug auf Farbe, Wolle und Behornung. Vom geländegängigen Bergschaf bis zum vollfleischigen Schaf mit hoher Fruchtbarkeit in Koppel- und Stallhaltung reicht die Palette – unter allen Nutztieren ist die Rassenvielfalt beim Schaf am größten.

Gefragt sind heute aufgrund ihrer Zartheit und ihres guten Geschmacks vor allem Lämmer, ausgewachsene Tiere kommen nur noch selten in den Handel.

SCHAFHALTUNG IN DEUTSCHLAND

In Deutschland überwiegt die standortgebundene Intensivhaltung bei Schafen. Wanderherden haben lediglich einen Anteil von knapp 20 Prozent am Gesamtbestand. Und doch ist gerade das Bild vom Schäfer, der mit seiner Herde über Land zieht, sehr populär. Wohl auch, weil in den letzten Jahren extensiv gehaltenen Schafrassen zunehmend eine Aufgabe als Landschaftsgärtner zukommt. Ohne Beweidung durch Schafe würden viele Heide- und Moorflächen zunehmend versteppen und verwalden. So geschehen im westlichen Niedersachsen zwischen Hannover, Osnabrück und Bremen: Nach der Entwässerung des Bodens siedelten sich rasch Bäume an, der Moorcharakter der Landschaft verschwand. Erst mit Hilfe der vom Aussterben bedrohten Hornlosen Weißen Heidschnucke – unlängst in Moorschnucke umbenannt – gelang es, den ursprünglichen Charakter der Landschaft wieder herzustellen. Heute erfreut sich diese alte Landrasse wieder größerer Beliebtheit, zumal ihr zartes Fleisch ganz ausgezeichnet schmeckt. Es erinnert, wie das anderer Schnuckenarten auch, leicht an Wild. Seines zarten und leicht salzigen Fleisches wegen sehr gefragt ist auch das »Salzwiesenlamm«, das auf den Deichen an der Nordseeküste grast, ebenso wie die Skudde oder das Rauwollige Pommersche Landschaf – beide werden ebenfalls zur Deichpflege eingesetzt.

Katrin Wittmann

Der Rücken mit seinem mageren zarten Fleisch zählt zu den besten Teilstücken vom Lamm zum Braten und Grillen.

Zum Braten oder Grillen *wunderbar geeignet ist das zarte Fleisch vom Lammrücken. Er schmeckt im Ganzen oder auch als Einzel- oder Doppelkotelett zubereitet ganz exzellent.*

Während Lammfleisch früher vor allem im Frühjahr und Frühsommer auf den Markt kam, ist es heute frisch und tiefgekühlt das ganze Jahr über erhältlich. Zwar bevorzugen Feinschmecker nach wie vor frische Ware, wurde die Kühlkette jedoch nicht unterbrochen und das Fleisch langsam aufgetaut, kann auch tiefgekühltes Lammfleisch von sehr guter Qualität sein.

Rücken und Filet

Ein besonders hochwertiges Teilstück von Lamm oder Schaf ist der Rücken (1). Er besteht aus dem Kotelettstück, dem Lendenkotelett sowie den beiden innen liegenden Filets. Vom Kamm wird der Rücken zwischen dem 4. und 5. Brustwirbel abgetrennt.

Merkmale: Das Fleisch des Rückens, das ausgelöst aufgrund seiner schmalen, langen Form auch als Rückenfilet bezeichnet wird, ist mager und zartfaserig. Noch zarter sind nur noch die beiden kleinen, innen liegenden Filets (1).

Verwendung: Der Rücken lässt sich in der Küche überaus vielseitig einsetzen: Bei jüngeren Tieren mit entsprechend kleinem Schlachtkörper wird er meist unzerteilt als Doppelrücken oder Sattel angeboten und dann im Ganzen gebraten oder gegrillt. Bei größeren Tieren wird er dagegen meist entlang der Wirbelsäule in zwei Hälften geteilt. Ausgelöst lässt sich der Rücken sehr gut – entweder im Ganzen oder auch in Teilstücken – als Roll- oder Nierenbraten zubereiten. In Medaillons geschnitten eignet sich sein ausgelöstes Fleisch – ebenso wie die innen

(1) **LAMMRÜCKEN IM GANZEN.** Das Fleisch des Rückens ist zart und mager. Gut zu erkennen sind hier die beiden innen liegenden Filets, die Wirbelsäule sowie die Rippenknochen. Unterteilt wird der Rücken in das Kotelettstück (links) und in das Lendenkotelett (rechts). Die beiden kleinen, sehr zarten Filets werden meist nicht vom Lendenkotelett abgetrennt, sondern mit diesem zusammen verkauft.

liegenden Filets – bestens zum Kurzbraten oder Grillen. Aufgrund ihrer geringen Größe können Letztere auch sehr gut im Ganzen rosa gebraten werden. Aufgrund ihres geringen Gewichtsanteils am gesamten Schlachtkörper sind ausgelöste Lammfilets jedoch sehr teuer und werden daher häufig am Lendenkotelett belassen.

Kotelettstück, Lendenkotelett

Das Kotelettstück (2) sowie das Lendenkotelett (3) werden am letzten Brustwirbel abgeschnitten. Von der Keule getrennt wird das Lendenkotelett nach dem Freilegen des Filetkopfes zwischen dem letzten Lenden- und dem ersten Kreuzbeinwirbel. Mit den innen liegenden Filets ist das Lendenkotelett im Vergleich zum Hälftenpreis des gesamten Schlachttieres das teuerste Teilstück.
Merkmale: Das Fleisch des vorderen Kotelettstücks ist stärker marmoriert und saftig, jenes des Lendenkoteletts ist zartfaserig und mager.
Verwendung: Das Kotelettstück kann im Ganzen mit oder ohne Fettrand gebraten oder gegrillt werden, wobei das Fett bei der Zubereitung besser am Fleisch verbleiben sollte, da es dann saftiger wird. Als Spezialität gilt das als Sattel im Ganzen im Ofen gebratene oder gegrillte doppelte Lendenkotelettstück. Etwas Besonderes ist auch die aus dem Kotelettstück gebundene und nach Belieben gefüllte Lammkrone. Dafür werden die Rippenknochen sauber abgeschabt, und das ganze Stück wird dann so zusammengebunden, dass die Rippen eine Krone bilden (S. 125). Bindet man zwei Kotelettstücke aneinander, erhält man eine doppelte Krone.

(5) **STIELKOTELETTS** vom Lamm, hier mit aufliegendem Fettrand. Das Fleisch ist zart und leicht marmoriert. Um einzelne Koteletts zu erhalten, wird der Rücken zwischen den Rippenknochen durchtrennt, oft werden Lammkoteletts auch mit abgetrenntem Rückgrat angeboten.

Doppel- und Stielkotelett

Doppelkoteletts (4) werden aus dem Sattel – häufig aus dem doppelten Lendenkotelett – geschnitten. Stielkoteletts (5) stammen aus dem Kotelettstück.
Merkmale: Stielkoteletts sind stärker marmoriert und saftiger, Lendenkoteletts sind zart und mager.
Verwendung: Lammkoteletts oder »chops«, wie sie im Englischen genannt werden, eignen sich ausgezeichnet zum Kurzbraten oder Grillen.

(2) **KOTELETTSTÜCK** vom Lamm, hier als »best end neck« im englischen Zuschnitt ohne die letzte Rippe.

(3) **LENDENKOTELETT** vom Lamm mit innen liegendem Filet, hier als »loin« im englischen Schnitt ohne letzte Rippe.

(4) **DOPPELKOTELETTS** vom Lamm, auch Schmetterlingskoteletts genannt, werden von jüngeren Tieren angeboten.

Die Teile der Vorderhälfte, die Haxen sowie der Bauch benötigen eine etwas längere Garzeit, sie eignen sich zum Schmoren und Braten.

Schmoren, Braten oder Grillen.

Auch die preiswerten Teilstücke vom Lamm wie Haxen, Brust, Dünnung, Hals oder Schulter sind in der Küche sehr vielseitig verwendbar.

Alle auf dieser Seite abgebildeten Teile von Lamm oder Schaf zählen im Vergleich zu Rücken und Keule zu den preiswerteren Teilstücken. Minderwertig sind sie jedoch keinesfalls, die meisten benötigen nur eine etwas längere Garzeit.

Haxen

Die Lammhaxen (1) können sowohl von der Schulter als auch von der Keule abgetrennt werden.
Merkmale: Die Hinterhaxe ist fleischiger als die Vorderhaxe, die einen höheren Anteil an Bindegewebe hat. Lammhaxen haben ein mageres Fleisch und sind intensiv im Geschmack.
Verwendung: Lammhaxen im Ganzen mit Knochen eignen sich bestens zum langsamen Schmoren bei relativ niedriger Temperatur, sie können jedoch auch im Ofen gebraten werden. In Scheiben geschnitten ergibt die größere Hinterhaxe Steaks zum Grillen. Das ausgelöste Haxenfleisch lässt sich aber auch sehr gut schmoren, beispielsweise als Curry. Mit den Knochen gekocht, ergeben die Haxen einen kräftigen, aromatischen Fond.

Brust, Dünnung

Die Teile der Brust (2, 3) sowie die Dünnung (4) von Lamm und Schaf sind weniger gefragt.

(1) Die **LAMMHAXE** ist mager. Sie wird aus dem unteren Teil der Schulter oder Keule geschnitten.

(2) Die **LAMMBRUST**, auch **RECHTECKSTÜCK** genannt, hat einen hohen Fettanteil.

(3) Die **BRUSTSPITZE** vom Lamm wird meist nach der 4. oder 5. Brustrippe abgetrennt.

(4) Die **DÜNNUNG** vom Lamm, auch Bauch oder Lappen genannt, ist ein sehr preiswertes Teilstück.

(5) Der **LAMMHALS**, hier mitsamt den Knochen, ist sehr gut marmoriert.

(6) **KAMMKOTELETTS** vom Lamm, hier mit Knochen, sind gut marmoriert und saftig.

Die Schulter eignet sich im Ganzen oder zerlegt zum Schmoren oder Braten, aus ihr wird auch Lammhack hergestellt.

(7) Die **SCHULTER** vom Lamm, auch **SCHAUFEL** oder **BUG** genannt, hat im Vergleich zur Keule einen höheren Anteil an Bindegewebe.

(8) Die **LAMMSCHULTER** etwas größerer Tiere lässt sich leicht im Gelenk durchtrennen, bei jüngeren Tieren wird sie selten weiter unterteilt.

Merkmale: Die Brust von Lamm oder Schaf weist einen vergleichsweise hohen Fettanteil auf, und auch die Dünnung zählt zu den fetteren Teilstücken. Beiden gemeinsam ist zudem der hohe Anteil an Bindegewebe, daher benötigen Brust und Bauch eine entsprechend längere Garzeit.
Verwendung: Die Brust eignet sich gut für herzhafte Eintöpfe, Gulasch, Ragouts und Suppen. Zwischen den Rippenknochen durchtrennt, kann man die einzelnen Rippchen auch grillen. Oder man schneidet eine Tasche zwischen Rippen und Fleischauflage, die dann – wie bei der Kalbsbrust – gefüllt wird. Ausgelöst schmecken sowohl die Brust als auch die Dünnung als Rollbraten sehr gut.

Hals und Kamm

Der Hals (5) sowie der Kamm oder Nacken (6) werden mit der Fleischsäge von der Brust getrennt.
Merkmale: Das Fleisch von Hals und Kamm ist gut durchwachsen und bleibt daher bei der Zubereitung schön saftig.
Verwendung: Der Lammhals, vom Nacken getrennt und ausgelöst, liefert saftiges Fleisch für Gulasch, Curries und Ragouts. Man kann aus ihm aber auch Steaks zum Braten oder Grillen schneiden. Hals und Kamm mit Knochen lassen sich gut braten oder schmoren. Kammkoteletts mit oder ohne Knochen eignen sich zum Kurzbraten oder Grillen.

Schulter, Bug, Schaufel

Die Schulter (7, 8) ist im Vergleich zur Keule deutlich kleiner. Inklusive der Vorderhaxe hat sie einen Anteil am gesamten Schlachtkörper von knapp 17 Prozent. Entlang der Sehnen und des Bindegewebes lässt sie sich gut vom übrigen Schlachtkörper abtrennen.
Merkmale: Die Schulter weist einen höheren Anteil an Bindegewebe und Fett auf als die Keule. Dennoch ist ihr Fleisch – entsprechend lange gegart – relativ zart.
Verwendung: Im Ganzen mit Knochen eignet sich die Schulter von Lamm oder Schaf hervorragend zum Braten oder Schmoren. Etwas magerer wird sie, wenn man die untere Fettabdeckung vor der Zubereitung entfernt. Ausgelöst wird die Schulter häufig gerollt, mit Küchengarn in Form gebunden und dann als Rollbraten (S. 127) im Ofen zubereitet. In Würfel geschnitten eignet sich das Fleisch der Schulter ebenfalls gut zum Schmoren, etwa für würzige Ragouts, Gulasch, Eintöpfe oder asiatische Curries. Dank des etwas höheren Fettgehalts ist die Schulter auch das richtige Teilstück, um daraus Lammhack herzustellen.

Mit Knochen zubereitet

Egal, ob Haxe oder Schulter, mit den Knochen gebraten, gekocht oder geschmort, ist das Aroma deutlich intensiver. Wem also der Lammgeschmack gelegentlich zu kräftig ist, der kann die Knochen vor der Zubereitung entfernen.

Die Keule eignet sich im Ganzen oder zerlegt bestens zum Braten, Schmoren oder Grillen.

Zum Braten bestens geeignet *ist die Lammkeule im Ganzen. Sie kann aber auch in Scheiben geschnitten oder ausgelöst für die unterschiedlichsten Zubereitungen verwendet werden.*

Die fleischige Keule gehört zu den größten und teuersten Teilstücken vom Lamm. Zusammen mit der Hinterhaxe hat sie einen Anteil von etwa 30 Prozent am gesamten Schlachtkörpergewicht. Entsprechend groß sind die Möglichkeiten des Zuschnitts, dabei spielt nicht zuletzt die Größe des Tieres eine entscheidende Rolle.

Keule

Die Keulen (1) kleinerer Lämmer bereitet man überwiegend im Ganzen zu, größere Keulen werden häufig in ihre Einzelteile – Ober- und Unterschale sowie die Nuss – zerlegt oder halbiert (2).
Merkmale: Das Fleisch der Lammkeule ist mager, zartfaserig und würzig. Bei jüngeren Tieren ist es hell- bis ziegelrot, das Fett ist beinahe weiß. Keulen von etwas älteren Schafen sind dunkelrot gefärbt, bei ihnen ist das Fett gelblich weiß.
Verwendung: Die Keule vom Lamm eignet sich ausgezeichnet zum Braten oder Grillen, entweder mit den Knochen, dann bleibt das Fleisch etwas saftiger, oder auch ganz oder teilweise entbeint, dann lässt sich der fertige Braten später leichter tranchieren.

Beim Auslösen der Knochen darf das umliegende Gewebe nicht oder so wenig wie möglich verletzt werden. Wird nur der Röhrenknochen entfernt, bindet man das Fleisch – Filetkopf und Hüfte – mit Küchengarn zusammen (S. 127). So erhält der Braten eine kompakte Form und gart überall gleichmäßig. Eine komplett ausgelöste Keule kann man auch wie einen Rollbraten mit Küchengarn in Form binden (S. 127). So oder so sollte das aufliegende Fett nicht vor der Zubereitung entfernt werden, da es das Fleisch vor dem Austrocknen schützt.
Große Keulen lassen sich gut quer durchtrennen, auf diese Weise hat man zwei immer noch große Stücke zum Braten. Kleinere Teilstücke erhält man, wenn die Keule in Ober- und Unterschale sowie die Nuss zerlegt wird. Man kann sie aber auch mit oder ohne Knochen quer in Scheiben schneiden und erhält so Schnitzel oder Steaks zum Kurzbraten und Grillen. Für das gleichmäßige Durchsägen von Fleisch und Knochen ist es dabei von Vorteil, wenn die Keule tiefgekühlt ist, da die Schnittkanten dann sauberer werden.

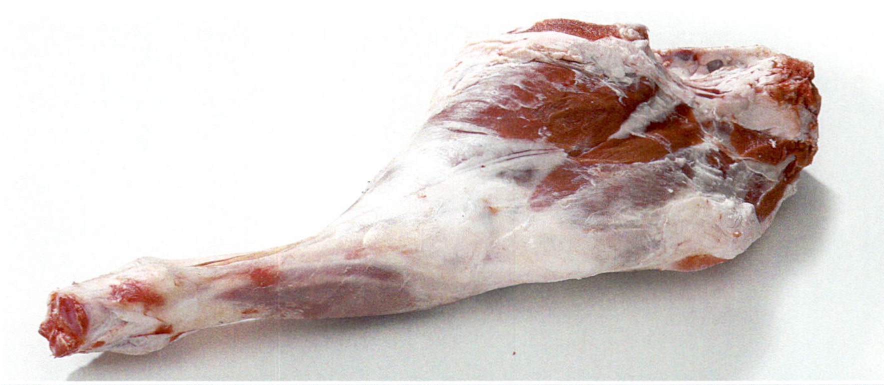

(1) **LAMMKEULE** mit Knochen. Die Keule – auch Schlegel genannt – ist ein Teilstück des Hinterviertels mit zartem, magerem Fleisch. Sie wird häufig im Ganzen zubereitet, kann aber auch weiter zerteilt werden: mit Knochen in Scheiben, ohne Knochen in Würfel.

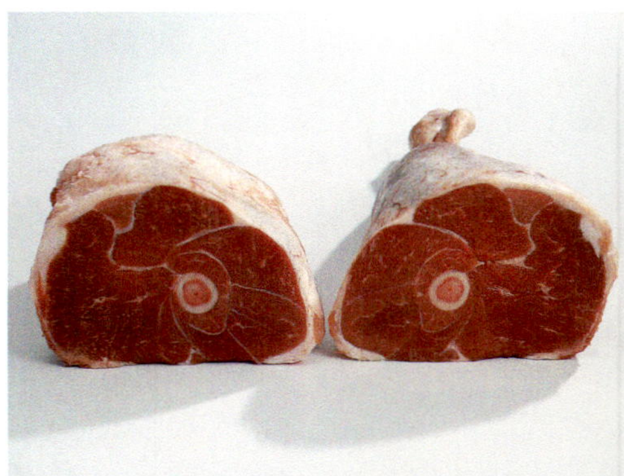

(2) **HALBIERTE LAMMKEULE.** Große Keulen können in der Mitte quer durch den Röhrenknochen geteilt werden.

Hammelfleisch in anderen Kulturen

Am Hammel scheiden sich die Geister. Während bei uns der Konsum von Hammel- oder Schaffleisch heute marginal ist, steht es in ost- und südosteuropäischen Ländern deutlich höher im Kurs. Die Bulgaren, Griechen oder Türken beispielsweise lieben das intensive Schafaroma und deshalb auch Fleisch und andere Produkte vom Schaf. Von morgens bis abends werden Schafkäse und -fleisch aufgetischt: Mal werden Paprikaschoten und Böreks (Blätterteigtaschen) damit gefüllt, mal kommt Schaffleisch als Schaschlik oder Pilaw (Reis mit Hammelfett und -fleisch) daher, mal ist es die Basis der Suppe. Auch die schöne Musaka mit Auberginen enthält Hammelhackfleisch und wird zudem häufig mit Schafkäse überbacken.

Würde man in Deutschland Freunde zu einem solchen Hammelmahl einladen, erntete man wahrscheinlich wenig Begeisterung. Aber auch um Irish Stew mit Hammelfleisch, schottischen Haggis (im Schafsmagen gegarte Innereien vom Schaf) oder türkische Köfte vom Rost (Bällchen oder Röllchen aus gewürztem Hammelhack) machen viele einen weiten Bogen. Nur wenn sie sich sicher sind, dass es sich um zartes Lamm in Händen exzellenter Köche handelt, wagen sie einen Versuch. Das ist sehr schade, denn beispielsweise im Orient, speziell in Marokko, versteht man es ausgezeichnet, Hammelgerichte wie etwa einen Couscous zuzubereiten. Die auf eine große Fayanceplatte kegelförmig geschichtete Speise duftet köstlich: Artischocken, Erbsen und zarte Hammelstückchen, ohne ein Gramm Fett, mit Rosinen, Zimt, eingelegten Zitronen, frischer Minze und Koriander ungewohnt gewürzt, bescheren geradezu phantastische Geschmackserlebnisse.

Je weiter man sich in muslimische Kulturkreise hineinbewegt, desto größer ist die Bedeutung von Hammelfleisch. Im Mittleren Osten und Nordafrika deckt es mehr als 50 Prozent des gesamten Fleischkonsums ab. Und in Indien hat MacDonald's extra einen »Big Mac« aus Hammelfleisch auf den Markt gebracht, da die Muslime kein Schweine- und die Hindus kein Rindfleisch essen.

So sehr sich Lammfleisch einen festen Platz in Feinschmeckerkreisen erobert hat, so verpönt ist Hammelfleisch oder Schöpsernes, wie man in Österreich sagt, im deutschsprachigen Raum. Es gilt als alt, ranzig, penetrant im Geschmack, zäh, fett und erinnert an Kriegs- und Notzeiten, als es wenig Gutes zu essen gab und auch alte, unkastrierte Böcke von Kopf bis Fuß verwertet wurden. Rezepte aus alten deutschen Kochbüchern, die man in allen europäischen Ländern in ähnlicher Form wiederfindet, belegen dies: Hammeleintopf mit Kohl oder Möhren, gebackene Hammelfüße, Hammelzunge in pikanter Sauce oder Hammelragout. Waren früher Lamm und Milchlamm ausgesprochene Festtagsdelikatessen, so haben sie heute Hammel und Schaf fast völlig verdrängt.

Dabei tut man dem Hammel unrecht. Erstens kann er auch eine sie sein, da sowohl das kastrierte männliche als auch das weibliche Schaf ohne Nachkommen als Hammel gehandelt wird oder wurde. Und zweitens sind weder der Hammel und schon gar nicht die »Hammelin« alte Böcke, da der Begriff junge, ausgewachsene Tiere von ein bis zwei Jahren klassifiziert. Ihr dunkelrotes Fleisch ist stärker marmoriert und fester als das von Lämmern, aber weder zäh noch böckelnd, sondern aromatisch und hochwertig. Liebhaber schätzen es vor allem im Herbst, nachdem die Tiere den Sommer über würzige Strandgräser, Heide- oder Bergkräuter gefressen haben. Und mit dem richtigen Schaffleisch und der gekonnten Zubereitung bekommen bei einer orientalischen Hammeltajine oder einem provenzalischen »Mouton à la lavande« selbst die größten Schaffleischgegner Appetit.

Ingrid Schindler

Die kleinen Lammnieren werden von Liebhabern hoch geschätzt. Im Gegensatz zu Schweinenieren brauchen sie nicht unbedingt halbiert zu werden, ausreichend lange wässern sollte man sie jedoch in jedem Fall. Vielfach werden Lammnieren im Ganzen oder auch halbiert gebraten.

Vorwiegend gebraten, *manchmal auch gekocht oder gegrillt, schmecken die zarten Innereien vom Lamm ausgezeichnet. Vor allem in den Mittelmeerländern gelten sie als große Delikatesse.*

Während bei uns Innereien von Lamm oder Schaf eher exotisch anmuten und nur selten auf den Speisekarten auftauchen, sind sie in den feinen Restaurants rund ums Mittelmeer sehr gefragt und gut bezahlt. Wer in Deutschland einmal ein Gericht mit Lammnieren oder -leber zubereiten will und eine gewisse Menge benötigt, sollte daran denken, die gewünschten Innereien rechtzeitig bei seinem Fleischer vorzubestellen. In der Zu- und Vorbereitung sind die Innereien vom Lamm (1–8) denen vom Kalb vergleichbar.

Die Teile des Kopfes

Generell müssen die leicht verderblichen Innereien, allen voran das Hirn, absolut frisch sein.
Merkmale: Der Kopf von Lamm oder Schaf (1) besteht vorwiegend aus Knochen und hat nur einen geringen Fleischanteil. Das weiche Hirngewebe (2) ist reich an Cholesterin und wird heute aufgrund der BSE-Problematik kaum mehr zubereitet. Sehr gefragt ist dagegen die Zunge vom Lamm (3) mit ihrem zarten Muskelfleisch.
Verwendung: Wenngleich der Kopf nur selten separat zubereitet wird, so ist er doch als Aromaträger zum Mitbraten ideal. Aus ihm lässt sich – zusammen mit Parüren und zerteilten Knochen – ein kräftiger Fond köcheln. Das Hirn wird meist zunächst blanchiert, bevor man es dann in Scheiben schneidet und gebraten oder paniert serviert. Die Lammzunge wird, wie Zunge anderer Tiere auch, zunächst einmal in einem würzigen Sud gekocht, dann gehäutet und anschließend je nach Rezept weiterverarbeitet. Teilweise ist Lammzunge auch bereits gepökelt und gekocht im Angebot.

Bries und Herz

Im Gegensatz zum Kalbsbries ist das Lammbries bei uns weniger bekannt.

Merkmale: Lammbries (4) besteht aus weichem Gewebe. Das Lammherz (5) hat ein festes Fleisch und einen kräftigen Geschmack.
Verwendung: Das gut gewässerte Lammbries wird meist zuerst blanchiert und dann mit oder ohne Panade gebraten. Beim Herz werden vor der Zubereitung das Fett sowie die Röhren entfernt, dann schmeckt es geschmort, gebraten oder vom Grill.

Leber und Niere

Vor allem die runden Lammnierchen sind als Zutat in der gehobenen Gastronomie gefragt. In Frankreich stehen sie als »rognons d'agneau« auf der Karte.
Merkmale: Lammleber ist dunkel und zart. Die Nieren (7) haben ein festes Fleisch und sind aromatisch.
Verwendung: Lammleber (6) wird vor der Zubereitung gehäutet, von allen Röhren und Häutchen befreit und dann entweder in Scheiben geschnitten – so ist sie ideal zum Kurzbraten – oder im Ganzen gebraten. Lammleber lässt sich auch gut als Geschnetzeltes zubereiten. Nicht zu klein gewürfelt, eignet sie sich zum Braten am Spieß. Wichtig dabei ist, dass die Leber immer erst nach dem Braten gesalzen wird, da sie sonst schnell hart und zäh wird. Lammnieren werden 1 Stunde unter fließendem kaltem Wasser gewässert. Vor der Zubereitung entfernt man dann noch mit Hilfe eines scharfen Messers alle Röhren, die weiße Haut sowie das sichtbare Fett. Je nach Rezept werden die Lammnieren dann entweder im Ganzen oder halbiert gebraten oder geschmort. Sie schmecken jedoch auch – gewürfelt und auf Spießchen gesteckt – gegrillt ausgezeichnet. Die Zubereitung von Lammhoden (8) ist bei uns in Deutschland nicht gebräuchlich, in einigen Mittelmeerländern wie etwa der Türkei sind sie jedoch eine Spezialität und werden dort gekocht oder gebraten serviert.

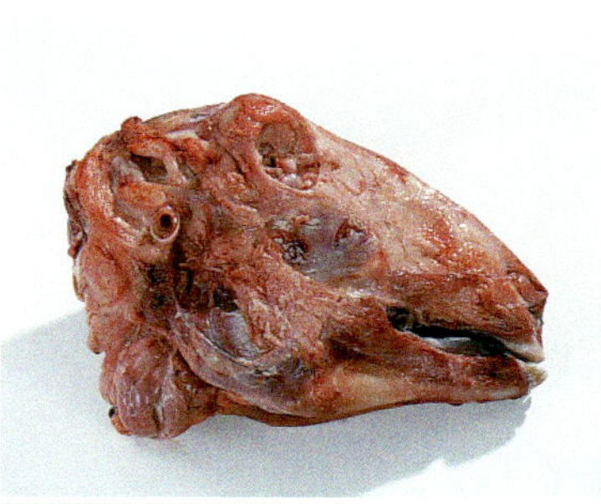

(1) Der **KOPF** vom Lamm hat nur im Backenbereich lohnende Fleischanteile.

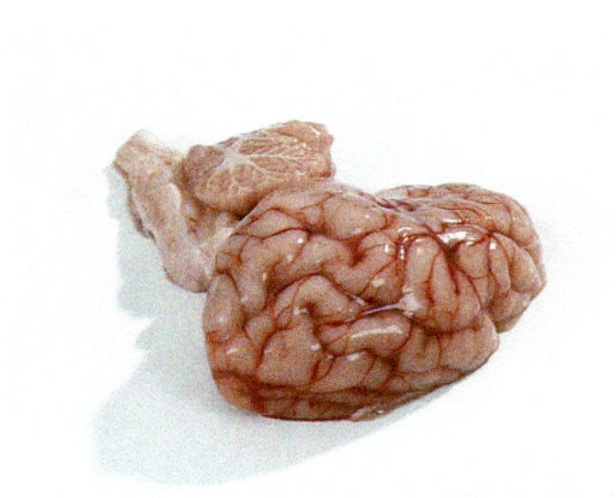

(2) **LAMMHIRN** ist wie Hirn generell sehr empfindlich. Heute wird es nur noch selten zubereitet.

(3) Die **ZUNGE** vom Lamm ist zart und fein im Aroma. Sie wird vor dem Verzehr gehäutet.

(4) **LAMMBRIES** besteht – wie die Thymusdrüse des Kalbs – aus weichem, zartem Gewebe.

(5) Das **HERZ** vom Lamm hat ein festes, feinfaseriges Fleisch und einen kräftigen Geschmack.

(6) **LAMMLEBER** ist zart und aromatisch. Vor der Zubereitung wird die Außenhaut entfernt.

(7) **LAMMNIEREN** erinnern in der Form an Schweinenieren, sind jedoch wesentlich kleiner.

(8) **LAMMHODEN** gelten in islamischen Ländern wie etwa der Türkei als große Delikatesse.

Zicklein *wird in der Küche ähnlich verwendet wie Lamm und erinnert auch im Aroma etwas an dieses. Allerdings ist sein Fleisch heller, zarter und noch etwas feiner im Geschmack.*

RECHTZEITIG ZU OSTERN, ab März oder April, beginnt die Saison der mittlerweile kulinarisch wieder hoch im Kurs stehenden Ziegenlämmer oder -kitze, wie sie auch genannt werden.

DIE ZIEGE – EIN SEHR ALTES HAUSTIER

Die zu den Paarhufern *(Artiodactyla)* zählende Ziege gehört zoologisch zur Unterfamilie der Ziegenartigen *(Caprinae)*, und diese wird wiederum der Familie der Hornträger *(Bovidae)* zugeordnet. Als Stammform der Hausziege *(Capra hirucs)* gilt die Wild- oder Bezoarziege *(Capra aegagrus)*. Sie war einst in den Gebirgsregionen Westasiens zwischen der Türkei, dem Kaukasus und Afghanistan weit verbreitet. Heute ist die Wildziege bis auf wenige Restbestände verschwunden. Die einzige in Europa beheimatete wilde Unterart ist das Agrimi oder die Kretische Wildziege *(Capra aegagrus cretica)*. Domestiziert wurde die Wildziege vermutlich bereits im 8. Jahrtausend vor Christus in der Gegend des heutigen Iran, etwa 1.000 Jahre später kam sie dann nach Südeuropa. Das deutsche Wort Ziege stammt vom germanischen »tig« oder »tik« ab und bedeutet so viel wie »kleines Tier«. Das männliche Tier ist der Ziegenbock, das Muttertier die Geiß und die Ziegenlämmer heißen auch Zicklein oder Kitz.

ZIEGEN WELTWEIT

Die genügsamen Ziegen ernähren sich von Gräsern, Kräutern sowie dem Laub und den Trieben von Bäumen und Sträuchern. Gehalten werden sie vorwiegend in kargen und bergigen Regionen wie etwa den Alpen oder dem Mittelmeerraum. Außer in extrem kalten Gebieten sind sie heute rund um den Globus anzutreffen. Wohl auch deshalb, weil Hausziegen einst als lebender Proviant für Seeleute auf vielen Inseln entlang der großen Schifffahrtsrouten ausgesetzt wurden, wo sie dann im Lauf der Zeit verwilderten. Weltweit unterscheidet man an die 180 verschiedene Ziegenrassen, in Deutschland sind jedoch nur wenige von Bedeutung. Spezielle Wollziegen sind die Angoraziegen (Türkei) und die Kaschmirziegen (Himalajagebiet). Doch während seit den 1950er Jahren die Hausziege weltweit als Milch-, Fleisch-, Woll- und Lederlieferant insgesamt immer wichtiger wurde – vor allem in Ländern wie Indien, China, Pakistan oder auch in einigen afrikanischen Staaten –, war die Entwicklung in Deutschland eine andere. Hierzulande verlor die »Kuh des kleinen Mannes« im Zuge des wachsenden Wohlstandes immer mehr an Bedeutung. Erst seit den 1980er Jahren ist ein gegenläufiger Trend auszumachen: Ziegenkäse sowie das Fleisch der Ziegenlämmer – vor allem zur Osterzeit – sind wieder sehr gefragt.

Immer beliebter

Das Fleisch von Zicklein und Ziege findet in letzter Zeit wieder mehr und mehr Liebhaber. Vor allem junge Tiere im Alter von wenigen Wochen sind in der gehobenen Küche sehr gefragt, da ihr Fleisch sehr zart und schmackhaft ist.

ZIEGENZUCHT IN DEUTSCHLAND

Züchterische Anstrengungen gab es bei Ziegen später als bei anderen Haustieren. Erst gegen Ende des 19. Jahrhunderts wurden Zuchttiere aus der Schweiz nach Deutschland importiert; zuerst die langhaarigen weißen Appenzeller Ziegen, später dann die milchreichen weißen Saanenziegen, die mit heimischen Hausziegen gekreuzt wurden. Heute sind vor allem zwei Rassen – die Bunte und die Weiße Deutsche Edelziege – in Deutschland anzutreffen. Daneben gibt es eine Reihe weiterer Rassen, die jedoch nur regional begrenzt vorkommen, wie etwa die schokoladenbraune Thüringer Waldziege, die braungraue Erzgebirgsziege oder die aus der Schweiz stammende Walliser Schwarzhalsziege, bei der die vordere Hälfte schwarz, die hintere weiß gefärbt ist. Gehalten werden Ziegen bei uns vor allem der Milch für den Käse und des Fleisches ihrer Lämmer wegen. Wolle, Leder oder das Fleisch älterer Tiere spielen dagegen nur eine untergeordnete Rolle. Als spezieller Fleischlieferant wird seit einiger Zeit die aus Südafrika stammende Burenziege bei uns gehalten.

Zum Braten und Schmoren *sind viele Teilstücke vom Zicklein bestens geeignet. Aber auch gegrillt oder als Ragout zubereitet schmeckt Ziegenfleisch ganz ausgezeichnet.*

Vor allem in den Mittelmeerländern wie Frankreich, Spanien, Italien oder Griechenland ist Zicklein sehr beliebt. Als Lamm oder Kitz bezeichnet man Tiere im Alter zwischen 6 Wochen und 6 Monaten, ihr Fleisch ist hell und zart. Das Schlachtgewicht – Knochen und Fleisch – liegt beim Ziegenlamm meist zwischen 5 und 8 kg. Zickleinfleisch ist hell, sehr zart und schmackhaft. Es ähnelt im Aroma demjenigen von Milchlämmern. Ältere Geißen haben ein etwas dunkleres und festeres Fleisch. Stammt es von 1- bis 2-jährigen Tieren, gilt es – gut gewürzt – ebenfalls als sehr delikat, während das Fleisch von männlichen Tieren kaum gegessen wird. Die einzelnen Teilstücke vom Zicklein lassen sich in der Küche ebenso verwenden wie die entsprechenden Teile vom Lamm. Um den feinen Eigengeschmack nicht zu beeinträchtigen, wird das Fleisch vom Ziegenkitz meist etwas sparsamer gewürzt. Verglichen mit Lamm hat das Zicklein das fettärmere Fleisch, weshalb man es beim Braten vor dem Austrocknen schützen muss, etwa durch eine würzige Ölmarinade.

Natürliche Aufzucht

Das Fleisch von Ziegenlämmern ist neben Wild ein sehr natürliches Fleisch, da Ziegen bislang nicht gemästet, sondern nur extensiv gehalten werden.

Keule

Die Keule (1) gilt als eines der besten Teilstücke vom Ziegenlamm.
Merkmale: Die Zickleinkeule ist fleischig, sehr mager und zartfaserig.
Verwendung: Die Keule wird mit oder ohne Knochen gebraten und gegrillt. In Scheiben geschnitten eignet sich das Fleisch zum Kurzbraten, gewürfelt wird es am Spieß gegrillt. Mit den Knochen quer in Scheiben gesägt, eignet es sich zum Schmoren.

Schulter

Die Schultern vom Zicklein (2) sind weniger fleischig und daher preiswerter als die Keule.
Merkmale: Das helle Fleisch der Zickleinschulter ist mager und zartfaserig.

(1) Die **KEULEN** vom Zicklein haben viel mageres zartes Fleisch und – im Gegensatz zu anderen Teilstücken – nur einen geringen Knochenanteil. Bei Ziegenlämmern ist das Fleisch rosa, bei älteren Tiere ist es dunkler.

(2) Die **SCHULTERN** vom Zicklein sind mager und zart, jedoch weniger fleischig als die Keulen.

(3) Der **RÜCKEN MIT BRUST** und **DÜNNUNG** (ohne Innereien) ergibt ein kompaktes Teilstück.

In kargen und bergigen Regionen werden Ziegen heute noch viel gehalten. Gefragt ist neben der Milch das zarte Fleisch der jungen Kitze.

Verwendung: In der Küche lässt sich die Schulter vielseitig einsetzen: Sie wird entweder mit den Knochen gebraten oder geschmort. Aber auch entbeint und gerollt ergibt sie einen guten Braten. Ohne Knochen lässt sich die Schulter gut für Ragouts in Würfel schneiden oder zu Hackfleisch verarbeiten.

Rücken, Brust

Der Rücken (4) ist eines der besten Stücke vom Zicklein, die Brust ist preisgünstiger.
Merkmale: Zickleinrücken ist sehr zart und mager. Die Brustspitzen (6) weisen etwas mehr Fett auf.
Verwendung: Der Rücken wird im Ganzen oder ausgelöst gebraten. Aus ihm können aber auch Koteletts zum Grillen geschnitten werden. Mit Brust und Dünnung (3) kann er im Ganzen am Spieß gegrillt werden. Die Brust wird auch entbeint, aufgerollt, mit Küchengarn fixiert und und geschmort.

Hals

Ein preisgünstiges, jedoch nicht überall separat erhältliches Teilstück vom Zicklein ist der Hals (5).
Merkmale: Das Fleisch des kompakten Zickleinhalses ist von dünnen Fettadern durchzogen und daher sehr aromatisch.
Verwendung: Der Hals kann im Ganzen gebraten werden. Meist wird sein Fleisch jedoch ausgelöst und in Würfel geschnitten für Ragouts verwendet. Mit den Knochen in Scheiben geteilt, ergibt er Koteletts zum Braten, die Garzeit ist jedoch länger als bei Rückenkoteletts.

Innereien

Die zarten Innereien (7) vom Zicklein sind vielerorts nur in Verbindung mit dem Fleisch erhältlich. Wenn Sie einmal ein Gericht aus Zickleinnieren oder Zickleinleber zubereiten wollen, müssen Sie sich daher an einen Spezialhändler oder auch an einen Ziegenzüchter wenden.
Merkmale: Die Innereien vom Zicklein sind relativ klein und zart.
Verwendung: In der Küche werden sie wie die Innereien von anderen Schlachttieren verwendet: Leber und Niere schmecken gebraten, die Zunge wie die Lunge werden gekocht. Herz, Hirn und Milz sind so klein, dass sie kaum eigenständig zubereitet werden.

(4) Der **RÜCKEN** vom Zicklein mit den innen liegenden Filets ist sehr zart und mager.

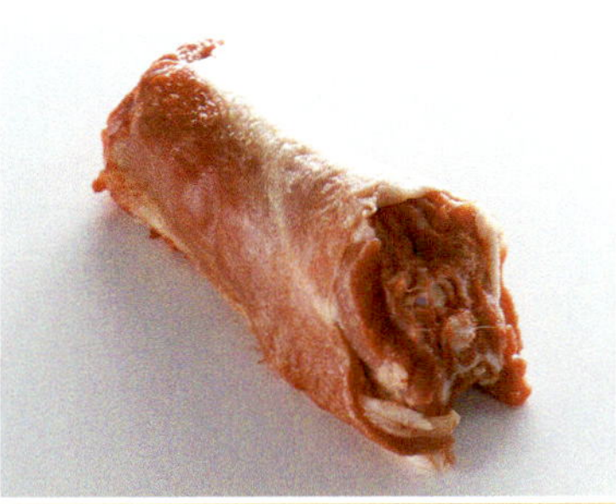

(5) Der **HALS** vom Zicklein ist durchwachsen. Jüngere Tiere haben weißes, ältere gelbliches Fett.

(6) Die **BRUSTSPITZEN** vom Zicklein sind relativ fett. Sie werden meist mit Knochen verkauft.

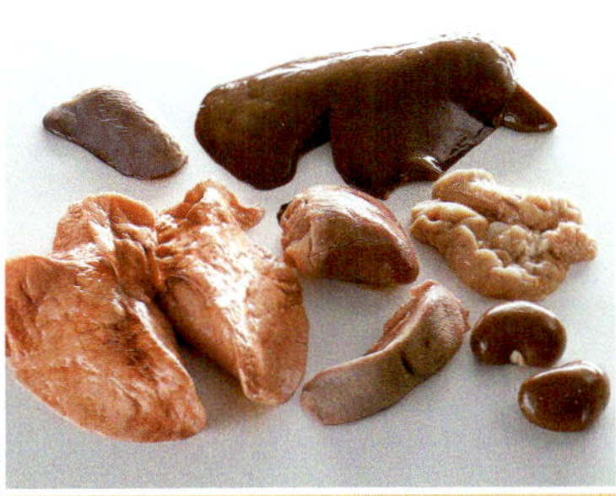

(7) Die **INNEREIEN**: vorn Lunge, Zunge, Nieren, darüber Hirn und Herz, oben Leber und Milz.

Exoten *auf der Speisekarte: Während das Fleisch von Bison oder Pferd gelegentlich in der Gastronomie auftaucht, sind Büffel, Kamel, Lama oder Alpaka in Deutschland absolute Außenseiter.*

WELTWEIT spielt das Fleisch dieser Tiere dagegen eine weitaus größere Rolle, wenngleich Exoten wie Kamel, Lama, Alpaka oder Vikunja nicht ausschließlich für den Fleischverzehr gezüchtet werden.

VERWANDTSCHAFTSVERHÄLTNISSE

Die Mehrzahl dieser Fleischlieferanten zählt zur Ordnung der Paarhufer *(Artiodactyla)*. Entsprechend ihrem Namen haben sie eine gerade Anzahl von Zehen: entweder zwei oder vier. Von den etwa 220 Arten haben insbesondere die Hornträger *(Bovidae)*, die zur Unterordnung der Wiederkäuer *(Ruminantia)* gehören, eine wirtschaftliche Bedeutung erlangt. Zur Familie der Hornträger zählen beispielsweise die Wildrinder Büffel und Bison, aber auch Haustiere wie Rind, Schaf und Ziege. Charakteristisches Merkmal für alle Arten dieser großen Familie sind ihre unverzweigten Hörner. Manchmal tragen sie nur die männlichen Tiere, überwiegend sind jedoch beide Geschlechter mit den wehrhaften Hörnern ausgerüstet. Die Mehrzahl der Hornträger bevorzugt offenes, weites Gelände – wie etwa der nordamerikanische Bison. Einige Arten, darunter Wildschafe und -ziegen, haben ihren Lebensraum im Gebirge, andere Arten wie die Waldböcke leben in ausgedehnten Waldgebieten.

BISON UND BÜFFEL

Beide werden sie zur Unterfamilie der Rinder *(Bovinae)* gerechnet, gehören aber verschiedenen Gattungen an. Bei den Büffeln unterscheidet man zwischen den Asiatischen Büffeln *(Bubalus)* und den Afrikanischen Büffeln *(Syncerus caffer)*. Das Wildrind, von dem unser heutiges Hausrind abstammt, zählt zu einer anderen Gattung *(Bos)*, und auch die Bisons sind eine weitere Gattung *(Bison)*.

DIE KAMELARTIGEN

Ebenfalls zu den Paarhufern gehören die Kamele *(Camelidae)*. Sie werden jedoch nicht zu den Wiederkäuern, sondern zu einer anderen Unterfamilie mit dem passenden Namen Schwielensohler *(Tylopoda)* gerechnet. Zwar haben sich auch die Kamelartigen auf reine Pflanzenkost spezialisiert, im Unterschied zu den Wiederkäuern besitzen sie jedoch nur einen dreigliedrigen anstatt eines viergliedrigen Magens. Dennoch kauen auch sie ihre Nahrung ein zweites Mal. Vor allem in den Trockengebieten der Erde, insbesondere in Asien, Afrika und Südamerika, haben die genügsamen Wüstenbewohner als Fleischlieferanten, aber auch als Nutz- und Lasttiere sowie als Wolllieferanten eine große Bedeutung erlangt.

PFERDE

Im Gegensatz zu den anderen hier zu den Exoten gerechneten Tieren sind Pferde *(Equidae)* keine Paarhufer, sondern Unpaarhufer *(Perissodactyla)*. Zu dieser Säugetierordnung gehören außerdem noch Nashörner und Tapire. Sie alle haben eine ungerade Anzahl von Zehen, die in Hufen enden. Doch während die beiden Letzteren über jeweils drei Zehen verfügen, ist es beim Pferd nur eine.

EXOTEN IN DER KÜCHE

Während Pferdefleisch in der Vergangenheit eine wesentlich größere Rolle spielte, ist es aus wirtschaftlicher Sicht heute kaum mehr von Bedeutung. Der Verzehr von Pferdefleisch ist in Deutschland minimal; nicht so allerdings in Frankreich oder Italien, wo Pferd nach wie vor gefragt ist. Andere exotische Fleischarten entsprechen nicht den EU-Vorgaben oder werden aus anderen Gründen in Deutschland weniger vermarktet. Da jedoch beispielsweise Büffel in Feuchtgebieten auch bei uns zur Landschaftspflege eingesetzt oder extra für die Käseproduktion (Mozzarella) gehalten werden, ist hier ein Anstieg des Fleischverzehrs durchaus denkbar. Im Gegensatz dazu wird die Rolle von Kamelen, Lamas oder Vikunjas in Deutschland trotz einiger Kamelfarmen sicherlich eine sehr geringe bleiben.

Außenseiterrolle

Unter den so genannten Exoten spielen in Deutschland als Fleischlieferanten lediglich Bison und Pferd eine gewisse Rolle, alle anderen sind kaum erhältlich.

Bisonfleisch – ein Geheimtipp

Sanfte dunkle Augen blicken unter dem zotteligen Fell hervor und lassen einen die spitz nach oben gebogenen Hörner auf den mächtigen Schädeln fast vergessen. Die Ohren bewegen sich schnell, nehmen jedes Geräusch auf und hinterlassen beim Betrachter einen interessierten, aufmerksamen Eindruck. Kein Zweifel: Dem Bison entgeht nichts.

Seit jeher schätzt der Mensch das Fleisch des nordamerikanischen Ureinwohners. Es ist dunkelrot gefärbt, von zarter Konsistenz und ähnelt im Geschmack dem Rindfleisch, ist aber noch bekömmlicher. Im Vergleich mit Rindfleisch enthält es nur die Hälfte an Cholesterin, zwei Drittel weniger Fett und mehr sowie für den Menschen besser verfügbares Eiweiß.

Die Indianer-Stämme, die jahrhundertelang als Einzige Jagd auf den Bison machten, hegten denn auch größte Wertschätzung und Respekt für ihn. Er war für sie nicht einfach ein Fleischlieferant. Die eingeborenen Lakotas in South Dakota etwa betrachten Bisonfleisch auch heute noch sowohl als spirituelle wie auch als körperliche Nahrung.

Das ausgewogene Verhältnis zwischen Mensch und Tier kam erst aus der Balance, als europäische Siedler im 19. Jahrhundert mit groß angelegten Jagden begannen, um das Bisonfleisch kommerziell zu verwerten. Innerhalb von wenigen Jahrzehnten dezimierten sie die einst riesigen Herden, die zu Füßen der Rocky Mountains die Steppen der Great Plains abgrasten, so weit, dass der amerikanische Bison vom Aussterben bedroht war. Erst seitdem die konventionelle Rinderhaltung in der kargen, trockenen Landschaft an ihre Grenzen stößt, besinnt man sich auf den genügsamen Ureinwohner. Er ist nicht nur ein ausgezeichneter Futterverwerter, sein gesamtes Wesen ist in idealer Weise an die schwierigen Bedingungen der ursprünglichen Hochgraslandschaft angepasst. Er erträgt große Hitze ebenso wie Kälte und raues Wetter.

Doch was hat dieser Präriebewohner, der die Weite liebt, in Deutschland verloren? So abwegig es auf den ersten Blick erscheinen mag, der Bison ist mittlerweile auch in einigen deutschen Gegenden heimisch geworden. Eine der bedeutendsten Bisonherden lebt etwas südlich von Leipzig auf ehemaligen Tagebauflächen. Die Tiere der »Buffalo-Ranch« werden ausschließlich im Freien gehalten. Als Zugeständnis an die im Gegensatz zu Nordamerika etwas beschränkteren Platzverhältnisse (immerhin aber ein voller Hektar pro Büffel oder Büffelin) erhalten sie im Winter Heu aus eigener Produktion. Wie in den Great Plains werden die friedlich und gutmütig wirkenden Tiere aber auch hier nicht geschlachtet, sondern auf der Weide geschossen, so dass ihr Fleisch auch in der Pfanne keine Stresserscheinungen zeigt.

Ursula Heinzelmann

Bison *macht Karriere: Sein fett- und cholesterinarmes Fleisch gelangt zunehmend in den Handel und wird bei Köchen und Gourmets immer beliebter. Ein kurzer Überblick über die wichtigsten Teilstücke.*

Der Bison ist ein auf der Nordhalbkugel verbreitetes Wildrind. Die Gattung der Bisons umfasst den Amerikanischen Bison *(Bison bison)* sowie den sehr ähnlichen nordeuropäischen Wisent *(Bison bonasus)*. Er ist der letzte Vertreter der europäischen Wildrinder. Vom amerikanischen Bison ist die europäische Ausgabe nur schwer zu unterscheiden: Typisch sind die längeren Hörner und der längere Schwanz sowie der höhere Widerrist. Auch hat der Wisent kürzere Haare als der Bison.

(1) **FILETSTRANG** vom Bison mit aufliegender Sehne (Haut). Das dunkelrote Fleisch ist zartfaserig und hat eine dreieckige Form. Es weist nur eine geringe Marmorierung auf und ist daher sehr mager.

Bisonfleisch: Die Teilstücke

Bisonfleisch kommt in letzter Zeit auch in Deutschland gelegentlich auf den Markt und wird auch von der Gastronomie zunehmend nachgefragt.

Merkmale: Bisonfleisch enthält im Vergleich zu Rind weniger Cholesterin und hat einen geringeren Fettgehalt – im Schnitt sind es nur 2 bis 3 g Fett pro 100 g Fleisch. Dafür enthält es viel hochwertiges Eiweiß und zahlreiche Mineralstoffe. In der Regel wachsen die Tiere unter kontrollierten Bedingungen im Freien und mit natürlichem Futter wie Gras, Heu und Getreide auf. Im Geschmack erinnert das zarte Fleisch ein wenig an Wild, es ist nussig, nicht herb, ähnlich wie Rindfleisch.

Verwendung: Bisonfleisch wird meist wie Rindfleisch zubereitet, jedoch ist die Garzeit kürzer und das Fleisch zarter. Als Faustregel gilt: Zeit und Temperatur halbieren. Das Bisonfilet (1) eignet sich zum Braten oder Kurzbraten, die Hochrippe (2) zum Braten, Kurzbraten oder Grillen. Die Oberschale (3) wird geschmort oder gebraten. Roastbeef (4) ist gegrillt oder gebraten, Tafelspitz (5) pochiert oder geschmort am besten.

(2) **HOCHRIPPE** vom Bison. Zartfaserig, leicht marmoriert und relativ kalorienreich.

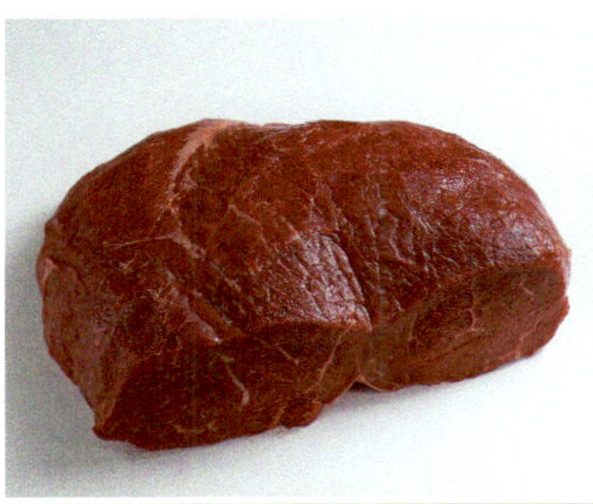

(3) **OBERSCHALE** vom Bison. Das dunkle Fleischstück stammt aus der Keule und ist sehr mager.

(4) Das **ROASTBEEF** vom Bison ist nur schwach marmoriert und schön zartfaserig.

(5) **TAFELSPITZ** vom Bison. Das Stück von der Hüfte ist mager und zartfaserig.

(1) **OBERSCHALE** vom Pferd. Das magere Teilstück stammt von der Keule.

(2) Die **UNTERSCHALE** vom Pferd ist ein wenig grobfaseriger als die Oberschale.

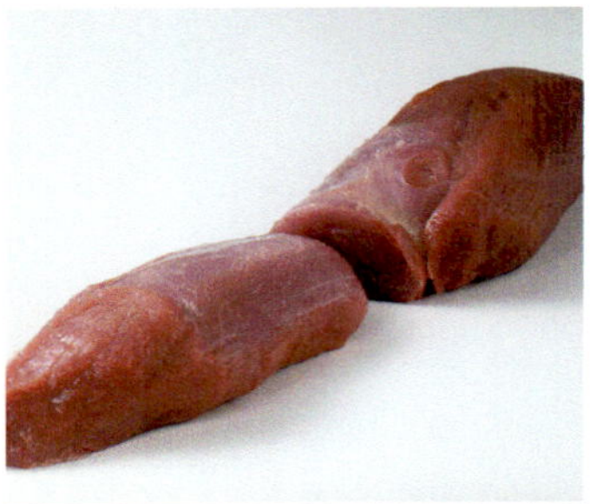

(3) Die **SCHWANZROLLE** vom Pferd liegt seitlich an der Unterschale an.

(4) Das **ROASTBEEF** vom Pferd ist mager und kaum marmoriert.

Pferd *wird in Deutschland von vielen mit Skepsis betrachtet. Dabei ist Pferdefleisch weit besser als sein Ruf: Zartfaserig und mager kommen Rostbraten und Fohlenfilet auf den Teller.*

Zoologisch zählt die Familie der Pferde *(Equidae)*, zu der auch Esel und Zebras gehören, zu den Unpaarhufern *(Perissodactyla)*. Grob unterscheidet man Warm- und Kaltblutrassen, wobei Letztere mit einem Gewicht von über 800 kg meist als Arbeitstiere, Warmblutrassen dagegen als Reitpferde eingesetzt werden. Doch so oder so, allein des Fleisches wegen werden Pferde bei uns überhaupt nicht gezüchtet. Bei den geschlachteten Tieren in Deutschland handelt es sich in der Regel vielmehr um junge, zur Zucht nicht geeignete Tiere aus landwirtschaftlichen Betrieben oder aus dem Sport. Diese Fohlen wachsen artgerecht auf und werden im Alter von 7 bis 12 Monaten stressfrei geschlachtet.

(5) **FILET** vom Pferd. Auch beim Pferd ist das Filet mit seinem zartfaserigen und mageren rötlich braunen Fleisch das beste und teuerste aller Teilstücke.

Pferdefleisch: Die Teilstücke

In puncto Qualität muss man daher zwischen dem Fleisch älterer Tiere, das eventuell mit Schadstoffen wie Kadmium belastet sein kann, und unbelastetem Fohlenfleisch unterscheiden – die abgebildeten Teilstücke stammen von Haflingerfohlen.

Merkmale: Pferdefleisch hat eine dunkelrote bis rötlich braune Farbe, ist eiweißreich, mager und cholesterinarm. Es hat einen hohen Anteil an ungesättigten Fettsäuren und enthält viele Spurenelemente wie Magnesium, Eisen und Zink. Im Geschmack liegt Pferdefleisch zwischen Rindfleisch und Wild. Es ist von fester Konsistenz und würzig, leicht süßlich ist nur das Fleisch älterer Tiere.

Verwendung: Das Fleisch jüngerer Tiere ist zart und dient meist zum Braten oder Kurzbraten. In der Zubereitung ist es dem Rindfleisch vergleichbar, benötigt aber kürzere Garzeiten. Die Oberschale (1) wird gerne für Sauerbraten verwendet, Unterschale (2) und Schwanzrolle (3) eignen sich zum Schmoren als Gulasch oder Geschnetzeltes. Roastbeef (4) und Filet (5) sind in Steaks geschnitten ideal zum Kurzbraten.

Lieber im Stall als auf dem Teller?

Pferde kann man stehlen, scheu machen oder von hinten aufzäumen. Der eine setzt aufs falsche Pferd, dem anderen gehen die Pferde durch, und der dritte denkt, ihn tritt ein Pferd. Im Sprachgebrauch ist man sich einig, dass der Ochse vor den Pflug und das Pferd vor den Karren gespannt wird, in die Küche jedoch gehört das Pferd nicht. Die emotionale Beziehung des Menschen zum Pferd liegt weit jenseits der Beziehung von Ross und Reiter, denn auch Menschen, die nie hoch zu Ross gesessen haben, winken beim Konsum von Pferdefleisch ab. Der Inbegriff von Freiheit und Abenteuer lässt sich schwerlich mit kulinarischem Genuss vereinbaren. Zumindest nicht ohne Gewissensbisse. Die meisten von uns sehen Pferde lieber im Stall als auf dem Teller: Gerade mal 100 Gramm pro Kopf und Jahr macht der Konsum von Pferdefleisch in Deutschland und Österreich aus.

Lebensmitteltabus haben nicht selten mythische und religiöse Hintergründe, deren Sinn uns längst abhanden gekommen ist. Am Fuß einer Felswand in Burgund wurden die Skelette von etwa 100.000 Wildpferden entdeckt. Man fand heraus, dass steinzeitliche Jäger die Pferde hordenweise über die Felskante in den Tod getrieben hatten – um sie zu verzehren. Bei den Germanen stand das Pferd hoch im Kurs, nicht nur als vornehmstes Opfertier, sondern auch als bevorzugte Nahrungsquelle. Das Christentum rückte den heidnischen Gebräuchen mit Hilfe von Tabus zu Leibe. 732 nach Christus erließ Papst Gregor III. ein Verdikt gegen den Verzehr von Pferdefleisch und stigmatisierte es als unrein, verabscheuungswürdig und krank machend. In der Folge wurden in Europa alte, verendete oder gestohlene Pferde heimlich von Hungernden und Armen verspeist, während in nicht christlichen Kulturen die Schlachtung von Pferden zur Fleischverarbeitung gang und gäbe war. So führte beispielsweise jeder der Mongolenkrieger Dschingis Khans einen Tross von 18 Pferden auf seinen jahrelangen Eroberungszügen mit sich, da die Tiere zugleich hochwertige Fleischlieferanten waren.

Mit der zunehmenden Säkularisierung und Nahrungsverknappung durch Kriege und Missernten verlor das Tabu an Kraft, bis es schließlich in Europa im 19. Jahrhundert zur Gründung von Vereinen und zur Propaganda für den Genuss von Pferdefleisch kam. In Paris wurden eigens Bankette mit Pferdespezialitäten in Grandhotels veranstaltet, und französische Ärzte machten sich für die gesundheitlichen Vorzüge stark, um das Volk von den Qualitäten des kräftigen, aber zarten und leicht süßlichen Rossfleisches zu überzeugen. Was in Frankreich, in den Benelux-Staaten und vor allem in Italien gelang, hat in der feinen englischen Society nie Anklang gefunden. Dafür ist die Liebe von Landlords und Landladies zum Pferdesport wohl doch zu ausgeprägt. Deutschland und Portugal bilden nach Großbritannien das Schlusslicht im europäischen Pferdefleischkonsum. In der französischen und italienischen Schweiz hat man, analog zu Frankreich und Italien, weniger Vorbehalte, Steaks, Braten, Rouladen, Frikadellen oder Wurstwaren aus Pferdefleisch zuzubereiten. In der deutschen Schweiz verhält es sich eher wie in Deutschland, wo man eine Rossbratwurst lieber mit einer Rostbratwurst verwechselt, um nicht in den Verdacht des Anrüchigen zu geraten. Apropos Würste: Pferdefleisch eignet sich bestens zur Verarbeitung zu Bock- und Mettwürsten, Krakauern, Rauchzipfeln oder Wiener Würstchen, die fettärmer und aromatischer sind als die Originale. Auch italienische Salami wurde ursprünglich häufig aus Pferde-, Esel- und Maultierfleisch hergestellt. In gut sortierten Geschäften oder in speziellen Pferdemetzgereien ist Pferdesalami auch heute zu finden. Es lohnt sich durchaus, mal ein Scheibchen zu probieren.

Ingrid Schindler

In den Wüsten der Welt zu Hause

Nicht umsonst nennt man das Kamel, übrigens der Oberbegriff für alle Kamelartigen *(Camelidae)*, auch Wüstenschiff, stellte es doch lange Zeit das einzig mögliche Transportmittel durch die lebensfeindliche trockene Weite dar. Die Kamele haben sich in besonderer Weise an das schwierige Leben in der Wüste angepasst. Bei ihnen unterscheidet man zum einen zwischen den Altweltkamelen *(Camelus)*, die entweder einen oder zwei Höcker tragen, und den kleinen, höckerlosen Neuweltkameliden *(Lama)*, die in Südamerika beheimatet sind.

KAMEL UND DROMEDAR

Bei den altweltlichen Großkamelen wiederum gibt es die Zweihöckrigen Kamele oder Trampeltiere *(Camelus ferus)* und die Einhöckrigen Kamele oder Dromedare *(Camelus dromedarius)*. Das robuste und kälteunempfindliche Zweihöckrige Kamel ist vorwiegend in den großen Trockengebieten Innerasiens verbreitet, wo es in erster Linie als Last- und Tragtier eingesetzt wird. Dagegen kommt das Einhöckrige Kamel oder Dromedar in den heißen Trockengebieten Afrikas, auf der arabischen Halbinsel und in Zentralasien vor. Im 19. Jahrhundert wurde es auch nach Australien ausgeführt. Als Nutztiere sind Kamele sehr universell, sie eignen sich als Last- und Reittier, als Zugtier, als Lieferant von Milch und Fleisch, von Dung, Wolle und Häuten. Gerade in jüngerer Zeit geht allerdings ihre Bedeutung als Transporttier eher zurück, während die Nutzung als Nahrungslieferant weiter in den Vordergrund rückt, sofern ein regionaler Markt vorhanden ist. Während nach dem Alten Testament Kamelfleisch als unrein gilt, kennt der Islam diese Tabuisierung nicht. Kamelfleisch war im Mittelalter die wichtigste fleischliche Nahrung der Beduinen, es wurde aber auch in den islamischen Städten auf verschiedenste Weise zubereitet. Allerdings verzehrte man in der Regel nur spezielle Schlacht- oder Opferkamele.

Das Zweihöckrige Kamel, es wird auch Trampeltier genannt, ist in den großen Trockengebieten Innerasiens verbreitet.

Die Kamele der Neuen Welt sind viel kleiner als die altweltlichen Großkamele. Links Alpakas, rechts Lamas beim Grasen auf der Weide.

Auch heute noch wird Kamelfleisch gerne gegessen, besonders geschätzt ist das Fleisch von etwa 5-jährigen Tieren – früher sollten sie auch nicht geschlachtet werden, da Kamele erst mit 5 bis 6 Jahren erwachsen beziehungsweise geschlechtsreif werden. In der Qualität ist Kamelfleisch dieses Alters in etwa magerem Rindfleisch vergleichbar. Allerdings ist es etwas grobfaseriger und mit Ausnahme des Höckers sehr fettarm. Seine biologische Wertigkeit ist hoch, die Farbe des Fleisches liegt zwischen himbeerrot und dunkelbraun, Kamelfett ist weiß. Das Fleisch von Tieren, die erst im Alter von 15 bis 20 Jahren geschlachtet werden, weil sie zuvor als Reit- oder Lasttier genutzt wurden, eignet sich für die Küche kaum mehr, da es sehr sehnig, trocken und auch relativ zäh ist. Solches Fleisch wird dann vorwiegend zu Hackfleisch weiterverarbeitet.

Andere Länder, andere Sitten: In vielen Gegenden der Erde zählt das Fleisch von Lama, Alpaka oder Kamel zu den Grundnahrungsmitteln und wird hoch geschätzt.

LAMA UND ALPAKA

Im Gegensatz zu den Großkamelen kommen die kleinen Kamele oder Lamas vorwiegend in Südamerika vor. Neben den domestizierten Formen Lama *(Lama glama)* und Alpaka *(Lama pacos)* gibt es in den Hochsteppen und Hochgebirgsebenen der Anden noch eine wilde Stammform der beiden: das Guanako *(Lama guanicoe)*. Lamas leben hauptsächlich in Peru und Bolivien, gezüchtet werden vorwiegend zwei Rassen, eine zur Wollproduktion, die andere dient als Lasttier und Fleischlieferant. Die kleineren Alpakas werden in erster Linie in Peru gehalten, sind aber bis nach Argentinien verbreitet. Für die Bewohner des Andenhochlandes ist Lamafleisch ein wichtiges Nahrungsmittel. Traditionell wird es oft auch getrocknet und zu »Charqui« verarbeitet, einem lange haltbaren Produkt. In den letzten Jahren versucht man außerdem, das Prestige von Lamafleisch durch die Herstellung von Schinken oder Wurstwaren etwas zu heben.

In Deutschland werden Lamas und Alpakas eher aus Liebhaberei denn als Fleischlieferanten gehalten. Ihr Fleisch erinnert im Geschmack an Schaffleisch, ist mager und cholesterinarm. Bei uns gilt Lamafleisch als zäh und trocken, was jedoch an einer falschen Fleischreifung liegen dürfte. Aufgrund der Festigkeit und Elastizität des Bindegewebes muss Lamafleisch nämlich besonders lange abhängen, dann aber lässt es sich so wie Rindfleisch zubereiten.

VIKUNJA

Das Vikunja *(Vicugna vicugna)* gehört als dritte Gattung ebenfalls zur Familie der Kamele. Es ähnelt dem Guanako, ist aber kleiner und zierlicher. Der Lebensraum der Vikunjas liegt in den Hochanden von Ecuador bis Chile. Gehalten werden sie vor allem wegen ihrer feinen Wolle, nicht so sehr wegen ihres Fleisches.

Katrin Wittmann

KÜCHENPRAXIS

Der richtige Umgang mit Fleisch in der Küche

Fleisch – Wissenswertes über seine Zubereitung

Die besten Garmethoden für Rind, Kalb, Schwein, Lamm und Ziege. Zudem alles über Einkauf und Lagerung sowie Rezepte für Brühen und Fonds.

Gute Fleischküche fängt schon bei der Vorbereitung an

Richtig gegart, kann auch ein einfaches Stück Fleisch zart und schmackhaft werden. Ein wenig küchentechnisches Know-how kann daher gerade beim Thema Fleisch nicht schaden, denn jedes Stück ist anders.

GUTES FLEISCH HAT BESSERES VERDIENT, als achtlos in Tiegeln und Töpfen vor sich hin zu brutzeln. Zumal das Kochen sehr viel mehr Spaß macht, wenn man weiß, was man tut und warum man es tut. Und wenn dann auch noch das Ergebnis stimmt und ein wunderbarer Bratenduft die Küche durchzieht, steht dem Genuss nichts mehr im Wege. Vor der Kür – dem Abschmecken und Essen – kommt jedoch die Pflicht, und die beginnt schon beim Einkauf, setzt sich fort über die Lagerung und endet bei der Auswahl der richtigen Garmethode.

KOCHEN, SCHMOREN ODER BRATEN?

Welches Teilstück schmeckt wie am besten? Soll der Tafelspitz ins kochende oder ins kalte Wasser? Und wie war das noch gleich mit dem Salzen – vorher oder nachher? Fragen über Fragen, die alle auf den folgenden Seiten beantwortet werden. Bei der Wahl der Garmethode hilft die Übersicht auf der folgenden Seite, und ob das gekaufte Stück gebraten oder gekocht besser schmeckt, erfahren Sie direkt im Anschluss. Als Faustregel gilt: Die sehnenreichen Teilstücke des Vorderviertels benötigen generell eine längere Garzeit sowie eine »feuchte« Garmethode, damit das enthaltene Bindegewebe weich wird. In Frage kommen hier also Techniken wie Kochen, Pochieren oder Schmoren. Wenig beanspruchte Partien von Rücken oder Hinterviertel eignen sich zum Braten oder Schmoren, und die zartesten Stücke landen in der Pfanne. Aber – Hand aufs Herz – muss es wirklich immer das Filet sein? Oder liegt die übergroße Nachfrage nicht vielleicht auch daran, dass viele andere, ebenso gute Stücke in Vergessenheit geraten sind? Und haben Sie einmal eine größere Menge Fleisch gekauft, die Sie nicht sofort verbrauchen können oder wollen, erfahren Sie auf S. 117, was Sie am besten damit machen.

GUTES FLEISCH BRAUCHT ZEIT

Sicher genügen zum Braten von Steaks schon wenige Minuten – doch denken Sie daran, sie rechtzeitig, das heißt 2 bis 3 Stunden vorher, aus dem Kühlschrank zu nehmen. Kaltes Fleisch gehört nämlich nicht ins heiße Fett, sonst spritzt es stark, und das Anbraten funktioniert nicht wie gewünscht. Und Zeit benötigt Fleisch nach dem Garen dann auch wieder zum Entspannen, damit sich der Saft im Inneren gut verteilen kann. Daher müssen Braten und Steaks vor dem Anschneiden kurz ruhen. Meist wird das gute Stück dafür in Alufolie gewickelt oder auch einfach so auf einer Platte in den 80 °C heißen Ofen gestellt. Das sind, um hier nur einige zu nennen, die Feinheiten, auf die es bei der Vor- und Zubereitung von Fleisch besonders ankommt.

GERÄTE UND GEWÜRZE

Für die Fleischküche benötigen Sie nicht viel an zusätzlichen Geräten. Die Anschaffung einiger Dinge, etwa eines Fleischthermometers oder einer guten Pfanne, sind jedoch für Fleischliebhaber durchaus erwägenswert, sofern sie nicht sowieso schon im Haushalt vorhanden sind. Und auch an den Gewürzen sollten Sie nicht sparen, tauschen Sie sie regelmäßig aus, denn bereits nach 2 bis 3 Jahren lässt ihre Intensität stark zu wünschen übrig.

Salz und Rauch

Die alten Techniken der Haltbarmachung von Fleisch dienen inzwischen vorwiegend der Verbesserung des Geschmacks. Meist übernimmt das Pökeln und Räuchern heute der Fleischer; falls Sie es einmal selbst probieren wollen, finden Sie auch dazu eine Anleitung in diesem Kapitel.

FONDS – BASIS FÜR SUPPEN UND SAUCEN

Am Ende dieses Kapitels finden Sie Rezepte für feine Fonds – die Grundlage für kräftige Suppen und delikate Saucen. Aroma pur steckt in Jus und Glace, bei denen die Flüssigkeit so lange reduziert wird, bis nur noch der konzentrierte Geschmack übrig ist.

Das Geheimnis der besten Zubereitung

(2)

(1)

(3)

(1) KOCHEN kann bei Fleisch zweierlei bedeuten: Für eine gute, geschmacksintensive Brühe sollen Knochen und Fleisch auslaugen, sie werden deshalb in kaltem Wasser angesetzt. Kochfleisch, etwa ein Tafelspitz, kommt hingegen ins sprudelnd kochende Wasser und wird anschließend bei reduzierter Hitze knapp unterhalb des Siedepunkts langsam fertig gegart.

(2) DÄMPFEN ist eine sehr kalorienarme Zubereitung. Das Garen im heißen Wasserdampf eignet sich jedoch nicht für alle Stücke. In Frage kommt nur zartes, feinfaseriges Fleisch wie beispielsweise Filets oder Fleischbällchen.

(3) SCHMOREN ist eine kombinierte Garmethode, bei der das Fleisch – entweder im Ganzen oder als Ragout – zunächst offen im heißen Fett angebraten wird, bevor es dann unter Zugabe von etwas Flüssigkeit zugedeckt bei reduzierter Hitze langsam fertig gegart wird.

(4) BRATEN IN DER PFANNE, KURZBRATEN ist eine der beliebtesten Garmethoden für zartes Fleisch. Schnitzel oder Steaks werden zunächst im heißen Fett auf beiden Seiten kräftig angebraten, dadurch schließen sich die Poren und der Fleischsaft bleibt im Innern, anschließend brät man sie bei reduzierter Hitze fertig.

(5) BRATEN IM OFEN ist vor allem für größere Fleischstücke eine geeignete Garmethode. Hier wird das Fleisch zunächst großer Hitze ausgesetzt, damit sich die Poren schließen, bevor es dann bei reduzierter Temperatur fertig gebraten wird. Eine zweite Möglichkeit ist das Niedertemperaturgaren: Hier kommt das Fleisch nach dem Anbraten bei 80 °C in den Ofen, gart dafür aber wesentlich länger.

(6) DÜNSTEN, das heißt Garen im eigenen Saft unter Zugabe von wenig Fett oder Flüssigkeit, kommt nur für zartfaseriges, bindegewebsarmes Fleisch wie beispielsweise Filetsteaks oder -medaillons in Frage.

(7) GRILLEN, eine Garmethode, bei der das Fleisch großer Hitze (200 bis 350 °C) ausgesetzt ist, eignet sich vor allem für gut marmorierte Steaks und kleinere Stücke. Gegrillt werden kann auf dem Holzkohlengrill, dem Elektro- oder Gasgrill oder auch in der Grillpfanne. Am Drehspieß über Holzkohle können auch größere Stücke oder ganze Tiere gegrillt werden.

(4)

(5)

(6)

(7)

Erstklassige Qualität ist bei Kochfleisch ein absolutes Muss

Beim Kochen kommt es noch mehr als sonst auf absolute Spitzenqualität an – vor allem wenn das Fleisch zum Hauptgang serviert wird, denn dann sollte es schön weich und zart sein.

ETWAS GEDULD brauchen Sie schon beim Kochen von Rind-, Lamm- oder Schweinefleisch, 1 ½ bis 2 Stunden sind das Mindeste, je nach Größe können manche Teilstücke auch länger brauchen. Das dürfte wohl mit der Grund dafür sein, warum Koch- oder Siedfleisch heute seltener verlangt wird. Doch das Warten lohnt – vorausgesetzt, Qualität und Zubereitung stimmen. Dann aber wird Rindfleisch zur Delikatesse. Kenner lieben seinen typischen Geschmack und schätzen gekochtes Fleisch, weil es leicht und bekömmlich ist. Kochfleisch erweist sich zudem als überaus abwechslungsreich, jedes Teilstück schmeckt anders. Insbesondere die Wiener Küche ist für ihr exzellentes gekochtes Rindfleisch und die eigens entwickelte Schnittführung (S. 40) berühmt geworden. Wenngleich die deutschen Teilstücke auch ein wenig anders sind, so werden doch die gleichen Partien zum Kochen verwendet.

WAS SCHMECKT AM BESTEN?

Ideal zum Kochen ist das Fleisch von Färsen oder jungen Ochsen. Geeignet sind einmal die mageren Stücke von Schulter und Hinterviertel, aber auch die stärker durchwachsenen Partien von Rücken und Brust schmecken gekocht wunderbar. Die Marmorierung ist auch hier ein Garant für Qualität. Wenn Sie das aufliegende Fett nicht mögen, entfernen Sie es besser erst nach dem Kochen und entfet-

Die Querrippe vom Rind ist ein klassisches Kochfleisch, vor allem der marmorierte Mittelteil wird schön zart.

ten die fertige Brühe, denn die Fettauflage hält das Fleisch saftig. Wie die einzelnen Teilstücke gekocht aussehen, sehen Sie unten in Bild 1 bis 10.

INS KALTE WASSER – JA ODER NEIN?

Eine alte Streitfrage. Für eine Brühe legen Sie das Fleisch ins leicht gesalzene kalte Wasser und erhitzen dieses langsam, damit das Fleisch möglichst viel Aroma abgeben kann. Wenn Sie es als Siedfleisch servieren wollen, kommt es in die kochende Brühe, weil sich dadurch die Fleischporen rasch schließen. Doch egal, ob so oder so – ganz wichtig ist, dass die Garflüssigkeit das Fleisch bedeckt und nicht sprudelnd kocht, sonst wird das Fleisch hart und faserig. Vielmehr sollte das Wasser oder die Brühe immer gerade unterhalb des Siedepunkts gehalten werden.

DIE BESTEN TEILE VOM RIND ZUM KOCHEN

(1) Die **NACHBRUST** stammt vom hinteren Teil der Brust. Sie ist feinfaserig und relativ fett.

(2) **BEINFLEISCH** nennt man die Querrippe mit Knochen. Durch diese bleibt das durchwachsene Fleisch beim Kochen noch saftiger. Wenn sich die Knochen leicht herausziehen lassen, ist das Fleisch gar.

(3) Das **MITTELBUGSTÜCK** mit der typischen Mittelsehne eignet sich bestens zum Kochen.

(4) Das **BÜRGERMEISTERSTÜCK** ist zart, feinfaserig und fettarm.

(5) **TAFELSPITZ,** gutes Kochfleisch, feinfaserig und mager. Quillt beim Kochen etwas auf.

(6) Die **WADE** enthält viel Bindegewebe, das durch das Kochen eine geleeartige Konsistenz erhält.

(7) **OCHSENSCHWANZ** braucht relativ lange, bis das Fleisch weich ist.

(8) Die **QUERRIPPE** ohne Knochen ist ein typisches Kochfleisch. Sie zählt wie die Teile der Brust zu den preiswerteren Stücken. Das aufliegende Fett wird in der Regel vor dem Essen entfernt.

(9) Das **FALSCHE FILET** ist ein sehr mageres und kompaktes Stück von der Schulter.

(10) Die **HOCHRIPPE** ist gut marmoriert, saftig und hat einen kräftigen Geschmack.

Außen gebräunt, innen schön rosa

Im Prinzip ist es ja ganz einfach: eine Pfanne, ein Steak, ein wenig Öl und – guten Appetit! Dabei kommt es gerade beim Braten in der Pfanne auf das richtige Timing an, soll das zarte Steak auch zart bleiben.

ZUM KURZBRATEN oder Sautieren eignen sich die zarten Stücke des Hinterviertels von Rind, Kalb, Schwein und Lamm – hierzu zählen neben dem Filet Roastbeef, Hochrippe und Hüfte. Fleisch mit viel Bindegewebe kommt dagegen hierfür nicht in Frage, da es eine viel längere Garzeit hat. Erfolgsentscheidend ist beim Kurzbraten zum einen die große Hitze am Anfang, zum anderen die Geschwindigkeit. Denn das Anbraten muss schnell gehen, damit sich die Poren schließen und sich rasch eine schützende Kruste bilden kann. So bleibt der Fleischsaft im Inneren und das Fleisch zart. Dann reduziert man die Hitze und brät das Fleisch unter Wenden fertig. Wie dies genau funktioniert, sehen Sie links in Step 1 bis 3 am Beispiel eines Entrecôte double.

ENTRECÔTE DOUBLE BRATEN

(1) In einer Pfanne 2 EL Öl stark erhitzen. Den Fettrand einschneiden und das Entrecôte double (350 bis 400 g) im heißen Öl 1 Minute kräftig anbraten. Wenden und das Fleisch von der anderen Seite ebenfalls 1 Minute anbraten.

(2) Die Hitze reduzieren, das Fleisch salzen und pfeffern. 30 g Butter zufügen und das Fleisch ständig damit begießen.

(3) Gelegentlich wenden und das Entrecôte fertig braten. 10 Minuten ruhen lassen, dann schräg zur Faser anschneiden.

TIPPS UND TRICKS VOM PROFI

Unabdingbar für ein gutes Ergebnis ist auch die richtige Temperatur: Direkt aus dem Kühlschrank in die Pfanne funktioniert nämlich nicht! Das Fleisch sollte vor dem Anbraten Zimmertemperatur haben – am besten, Sie nehmen es 1 Stunde vorher aus der Kühlung. Gut braten lässt es sich aber auch dann nur, wenn es schön trocken ist. Sie können es entweder mit Küchenpapier abtupfen oder, noch besser, Sie packen das Fleisch nach dem Herausnehmen aus dem Kühlschrank in so genannte Fleischtücher – das können normale, saubere Küchentücher sein. Willkommener Nebeneffekt dabei: Es spritzt viel weniger beim Anbraten!

WELCHES FETT IST AM BESTEN?

Prinzpiell sind alle hoch erhitzbaren Fette geeignet, Pflanzenöl ebenso wie Butterschmalz. Gut bewährt hat sich auch eine Mischung aus Öl und Butter: Erst wird das Fleisch scharf in Öl angebraten, dann kommt bei reduzierter Hitze ein Stück Butter hinzu – für einen besonders feinen Geschmack.

GIBT ES DIE OPTIMALE PFANNE?

Viele Profis schwören auf schwere Pfannen aus Eisen oder Gusseisen. Tatsächlich lässt sich mit ihnen ein sehr gutes Ergebnis erzielen. Aber auch Pfannen aus Edelstahl oder Aluguss eignen sich gut zum Kurzbraten. Neben dem Material spielt vor allem

auch die Größe der Pfanne eine Rolle, denn das Fleisch sollte flächig auf dem Boden aufliegen. Kommt zu viel auf einmal in die Pfanne, kühlt das Fett schnell ab, und die Poren schließen sich nicht schnell genug. Die Folge: Fleischsaft tritt aus, und das Braten geht in ein Kochen über – größere Fleischmengen daher unbedingt portionsweise anbraten.

Ob nun die gewünschte Garstufe erreicht ist, lässt sich leicht mit den Fingern überprüfen: Ein blutiges Steak ist weich und gibt auf Finger- oder Daumendruck nach. Fühlt es sich in der Mitte noch elastisch an und wird zum Rand hin fester, ist es medium. Durchgebraten gibt ein Steak auf Druck dann kaum mehr nach.

Mediterrane Aromen beim Kurzbraten bringen Rosmarin, Thymian und Knoblauch. Allerdings kommen Kräuter und Gewürze wie Meersalz und Pfeffer erst nach dem Anbraten in den letzten Minuten hinzu.

DIE VERSCHIEDENEN GARSTUFEN

(1) RARE, BLEU, STARK BLUTIG. Bei dieser Garstufe ist das Filetsteak blutig, der Fleischsaft dunkelrot, und die Kerntemperatur beträgt 45 bis 47 °C.

(2) MEDIUM RARE, SAIGNANT, BLUTIG. Hier ist das Filetsteak in der Mitte blutig, der Fleischsaft rötlich, und die Kerntemperatur beträgt 50 bis 52 °C.

(3) MEDIUM, A POINT, MITTEL, HALBDURCH. Hier hat das Filetsteak einen rosa Kern, der Fleischsaft ist rosa, und die Kerntemperatur beträgt 60 °C.

(4) WELL DONE, BIEN CUIT, GANZ DURCH. Hier ist das Filetsteak durchgebraten, der Fleischsaft ist hell und klar, und die Kerntemperatur beträgt 70 bis 85 °C.

Saftig durch und durch – und rosa bis zum Rand

Große Fleischstücke gehören in den Backofen, aber bei welcher Temperatur? Die Übersicht rechts gibt wertvolle Anhaltspunkte, sowohl für die herkömmliche Technik als auch für das Niedertemperaturgaren.

NICHT NUR SONNTAGS, auch wenn Sie eine größere Zahl Gäste erwarten, bietet sich ein großer Braten als Hauptgang an: Denn erst einmal in den Ofen geschoben, verlangt er nicht mehr allzu viel Aufmerksamkeit, und Sie können derweil in aller Ruhe das restliche Menü vorbereiten. Als Braten eignen sich vor allem große Fleischstücke, etwa ein Stück Hochrippe vom Rind mit zwei bis drei Rippen, eine Lammkeule, ein Rollbraten vom Kalb oder Schwein oder auch das klassische Roastbeef. Wenn Sie ein paar Stunden mehr Zeit haben, können Sie Ihren Braten sanft bei relativ niedrigen Temperaturen garen, so bleibt er wunderbar saftig.

BRATEN IM OFEN

Wichtig ist in jedem Fall eine hohe Anfangstemperatur. Die ist nötig, damit sich die Poren so schnell wie möglich schließen und kein Fleischsaft austritt.

Dabei kann das Anbraten in heißem Fett auf dem Herd erfolgen oder auch im Ofen. In letzterem Fall braten Sie das Fleisch 10 Minuten bei 200 bis 220 °C an und reduzieren die Temperatur dann – zum Fertigbraten genügen 160 bis 180 °C. Nicht vergessen sollten Sie dabei das Fett, Öl oder bei geringeren Temperaturen auch die Butter, womit das Fleisch vor dem Anbraten und während des Bratens wiederholt übergossen wird. Und noch ein Tipp: Kleinere Fleischstücke legen Sie zum Braten in einen passenden Bratentopf, damit das Bratfett und der entstehende Jus nicht vorzeitig verbrennen. Größere Teile wie eine Keule kommen in einen Bräter oder in die Fettpfanne. Und: gewürzt werden große Braten immer erst kurz bevor sie in den Ofen kommen.

FLEISCH MUSS ENTSPANNEN

Soll der Braten saftig bleiben, ist es unerlässlich, ihm nach dem Herausnehmen aus dem Ofen mindestens 10 Minuten Ruhe zu gönnen. In dieser Zeit kann sich der Fleischsaft aus dem Inneren wieder im ganzen Stück verteilen. Schneidet man den Braten sofort an, läuft der Saft aus, und das Fleisch wird trocken.

NIEDERTEMPERATURGAREN

Bei dieser schonenden Garmethode wird das Fleisch ebenfalls erst heiß – aber auch nicht zu heiß – angebraten, bevor es dann bei 70 °C (ideal für kleinere Stücke) oder bei 80 °C (ideal für größere Braten) im Ofen weitergart. Auch das Roastbeef links wurde so zubereitet, mit dem Resultat, dass es wunderbar rosa und zart ist. Kein Wunder, denn auch hier schließen sich beim Anbraten die Poren, der Fleischsaft zieht sich ins Innere zurück. Bleibt die Temperatur dann aber konstant über 56 °C, jedoch unter 90 °C, kann sich das Fleisch langsam wieder entspannen, der Fleischsaft zirkuliert und verteilt sich nach und nach wieder im ganzen Stück. Dabei gart der Braten leicht weiter, allerdings sehr viel langsamer als bei der sonst üblichen Hitze. So ein Roastbeef braucht dann gut und gern 3 ½ bis 4 ½ Stunden. Da die Garzeit jedoch auch davon abhängt, wie gut das Fleischstück zuvor abgehangen war, sollten Sie nach 2 Stunden mit einem Fleischthermometer die Kerntemperatur überprüfen, an ihr können Sie den Gargrad nämlich genau ablesen. Die Vergleichswerte entnehmen Sie der unten stehenden Tabelle.

Wie lange braucht welches Fleischstück bei welcher Temperatur?

Braten	Zubereitung	Elektroherd	Umluftherd	Gasherd	Niedertemperatur	Kerntemperatur
Hackbraten, 1 kg		190 °C 50–60 Min.	170 °C 50–60 Min.	Stufe 3 50–60 Min.	–	80 °C
Rinderfilet medium, 1 kg	anbraten: fertig garen:	220 °C 10 Min. 160–180 °C 20 Min.	200 °C 10 Min. 180 °C 15 Min.	Stufe 5 10 Min. Stufe 3 15 Min.	auf dem Herd 6–8 Min. 80 °C 2 ¼ Std.	57–60 °C
Roastbeef medium, 1 kg	anbraten: fertig garen:	220 °C 10 Min. 160–180 °C 20–25 Min.	200 °C 15 Min. 180 °C 15 Min.	Stufe 6 15 Min. Stufe 3 15 Min.	220 °C 10 Min. 70 °C etwa 4 ½ Std.	57–60 °C
Kalbsnuss, 1 kg	anbraten: fertig garen:	200 °C 10 Min. 180 °C 60 Min.	– 180 °C 70 Min.	– Stufe 3 70 Min.	auf dem Herd 8–10 Min. 80 °C 2 ½–3 Std.	65–70 °C
Schweinefilet, 600 g	anbraten: fertig garen:	220 °C 5 Min. 180 °C 10 Min.	– 180 °C 20 Min.	– Stufe 3 20 Min.	auf dem Herd 5 Min. 80 °C 1 ½–1 ¾ Std.	65–70 °C
Schweinerücken, ausgelöst, 1 kg	anbraten: fertig garen:	– 200 °C 35–40 Min.	– 180 °C 35–40 Min.	– Stufe 3 35–40 Min.	auf dem Herd 8–10 Min. 80 °C 2–2 ½ Std.	70 °C
Lammkeule, 2 kg	anbraten: fertig garen:	– 190–200 °C 50–60 Min.	– 180 °C 50–60 Min.	– Stufe 3 50–60 Min.	auf dem Herd 8–10 Min. 80 °C 3–4 Std.	60 °C
Lammrücken, ausgelöst und gerollt, 1 kg	anbraten: fertig garen:	220 °C 5 Min. 180 °C 20–25 Min.	210 °C 5 Min. 160 °C 20–25 Min.	Stufe 5 5 Min. Stufe 2–3 20–25 Min.	auf dem Herd 3–4 Min. 80 °C 60–80 Min.	60 °C

Kühlschrank oder Tiefkühlfach?

Was tun, wenn Sie eine größere Menge Fleisch gekauft haben oder ein Stück erst in drei Tagen zubereiten wollen? Im Folgenden erfahren Sie, wie Sie Fleisch kurzfristig lagern und langfristig aufbewahren können.

MANCHMAL ERGIBT SICH DIE GELEGENHEIT für einen besonders guten Kauf. Wobei der Preis ein Kriterium sein kann, beim Einkauf von Fleisch sollte jedoch immer die Qualität im Vordergrund stehen. Hierbei geben Marmorierung (S. 35) und Farbe (S. 52) bereits wichtige Hinweise. Des Weiteren spielen die Rasse, das Alter der Tiere, die Fütterung und – vor allem beim Rind – auch der Grad der Reifung eine Rolle (S. 26). Fragen Sie Ihren Fleischer, welche Tiere er verwendet und ob sein Rindfleisch gut abgehangen ist – 4 bis 5 Wochen sollten es schon sein, erst dann ist das Fleisch auch wirklich zart.

DIE RICHTIGE LAGERUNG

Vorverpackte Ware nehmen Sie am besten aus der Verpackung, legen das Fleisch in eine Schüssel und bedecken es mit Frischhaltefolie. Bei entsprechender Kühlung – zwischen 2 und 4 °C – kann Frischfleisch einige Tage aufbewahrt werden. Rind hält sich so 3 bis 4 Tage, Kalb- und Schweinefleisch sollten Sie innerhalb von 2 bis 3 Tagen und Hackfleisch noch am selben Tag des Kaufs verbrauchen. Wollen Sie Fleisch bei normaler Kühlschranktemperatur, die liegt so um die 5 bis 6 °C, noch 3 bis 4 Tage aufbewahren, empfiehlt es sich, das Fleisch in Öl einzulegen. Haben Sie mehrere Steaks, legen Sie jeweils ein Stück geöltes Pergamentpapier zwischen die Scheiben, bevor sie alles in geöltes Pergamentpapier einschlagen. Größere Stücke legen Sie dagegen am besten in ein großes, verschließbares Gefäß und übergießen sie mit Öl. Der Luftabschluss verhindert den Verderb, gleichzeitig wird das Fleisch durch die weitere Reifung noch etwas zarter. Auch können Sie dabei noch verschiedene Würzzutaten wie Kräuter, Knoblauch oder Chili zufügen, um das Fleisch damit zu aromatisieren. Praktisch auch: Beim Einlegen in Öl lässt sich, anders als etwa bei vakuumverpacktem Fleisch, die gewünschte Menge exakt entnehmen, der Rest kann im Öl verbleiben. Zudem gilt für jede Art von Lagerung: Die Einwirkung von Licht und Sauerstoff führt zu Vitaminverlusten, daher sollten Sie Fleisch immer dunkel lagern.

IM VAKUUM

Das Vakuumieren ist eine spezielle Art der Lagerung. Unter hygienisch einwandfreien Bedingungen wird das Fleisch unter Luftabsaugung in Folie eingeschweißt, in dieser reift es dann weiter. Ein Vorgang, den sich die meisten Fleischer zunutze machen, Folienreifung ist heute gang und gäbe. Das vakuumverpackte Fleisch reift dabei eingeschweißt mehrere Wochen bei einer Temperatur um die null Grad. Im Kühlschrank ist die Temperatur höher und die Lagerdauer wesentlich kürzer, dennoch greifen immer mehr zu dieser Aufbewahrungsmethode. Denn auch der Folienüberzug durch haushaltsübliche Vakuumiergeräte schützt das Fleisch zuverlässig vor Sauerstoffzufuhr und Austrocknen.

TIEFKÜHLEN

Wollen Sie Fleisch jedoch länger aufbewahren, sollten Sie es tiefkühlen, ab Temperaturen von –18 °C treten kaum mehr enzymbedingte Veränderungen auf. In Frage kommen dafür jedoch nur frische, einwandfreie Stücke. Und das Tiefkühlen sollte auch möglichst schnell, das Auftauen dagegen möglichst langsam vor sich gehen. Nutzen Sie die Schockfrost-Taste an Ihrem Gerät, sie senkt die Temperatur kurzfristig auf –30 °C. Je schneller das Fleisch durchkühlt, desto besser ist die Qualität. Die Haltbarkeit von Fleisch hängt vor allem vom Fettgehalt ab: Tiefgekühltes Rind- oder Kalbfleisch hält 8 bis 10 Monate, mageres Schweinefleisch 6 Monate und fettes Schweinfleisch 2 bis 3 Monate. Zum Auftauen legen Sie das Fleisch am besten in ein Gefäß mit Gittereinsatz und lassen es dann über Nacht im Kühlschrank oder bei Zimmertemperatur auftauen.

Einlegen in Öl

Mit dieser ebenso einfachen wie alten Technik können Sie qualitativ einwandfreies Fleisch ruhigen Gewissens noch gut 3 bis 4 Tage im Kühlschrank lagern. Der Clou dabei: Es wird dadurch sogar noch etwas zarter.

Etwas Vorbereitung muss sein

Gutes Fleisch hat seinen Preis, und es wäre einfach schade, wenn es nicht perfekt auf den Teller käme. Fachgerecht pariert und optimal geschnitten wird ein Steak jedoch zum Hochgenuss.

AUF HÄUTEN UND SEHNEN kaut niemand gerne herum, darum wird das zähe Bindegewebe vor dem Kurzbraten grundsätzlich entfernt – das Fleisch wird pariert, wie der Fachmann sagt.

FLEISCH PARIEREN

Achten Sie beim Abtrennen der weißen Häutchen jedoch unbedingt darauf, das schiere Muskelfleisch nicht zu verletzen, damit nicht unnötig Fleischsaft verloren geht. Dabei wird das aufliegende Fett in der Regel nicht entfernt; die Fettschicht schützt große Bratenstücke vor dem Austrocknen, das Fleisch bleibt saftiger. Und auch bei Steaks sollten Sie das Fett nicht vor dem Braten entfernen. Ist ein Fettrand vorhanden, wie bei dem unten in Bild 3 gezeigten, aus dem Roastbeef geschnittenen Steak, schneiden Sie das Fett mehrmals schräg ein, damit es beim Braten auf dem Boden der Pfanne liegen bleibt und sich nicht aufwölbt. Ob Sie das Fett dann anschließend mitessen oder nicht, bleibt ganz allein Ihnen überlassen.

FLEISCH PLATTIEREN

Wichtig beim Kurzbraten ist außerdem noch, dass die Fleischscheiben überall gleich dick sind. Daher sollten Sie bereits beim Schneiden – übrigens immer quer zur Faser –, darauf achten, möglichst gleichmäßig starke Scheiben abzutrennen. Leichte Unterschiede werden bei Steaks vom Rinderfilet oder gut abgehangenen Roastbeef durch leichten Druck mit dem Handballen ausgeglichen. Steaks und Schnitzel klopfen Sie zwischen Frischhaltefolie mit dem Plattiereisen leicht flach (S. 134), bis sie überall gleich stark sind.

VERSCHIEDENE STEAKS

quer zur Faser schneiden

(1) Gut pariertes Rinderfilet schneidet man quer zur Faser in 2 ½ bis 3 cm dicke Scheiben.

(2) Steaks aus der Hochrippe werden quer zur Faser in 2 bis 2 ½ cm dicke Scheiben geschnitten.

(3) Roastbeef schneidet man mit der Fettauflage quer zur Faser in etwa 2 cm dicke Scheiben.

(4) Schweinehals wird quer zur Faser in etwa knapp 2 cm dicke Scheiben geschnitten.

RINDERFILET RICHTIG VORBEREITEN

Das begehrte Filet macht nur rund 2 Prozent der gesamten Schlachtausbeute beim Rind aus, entsprechend hoch ist auch sein Preis. Der lang gestreckte Muskel liegt an der Innenseite des Roastbeefs, der Filetkopf wird aus der Keule geschnitten. Wenn Sie ein ganzes Filet beim Fleischer bestellen, ist es in der Regel sauber pariert. Falls nicht, entfernen Sie zunächst das anhaftende Nierenfett von Hand und trennen Sie dann das aufliegende Fett sowie alle Häutchen und Sehnen vorsichtig ab, wie unten in Step 1 bis 3 gezeigt. Wichtig ist dabei, das eigentliche Muskelfleisch nicht zu verletzen. Klassisch teilt man das sauber parierte Filet in 3 Stücke, wie in Step 4 und 5 gezeigt, bevor man es dann je nach Verwendung weiter portioniert, wie in Step 6 bis 8 zu sehen. Am wertvollsten ist das Mittelstück, aus ihm gewinnt man die 200 bis 250 g schweren Filetsteaks sowie das Chateaubriand (400 g). Tournedos sind meist etwas kleiner, dafür aber 3 cm hoch.

(1) Zum Parieren eines Rinderfilets zunächst mit einem scharfen Messer die so genannte Kette (im Bild links) mit wenigen Schnitten vom Muskelfleisch abtrennen. Das Fleisch der Kette kann etwa für Gulasch in Würfel geschnitten werden.

RINDERFILET PARIEREN UND ZERTEILEN

(2) Das Filet umdrehen und das auf der Unterseite vorhandene Fett dünn abschneiden, ohne das Fleisch zu verletzen.

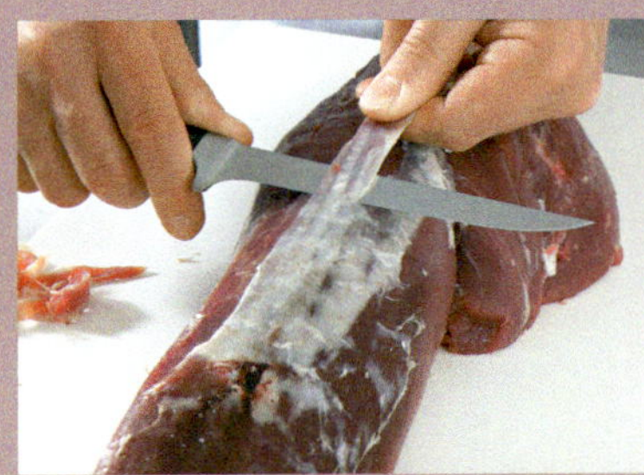

(3) Dann die Sehne auf der Oberseite des Filets vorsichtig abtrennen, dabei das Messer möglichst flach führen.

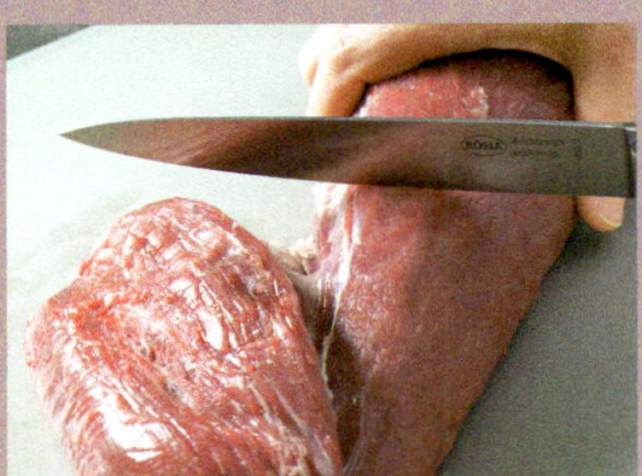

(4) Das parierte Filet in drei Teile schneiden: Zuerst wird der dicke Filetkopf quer zur Faser abgetrennt.

(5) Dann mit einem geraden Schnitt das Herz- oder Mittelstück des Filets von der schmal zulaufenden Spitze abschneiden.

(6) Aus dem Mittelstück werden Filetsteaks, Tournedos sowie das berühmte Chateaubriand geschnitten.

(7) Den Filetkopf entweder entlang des Muskelstrangs halbieren oder aber quer zur Faser in Steaks schneiden.

(8) Aus der Filetspitze werden quer zur Faser 2 Steaks und 1 Tournedo geschnitten, das restliche Stück wird in Würfel für Filetgulasch, in Streifen für Geschnetzeltes oder in dünne Scheibchen geschnitten.

Darf's heute mal ein bisschen mehr sein?

Wer eine Kalbsschulter im Ganzen kauft, muss vor der Zubereitung die Knochen auslösen und die Schulter in Stücke zerlegen, sonst wird es schwierig mit Topf und Pfanne. Wie's geht, zeigt die Bildfolge rechts.

DIE GELEGENHEIT HAT MAN NICHT SO OFT. Wer sein Fleisch beim Fleischer kauft, bekommt es in der Regel fachgerecht zerlegt, mit oder ohne Knochen, ganz wie gewünscht. Anders kann das sein beim Einkauf auf dem Biohof oder bei anderen Direktvermarktern. Hier werden Lämmer und Kälber oft in größeren Einheiten wie Hälften oder Vierteln angeboten. Wie Sie in einem solchen Fall die großen Stücke doch noch in die gewünschte Portionsgröße bringen oder auch nur die Knochen entfernen, zeigen Ihnen die folgenden Seiten. Im Prinzip ist der Aufbau einer Schulter oder auch eines Rückens immer derselbe, gleich um welches Tier es sich dabei handelt. Sie können also auch, etwa beim Auslösen einer Lammschulter, nach der rechts in Step 1 bis 14 gezeigten Anleitung verfahren, nur wird eine Lammschulter anschließend aufgrund ihrer geringeren Größe nicht mehr in so viele Einzelstücke zerteilt. Alles was Sie jetzt noch brauchen, ist ein wirklich scharfes Messer und eine Knochensäge.

Wichtig beim Auslösen großer Teilstücke wie dieser Kalbsschulter ist das richtige Werkzeug: Ausbeinmesser und Wetzstahl dürfen nicht fehlen.

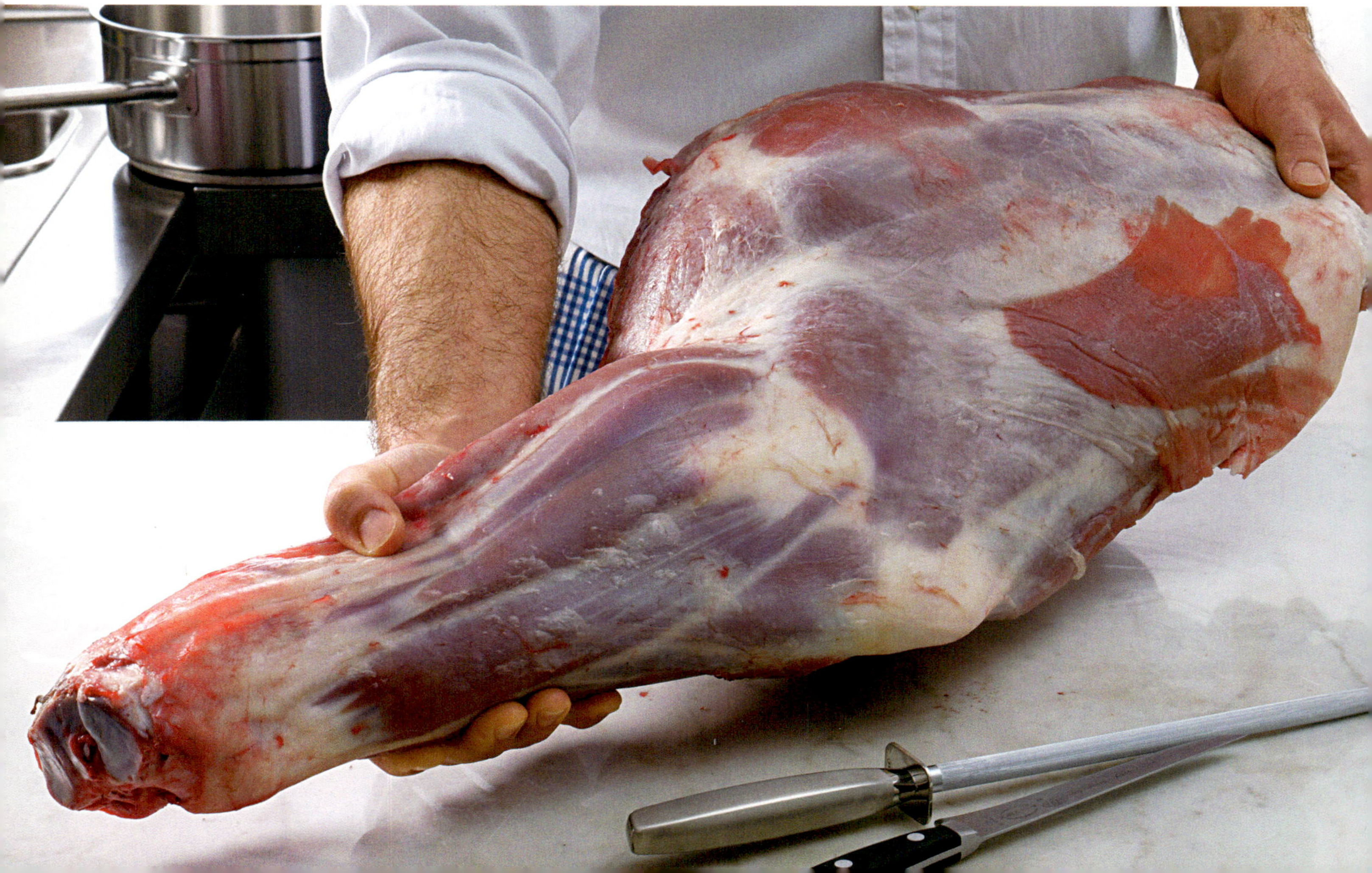

KALBSSCHULTER AUSLÖSEN UND ZERTEILEN

(1) Die ganze Kalbsschulter mit der Schnittseite nach oben möglichst flach auf eine Arbeitsfläche legen und mit einem scharfen Messer das Muskelfleisch entlang des Schulterblattes einschneiden.

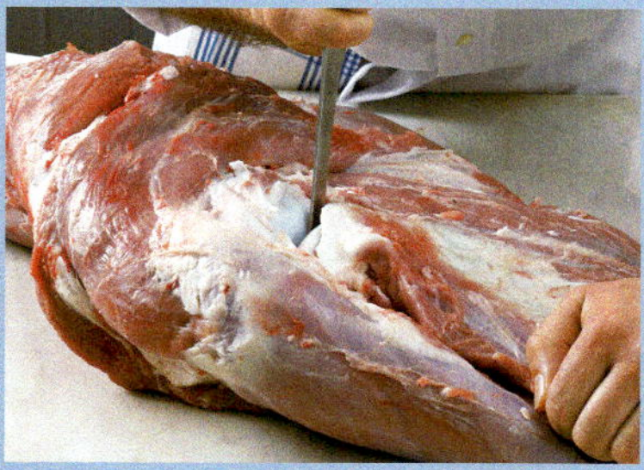

(2) Im Gelenk einstechen und das Schulterblatt vom Oberbeinknochen trennen.

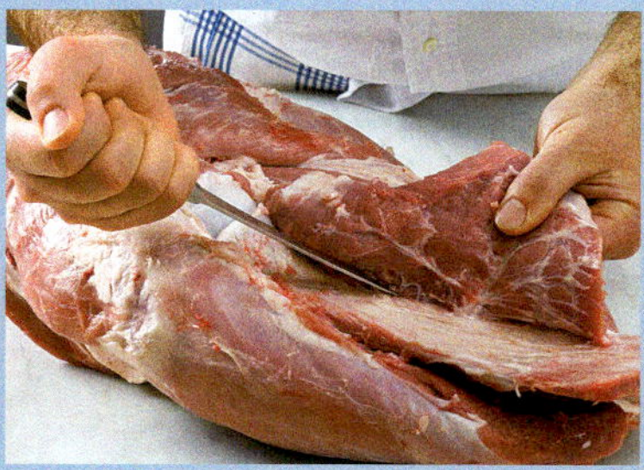

(3) Mit dem Messer am Schulterblatt entlangfahren und das Fleisch beidseitig vom Knochen lösen.

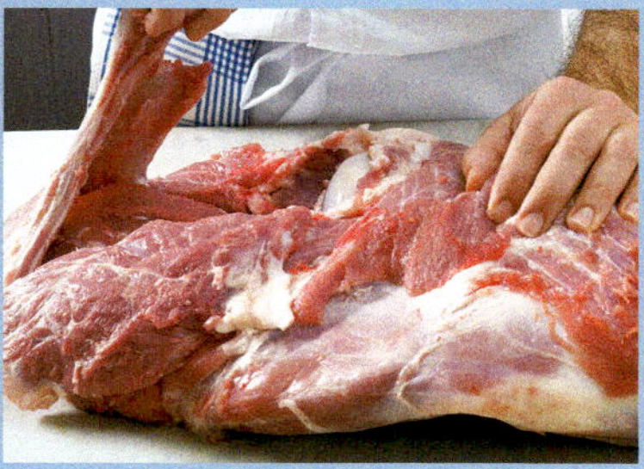

(4) Nach dem vollständigen Freilegen das Schulterblatt vom Oberbeinknochen abdrehen.

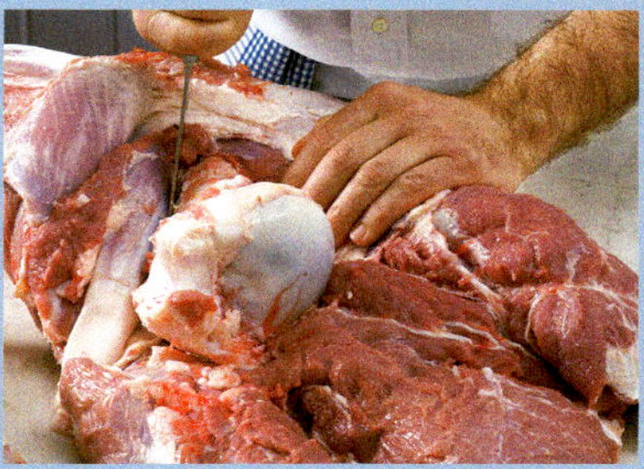

(5) Mit dem Messer am Oberbeinknochen links und rechts entlangschneiden.

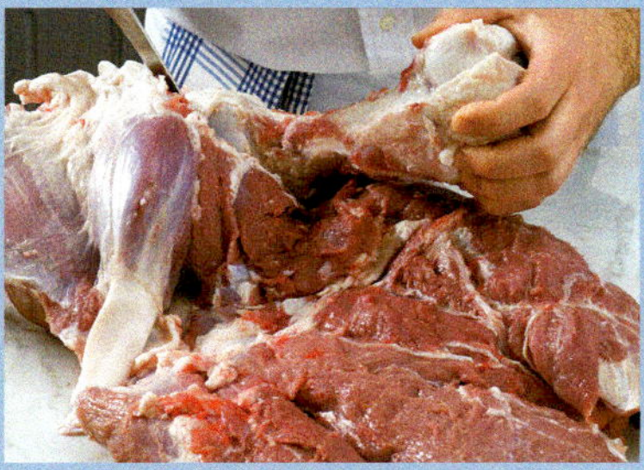

(6) Den Oberbeinknochen völlig freilegen, durch eine feste Drehbewegung aus dem Gelenk lösen und entfernen.

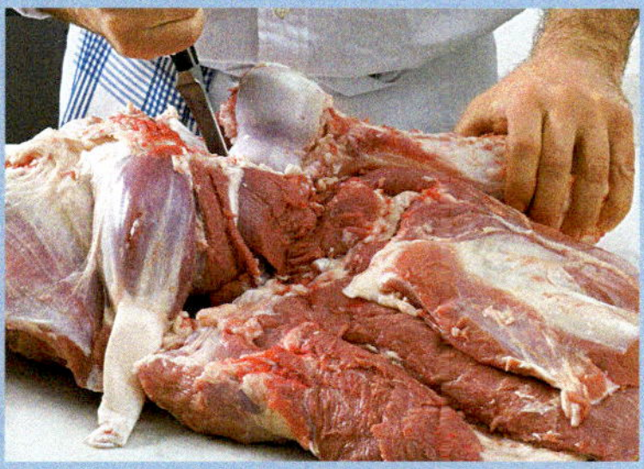

(7) Die Fleischauflage von der Gelenkpfanne des Unterbeinknochens ablösen und diesen entfernen.

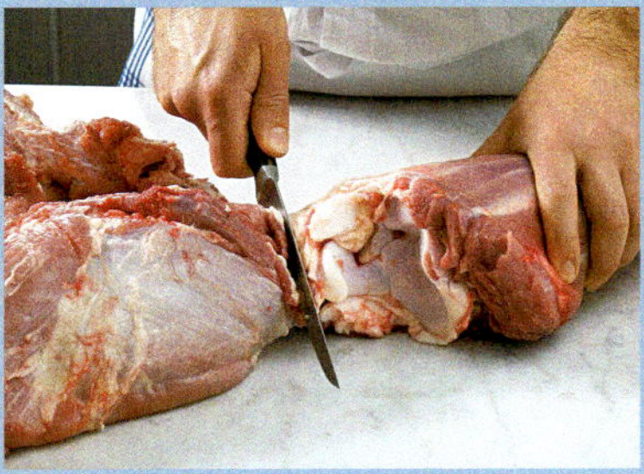

(8) Das gesamte Bein (Vorderhaxe) von der Schulter abtrennen, die sehnen- und knorpelhaltigen Teile am Bein belassen.

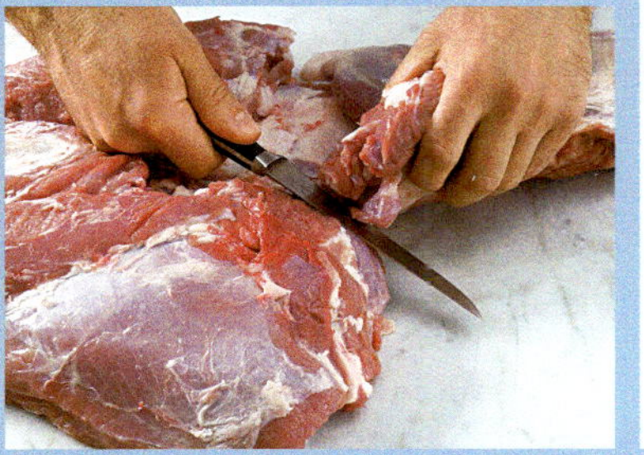

(9) Die Schulter weiter zerteilen: Zunächst entlang der Bindegewebshäutchen den Bugdeckel abtrennen.

(10) Dann das falsche Filet entlang den Bindegewebshäuten von der dicken Schulter abtrennen und das falsche Filet sauber parieren.

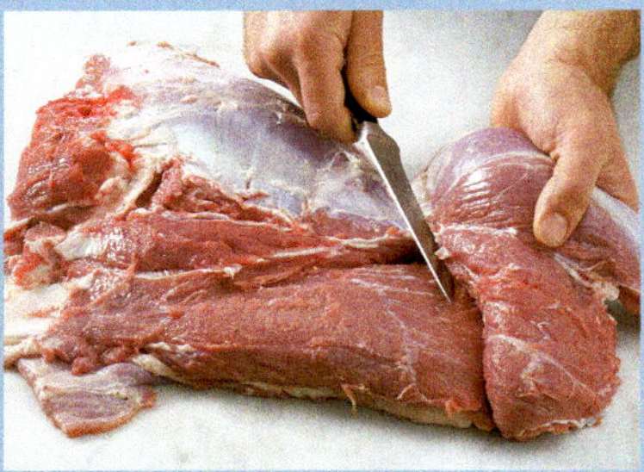

(11) Die dünne Fleischauflage des Schulterblatts (für Hackfleisch) vorsichtig von der dicken Schulter (unten) abtrennen.

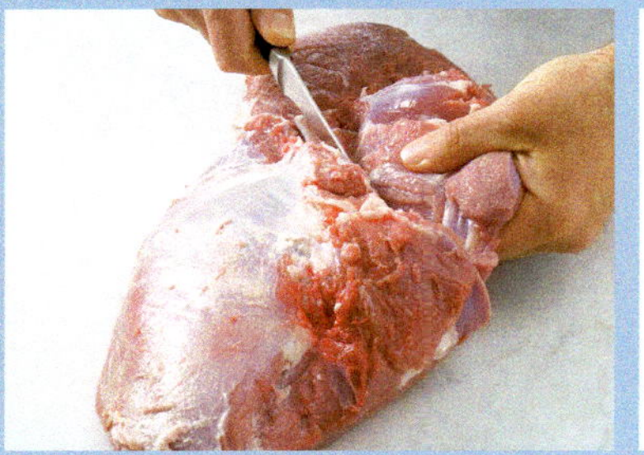

(12) Den Rest des dicken Bugstücks beziehungsweise Schulterstücks vom anhängenden Beinfleisch abtrennen.

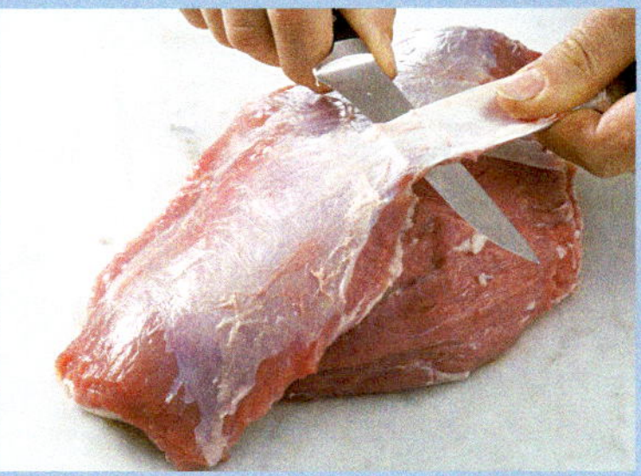

(13) Die Fleischstücke – hier die dicke Schulter – vorsichtig von den aufliegenden Bindegewebshäuten befreien.

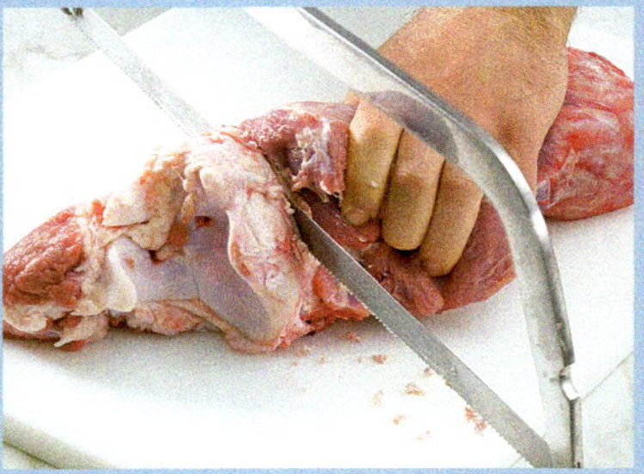

(14) Mit einer scharfen Knochensäge die Gelenkpfanne vom Bein absägen, dabei das Fleisch aber nicht verletzen.

Zum Ausbeinen ein Muss: ein wirklich scharfes Messer

Der Nacken oder Kamm vom Schwein ergibt – im Ganzen ausgelöst – einen wunderbar saftigen Braten. Und auch das Kotelett ist, am Stück oder in Scheiben geschnitten, ein ausgezeichnetes Bratenstück.

FLEISCH MIT KNOCHEN KAUFEN lohnt meist, häufig liegt der Kilopreis deutlich unter dem des vergleichbaren ausgelösten Stücks. Mit Knochen gebraten schmeckt Fleisch kräftiger und bleibt schön saftig. Will man aber einen Schweinekamm oder -hals des leichteren Tranchierens wegen vor der Zubereitung auslösen, so ist dies kein Problem. Dafür gibt es zwei Methoden. Entweder Sie ziehen die vorhandenen Rippenknochen einzeln aus dem rohen Fleisch heraus und entfernen dann die Wirbel. Oder Sie folgen der unten in Step 1 bis 5 gezeigten Anleitung zum Auslösen eines Schweine-

SCHWEINEKAMM AUSLÖSEN

(1) Mit einem scharfen Messer zwischen dem fleischigen Halsstück und den Rippenknochen einstechen und das Fleisch abtrennen.

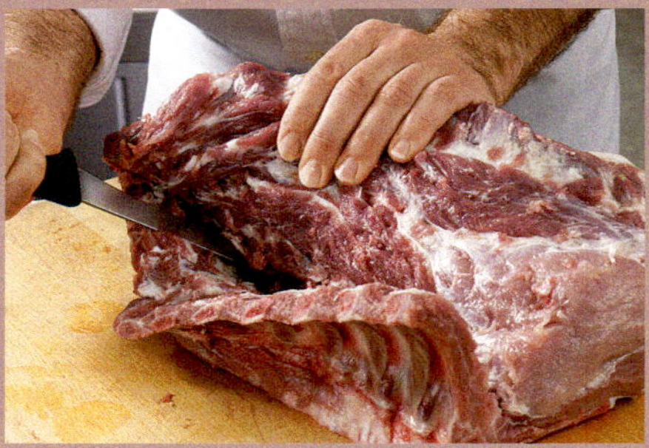

(2) Das Messer vorsichtig an den Rippenknochen entlangführen und das Fleisch von den Halswirbeln trennen.

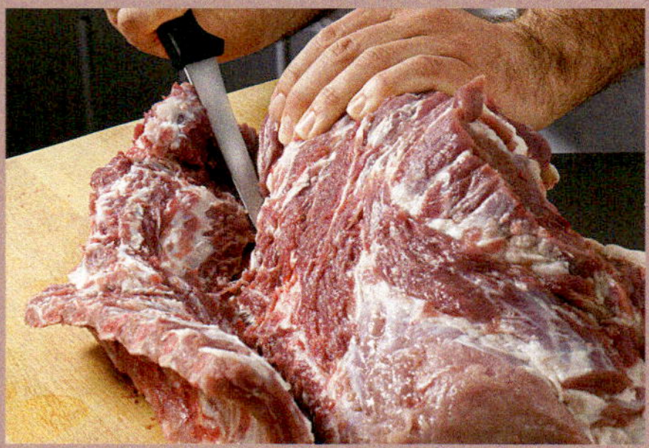

(3) Mit dem Ausbeinmesser flach an den Dornfortsätzen der Rippen entlangschneiden und das Fleisch abtrennen.

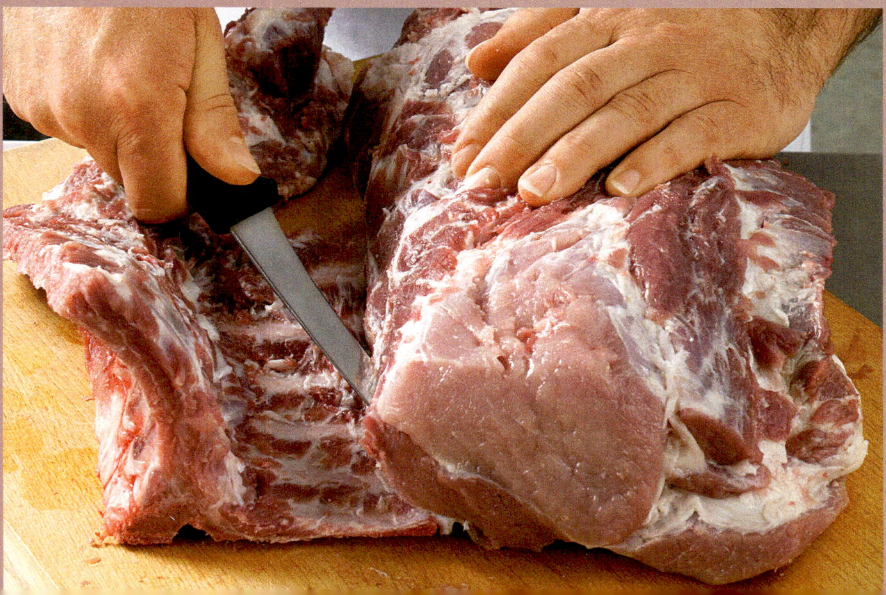

(4) Das Halsfleisch, wie links gezeigt, etwas anheben und entlang der flachen Knochen vollständig abtrennen, dabei das Fleisch nicht verletzen.

(5) Der Hals ist jetzt ganz von den Knochen getrennt. Gut zu erkennen sind die Rippen im Vorder- und die Halswirbel im Hintergrund.

kamms. Bei beiden Methoden lässt sich nicht ganz vermeiden, dass nach dem Ausbeinen noch ein paar Knorpel im Fleisch verbleiben. Diese müssen dann beim anschließenden Parieren entfernt werden.

Koteletts vom Schwein eignen sich gut zum Kurzbraten. Werden Sie mitsamt den Knochen gebraten, sind sie noch kräftiger im Geschmack. Einzelne Koteletts erhalten Sie, indem Sie das Fleisch zwischen den Rippenknochen mit einem scharfen Messer einschneiden und die Wirbel dann mit einem Küchenbeil durchtrennen.

KOTELETT AUSLÖSEN

Der Rücken – und nichts anderes stellen ja die beiden Kotelettstränge dar – zählt bei Rind, Kalb, Lamm, Ziege und natürlich auch beim Schwein zu den edelsten Teilstücken. Bei Letzterem wird der aufliegende Rückenspeck meist vor der Zubereitung entfernt, bei einem Jungschweinerücken kann das Fett jedoch auch einmal dranbleiben, es schützt das zarte Fleisch beim Braten vor dem Austrocknen. Häufig wird der Kotelettstrang zwischen den einzelnen Rippenknochen geteilt und in Scheiben geschnitten, wie im Bild oben zu sehen, und dann zum Kurzbraten oder Grillen verwendet. Besonders delikat ist das hintere Karree, aus dem man die begehrten Filet- oder Lummerkoteletts (S. 71) schneidet. Für einen großen Braten können Sie das Kotelett aber auch im Ganzen auslösen, wie es unten in Step 1 bis 6 beschrieben ist. Der Stielkotelettanteil ohne Knochen wird gerne als Rollbraten zubereitet.

KOTELETTSTRANG AUSLÖSEN

(1) Den Kotelettstrang auf die Speckseite legen und mit einem scharfen Messer zunächst die Rückenspeckschicht vorsichtig vom Fleisch trennen, dabei das Fleisch nicht verletzen. Den Rückenspeck entfernen.

(2) Mit dem Ausbeinmesser an den Lendenwirbeln entlangschneiden und diese vom Fleisch lösen.

(3) Den Kotelettstrang wenden und mit dem Ausbeinmesser vorsichtig die Dornfortsätze vom Fleisch lösen.

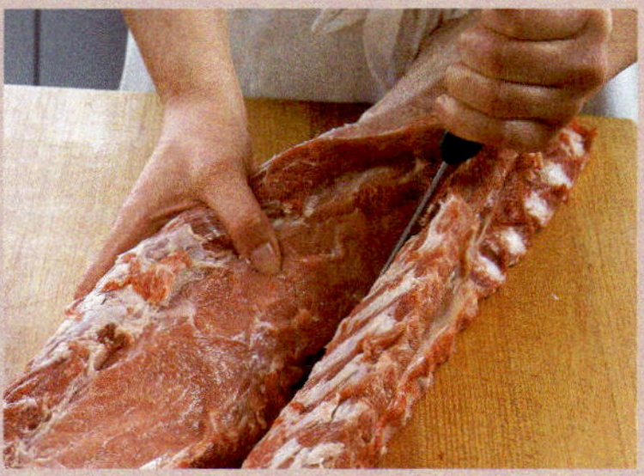

(4) Den Kotelettstrang noch einmal umdrehen und das Fleisch nun entlang der Wirbel von den Knochen lösen.

(5) Fleisch und Knochen sind getrennt. Die Rippenknochen (vorn) und Lendenwirbel (hinten) sind gut zu erkennen.

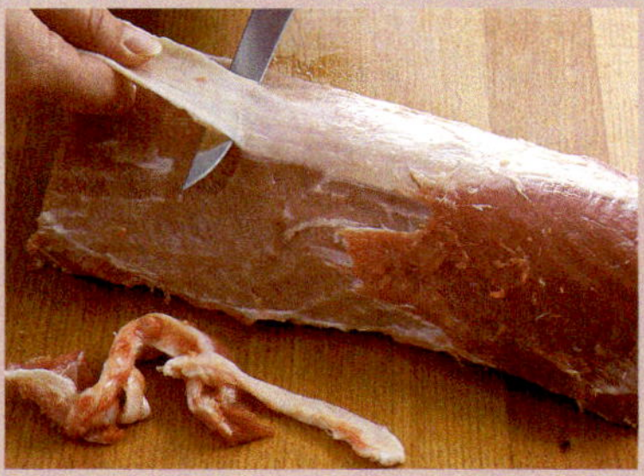

(6) Die weißen Bindegewebshäute mit dem Messer vorsichtig abtrennen, dabei das Fleisch nicht verletzen.

Zwei Klassiker und die hohe Kunst des Auslösens

Für einen feinen Rollbraten vom Lamm wird der ganze Rücken ausgelöst. Eine einfache Lammkrone bindet man aus dem halbierten Stück.

MANCHES SIEHT SCHWERER AUS, ALS ES IST, etwa das Auslösen eines Lammrückens. Zunächst verwirren die vielen Knochen, doch mit ein bisschen System lassen sie sich dann doch einigermaßen zügig vom begehrten Fleisch separieren – wie das geht, sehen Sie unten in Step 1 bis 7. Hilfreich hierbei ist ein scharfes Ausbeinmesser, damit geht's dann gleich noch einmal so schnell. Die ausgelösten Rückenstränge mit Haut können Sie gut aufrollen und mit Küchengarn wie einen Rollbraten in Form binden (S. 136). Zum Braten kommen sie entweder im Ganzen in den Ofen, oder aber Sie schneiden das appetitliche Stück in 1 ½ bis 2 cm dicke Scheiben. Diese so genannten Lendensteaks eignen sich – wie auch Lammkoteletts mit Knochen – gut zum Kurzbraten oder Grillen. Im Gegensatz zu den kleinen Leckerbissen mit Knochen entfällt aber bei den entbeinten Lendenkoteletts das mühsame Um-den-Knochen-Herumschneiden beim Essen.

EINFACHE UND DOPPELTE LAMMKRONE

Schon zu den höheren Weihen der Kochkunst zählt das Binden einer Lammkrone. Dafür benötigen Sie – je nachdem, ob Sie eine einfache oder eine dop-

LAMMRÜCKEN AUSLÖSEN

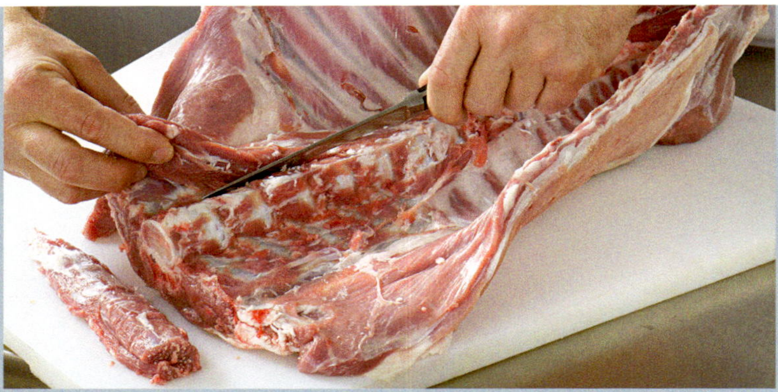

(1) Zunächst mit einem scharfen Messer die auf der Innenseite des Brustkorbs liegenden kleinen Filets heraustrennen.

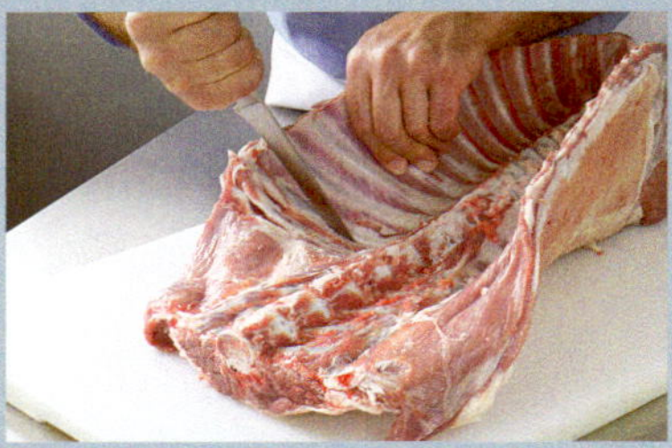

(2) Dann mit einem scharfen Messer dicht neben dem ersten Rippenknochen einstechen und beidseitig entlangfahren.

(3) Dicht neben jedem einzelnen Rippenknochen links und rechts einen nicht zu tiefen Schnitt anbringen.

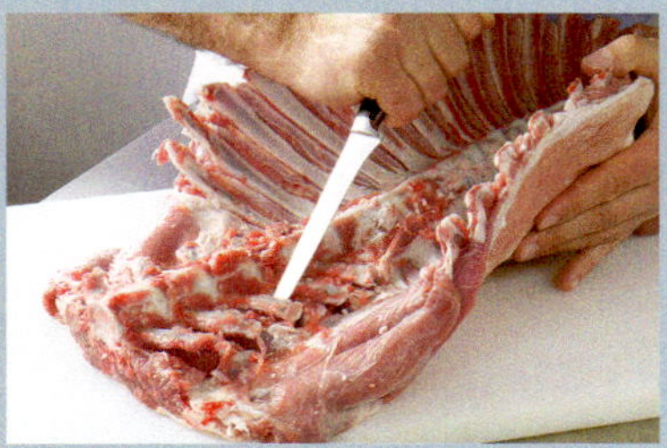

(4) Die Lendenwirbel freischaben und mit einem starken Messer das Fleisch entlang des Rückgrats vom Knochen lösen.

(5) Das Fleisch an den Rippenknochen vorsichtig einschneiden und mit dem Messer von außen nach innen abtrennen.

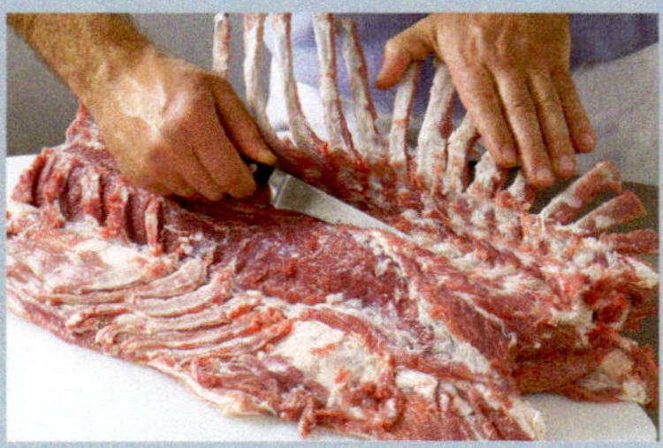

(6) Das Fleisch weiter abtrennen und auf der einen Seite des Rückens vorsichtig lösen.

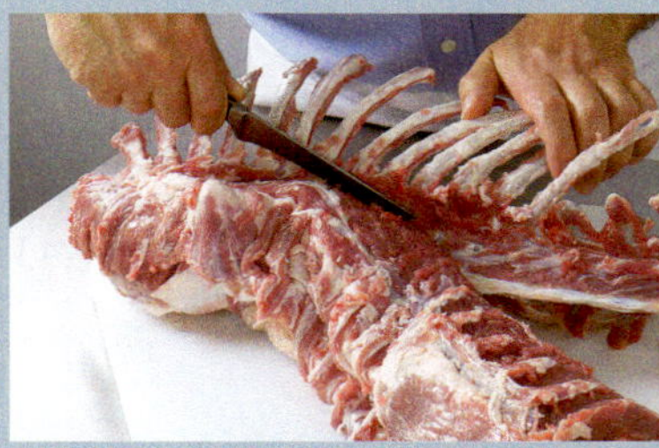

(7) Den Rücken umdrehen und das Fleisch jetzt auch von der anderen Seite vollständig von den Knochen trennen.

pelte Krone herstellen wollen – einen oder zwei längs halbierte Lammrückenstücke mit langen Rippenknochen (Achtung, vorbestellen!). Diese werden dann nach allen Regeln der Kunst mit einem scharfen Messer so lange bearbeitet – wie unten in Step 1 bis 10 beschrieben –, bis die langen, dünnen Rippen völlig bloßliegen. Die übrigen Fleischteile eignen sich zur Zubereitung von Fonds und Saucen. Das Rückenstück wird dann anschließend mit Küchengarn rund zusammengebunden, so dass die Knochen oben wie eine Krone auseinander stehen. Für eine doppelte Krone bindet man einfach zwei Rückenstücke zusammen, oder wenn es besonders gut aussehen soll, näht man sie auch zusammen. Vor dem Braten können Sie die Lammkrone dann nach Belieben würzen und füllen.

EINEN HALBEN LAMMRÜCKEN ZUR KRONE BINDEN

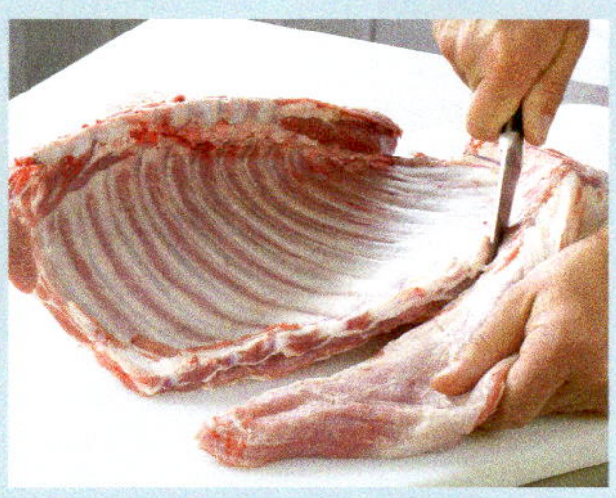

(1) Die Dünnung und den Brustansatz mit einem scharfen Messer am Knorpel abtrennen.

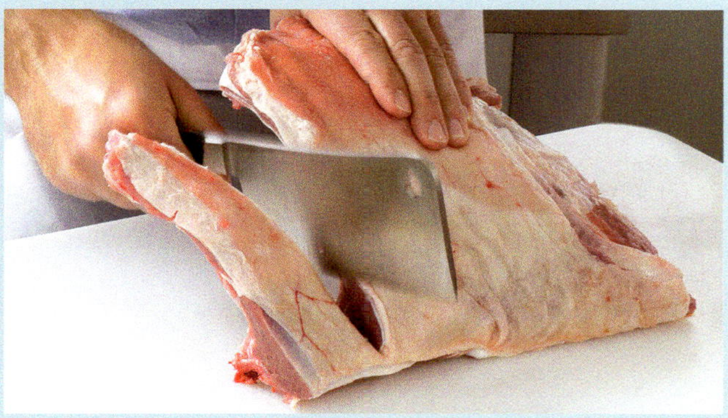

(2) Die gewünschte Rippenzahl für die Krone abzählen – hier sind es 9 Stück. Die restlichen Rippen mit einem Küchenbeil abtrennen und anderweitig verwenden.

(3) Mit dem Beil vorsichtig die Lendenwirbel von den Rippen abschlagen.

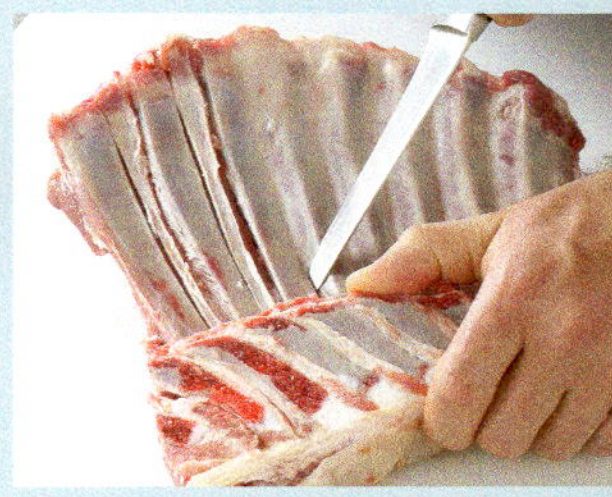

(4) Das Fleisch links und rechts an den Rippen entlang einschneiden.

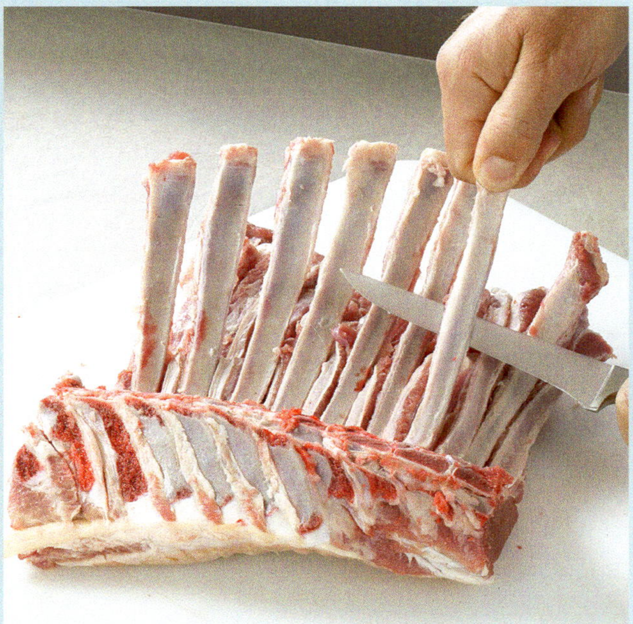

(5) Das Fleisch mit dem Messer von oben nach unten von den Rippen lösen und die Knochen vorsichtig freilegen. Achtung: Die Rippen dürfen nicht herausbrechen. Dann das Fleisch von Hand bis zum Rippenansatz herunterdrücken.

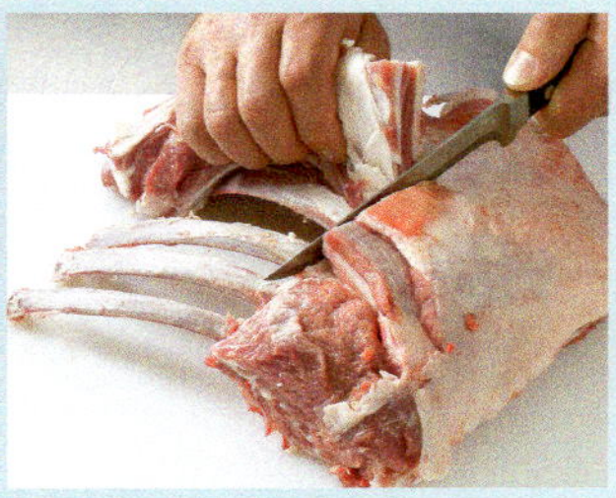

(6) Das Fleisch mit dem Messer vorsichtig vom Kotelettteil trennen, so dass die Rippen freiliegen.

(7) Die Knochen putzen, dafür jede Rippe einzeln mit dem Messer ringsum sauber abschaben.

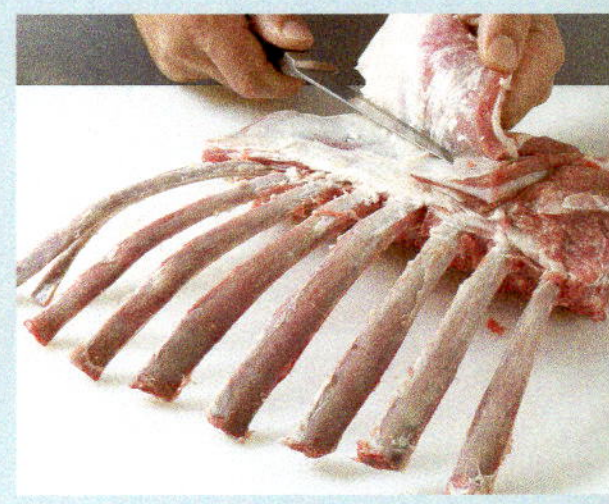

(8) Das aufliegende Fett mit dem Messer vorsichtig vom Rücken ablösen.

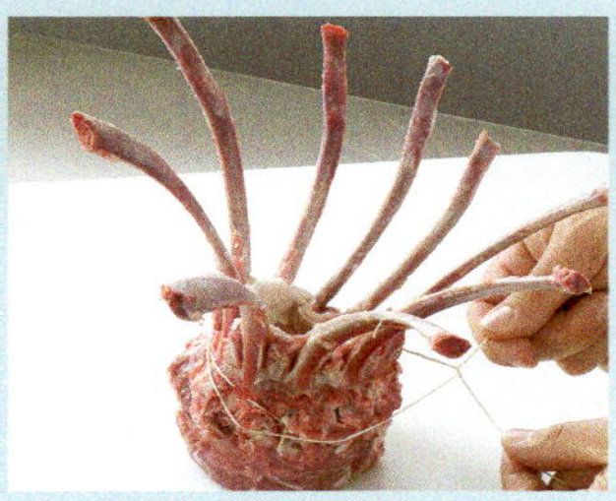

(9) Die beiden Enden der Rippenreihe aneinander halten und mit Küchengarn zur Krone fixieren.

(10) Die freigelegten Rippenknochen fest mit Alufolie umwickeln, damit sie nicht verbrennen.

Wenn das Fleisch beim Braten besonders saftig bleiben soll

Während beim Doppel- oder Schmetterlingskotelett Knochen und Fettrand das zarte Fleisch vor allzu viel Hitze schützen, übernimmt diese Aufgabe bei der ausgelösten Keule ihre kompakte Form.

BESONDERS BEI KLEINEREN LÄMMERN (oder auch beim Spanferkel) schneidet man den Rücken gerne in Doppelkoteletts, wie unten in Step 1 und 2 gezeigt. Zum einen, weil bei diesem auch Schmetterlingskotelett genannten Zuschnitt das zarte Fleisch beim Kurzbraten und Grillen schön saftig bleibt und einen kräftigen Geschmack hat. Zum andern hat diese Vorliebe einen ganz praktischen Grund: Sind die Lämmer noch relativ klein, fallen auch die Koteletts entsprechend winzig aus. Ob Sie dann beim Braten den Fettrand am Fleisch lassen oder vor der Zubereitung entfernen, das ist Ihre Entscheidung – mit Fettrand geraten die Koteletts allerdings saftiger. Bei größeren Lämmern wird der Rücken in der Regel der Länge nach geteilt und anschließend in einzelne Koteletts geschnitten.

EINE LAMMKEULE TEILWEISE AUSLÖSEN

Auch die Keule ist ein wertvolles Stück vom Lamm, das besondere Aufmerksamkeit verdient. Sie können sie mit den Knochen im Ofen braten, dann fällt allerdings das Tranchieren schwerer. Schon etwas

LAMMRÜCKEN IN DOPPELKOTELETTS SCHNEIDEN

(1) Den ganzen Rücken mit der Hautseite nach oben auf ein Hackbrett legen und die Koteletts mit einem scharfen Messer von oben bis auf den Knochen und seitlich zwischen den Rippen durchtrennen.

(2) Anschließend den Lammrücken umdrehen und die Doppelkoteletts von der Bauchseite her mit einer scharfen Knochensäge oder auch mit dem Küchenbeil abtrennen. Eventuell vorhandene Knochensplitter wieder entfernen.

leichter in Scheiben schneiden lässt sich eine Keule, wenn zumindest der Hüftknochen entfernt wurde. Wie man diesen am besten auslöst, ist unten in Step 1 bis 3 beschrieben. Damit beim Garen der flachere Teil der Keule nicht vorzeitig austrocknet, bindet man ihn mit Küchengarn wieder fest, wie in Step 4 gezeigt. Dabei bringen ein paar eingebundene Stängel Thymian und Rosmarin zusätzliches Aroma.

EINE LAMMKEULE KOMPLETT AUSLÖSEN

Am einfachsten ist das Tranchieren freilich dann, wenn überhaupt keine Knochen mehr im Fleisch stecken. Dafür lösen Sie die Keule weiter aus, wie in Step 5 bis 8 beschrieben. Sie wird dann in Form gebunden, wie in Step 9 gezeigt, damit das Fleisch nicht austrocknet. Ein Plus dabei: Kräuter und Knoblauch im Inneren sorgen für noch mehr Geschmack.

LAMMKEULE TEILWEISE ODER GANZ AUSLÖSEN UND IN FORM BINDEN

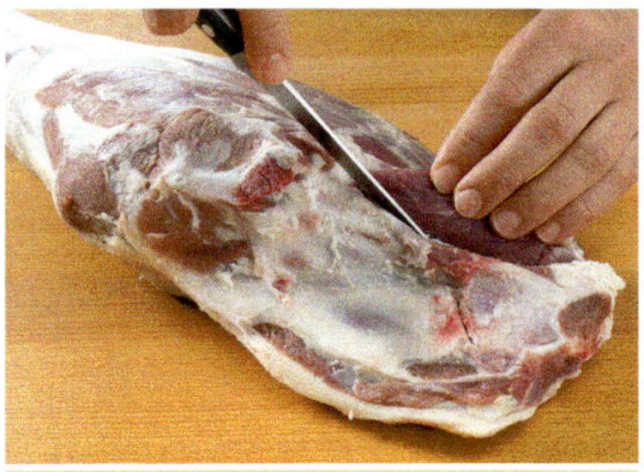

(1) Den Hüftknochen ertasten und mit einem scharfen Messer am Beginn des Knochens einstechen.

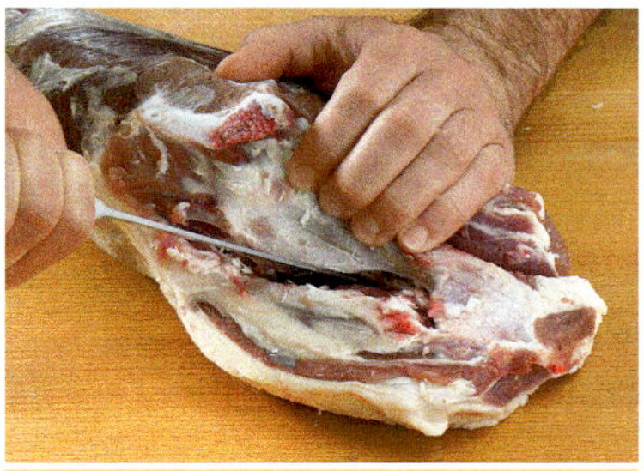

(2) Mit dem Ausbeinmesser vorsichtig am Rand des Hüftknochens ringsum entlangfahren.

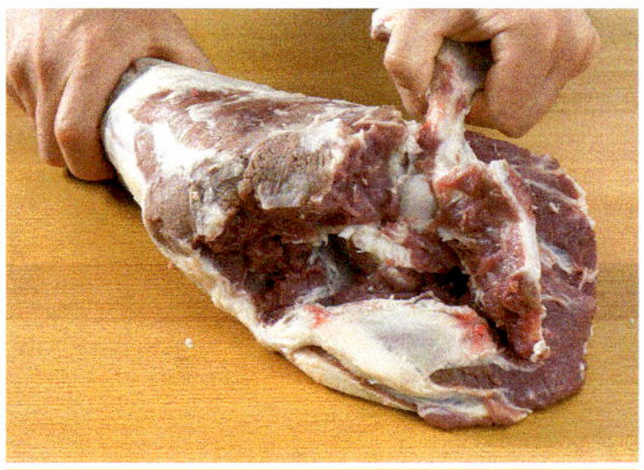

(3) Den Hüftknochen drehen, bis er aus dem Gelenk springt. Dann die Bänder im Gelenk durchtrennen.

(4) Zum Braten den entbeinten Teil der Keule mit Küchengarn nach oben binden.

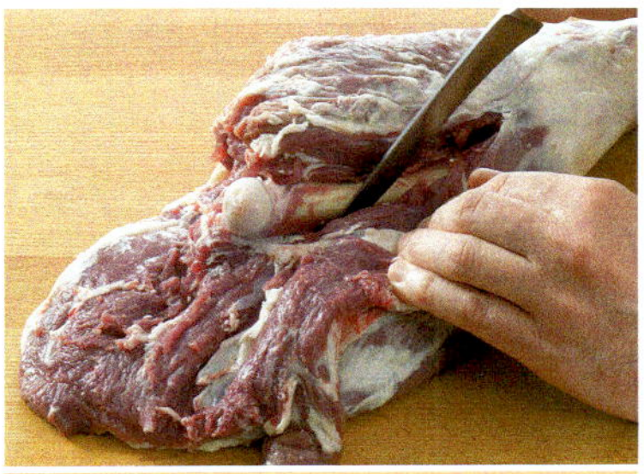

(5) Zum kompletten Auslösen der Keule das Fleisch an der Naht zwischen Oberschale und Nuss trennen.

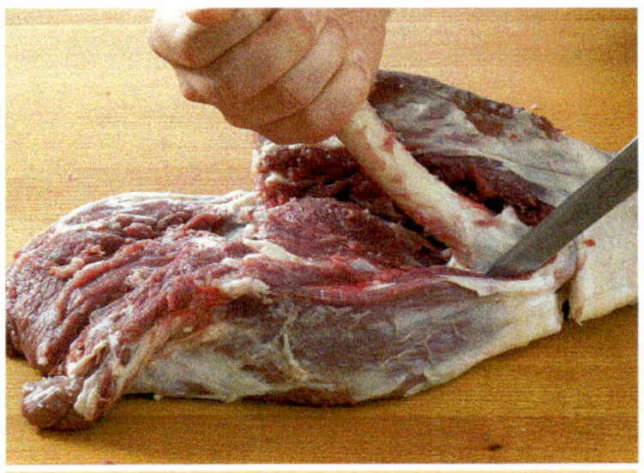

(6) Den Oberschenkelknochen mit dem Messer freilegen und ringsum vom Fleisch lösen.

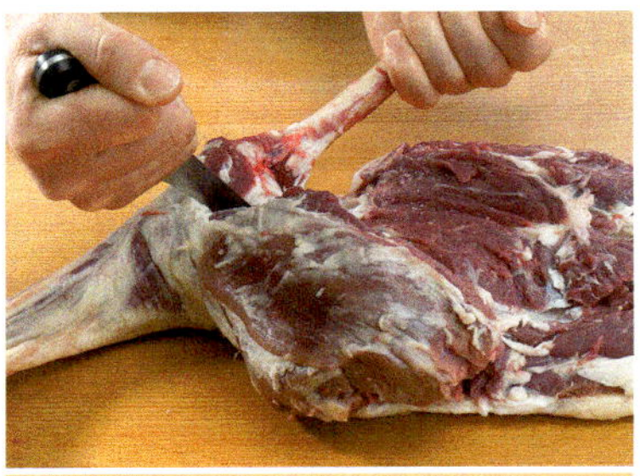

(7) Den Oberschenkelknochen im Kniegelenk abtrennen. Dann den Unterschenkelknochen freilegen.

(8) Alle Knochen entfernen und die Keule auf der Fleischseite nach Belieben würzen.

(9) Das gewürzte Fleisch mit der Hautseite nach außen eng aufrollen und die ausgelöste Keule im Abstand von 1 bis 2 cm mit Küchengarn wie einen Rollbraten in Form binden (S. 136).

Spezielle Geräte und wie Profis sie verwenden

Zwar benötigen Sie in der Fleischküche für die meisten Alltagsgerichte nur wenige Kochutensilien, da das Fleisch in der Regel küchenfertig zugeschnitten und portioniert erhältlich ist. Doch in der festlichen Fleischküche sollten Sie eine gewisse Grundausstattung zur Verfügung haben. Aber egal, ob viel oder wenig Kochwerkzeuge – wichtig ist hier eine gute Qualität.

MESSER, GABELN, BRETTER

Zur Grundausstattung gehören ein Kochmesser mit harter Klinge und großer Schnittfläche zum Schneiden, Wiegen und Hacken sowie ein schmales Filiermesser mit weicherer, relativ langer Klinge zum Parieren. Mit Letzterem werden Sehnen, Fett, Knorpel und Haut entfernt. Ein kleines Spickmesser leistet große Dienste, wenn der Braten mit Kräutern, Knoblauch oder kleinen Speckstückchen versehen werden soll. Das Fleisch- oder Tranchiermesser besitzt eine extralange, dünn und glatt geschliffene Klinge, um große Scheiben Fleisch, Wurst oder Schinken sauber und exakt abzuschneiden. Beim Aufschneiden von Braten oder gekochtem Fleisch ist übrigens ein Holz- oder Kunststoffbrett mit Saftrille von Vorteil, damit der Fleischsaft aufgefangen und bei Bedarf in die Sauce gegeben werden kann. Eine solide Fleischgabel aus Edelstahl ist nicht nur praktisch, um Fleisch aus Topf und Pfanne herauszuheben, sondern auch um es beim Aufschneiden zu fixieren und eine Garprobe, speziell bei der Rinderzunge, mit den spitzen Zinken zu machen. Darüber hinaus gibt es jede Menge Spezialmesser, vom Steak- bis zum Elektromesser.
Entscheidender als ein reich bestückter Messerblock ist die Schärfe der Messer. Sind sie stumpf, werden die Fleischfasern nicht sauber durchtrennt, sondern zerrupft und zerrissen. Spätestens wenn ein Messer auf einer Tomate oder Aubergine ausrutscht, gehört es mit dem Wetzstahl nachgeschärft.

GERÄTE FÜR SPEZIELLE FÄLLE

Will man einen Schweinebraten selbst einschneiden, müht man sich zu Hause mit der zähen Schwarte ab, die so manches Messer abblitzen lässt. Hat man ein sauberes, scharfes Teppichmesser zur Hand, setzt man sich leichter durch und schneidet nicht aus Versehen zu weit ins Fleisch. Wer sich gern an große Stücke wagt, Koteletts in Teile hackt, Köpfe, Keulen und Knochen spaltet, der ist mit der Knochensäge und dem Hackbeil gut ausgestattet. Mit dem Ausbeinmesser, das mit seiner langen, schmalen, flexiblen Klinge wie ein Dolch gehandhabt werden kann, die Kraft gut überträgt und tief ins Fleisch eindringt, löst der Profi Knochen aus. Gut beraten ist, wer dafür einen speziellen Handschuh aus Metallgeflecht trägt und sich so vor bösen Schnittverletzungen schützt. Mit einem Fleischhammer oder noch besser, einem Plattiereisen aus Edelstahl lassen sich Fleischscheiben schön gleichmäßig und dünn klopfen. Ersatzweise können Sie hier auch eine robuste kleine Stielkasserolle verwenden, mit der Sie Schnitzel und andere Fleischstücke ebenfalls schön gleichmäßig plattieren können.

Scharfe Messer gehören zur Grundausrüstung des Fleischkochs. Dazu braucht er noch gute Pfannen und Bräter, einen Mörser zum Zerstoßen der Gewürze sowie grobe und feine Siebe für die Saucen

ZERKLEINERN UND ZUSAMMENFÜGEN

Für den Feinschmecker unverzichtbar ist der Fleischwolf, um Fleisch und Innereien nicht nur ganz frisch durchzudrehen, sondern auch die Körnung zu variieren, was für die Herstellung von Pasteten, Terrinen, Farcen und anderem vorteilhaft ist. Auch das Nähzeug darf nicht fehlen. Mit Fleischnadel und feuerfestem Küchengarn wird zum Beispiel gefüllte Kalbsbrust zugenäht. Anstelle der Fleischnadel kann hier auch eine Leder- oder Teppichnadel aus der Handarbeitsabteilung Hilfe leisten, oder Sie stecken die Öffnung mit Zahnstochern zu. Und nicht zu vergessen die Spicknadel, um Speck- oder Gemüsestreifen durch das Fleisch zu ziehen, und ein Satz Spieße aus Holz oder Metall, um für alle Fälle gerüstet zu sein.

BRÄTER UND PFANNEN

Jegliches Bratgeschirr sollte einen planen Boden besitzen, damit sich das Bratfett gleichmäßig verteilen kann. Darüber hinaus sollten Boden und gegebenenfalls Topfränder die Wärme gleichmäßig verteilen.

Zum Schmoren eignen sich Edelstahlbräter, aber noch besser sind dunkle gusseiserne Bräter mit schwerem Deckel und ohne Plastikgriffe, die man auch in den Ofen stellen kann.

Eine gute Pfanne, die hohe Hitze verträgt, ist das A und O beim Braten. Profis bevorzugen Pfannen aus Edelstahl und Gusseisen wegen der besseren Wärmeleitung. Beschichtete Pfannen sind hier nur bedingt geeignet, da sie nicht zu hoch erhitzt werden sollten, können aber beispielsweise für Paniertes, das mit wenig Fett gebraten werden soll, durchaus verwendet werden. Geschnetzeltes oder gewürfeltes Fleisch lässt sich auch in einem Wok schön anbraten, vorzugsweise mit langem Stiel, um das Bratgut schwenken zu können.

Die speziellen Grillpfannen aus Gusseisen, die so schöne Grillstreifen aufs Fleisch zaubern, leisten ebenfalls gute Dienste, wenn das Grillen über Holzkohle, auf einem Elektro- oder Gasgrill nicht möglich ist.

GEFÜHLSSACHE ODER EXAKTE MESSUNG

Während die einen sich auf ihr Gefühl oder den Drucktest mit dem Finger verlassen, möchten es die anderen genau wissen und die Temperatur im Fleischinneren messen. Ein Bratenthermometer ist dabei ein gutes Hilfsmittel. Mittlerweile gibt es eine ganze Palette von Produkten, vom einfachen Thermometer bis zum elektronischen Temperaturfühler. Ein Bratenthermometer empfiehlt sich vor allem für diejenigen, die Ihren Braten gerne bei Niedertemperatur garen.

Ingrid Schindler

Mit etwas Know-how geht's leichter

Für die einen seit jeher eine Delikatesse, wenden sich andere mit Grausen ab: Innereien polarisieren wie kaum ein anderes kulinarisches Thema und stehen doch auf der Einkaufsliste großer Köche ganz oben.

ALS PREISWERTES ESSEN gefragt waren Innereien quer durch ganz Europa, vor allem bei den ärmeren Bevölkerungsschichten standen sie früher regelmäßig auf dem Speiseplan. Hieraus haben sich zahlreiche Spezialitäten entwickelt, von denen viele, vor allem in Ländern wie Italien, Frankreich und Spanien, bis heute bekannt sind. In Deutschland überlässt man die Zubereitung der geschätzten Delikatessen meist den Profis, dabei ist der Umgang mit Innereien nicht besonders schwierig. Auf dieser Seite zeigen wir Ihnen, wie Sie Leber, Niere, Zunge und auch Kalbsbries richtig vorbereiten.

LEBER, NIERE UND HERZ

Die Leber wird zunächst gewaschen und gehäutet, wie rechts gezeigt. Vor der Zubereitung müssen dann noch alle Röhren und eventuell vorhandene Sehnen entfernt werden. Braten sollten Sie Leber

KALBSNIERE VORBEREITEN

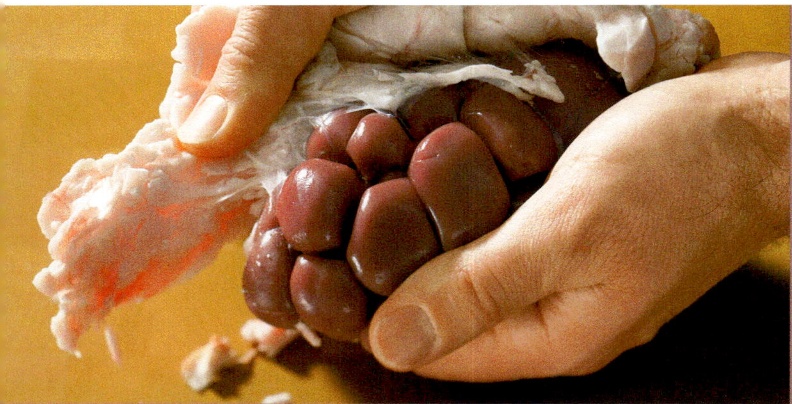

(1) Sofern noch nicht vom Fleischer entfernt, das weiße Nierenfett vorsichtig von Hand von der dunklen Niere abziehen, dabei auch die dünne Außenhaut mit entfernen.

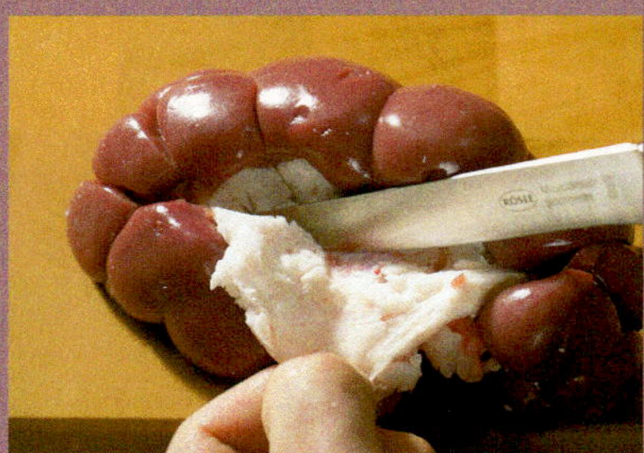

(2) Die Niere umdrehen und mit einem scharfen Messer das restliche Fett aus der Mitte herausschneiden.

(3) Die Niere halbieren und die innen liegenden Nierenstränge sowie alle Fettablagerungen entfernen.

SCHWEINENIERE VORBEREITEN

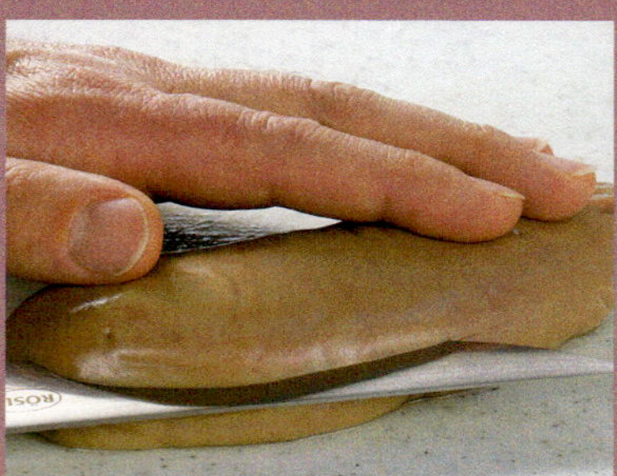

(1) Von der Schweineniere die dünne Außenhaut abziehen und die Niere mit einem scharfen Messer längs halbieren.

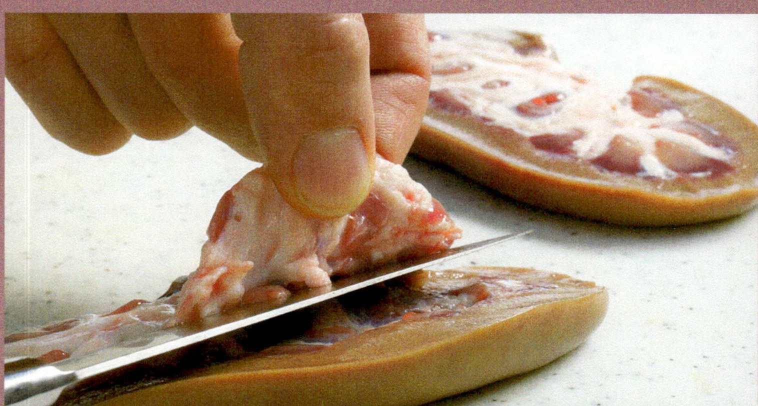

(2) Alle innen liegenden Röhren sowie die Fettablagerungen mit dem Messer vorsichtig abtrennen und die Niere dann je nach Rezept in Scheiben oder in Würfel schneiden.

nur kurz, da sie leicht hart wird. Gesalzen wird sie erst nach dem Braten. Um den intensiven Geschmack von Rinderleber etwas zu mildern, können Sie sie vor der Zubereitung 1 Stunde in Milch legen. Nieren werden gesäubert und vom Fett befreit, wie links bei Kalbs- und Schweineniere gezeigt; bei Letzterer ist ein mindestens 2-stündiges Wässern vor der Zubereitung unabdingbar. In zu dünne Scheiben schneiden empfiehlt sich nicht bei Nieren, da sie leicht hart werden. Herz schneidet man längs auf und befreit es von allen Röhren und Sehnen, dann wird es abgespült und bis zu 1 Stunde gewässert.

ZUNGE, BRIES UND HIRN

Die Zunge, egal von welchem Tier, wird zunächst in Salzwasser mit Gemüse und Gewürzen gegart, wie unten gezeigt. Eine Rinderzunge benötigt 2 bis 3 Stunden, eine Schweinszunge etwa 1 Stunde, bis sie gar ist. Bries muss so lange gewässert werden, bis kein Blut mehr austritt. Das anschließende Blanchieren erleichtert das Häuten und Zerteilen, wie unten gezeigt. Und auch Hirn, das heute aufgrund der BSE-Problematik kaum mehr zubereitet wird, erfordert ein ausgiebiges Wässern, bis es weiß ist, bevor man es dann in Salzwasser kocht.

KUTTELN, MILZ UND LUNGE

Kutteln werden in der Regel vorgegart angeboten, falls nicht, säubert man sie zunächst und kocht sie dann 5 bis 6 Stunden in Salzwasser. Die Milz wird erst gewaschen und dann gehäutet. Dafür schneiden Sie sie auf einer Seite ein und schaben das Gewebe von der Haut ab, das je nach Rezept weiterverarbeitet werden kann. Lunge wird zuerst von der Luftröhre befreit, bevor man sie dann abspült, 1 Stunde wässert und in etwa 1 Stunde im Sud weich gart.

KALBSZUNGE HÄUTEN

(1) Die Zunge in einem Sud mit Wurzelgemüse 1 ½ bis 2 Stunden bei schwacher Hitze garen, dann herausnehmen.

(2) Die Zunge sofort kalt abschrecken und von der Spitze her die Haut abziehen.

KALBSLEBER VORBEREITEN

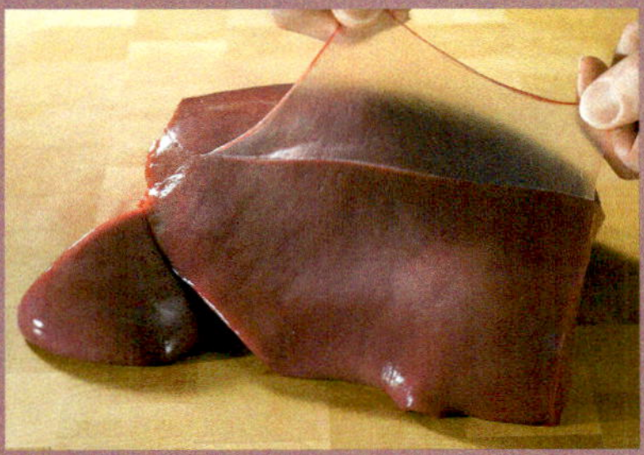

(1) Die dünne Außenhaut mit den Fingern vorsichtig von der Oberfläche der Leber abziehen.

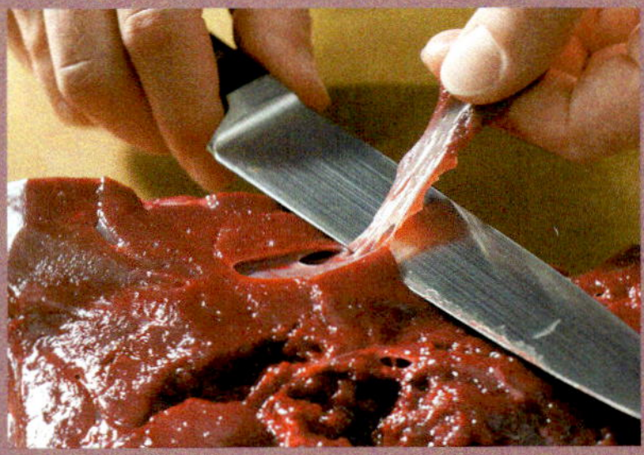

(2) Die Leber umdrehen und auf der Unterseite mit einem scharfen Messer alle Röhren und Häutchen entfernen.

KALBSBRIES VORBEREITEN

(1) Das Kalbsbries unter fließendem kaltem Wasser 2 Stunden wässern, dann in kochendem Wasser blanchieren.

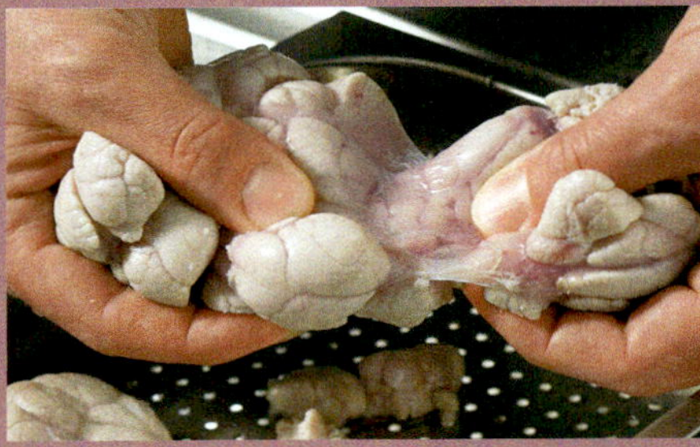

(2) Das Kalbsbries häuten, in Röschen teilen und alle anhaftenden Haut- und Blutreste entfernen.

Frisch durch den Wolf gedreht

Ob für Frikadellen, Bällchen, Burger oder Buletten: Hackfleisch ist vielseitig wie kaum ein anderes Lebensmittel. Und auch in Füllungen und Farcen spielt Gehacktes oft eine wichtige Rolle.

BELIEBT WIE EH UND JE. Viele Rezepte mit Gehacktem entstanden aus ökonomischer Notwendigkeit, ließ sich doch durch Zugabe von Würz- und Lockerungsmitteln wie Brot, Eier oder Zwiebeln das knappe Fleisch noch etwas strecken. Zudem war und ist Faschiertes – wie man in Österreich zu Gehacktem sagt – eine ideale Form der Resteverwertung: Die beim Zerteilen größerer Fleischstücke anfallenden Abschnitte können so gut weiterverarbeitet werden. Doch leider entspricht die Qualität abgepackter Billigware nicht immer den Erwartungen der Kunden. Daher kauft, wer in Sachen Hack auf Nummer sicher gehen will, das gewünschte Teilstück beim Fleischer seines Vertrauens und dreht es dann zu Hause selbst durch den Wolf.

ROHES HACKFLEISCH IST EMPFINDLICH

Durch das starke Zerkleinern wird die Faserstruktur so weit aufgelockert, dass Hackfleisch schneller gar wird und sogar roh – als Mett oder Tatar – verzehrt werden kann. Darin liegt aber auch seine Empfindlichkeit begründet. Nicht von ungefähr ist die deutsche Hackfleischverordnung daher sehr streng, denn rohes Hackfleisch ist anfällig für Mikroorganismen und Bakterien. So schreibt sie beispielsweise vor, aus welchen Fleischarten der Fleischer

überhaupt Gehacktes herstellen darf, nämlich nur aus Rind, Kalb, Schwein, Schaf und Ziege – Wild- und Geflügelfleisch sind tabu. Und auch wer Lammhack bei seinem Fleischer kaufen will, tut gut daran, ihn entweder früh morgens oder spät abends danach zu fragen, denn die Maschine muss anschließend wieder vorschriftsmäßig gereinigt werden. Hackfleisch darf bis auf wenige Ausnahmen nur am Tag seiner Herstellung verkauft werden. Ein Grundsatz, der auch für die Aufbewahrung von rohem Hack im Kühlschrank gilt: Hackfleisch sollten Sie nach Möglichkeit am Tag des Kaufes auch verarbeiten oder aber – und das ist im Zweifel die bessere Lösung – so rasch wie möglich tiefkühlen.

HACKFLEISCH SELBST GEMACHT

Besser aufbewahren lässt sich hingegen Fleisch am Stück, das dann bei Bedarf frisch durchgedreht werden kann. Dabei sollten Sie das Fleisch nicht zu fest in die Einfüllöffnung pressen, da es sonst leicht schmierig wird. Es sollte vielmehr in lockeren Strängen aus der Lochscheibe kommen. Welche Scheibe des Fleischwolfs für welche Art der Zubereitung am besten geeignet ist, können Sie der kleinen Übersicht rechts von Bild 1 bis 8 entnehmen.

HACKFLEISCH TIEFKÜHLEN

Tiefgekühltes Hackfleisch muss aus frischem und darf keinesfalls aus aufgetautem Fleisch hergestellt sein. Idealerweise wird es unmittelbar nach dem Hacken flach gedrückt auf mindestens –18 °C tiefgekühlt. Bei dieser niedrigen Temperatur kann es dann bis zu 6 Monate aufbewahrt werden. Bei gekauften Tiefkühlprodukten mit Hackfleisch muss das maximale Mindesthaltbarkeitsdatum (Tag, Monat und Jahr) unbedingt exakt angegeben sein.

VIELSEITIG WIE NIE

Gerichte mit Hackfleisch kennen fast alle Küchen der Welt, mal wird es als Füllung raffiniert gewürzt, mal zu Bällchen geformt und in Öl gebraten. Mageres Lamm- oder Rinderhack nimmt man gerne pur. In Deutschland fast noch beliebter ist jedoch eine Mischung aus halb Rind-, halb Schweinefleisch, weil daraus hergestellte Frikadellen so schön saftig sind. Schreibt das Rezept eingeweichte Brötchen vor, sollten Sie darauf achten, diese auch wieder gut auszudrücken, sonst wird der Fleischteig zu weich, und die Frikadellen reißen beim Braten.

VERSCHIEDENE HACKFLEISCHSORTEN

(1) Mageres Rindfleisch, durch die gröbste Scheibe des Fleischwolfs gedreht, kommt 1 cm dick aus der Lochscheibe.

(2) Die gröbste Scheibe des Fleischwolfs kommt bei Klärfleisch zum Einsatz oder auch für grobe Bratwürste.

(3) Mageres Schweinefleisch, durch die grobe Scheibe des Fleischwolfs gedreht, ergibt Stränge von etwa 5 mm Durchmesser.

(4) Die grobe Scheibe des Fleischwolfs benötigt man für normales Hackfleisch, etwa für Frikadellen oder Hackbraten.

(5) Mageres Lammfleisch, durch die feine Scheibe des Fleischwolfs gedreht, hat einen Durchmesser von etwa 3 mm.

(6) Die feine Scheibe des Fleischwolfs ergibt ein feines Hack, wie es für Füllungen und Fleischbällchen benötigt wird.

(7) Mageres Kalbfleisch, durch die feinste Scheibe des Fleischwolfs gedreht, hat einen Durchmesser von etwa 1 ½ mm.

(8) Die feinste Scheibe des Fleischwolfs kommt zum Einsatz für feine Farcen. Auch Tatar lässt sich mit ihr herstellen.

Keine Angst vor Speck, Schwarte und Schweinenetz

Sie alle schützen mageres Fleisch wirkungsvoll vor dem Austrocknen, geben zusätzlichen Geschmack ab und braten kross aus. Profis verraten ihre besten Tricks und Kniffe beim Vorbereiten von Fleisch.

SCHÖN KROSS ist die Schwarte auf dem Schweinebraten ein Genuss, lässt sich aber kaum mehr schneiden. Darum wird sie vorher rautenförmig oder quadratisch eingeschnitten, wie unten gezeigt. Das hat den Vorteil, dass sich der Braten dann viel leichter tranchieren lässt. Ein Beispiel dafür, wie sehr es beim Fleisch auf die richtige Vorbereitung ankommt – und die beginnt bereits bei Auswahl und Beurteilung des Stücks und endet beim Spicken und Aromatisieren. Manchmal helfen auch kleine Tricks: So geht das Aufschneiden in dünnste Scheiben, wie links unten in Step 1 gezeigt, besser, wenn das Filet zuvor 15 bis 20 Minuten tiefgekühlt wurde, weil es dann fester ist. Das Tiefkühlen ist

SCHWARTE EINSCHNEIDEN

(1) Die Schwarte mit einem scharfen Messer erst parallel im Abstand von 1 bis 1 ½ cm bis auf das Fett einschneiden.

(2) Dann das Fleisch – hier ein Schweinebauch – drehen und die Schwarte rechtwinklig im selben Abstand parallel einschneiden.

PLATTIEREN

(1) Vom Rinderfilet – hier für Carpaccio – mit einem sehr scharfen Messer möglichst dünne Scheiben abschneiden.

(2) Die Filetscheiben zwischen zwei Lagen Frischhaltefolie mit dem Plattiereisen flach klopfen, sie werden dadurch etwas größer.

IN SCHWEINENETZ WICKELN

(1) Das Gargut – hier Kalbshack mit Füllung – auf das ausgebreitete und gewässerte Schweinenetz legen.

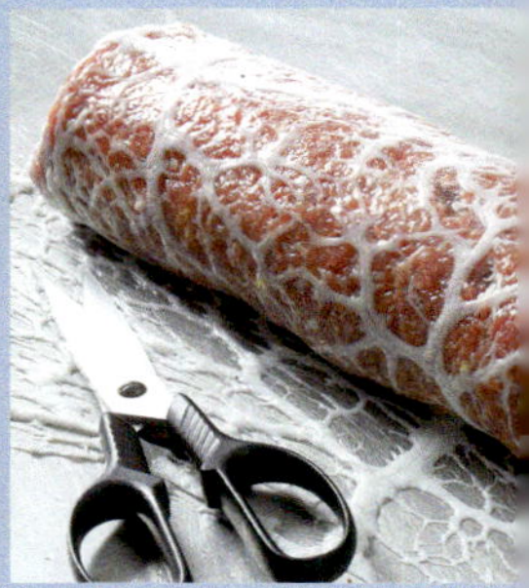

(2) Ränder etwas überlappen lassen, Rest mit der Schere abschneiden.

BARDIEREN

(1) Mageres Fleisch – hier eine Rinderschwanzrolle – wird gitterförmig mit langen Speckstreifen umwickelt.

(2) Die Speckstreifen werden dann wie beim Rollbraten mit Küchengarn fixiert.

Spicken mit Knoblauch und Kräutern gibt vielen Fleischstücken – hier einer Lammkeule – noch mehr Aroma. Hierfür sticht man mit einem kleinen spitzen Messer möglichst flach ein und schiebt beim Herausziehen des Messers die vorbereiteten Knoblauchstifte und Kräuterblättchen in die Tasche.

jedoch kein Muss, Puristen setzen lieber auf extrascharfe Messer. Anschließend werden die Scheiben zwischen Folie mit dem Plattiereisen flach geklopft, wie in Step 2 gezeigt. Das Plattieren empfiehlt sich auch bei Schnitzeln: Diese erhalten so dieselbe Stärke und sind dann gleichzeitig gar, zudem werden sie durch das »Klopfen« etwas zarter. Noch dünner als mit dem schärfsten Messer können Sie Fleisch mit der Aufschnittmaschine mit glattem Messer schneiden, in dem Fall kann das Plattieren entfallen.

FETT SCHÜTZT VOR AUSTROCKNEN

Mageres Fleisch wird beim Braten oder Schmoren leicht etwas zu trocken. Um dies zu verhindern, gibt es mehrere Möglichkeiten. Eine davon ist das Einwickeln in ein Schweinenetz. Dafür wässern Sie das netzartige Fettgewebe 1 Stunde unter fließendem kaltem Wasser, schneiden es etwas größer als das Gargut in Form und wickeln dieses darin ein, wie links gezeigt. Noch häufiger verwendet man Schweinenetze allerdings, um Füllungen, Farcen oder Auflagen zusammenzuhalten. Eine zweite Möglichkeit, wie Fleisch schön saftig bleibt, ist das Bardieren. So nennt man das Einschlagen von Fleisch in Speckscheiben oder das Umwickeln mit Speckstreifen, wie links unten gezeigt. Vor dem Servieren wird die Speckauflage dann in aller Regel wieder entfernt. Zum Bardieren wie fürs Spicken – und das wäre die dritte Methode – verwendet man den Rückenspeck vom Schwein. Zum Spicken mit der Nadel schneiden Sie den Speck in 5 x 5 mm dicke Streifen, legen diese für 2 Stunden ins Tiefkühlgerät und spicken den Braten dann damit, wie unten gezeigt. Wenn Sie keine Spicknadel zur Verfügung haben, schneiden Sie den Speck in 1 x 1 cm dicke Streifen, stechen mit dem Wetzstahl in Faserrichtung in das Fleisch und schieben die tiefgekühlten Speckstreifen durch. Optisch und geschmacklich interessant ist auch das Spicken mit Gemüse. Das geht mit dem Wetzstahl oder mit einem Röhrchen mit abnehmbarer Spitze und einem Stößel (Step 4).

GROSSE BRATEN SPICKEN

mit Speck- oder Gemüsestreifen

(1) Speckstreifen 2 Stunden tiefkühlen, dann in das bewegliche Ende der Spicknadel klemmen.
(2) Die Spicknadel mitsamt dem Speckstreifen durch das Fleisch – hier eine Schwanzrolle – ziehen.
(3) Beim Spicken darauf achten, dass die Speckstreifen gleichmäßig im Fleisch verteilt sind.
(4) Zum Einziehen der Gemüsestreifen ist ein spezielles Spickset (im Fachhandel erhältlich) hilfreich.

Gefüllt und gerollt werden vor allem flache Fleischstücke

Besonders die Brust bietet sich dafür an: Solo eher unspektakulär, wird sie mit einer guten Füllung – die dann zugleich auch Beilage ist – zum großen Festtagsbraten, wie die gefüllte Kalbsbrust beweist.

MIT ODER OHNE KNOCHEN? Eine Frage, die sich immer wieder stellt, auch bei der gefüllten Kalbsbrust. Schiebt man sie mitsamt den Rippen in den Ofen, wird das Fleisch noch saftiger. Wenig elegant erweist sich der Braten dann aber beim Tranchieren, ständig stören Knochen die Bahn des Messers, und die Scheiben fallen zwangsläufig etwas unterschiedlich aus. Bei der ausgelösten Kalbsbrust ist das Tranchieren dagegen kein Problem. Wie Sie sich hier entscheiden, bleibt ganz allein Ihnen überlassen, wobei dem einfacheren Tranchieren häufig der Vorzug gegeben wird. Entscheiden können Sie sich außerdem, ob Sie eine ganze mit einer Tasche versehene Kalbsbrust füllen wollen, wie rechts gezeigt, oder ob Sie – für eine kleinere Anzahl Gäste – nur einen Teil der Brust verwenden wollen. In diesem Fall legen Sie die Brust auf die Hautseite und bestreichen sie mit einer Füllung. Dann wird die Brust aufgerollt und fachmännisch zum Rollbraten gebunden, wie unten gezeigt.

ROLLBRATEN BINDEN

Vor die Qual der Wahl stellt Sie auch der Rollbraten, ihn kann man nämlich auf zwei verschiedene Arten binden: Bei der Schlingtechnik, wie unten links in Step 1 bis 3 gezeigt, sind insgesamt nur zwei Kno-

ROLLBRATEN BINDEN

auf zweierlei Art

(1) Bei der Schlingtechnik wird das Garn am Anfang des Bratens gut verknotet, dabei etwas Garn übrig lassen.
(2) Dann im Abstand von etwa 1 cm Schlaufen legen, das Garn durchziehen und festzurren.
(3) Den Braten bis zum Schluss binden, dann das Garn längs durchziehen und mit dem Garnanfang verknoten.
(4) Bei der Knüpftechnik wird jede einzelne Schlinge sogleich verknotet, die Garnenden werden abgeschnitten.

(1)
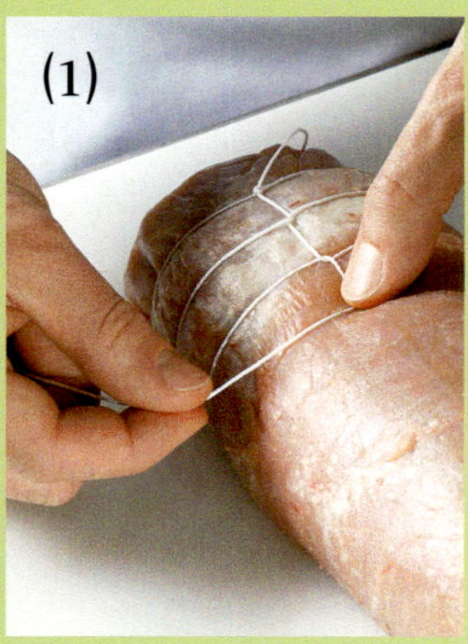

(2)

(3)
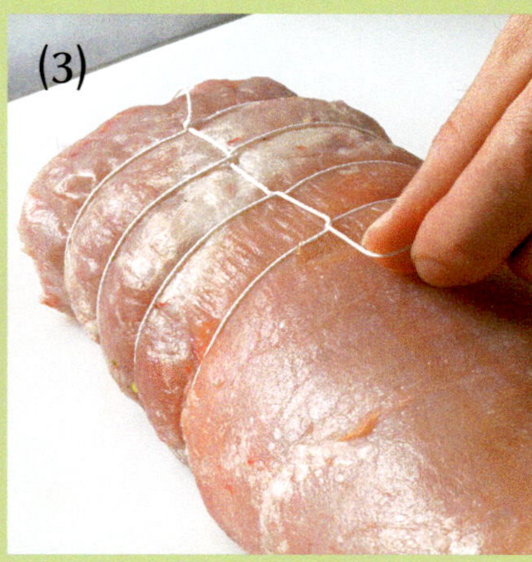

(4)
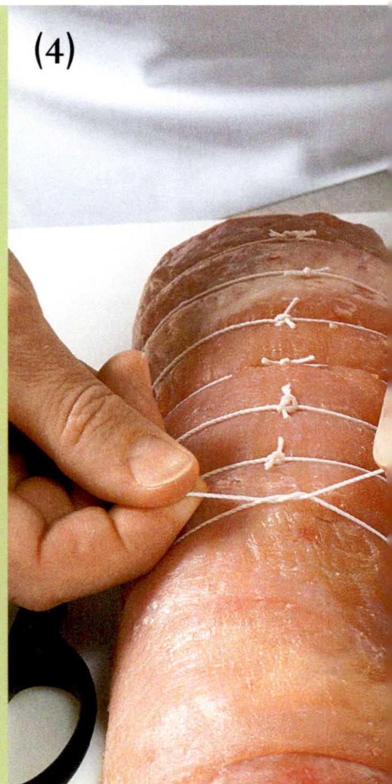

ten erforderlich, weil das Garn jeweils durch die Garnschlaufe gezogen und erst ganz zum Schluss verknotet wird. Diese Technik eignet sich auch gut zum Binden von Rouladen, wobei hier meist 3 bis 4 Schlingen genügen. Etwas aufwändiger ist die zweite, links unten in Step 4 gezeigte Technik, bei der das Garn im Abstand von 1 cm ständig aufs Neue verknotet wird. Der Vorteil hierbei: Die Scheiben lassen sich mit dem Garn portionieren. Wenn Sie also einen Teil des Bratens aufbewahren wollen und dieser in Form bleiben soll, ist die zweite, etwas aufwändigere Technik eher zu empfehlen.

KALBSBRUST VORBEREITEN UND FÜLLEN

Wie Sie eine Kalbsbrust selbst von den Knochen lösen und zum Füllen vorbereiten können, sehen Sie unten in Step 1 bis 3. Sie können jedoch auch Ihren Fleischer darum bitten, Ihnen diese Aufgabe abzunehmen. Wichtig ist dabei in jedem Fall, dass die eingeschnittene Tasche beim Füllen nicht zu prall gestopft wird, damit die Füllung während des Bratens im Ofen nicht austritt.

Zum Verschließen der Brust besorgen Sie sich am besten eine stabile Teppich- oder Ledernadel und Küchengarn. Im Fleischerfachhandel sind für derartige Zwecke auch Spezialnadeln erhältlich. Achten Sie beim Zunähen der Tasche darauf, die Stiche nicht zu dicht an den Rand des Fleisches zu setzen, damit die Fleischränder beim Garen nicht ausreißen. Wenn Sie gerade keine Nadel zur Verfügung haben, können Sie die Tasche auch mit Holzspießchen, etwa Zahnstochern, feststecken. Vor dem Aufschneiden und Servieren werden diese dann ebenso wie das Küchengarn wieder entfernt.

KALBSBRUST AUSLÖSEN UND FÜLLEN

(1) Zum Auslösen der Kalbsbrust mit einem scharfen Messer das Fleisch möglichst flach von den Rippenknochen schneiden.

(2) Den bereits abgetrennten Teil der Brust nach hinten wegklappen und das Fleisch weiter abtrennen, ohne es dabei zu verletzen.

(3) In die ausgelöste Kalbsbrust eine Tasche schneiden. Dafür das Bindegewebe zwischen den beiden Hauptschichten durchtrennen.

(4) Die Tasche von innen würzen und mit Hilfe eines Löffels oder eines Spritzbeutels mit der vorbereiteten Masse füllen.

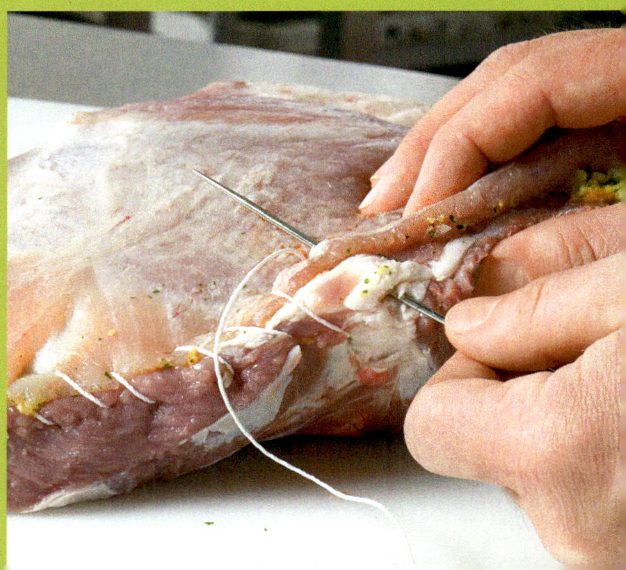

(5, 6) Die Füllung nicht zu fest in die Tasche stopfen und die gefüllte Kalbsbrust mit Nadel und Garn zunähen.

Fleisch würzen und andere Geheimnisse aus der Fleischküche

Fleisch perfekt zubereiten ist keine Zauberei, wenn man ein paar einfache Regeln beherrscht. Der erste Schritt ist getan, wenn Sie das Fleisch ein paar Stunden vor dem Zubereiten aus dem Kühlschrank nehmen und zimmerwarm werden lassen. Temperiertes Fleisch verhält sich in der Pfanne anders als eines, das man direkt aus der Nullgradzone buchstäblich in die Pfanne haut.

ZARTES FLEISCH IST KEINE KUNST

Erhitzt man Fleisch, schließen sich die Poren, und an seiner Oberfläche entwickeln sich geruchs- und geschmacksbildende Substanzen sowie Bräunungsstoffe. Das erklärt, warum gebratenes Fleisch oft ein intensiveres Aroma hat als gekochtes und warum man es auch vor dem Niedertemperaturgaren oder Garen in der Salzkruste gut anbrät.
Wichtig ist jedoch, jedem Stück Fleisch die passende Garmethode zukommen zu lassen. So können kurzfaserige, bindegewebsarme Stücke kurz und bei hoher Hitze gebraten werden. Bindegewebsreiche Stücke wie etwa Rinderschulter kann man dagegen im wahrsten Sinn des Wortes weich kochen oder bei etwas niedrigerer Temperatur lange schmoren. Bei Temperaturen bis 80 °C bleibt das Fleisch schön saftig und rosa bis zum Rand (siehe Niedertemperaturgaren, S. 115). Denn je geringer der Temperaturunterschied innerhalb eines Fleischstückes, desto weniger Fleischsaft läuft aus.

DIE ZARTMACHER

Ananas, Feige und Papaya besitzen Eiweiß spaltende Enzyme, die die Kollagenproteine des Fleisches schon vorab zerlegen. Wer im China-Restaurant schon einmal Schweinefleisch süßsauer bestellt hat, wird sich gewundert haben, warum das Fleisch so butterweich ist. Wenn Sie dem Beispiel der Chinesen folgen und Fleischwürfel im Saft einer rohen Ananas marinieren, verringert sich die Garzeit erheblich, und das Ergebnis zergeht auf der Zunge. Genauso funktionieren die Enzyme aus unreifen Papayas, die in Pulverform, meist mit Kochsalz vermischt, als so genannte Fleischzartmacher im Handel erhältlich sind.
Ähnlich verhält es sich mit dem Saft von Zitronen, unreifen Trauben (Verjus), sauren Früchten und natürlich mit Essig. Durch die Säure gerinnen die im Fleisch vorhandenen Kollagenproteine, und das Fleisch wird mürbe. Auf diese Weise wirkt eine Essigbeize, die das Fleisch immer ganz bedecken sollte, um es gleichmäßig zu durchdringen – als Faustregel gilt pro Tag ein Zentimeter Durchdringung.

KRÄUTER UND GEWÜRZE

In der Pfanne haben zarte Kräuter wie Basilikum, Schnittlauch oder Koriander im Prinzip nichts zu suchen. Sie verbrennen leicht und verlieren ohnehin bei Hitze ihr Aroma. Frisch über gebratenes Fleisch gestreut, mit ein paar Tropfen feinstem Olivenöl oder

in Form von selbst gemachter Kräuterbutter entfalten sie jedoch ihr Aroma wunderbar. Die Robusten unter den Kräutern, wie Salbei, Rosmarin, Lorbeer und auch Thymian, vertragen einen Aufenthalt in der Bratpfanne.
Ob Fleisch vor, während oder nach dem Braten gesalzen wird, ist eine Frage der Garmethode und der persönlichen Vorliebe. Fest steht, dass Salz dem Fleisch Wasser entzieht. Das bedeutet, Fleisch sollte sofort nach dem Salzen gebraten oder angebraten werden und nicht noch ½ Stunde stehen. Kleine Fleischstücke können Sie auch direkt in der Pfanne salzen, etwa kurz bevor Sie sie wenden, oder wenn sie schon auf dem Teller liegen. Auch Grillfleisch sollte erst kurz vor der Zubereitung gesalzen werden – Salz in der Marinade bewirkt wieder ein Auslaugen des Fleisches. Große Bratenstücke werden entweder unmittelbar vor dem Anbraten oder direkt danach gesalzen. Und was ist mit dem Pfeffer? Pfeffer verbrennt bei hohen Temperaturen, wie sie in der Pfanne oder auf dem Grill vorherrschen, und kann dann unangenehm schmecken. Also Kurzgebratenes und Gegrilltes lieber erst auf dem Teller pfeffern.

EXPERIMENTE MIT VERSCHIEDENEN AROMEN

Lassen Sie sich bei der Auswahl der Gewürze ruhig von exotischen Küchen aus der ganzen Welt inspirieren. Sie werden raffinierte, neue Geschmackswelten entdecken. Wie etwa beim Würzen mit Zimt, dessen scharf-bittere und dabei doch sanfte Note im Mittelalter auch in Europa als Fleischgewürz geschätzt wurde. Zimtstangen dünstet man bei mittlerer Hitze in etwas Flüssigkeit an, mit dem Pulver würzt man Schmorgerichte oder auch Kalbs- oder Lammbraten. Auch die bei uns auf Süßes abonnierte Vanille passt vorzüglich zu Fleisch, vor allem zu hellem Fleisch wie beispielsweise Kalb oder Kaninchen, und entfaltet sich wunderbar beim Erhitzen in Speck oder Alkohol. Man verwendet dazu sowohl das ausgekratzte Mark als auch die ganzen Schoten und brät diese nicht zu lange heiß an. Nicht zu vergessen die Kakaobohne mit ihren über 500 verschiedenen Aromastoffen, die es besonders in der pikanten mexikanischen Küche zur Meisterschaft gebracht hat. Hüllen Sie doch einmal ein Schweinefilet in einen Mantel aus Bitterschokolade, Mandeln, Rosmarin, schwarzen Oliven, Chili und Kalbsbrät – Sie werden überrascht sein.

Gute Fleischqualität und ein wenig Know-how sind die besten Voraussetzungen für ein optimales Ergebnis in der Fleischküche. Lassen Sie sich dabei auch von exotischen Küchen inspirieren.

Fleisch verträgt sich zudem ebenso gut mit süßen und säuerlichen Früchten, wie etwa Preiselbeeren, Mangos, Ananas, Zwetschgen, Äpfeln, Sauerkirschen, Aprikosen, Orangenschalen, Feigen oder Datteln. Reichlich Anregung dafür finden Sie zum Beispiel in der marokkanischen oder indischen Küche. Zucker wirkt – wie Fett, Salz und Zitronensaft – als Geschmacksverstärker. Karamellisiert man Fleisch, Zwiebeln, Möhren, Äpfel oder provenzalische Kräuter – Thymian, Rosmarin oder Lavendel–, lassen sich exzellente Geschmacksakzente setzen. Zu guter Letzt sei das in China bekannte Marinieren und Garen von Fleisch in aufgebrühtem Tee erwähnt. Für das Spiel mit den Aromen kommt dort die ganze Bandbreite an Teesorten zur Anwendung.

GEDULD, GEDULD

Auch wenn Ihnen beim Anblick eines fertigen Bratens das Wasser schon im Munde zusammenläuft, ist es von Vorteil, sich noch ein wenig zu gedulden. Wenn Sie große Fleischstücke nach dem Grillen oder Braten ein paar Minuten ruhen lassen – 10 bis 20 Minuten sollten es schon sein –, verteilt sich der Saft im Innern des Fleisches wieder gleichmäßig und läuft beim Aufschneiden nicht aus. Kross gebratene Stücke sollten Sie dabei nicht abdecken, denn das Kondenswasser, das unter Verschluss auftritt, würde die schöne Kruste aufweichen.
Grundsätzlich gewinnt jedes Fleisch, wenn Sie es auf vorgewärmten Tellern servieren. Schließlich wäre es schade, wenn der kalte Teller den Genuss eines mit viel Liebe zubereiteten Fleischgerichts schmälern würde.

Ingrid Schindler

Traditionelle Methoden der Haltbarmachung von Fleisch

Heute dienen die Techniken des Pökelns, Trocknens und Räucherns vor allem der Geschmacksverbesserung. Probieren Sie es doch einmal aus.

EINE URALTE KONSERVIERUNGSTECHNIK ist das Einlegen in Salz. Heute versteht man unter Pökeln die Behandlung eines Fleischstücks mit speziellem Pökelsalz – meist einer Mischung aus Kochsalz und Nitrit, manchmal auch Salpeter. Dieses verringert die Feuchtigkeit im Fleisch. Typisch für Gepökeltes ist, dass das Fleisch beim Garen seine rote Farbe behält – das Nitrit verbindet sich mit dem roten Muskelfarbstoff und macht ihn unempfindlich gegenüber Hitze und Sauerstoff, der Fachmann spricht hier von »Umröten«. Zudem entwickelt sich dabei das geschätzte Pökelaroma. Leider gehen dabei auch Eiweiß- und Mineralstoffe verloren, Gepökeltes sollte also nicht allzu oft verzehrt werden. Prinzipiell unterscheidet man beim Pökeln zwei ganz unterschiedliche Verfahren.

ZWEIMAL PÖKELN

(1) **Beim Nasspökeln** reibt man das Fleisch – hier ein Schweinerücken von 1,4 kg – mit einer Mischung aus Salz und Gewürzen ein.

(2) Das gewürzte Fleisch in ein Gefäß legen und mit einer Lake aus 1 l Wasser, 80 g Pökelsalz und 1 TL Zucker bedecken.

(3) **Beim Trockenpökeln** das Fleisch, hier zwei Schweinefilets von insgesamt 1 kg, kräftig mit dem Würzsalz einreiben.

(4) Die Schweinefilets in ein Gefäß legen und 8 Tage darin kühl ziehen lassen, dabei das Fleisch alle 2 bis 3 Tage wenden.

HEISSRÄUCHERN IM WOK

(1) Einen Wok mit Alufolie auslegen. 2 bis 3 EL Räuchermehl einfüllen und eventuell 1 Zweig Rosmarin zugeben.

(2) Ein Gitter mit Alufolie überziehen und Löcher einstechen. Das Gitter einlegen.

(3) Das Fleisch – hier die gepökelten Filets – auf das Gitter legen, die Hitzequelle einschalten und den Deckel auflegen.

(4) Die Filets 20 Minuten räuchern, dann noch 5 Minuten ziehen lassen.

Luftgetrocknet und würzig sind die getrockneten Spezialitäten von Rind und Schwein. Im Uhrzeigersinn: Bündner Fleisch, Bresaola, getrockneter Schinken, Coppa, Lomo und Pastirma (Mitte).

NASSPÖKELN

Beim Nasspökeln, wie links in Step 1 und 2 gezeigt, reibt man das Fleisch mit einer Würzmischung ein, hier bestehend aus 20 g Pökelsalz und 15 g grob zerstoßenen Gewürzen wie schwarzen und weißen Pfefferkörnern, Wacholder, Gewürznelken, Kümmel, getrocknetem Majoran und 1 getrocknetem Lorbeerblatt. Dann wird es mit einer 7 ½- bis 10-prozentigen Pökellake übergossen. Je nach Größe lässt man das Fleisch darin etwa 2 Wochen im Kühlschrank ziehen – pro Tag dringt die Pökellake etwa 1 cm tief in das Fleisch ein. Dieses während des Pökelns alle 3 bis 4 Tage wenden. Nach dem Pökeln herausnehmen, lauwarm abspülen, 12 Stunden an der Luft oder im Kühlschrank trocknen lassen und das Fleisch anschließend kalt räuchern.

TROCKENPÖKELN

Beim Trockenpökeln reiben Sie 1 kg Fleisch mit einer Mischung aus 50 g Pökelsalz, ½ TL Zucker und je 1 TL edelsüßem Paprikapulver, zerstoßenen weißen Pfefferkörnern, mildem Currypulver, getrocknetem Thymian und Rosmarin ein und lassen es ziehen, wie in Step 3 und 4 gezeigt. Hierbei dringt Salz ins Fleisch ein, zugleich tritt Fleischsaft aus. Diesen abgießen, das Fleisch 12 Stunden an der Luft trocknen lassen, dann in kaltem Wasser 12 Stunden wässern. Trockentupfen und das Fleisch vor dem Heißräuchern erneut 2 Tage an der Luft trocknen.

TROCKNEN

Dem Trocknen an der Luft geht meist eine Trockensalzung voraus. Durch den Entzug von Feuchtigkeit wird Bakterien der Nährboden entzogen, und die Haltbarkeit des Produkts verbessert sich. Zum Lufttrocknen benötigt man geeignete klimatische Verhältnisse, wie sie etwa in den Alpentälern anzutreffen sind, oder zumindest eine Klimaanlage. 10 bis 12 °C und 75 Prozent Luftfeuchtigkeit müssen konstant gewährleistet bleiben, damit es funktioniert.

RÄUCHERN

Beim Kalträuchern muss die Rauchtemperatur konstant 12 bis 22 °C betragen. Warmgeräuchert wird zwischen 25 und 40 °C, und von Heißräuchern spricht man, wenn der Rauch zwischen 50 und 80 °C heiß ist. Der durch das unvollständige Verbrennen von Holz oder Sägemehl entstehende Rauch verleiht Fleisch oder Fleischwaren ein angenehm würziges Raucharoma. Heißräuchern können Sie auch ohne Räucherofen, dafür genügt schon ein Wok. Wie das geht, sehen Sie in der Bildfolge links.

Einlegen in Wein, Essig oder in Öl

Eingelegt in Marinaden oder Beizen bleibt Fleisch länger haltbar und wird dabei noch zarter und mürber. Während des Bratens aufgepinselt, geben würzige Glasuren der Kruste zusätzlichen Geschmack und Glanz.

GLEICH MEHRERE ZWECKE AUF EINMAL erfüllen säurehaltige Marinaden oder Beizen. Sie können Fleisch einige Tage lang konservieren. Die Säure, meist Essig, Wein oder Zitronensaft, dringt dabei tief ins Fleisch ein, beschleunigt die enzymatische Reifung und macht es schön mürbe. Werden Marinaden vorher gekocht, wie etwa beim Sauerbraten der Fall, trägt dies zu einer noch längeren Haltbarkeit bei. Achten sollten Sie dabei darauf, dass das Fleischstück auch wirklich vollständig von der Marinade bedeckt ist. Kräuterwürzige, kalt angerührte Marinaden auf Ölbasis dienen hingegen in erster Linie dem Aromatisieren. Dabei genügen bereits ein paar Stunden Marinierzeit, um dem Fleisch den gewünschten Geschmack zu geben – mehr als 24 Stunden sollten es bei einer Ölmarinade nicht sein.

ROTWEINBEIZE

- 100 g Zwiebeln, 80 g Möhre, 60 g Knollensellerie
- 60 g Petersilienwurzel, 60 g Staudensellerie
- 1 Knoblauchzehe, 1 Lorbeerblatt
- 10 schwarze Pfefferkörner, 1 Zweig Rosmarin
- 3 Zweige Thymian, ½ l kräftiger Rotwein

1. Das Gemüse für die Rotweinbeize schälen oder putzen und klein schneiden. Legen Sie das Fleisch in die Beize, wie unten in Step 1 und 2 gezeigt.

2. Das Fleisch herausnehmen, trockentupfen, salzen und pfeffern. Die Beize durch ein Sieb gießen und auffangen. Braten Sie das Fleisch in einem Bräter in Öl an und geben Sie das abgetropfte Gemüse zu. Das Fleisch mit der Beize aufgießen und bei 180 °C im Ofen 1 ½ bis 2 Stunden zugedeckt schmoren.

MEDITERRANE MARINADE

- 100 g Schalotten, 4 junge Knoblauchzehen
- grob gemahlener schwarzer Pfeffer
- Zesten von 1 unbehandelten Zitrone
- 3 EL Kräuterblättchen (etwa Oregano, Rosmarin, Thymian und Salbei)
- 100 ml Olivenöl, etwas grobes Meersalz

1. Die Schalotten schälen und in dünne Ringe schneiden. Die Knoblauchzehen, falls nötig, abziehen und halbieren. Vermischen Sie die Schalotten und den Knoblauch in einer flachen Form mit den restlichen Zutaten für die Marinade.

FLEISCH IN EINE
Rotweinbeize einlegen

(1) Das Fleisch – hier eine Schwanzrolle von 1,2 kg – in ein entsprechend großes Gefäß mit Deckel legen. Das zerkleinerte Gemüse auf dem Fleisch verteilen und den Knoblauch, das Lorbeerblatt, die Pfefferkörner sowie die Kräuter zufügen.

(2) Das Fleisch mit dem Rotwein übergießen, das Gefäß mit dem Deckel verschließen und das Fleisch 2 bis 3 Tage im Kühlschrank durchziehen lassen.

2. Legen Sie das Fleisch – etwa 4 Rinderhüftsteaks von je 180 g – darin ein. Mit der Marinade bedecken, leicht salzen und das Fleisch zugedeckt über Nacht im Kühlschrank durchziehen lassen. Am nächsten Tag herausnehmen und braten oder grillen.

ASIATISCHE MARINADE

- 1 Stängel Zitronengras (10 cm)
- 1 Chilischote, geputzt
- 50 g Frühlingszwiebeln, geputzt
- 3 Knoblauchzehen, in dünnen Scheiben
- 5 g frische Ingwerwurzel, fein gewürfelt
- 3 Kaffirlimettenblätter
- Zesten von 1 Limette
- 100 ml Erdnussöl, 4 EL helle Sojasauce

1. Das Zitronengras und die Chilischote in feine Ringe schneiden. Die Frühlingszwiebeln in Scheiben schneiden. Vermischen Sie die vorbereiteten Gewürze mit den übrigen Würzzutaten sowie dem Öl und der Sojasauce in einer flachen Form.

2. Das Fleisch, beispielsweise 4 Schweinehalssteaks von je 200 g, einlegen und mit der Marinade bedecken. Lassen Sie das Fleisch zugedeckt 3 bis 4 Stunden im Kühlschrank durchziehen. Herausnehmen, salzen und das Fleisch braten oder grillen.

DREI VERSCHIEDENE HONIGGLASUREN

Durch den Honig, der beim Braten karamellisiert, wird eine Kruste – etwa beim Schweinebraten – noch besser. In der einfachsten Variante verrühren Sie dafür einfach 4 EL Waldhonig mit 3 EL Weißwein. Asiatisch inspririert ist die folgende Glasur aus 4 EL Blütenhonig, 2 EL heller Sojasauce und 2 EL Reiswein. Wenn Sie's gerne etwas schärfer mögen, sollten Sie die Glasur aus 1 fein gehackten Chilischote, 50 g Akazienhonig, je 2 EL Reiswein und heller Sojasauce, 2 EL frisch gepresstem Orangensaft sowie grob gemahlenem Pfeffer probieren, sie passt sehr gut zu gepökeltem Schweinefleisch, etwa zu einem Kasseler.

Kalbsfond – die Basis feiner Suppen und Saucen

Zur Intensivierung des Geschmacks kommt außer Knochen und Füßen schon auch mal ein Huhn oder ein Schweineschwanz mit in den Topf.

HELLER KALBSFOND

- 1 kg Kalbsknochen
- 500 g Kalbsfuß
- 1 küchenfertiges Suppenhuhn oder auch 1 Hähnchen von etwa 1 kg
- Salz
- 200 g Zwiebeln, geschält
- 180 g Staudensellerie, geputzt
- 200 g Lauch, nur der helle Teil
- ½ Bund glatte Petersilie
- 1 Lorbeerblatt

1. Bereiten Sie die Kalbsknochen und den Kalbsfuß vor, wie unten in Step 1 bis 3 gezeigt. Das Huhn unter fließendem kaltem Wasser innen und außen abspülen, alles sichtbare Fett entfernen und weiterarbeiten, wie in Step 4 und 5 gezeigt.

2. Schneiden Sie in der Zwischenzeit die Zwiebeln und den Sellerie in grobe Stücke. Den Lauch putzen, halbieren und gründlich waschen. Binden Sie den Lauch mit der Petersilie und dem Lorbeerblatt zu einem Bouquet garni und stellen Sie den Fond fertig, wie unten in Step 6 und 7 gezeigt.

HELLEN KALBSFOND ZUBEREITEN

(1) Die Kalbsknochen und den Kalbsfuß waschen und alles in etwa gleich große Stücke hacken. Wenn Sie kein Küchenbeil zur Verfügung haben, bitten Sie Ihren Fleischer, er zerkleinert Ihnen die Knochen gerne.

(2) Die Kalbsknochen sowie die Kalbsfußstücke in kochendem Wasser 3 bis 4 Minuten blanchieren.

(3) Dann die Knochen in ein feines Sieb schütten und gründlich unter fließendem kaltem Wasser abbrausen.

(4) Die Knochen und das Huhn mit 3 l Wasser aufkochen, dann die Hitze reduzieren und alles leicht salzen.

(5) Alles bei schwacher Hitze 2 Stunden köcheln lassen, dabei öfter den Schaum abnehmen, aber nicht umrühren.

(6) Das Gemüse und das Bouquet garni dazugeben und alles 1 weitere Stunde bei schwacher Hitze köcheln lassen.

(7) Den fertigen hellen Kalbsfond durch ein mit einem Tuch ausgelegtes Sieb in eine Kasserolle gießen.

DUNKLER KALBSFOND

- 5 kg Kalbsknochen, 700 g Kalbsfuß
- 300 g Schweineschwanz, grob gehackt
- 100 ml Sonnenblumenöl
- 1 frische Knoblauchknolle (etwa 50 g)
- 300 g Möhren, 350 g Zwiebeln
- 200 g Staudensellerie, 600 g Flaschentomaten
- 80 g Tomatenmark, 5 Lorbeerblätter
- 5 Zweige Thymian, 3 Gewürznelken
- 100 g Lauch, 1 Staudensellerieherz
- 6 Stängel glatte Petersilie, 6 Zweige Thymian

1. Den Backofen auf 200 °C vorheizen. Hacken Sie die Knochen und den Fuß in gleich große Stücke. Dann beides nach Belieben waschen, abtropfen lassen und weiterarbeiten, wie in Step 1 bis 3 gezeigt.

2. Inzwischen die Tomaten vom Stielansatz befreien, vierteln und weiterarbeiten, wie in Step 4 bis 6 gezeigt. Spülen Sie den Bräter mit Wasser aus und geben Sie dieses ebenfalls mit in den Topf. Binden Sie den Lauch, das Sellerieherz, Petersilie und Thymian zu einem Bouquet garni und stellen Sie den Fond fertig, wie unten in Step 7 und 8 gezeigt.

(1) Die zerkleinerten Kalbsknochen mit dem Kalbsfuß und dem Schweineschwanz in einen großen Bräter geben, mit dem Öl übergießen und im heißen Ofen etwa 30 Minuten rösten.

DUNKLEN KALBSFOND ZUBEREITEN

(2) Den Knoblauch quer halbieren. Die Möhren, Zwiebeln und den Sellerie putzen oder schälen und grob würfeln.

(3) Das grob gewürfelte Gemüse auf den gerösteten Knochen verteilen und 20 Minuten mitrösten.

(4) Die Tomaten, das Tomatenmark, die Lorbeerblätter, Thymian und Nelken zufügen und alles noch 15 Minuten rösten.

(5) Knochen und Gemüse jetzt zum ersten Mal miteinander vermischen und alles weitere 10 Minuten braten.

(6) Den Inhalt des Bräters in einen großen Topf umfüllen und alles mit 9 l Wasser auffüllen.

(7, 8) Das Bouquet garni einlegen. Den Fond 5 bis 6 Stunden köcheln, dabei öfter entfetten, aber nicht umrühren. Den Fond durch ein Tuch abgießen, erkalten lassen und das restliche Fett mit einem Esslöffel von der Oberfläche abnehmen.

Aromatisch: Brühe und Fond

Bei einer Rinderbrühe köcheln Knochen und Fleisch im Topf mit. Für einen dunklen Rinderfond werden nur Knochen geröstet und ausgekocht.

RINDERBRÜHE MIT QUERRIPPE

(1) In einem großen Topf Wasser zum Kochen bringen und die Knochen sowie das Fleisch darin blanchieren.

(2) Abgießen, Knochen und Fleisch in einem Sieb kalt abbrausen und in einem Topf mit 5 bis 6 l Wasser bedecken.

(3) Das Salz zufügen und das Wasser langsam zum Kochen bringen. Sobald es kocht, die Hitze reduzieren.

(4) Alles 1 Stunde köcheln lassen, dabei gelegentlich abschäumen. Das Gemüse putzen oder schälen und grob würfeln.

(5) Die Zwiebel quer halbieren und auf der Grillplatte oder in einer Pfanne auf der Schnittfläche ohne Fett bräunen.

(6) Das geputzte Gemüse, die gebräunte Zwiebel und das Bouquet garni zufügen und die Brühe 2 Stunden köcheln lassen.

Bei einer Brühe ist das Verhältnis von Wasser und Fleisch, Knochen und Würzzutaten geschmacksentscheidend. Deshalb lohnt es sich, gleich größere Mengen auf einmal vorzubereiten, vor allem weil Brühen und Fonds sich tiefgekühlt sehr gut aufbewahren lassen.

RINDERBRÜHE MIT BEINSCHEIBEN

- 2 Beinscheiben vom Rind, je etwa 300 g
- 600 g Rinderknochen, klein gehackt
- 60 g Knollensellerie, 60 g Möhre, 80 g Lauch
- 4 Schalotten, halbiert und gebräunt
- 1 Gewürzsäckchen mit 1 Lorbeerblatt, 1 Gewürznelke, einigen zerdrückten Pfefferkörnern und 1 Zweig Thymian
- 4 Stängel Petersilie, etwa ¼ Muskatnuss, Salz

Die Beinscheiben sowie die Knochen 3 bis 4 Minuten blanchieren und kalt abbrausen. Die Knochen mit 2 l kaltem Wasser aufkochen, abschäumen und die Brühe entfetten. Die Beinscheiben zufügen und 2 Stunden köcheln lassen. Dann das zerkleinerte Gemüse sowie das Gewürzsäckchen zugeben und alles weitere 30 Minuten köcheln lassen, dabei wiederholt abschäumen. Die Petersilie und die grob gehackte Muskatnuss in ein mit einem Tuch ausgelegtes Sieb geben und die Brühe darüber gießen, auf 1 l reduzieren und salzen.

RINDERBRÜHE MIT QUERRIPPE

- 1,2 kg Rinderknochen mit Fleisch (vom Hals)
- 2 kg Querrippe vom Rind, 30–40 g Meersalz
- 200 g Möhren, 100 g Petersilienwurzeln
- 120 g Knollensellerie, 80 g Lauch
- 1 große Zwiebel (150 g)
- 1 Bouquet garni aus 5 Zweigen Thymian, 5 Stängeln Petersilie, 1 Staudenselleriherz 100 g Lauch und 1 Stängel Liebstöckel

Hacken Sie die Knochen in Stücke und bereiten Sie die Brühe zu, wie links in Step 1 bis 6 gezeigt. Die fertige Rinderbrühe durch ein Sieb gießen.

DUNKLER RINDERFOND

- 500 g Markknochen
- 2 kg Rinderknochen
- 4 EL Öl
- je 80 g Möhre und Petersilienwurzel, geschält
- 80 g Knollensellerie, geschält
- 80 g Lauch, geputzt
- 1 Lorbeerblatt, ½ Knoblauchzehe, abgezogen
- 1 ungeschälte Zwiebel, halbiert und gebräunt
- 2 Gewürznelken, 6–8 weiße Pfefferkörner

1. Lösen Sie das Mark aus den Knochen, wie unten in Step 1 gezeigt. Es wird für den Fond nicht benötigt, Sie können es anderweitig verwenden, etwa für Markklößchen (S. 174). Die Knochen vorbereiten, wie unten in Step 2 bis 3 gezeigt.

2. Den Backofen auf 180 °C vorheizen. Stellen Sie aus den Knochen und den restlichen Zutaten einen dunklen Rinderfond her, wie in Step 4 bis 9 gezeigt. Lassen Sie den Fond im Topf erkalten und entfernen Sie das Fett, wie unten in Step 10 gezeigt.

DUNKLER RINDERFOND

(1) Den Markknochen halten und mit beiden Daumen vorsichtig das Mark herausdrücken.

(2) Die Rinderknochen auf einem Hackblock oder -brett mit einem großen Küchenbeil in kleine Stücke hacken.

(3) Die vorbereiteten Knochen unter kaltem Wasser gründlich abbrausen und abtropfen lassen.

(4) Das Öl in einen Bräter gießen und die Knochen darin verteilen.

(5) Die Knochen in 30 bis 40 Minuten im Ofen goldbraun rösten, dabei wiederholt rühren und den Bratansatz lösen. Dann die Knochen in einen Topf umfüllen, dabei das Fett vom Boden abgießen.

(6) Die Knochen mit Wasser bedecken. Alles zum Kochen bringen und wiederholt abschäumen.

(7) Das vorbereitete Gemüse mit dem Lorbeerblatt und Knoblauch zu einem Bouquet garni binden.

(8) Würzzutaten und Zwiebel zufügen, alles 1 ½ Stunden köcheln.

(9) Den Fond langsam durch ein mit einem doppelt gefalteten Tuch ausgelegtes Sieb laufen lassen.

(10) Mit einem Schaumlöffel die erstarrte Fettschicht an der Oberfläche vorsichtig abheben.

1/1
7/8
3/4
5/8
1/2
3/8
1/4
1/8

Kraftvoll im Geschmack und überaus vielseitig

Geflügelfond ist in der feinen Küche unverzichtbar, Lammfond passt zu Lamm und Zicklein, und auch Schweinebrühe wird gelegentlich benötigt.

GEFLÜGELFOND

- 2 kg Karkassen vom Huhn mit Hals, Magen und Herz, grob gehackt
- 750 g Kalbsknochen, grob gehackt
- 100 g Möhren, 40 g Knollensellerie
- 80 g Staudensellerie, 80 g Lauch
- 4 EL Öl, 1/4 l trockener Weißwein
- 1 Lorbeerblatt, 15 Pfefferkörner
- 4 Pimentkörner, 1 Knoblauchzehe, angedrückt

1. Wässern Sie die Karkassen und Knochen 1/2 Stunde und lassen Sie sie gut abtropfen. Möhren und Knollensellerie schälen, Staudensellerie und Lauch putzen, waschen und alles grob würfeln.

2. Die Karkassen und Knochen im heißen Öl in einem Topf mit großem Durchmesser hell anschwitzen. Geben Sie das Gemüse zu und dünsten Sie es kurz mit an, ohne es zu bräunen. Alles mit dem Wein ablöschen, 3 l Wasser angießen und aufkochen lassen. Den Fond abschäumen und 2 Stunden bei schwacher Hitze köcheln lassen, dabei bei Bedarf etwas Wasser nachgießen. Nach 1 Stunde die Gewürze zufügen.

3. Lassen Sie den fertigen Fond 20 Minuten ziehen. Den Geflügelfond anschließend durch ein mit einem Tuch ausgelegtes Sieb passieren und entfetten.

LAMMFOND

- 1 kg Lammbrust mit Knochen
- je 1 kg Lamm- und Kalbsknochen, grob gehackt
- 200 g Möhren, 100 g Staudensellerie
- 150 g Zwiebeln, 4 EL Öl
- 2 Knoblauchzehen, angedrückt
- 1 Bouquet garni aus je 50 g Petersilienwurzel, Möhre, Lauch, 1 Stange Staudensellerie, 2 Stängeln Petersilie und 2 Zweigen Thymian

1. Hacken Sie die Lammbrust sowie die Knochen in etwa gleich große Stücke. Den Ofen auf 200 °C vorheizen. Das Gemüse putzen und grob würfeln.

2. Erhitzen Sie das Öl in einem Bräter und verteilen Sie die zerkleinerte Lammbrust, die Knochen, das Gemüse und den Knoblauch darin. Alles im Ofen 20 Minuten bräunen, dabei mehrmals wenden.

3. Füllen Sie den Inhalt des Bräters in einen großen Topf um und gießen Sie alles mit 4 l Wasser auf. Alles zum Kochen bringen, dabei mehrmals abschäumen und das Bouquet garni einlegen. Lassen Sie den Fond 3 bis 4 Stunden bei schwacher Hitze köcheln, bis die Flüssigkeit etwa um die Hälfte eingekocht ist. Den fertigen Fond durch ein mit einem Tuch ausgelegtes Sieb gießen und entfetten.

SCHWEINEBRÜHE

- 1,2 kg Schweineknochen, grob gehackt
- 2 kg Schweinsfüße, halbiert
- 2 Schweineohren, 500 g Schweineschwarten
- 600 g Schweineschwänze, 1 Eisbein (500 g)
- 200 g Möhren, 100 g Petersilienwurzeln
- 100 g Knollensellerie
- 2 Knoblauchzehen, angedrückt
- 1 Zwiebel (80 g), geschält und gespickt mit 1 Lorbeerblatt und 1 Gewürznelke
- 1 Bouquet garni aus je 80 g Möhre, Lauch, und Staudensellerie sowie 3 Zweigen Thymian und 2 Stängeln Petersilie

1. Die zerkleinerten Teile vom Schwein kalt abspülen und in einen großen Topf geben. Das geputzte Gemüse grob würfeln. Geben Sie es mit dem Knoblauch und der Zwiebel in den Topf. Alles mit etwa 5 l kaltem Wasser bedecken und aufkochen.

2. Die Schweinebrühe bei schwacher Hitze 1 Stunde köcheln, dabei den aufsteigenden Schaum mehrmals abschöpfen. Fügen Sie das Bouquet garni zu und lassen Sie die Brühe weitere 2 bis 3 Stunden köcheln, dabei immer wieder abschäumen.

3. Gießen Sie die fertige Brühe durch ein mit einem Tuch ausgelegtes Sieb und entfetten Sie die Brühe.

Fleischaroma pur

Kalbsjus und -glace haben einen sehr intensiven Geschmack. Nach dem gleichen Prinzip können Sie aus Knochen und Fond des jeweiligen Tieres auch einen Jus oder eine Glace vom Rind oder Lamm herstellen.

KALBSJUS ZUBEREITEN

(1) Das Olivenöl in einem großen Topf erhitzen und die abgetropften Kalbsknochen mit den Schwanzstücken darin kurz hell anbraten. Den Topf vom Herd nehmen und die Knochen im heißen Ofen etwa 30 Minuten rösten.

(2) Möhren, Schalotten, Zwiebeln und Sellerie in Stücke schneiden. Den Knoblauch andrücken.

(3) Den Topf herausnehmen und das Gemüse bis auf die Tomaten, Lorbeer und Thymian zufügen.

(4) Gemüse und Knochen unter Rühren im offenen Topf auf dem Herd kurz braten.

(5) Die Tomaten und das Tomatenmark unterrühren und alles weitere 30 Minuten im Ofen rösten.

(6) Herausnehmen, den Wein zugießen und einkochen lassen, dann nach und nach den Fond angießen und reduzieren.

(7) Diese Mischung bei schwacher Hitze 3 bis 4 Stunden köcheln lassen, dabei wiederholt entfetten.

(8) Den Inhalt des Topfes durch ein Spitzsieb in einen zweiten Topf gießen und die Petersilienstängel zufügen.

(9) Den Kalbsjus erneut 10 Minuten köcheln, dann durch ein Sieb in saubere, gut verschließbare Gläser gießen.

KALBSJUS

- 2 kg Kalbsknochen, 500 g Kalbsschwanz
- 200 g Möhren, 100 g Schalotten
- 200 g Zwiebeln, 150 g Staudensellerie
- 300 g Tomaten, 100 g Champignons
- 4 EL Olivenöl, 3 Knoblauchzehen
- 2 Lorbeerblätter, 4 bis 5 Zweige Thymian
- 80 g Tomatenmark, ¼ l Weißwein
- 3 l dunkler Kalbsfond, 10 Stängel Petersilie

1. Die Knochen bei Bedarf klein hacken, den Kalbsschwanz in Stücke teilen, beides gut waschen und abtropfen lassen. Die Möhren, Schalotten und Zwiebeln schälen, den Staudensellerie putzen. Die Tomaten vom Stielansatz befreien und vierteln. Die Pilze putzen und ebenfalls vierteln.

2. Den Backofen auf 200 °C vorheizen. Bereiten Sie den Jus zu, wie links in Step 1 bis 9 gezeigt.

3. Stellen Sie zum Einfüllen der kochend heißen Flüssigkeit einen langstieligen Metalllöffel ins Glas, er bewahrt es vor dem Springen. Beim Abkühlen geliert der Jus dann und wird fest. Gut verschlossen hält sich Kalbsjus 3 Wochen im Kühlschrank, sie können ihn aber auch portionsweise tiefkühlen.

KALBSGLACE

- 2 ½ kg Kalbsknochen, 1 kg Kalbsfüße
- 250 g Möhren, 100 g Knollensellerie
- 100 g Petersilienwurzeln, 500 g Zwiebeln
- 1 kleine Knoblauchzehe
- 8 EL Öl, 8 weiße Pfefferkörner
- 1 Lorbeerblatt, 2 Gewürznelken, 2 Pimentkörner
- 1 Zweig Thymian, 4 Stängel Petersilie

1. Den Backofen auf 180 °C vorheizen. Die Kalbsknochen und -füße in etwa gleich große Stücke hacken. Schälen Sie das Gemüse und schneiden Sie es in grobe Stücke.

2. Das Öl in einem Bräter erhitzen, die Knochen und Füße darin verteilen und im heißen Ofen 30 Minuten rösten, dabei mehrmals wenden. Fügen Sie Gewürze, Kräuter und das vorbereitete Gemüse zu und rösten Sie es mit an, bis es leicht gebräunt ist.

3. Den Bräter herausnehmen, das Fett abgießen und weiterarbeiten, wie unten in Step 1 gezeigt. Füllen Sie alles in einen großen Topf um. Aufkochen und die Mischung 1 ½ Stunden bei schwacher Hitze köcheln lassen, dabei wiederholt abschäumen. Anschließend weiterarbeiten, wie in Step 2 bis 4 gezeigt.

KALBSGLACE

aus Knochen und Füßen zubereiten

(1) Die Knochen mit kaltem Wasser bedecken und unter Rühren den Bratansatz vom Boden vollständig lösen.

(2) Den Topfinhalt durch ein mit einem Passiertuch doppelt ausgelegtes Spitzsieb gießen, aber nicht ausdrücken.

(3) Den Fond bei schwacher Hitze dickflüssig einkochen lassen, dabei mehrmals entfetten.

(4) Die Glace in einer Schüssel erkalten und gelieren lassen.

REZEPTE

REZEPTE

Fleischlicher Genuss

Delikate Vorspeisen

Vom leichten Tatar oder Carpaccio über Salate mit gekochtem und gebratenem Fleisch bis hin zur raffinierten Terrine, Sülze oder Paté.

Warm oder kalt – immer ein Genuss

Fast alle kalten Vorspeisen mit Fleisch lassen sich sehr gut im Voraus zubereiten und sind daher ideal, wenn Gäste kommen. Nur noch aufschneiden, anrichten – und fertig ist das exquisite Entrée.

OB RIND, KALB ODER SCHWEIN, für kalte oder lauwarme Vorspeisen mit Fleisch eignen sich im Grunde alle Schlachtfleischarten mit Ausnahme von Lamm- oder Schaffleisch, das doch überwiegend warm gegessen wird. Im folgenden Kapitel finden Sie eine Reihe spannender Rezeptvorschläge, angefangen von rohem Filet bis hin zu gepökeltem Kalbskopf und Leberwurst, die die ganze Bandbreite an unterschiedlichen Verwendungsmöglichkeiten von Fleisch in der Vorspeisenküche aufzeigen.

BESTES FLEISCH – ROH SERVIERT

Für die beiden Vorspeisen-Klassiker Tatar und Carpaccio spielt die Qualität des verwendeten Fleisches eine besonders große Rolle, weil es beide Male roh auf den Teller kommt. Achten Sie daher beim Einkauf darauf, auch wirklich ausgezeichnetes und hygienisch einwandfreies Filet zu bekommen. Zudem sollten Sie es nach dem Einkauf nicht mehr allzu lange zu Hause im Kühlschrank aufbewahren, sondern möglichst schnell verbrauchen. Wenn Sie Bedenken haben, die Scheiben für das Carpaccio auch dünn genug zu schneiden, können Sie Ihren Fleischer darum bitten. Doch auch in diesem Fall sollten Sie die Filetscheibchen dann entweder sofort servieren oder aber zwischen zwei Lagen Pergamentpapier flach ausgebreitet tiefkühlen.

MIT SALAT UND GEMÜSE

Gekochtes oder gebratenes Fleisch schmeckt aufgeschnitten und kalt oder lauwarm mit Blattsalaten der Saison oder auch mit einer Auswahl an knackigem Gemüse gereicht ganz ausgezeichnet. Hierbei sind der Phantasie keinerlei Grenzen gesetzt – weder was das verwendete Stück noch was die Vinaigrette anbelangt, die diese ebenso einfachen wie köstlichen Vorspeisen ideal abrundet. Die begleitende Sauce kann mal mehr, mal weniger würzig sein. Mit von der Partie sind meist aromatische Kräuter, grober oder feiner Senf oder auch frisch geriebener Meerrettich, der mit seiner angenehmen Schärfe so hervorragend zu gekochtem Fleisch passt. Sie können dünn geschnittene und zarte Fleischscheibchen natürlich auch in Öl braten – aber nur ganz kurz – und auf einem Salat- oder Gemüsebouquet anrichten. Wichtig ist, dass die Mengen nicht zu groß werden, sonst bleibt für den Hauptgang nicht mehr genug Appetit. Geradezu ideal für eine warm servierte Fleischvorspeise sind die kleinen Lammfilets. Sie werden einfach ringsum kurz angebraten, so dass sie innen noch schön rosa sind, schräg aufgeschnitten, mit Salz und Pfeffer aus der Mühle bestreut und auf einem Salatbett serviert.

AUSGELÖST UND GEROLLT

Wesentlich leichter geht das Tranchieren, wenn das Fleischstück entweder vor oder nach dem Garen entbeint wurde, wie etwa beim gekochten Kalbskopf. Vor dem Abkühlen in Folie gewickelt und fest verschnürt, halten die einzelnen Teile dann später beim Aufschneiden gut zusammen. Einen Rollbraten kann man zudem vor dem Binden mit einer Würzmischung nach Wahl – etwa mit aromatischen Kräutern oder Senf – bestreichen und dem Fleisch so noch zusätzlichen Geschmack mitgeben.

Ideale Resteverwertung

Wenn Sie einmal ein Stück Rollbraten oder Roastbeef übrig haben, können Sie daraus wunderbare Vorspeisen herstellen. Schneiden Sie einfach das Fleisch dünn auf und servieren Sie es mit einer Vinaigrette oder mit einer pikanten Sauce (S. 304 bis 306).

TERRINE, SÜLZE UND PATÉ

Etwas Geduld erfordert die Zubereitung der Highlights des folgenden Kapitels, nicht weil die Rezepte so schwierig wären, sondern einfach, weil das Fleisch hier entsprechend lange vorbereitet oder gekühlt werden muss. Sie können die Vorbereitungszeiten jedoch teilweise erheblich verkürzen, indem Sie die Fleischstücke – wie etwa das Spanferkel für die Sulz – nicht selbst pökeln, sondern bereits gepökelt beim Fleischer vorbestellen.

Tatar vom Rinderfilet

ZUBEREITUNGSZEIT 20 Min.
MARINIERZEIT 10 Min.

FÜR DAS TATAR
- 300 g Rinderfilet, pariert und gut gekühlt
- Salz, ½ TL Zucker, 2 Schalotten
- 2 große Sardellenfilets, in Öl
- 100 g Cornichons
- 1–2 EL Kapern
- 2 Eigelbe, 2 TL Senf, 1 TL Tomatenmark
- 1 Msp. edelsüßes oder scharfes Paprikapulver
- frisch gemahlener Pfeffer
- 2 EL gehackte glatte Petersilie

FÜR DIE GARNITUR
- ½ Gemüsezwiebel
- 1 TL Maiskeimöl
- 2 EL alter Aceto balsamico
- 4 Salatblätter, etwas Frisée und Petersilie

1. Das von allen Häuten und Sehnen befreite Rinderfilet mit Küchenpapier sorgfältig abtupfen und in 1 bis 2 cm große Würfel schneiden. Das Fleisch in einer Schüssel mit 2 bis 3 Prisen Salz sowie dem Zucker vermengen und 10 Minuten stehen lassen. Die Verbindung von Salz und Zucker sowie die Kühlung verhindern ein unschönes Braunwerden des Fleisches.

2. Drehen Sie das Rinderfilet durch die feine Scheibe des Fleischwolfs oder hacken Sie es mit einem scharfen Messer sehr fein.

3. Die Schalotten schälen und fein hacken. Sardellenfilets abspülen und mit Küchenpapier trockentupfen. Cornichons und Kapern gut abtropfen lassen und mit den Sardellenfilets fein hacken.

4. Diese Mischung in einer Schüssel mit den Schalotten, den Eigelben und dem Fleisch vermengen. Das Tatar mit Senf, Tomatenmark, Paprikapulver und Pfeffer würzen, die gehackte Petersilie untermischen und das Tatar abschmecken.

5. Schälen Sie die Gemüsezwiebel für die Garnitur und schneiden Sie sie in Ringe. Braten Sie die Zwiebelringe im heißen Öl kurz an und löschen Sie sie dann mit dem Aceto balsamico ab.

6. Das Tatar zu Frikadellen formen. Die Salatblätter waschen, trockenschleudern und auf Teller verteilen. Das Tatar darauf anrichten und jeweils mit etwas Frisée und Petersilie oder anderen frischen Kräutern garnieren. Sofort servieren.

Kurz anbraten

Das Tatar wird beim »Lindströmbrötchen«, einer Spezialität aus Schweden, kurz angebraten. Hierfür streicht man das Tatar auf gebutterte Schwarzbrotscheiben und brät diese – mit der Tatarseite nach unten – in heißem Butterschmalz an. Garniert wird das Häppchen mit einem Wachtel-Spiegelei und frischen Kräutern.

S. 34
WARENKUNDE Rinderfilet

S. 118, 132
KÜCHENPRAXIS Schneiden, Hacken

Carpaccio vom Kalbsfilet

ZUBEREITUNGSZEIT 35 Min.

FÜR DAS CARPACCIO

- 250 g Kalbsfilet, gut pariert, 1 EL Olivenöl
- 2 EL Haselnussöl, 3 EL Zitronensaft
- Salz, Pfeffer, 30 g gehobelte Haselnüsse, geröstet
- Blattsalate, in etwas Vinaigrette mariniert

FÜR DAS PFIFFERLINGSTATAR

- 300 g geputzte Pfifferlinge (Ersatz: Egerlinge)
- 2 fein gewürfelte Schalotten
- 1 EL Olivenöl, Salz, frisch gemahlener Pfeffer
- ½ Knoblauchzehe, fein gehackt
- 1 Spritzer Zitronensaft, 1 TL Schnittlauchröllchen
- 1 TL gehackte glatte Petersilie

1. Für das Pfifferlingstatar braten Sie die Pilze mit den Schalotten in Olivenöl, dann würzen Sie sie mit Salz, Pfeffer, etwas Knoblauch und Zitronensaft. Lassen Sie alles auskühlen. Die Pilze fein hacken, mit den Kräutern vermengen und abschmecken.

2. Kalbsfilet in sehr feine Scheiben schneiden und zwischen mit Olivenöl bestrichener Frischhaltefolie mit dem Plattiereisen so dünn wie möglich klopfen. Die Teller mit Haselnussöl ausstreichen, mit dem Pinsel einige Tropfen Zitronensaft darauf verteilen, salzen und pfeffern. Die Filetscheiben darauf anrichten, erneut mit Haselnussöl, Salz und Pfeffer würzen und mit den gerösteten Haselnüssen bestreuen. Das Carpaccio mit Blattsalaten und Pfifferlingstatar garnieren und servieren.

S. 51
WARENKUNDE Kalbsfilet

S. 118, 134
KÜCHENPRAXIS Schneiden, Plattieren

»Meine piemontesische Variante«

Carpaccio – das sind hauchdünne Scheiben von rohem Rinderfilet, mariniert mit Olivenöl, Zitronensaft und Parmesan. Der Rezeptname geht übrigens auf den italienischen Renaissance-Maler Vittore Carpaccio zurück, doch serviert wurde das Gericht zum ersten Mal 1950 von Giuseppe Cipriani, dem legendären Besitzer von Harry's Bar in Venedig, jedoch mit einer leichten Mayonnaise. Ich mag das Fleisch auch gerne in Begleitung einer pikanten Selleriemayonnaise nach piemontesischer Art. Dafür gare ich 50 g fein gewürfelten Staudensellerie in Salzwasser weich und püriere ihn mit 1 EL Kochfond, 1 Eigelb und 1 TL Dijonsenf. Dann mixe ich tropfenweise ⅛ l Sonnenblumenöl unter die Masse und schmecke alles mit Selleriesalz, weißem Pfeffer und Zitronensaft ab.

Christian Petz

Rinderscherzl mit Löwenzahn

ZUBEREITUNGSZEIT 1 Std. 10 Min.

FÜR DAS RINDFLEISCH
- 600 g Rinderscherzl (Mittelbug-, Schaufelstück)
- 200 g Rinderknochen, Salz
- 1 mittelgroße Möhre, ½ Knollensellerie 1 Stange Lauch, 1 fest kochende Kartoffel, alles gewaschen, geputzt oder geschält und in Rauten geschnitten
- 1 mittelgroße weiße Zwiebel, halbiert und in der Pfanne ohne Fett gebräunt
- 1 Bund glatte Petersilie, 1 Bund Schnittlauch

FÜR DEN SALAT
- 2 Rote Beten, Meersalz, 1 TL Kümmel
- 2 Bund gelber Löwenzahn oder 2 Bund Rucola oder 1 großer Kopf Frisée-Salat
- 100 ml Traubenkernöl, 1 TL Kürbiskernöl
- 50 ml Champagner- oder Weißweinessig
- Salz, Zucker, schwarzer Pfeffer
- 1 Stück geschälter frischer Meerrettich

S. 32, 40
WARENKUNDE Mittelbugstück
S. 110
KÜCHENPRAXIS Fleisch kochen

1. Blanchieren Sie das Fleisch und die Knochen und spülen Sie sie ab. Dann die Knochen mit kaltem Wasser bedecken, leicht salzen und aufkochen. Das Fleisch zufügen und 1 Stunde gar ziehen lassen. Dann geben Sie das Gemüse und die Zwiebel zu und garen beides 20 Minuten in der Brühe mit.

2. Die Roten Beten waschen, trocknen, mit Meersalz und Kümmel würzen und ungeschält auf einem Salzbett (100 g Meersalz) in Alufolie bei 160 °C im vorgeheizten Ofen etwa 1 Stunde garen.

3. Die Roten Beten herausnehmen, abkühlen lassen, schälen und in Rauten schneiden. Den Löwenzahn putzen, waschen und trockenschleudern. Beide Öle, Essig und 50 ml Brühe vom Fleisch gut verrühren und abschmecken. Das Fleisch herausnehmen und quer zur Faser in 5 mm dicke Scheiben schneiden.

4. Gemüse und Rote Beten anrichten, Löwenzahn darauf verteilen und mit der Vinaigrette beträufeln. Mit Petersilienblättchen und Schnittlauchhalmen bestreuen und den Meerrettich darüber raspeln. Das Fleisch daneben anrichten, mit etwas Brühe übergießen und mit grobem Meersalz bestreuen.

Feiner Salat mit Schweinefleisch

ZUBEREITUNGSZEIT 1 Std. 50 Min.

FÜR DEN SALAT
- 300–350 g Schweinerücken oder -filet
- 8 kleine Salzwassergarnelen von je 20–30 g
- Salz, frisch gemahlener Pfeffer, 1 EL Öl
- 1 Chilischote
- 25 g Ingwer, geschält und gehackt
- 25 g geröstete, ungesalzene Erdnüsse, im Mörser grob zerstoßen
- Saft von ½ Limette
- 20 g Kokosraspel, geröstet
- 10 g süß-scharfe Chilipaste (aus gerösteten Schalotten und Chilis; aus dem Asialaden)
- 20 ml Geflügelfond
- etwas Limettensaft, Fischsauce, Zucker
- 3 Kaffirlimettenblätter, in sehr feinen Streifen
- je 50 g geputzte Möhre und geschälte, entkernte Gurke, in feinen Streifen (Julienne)
- 1 grüne Mango, in feinen Streifen
- 150 g Papayafruchtfleisch, in feinen Streifen

FÜR DIE GARNITUR
- 2 Kopfsalatherzen
- je 2 Stängel Pfefferminze und Koriandergrün
- 2 EL feine Knoblauchscheiben, in Öl frittiert

S. 70
WARENKUNDE Schweinerücken
S. 108
KÜCHENPRAXIS Braten

1. Das Fleisch mit Küchenpapier trockentupfen und in etwa 1 x 4 cm große Streifen schneiden. Die Garnelen schälen und wie die Fleischstreifen salzen und pfeffern. Das Öl im Wok stark erhitzen, Fleisch und Garnelen darin unter ständigem Rühren etwa 2 Minuten braten – das Fleisch soll gerade durchgebraten sein – herausnehmen und beides beiseite stellen.

2. Die Chilischote längs halbieren, Samen und Scheidewände entfernen und das Fruchtfleisch fein hacken. Verrühren Sie in einer Schüssel Chiliwürfel, Ingwer, Erdnüsse, Limettensaft, Kokosraspel, Chilipaste und den Geflügelfond gut miteinander und schmecken Sie die Chili-Erdnuss-Paste nach Belieben mit etwas Limettensaft, Fischsauce und Zucker ab.

3. Die Fleischstreifen und Garnelen mit den Limettenblättern, Möhren-, Gurken-, Mango- und Papayastreifen vermischen. Rühren Sie die Chili-Erdnuss-Paste unter und lassen Sie alles kurz durchziehen.

4. Den Kopfsalat waschen, putzen und trockenschleudern. Legen Sie pro Portion jeweils 3 bis 4 innere Salatblätter in einer Schale zusammen und richten Sie den Schweinefleischsalat darin an. Minze und Koriander waschen, trockenschütteln und die Blättchen abzupfen. Streuen Sie die Kräuter und die Knoblauchchips vor dem Servieren über den Salat.

Kalbsterrine mit Leber und Pistazien

ZUBEREITUNGSZEIT 3 Std. 15 Min.
KÜHLZEIT 24 Std.
FÜR 12–16 SCHEIBEN

FÜR DIE TERRINE
- 500 g Kalbsschulter, gewürfelt
- Salz, 1 TL brauner Zucker
- 6 Scheiben grüner Speck, 25 x 10 cm groß, maximal 2 mm dick geschnitten
- 6 Pimentkörner, 1 TL weiße Pfefferkörner
- ½ TL Korianderkörner, 1 Chilischote, ohne Samen
- frisch gemahlene Muskatnuss
- 1 ganze Macis (Muskatblüte) oder ½ TL gemahlene Macis
- 1 Lorbeerblatt, 1 Zweig Thymian
- 100 g Kalbsleber, 1 cm groß gewürfelt
- 50 g gepökelte Kalbszunge, 1 cm groß gewürfelt (Ersatz: 50 g gewürfelte Kalbsleber)
- 2 cl Cognac, 20 ml Madeira, 250 g kalte Sahne
- 20 g Pistazienkerne, geschält und gehäutet
- 4 EL Kalbsjus (S. 150), Cayennepfeffer

FÜR DAS APFELGELEE
- 1 kg saftige, säuerliche Äpfel, Saft von ½ Zitrone
- ½ Chilischote, gehackt, Salz, Pfeffer
- 2 Blatt Gelatine, kalt eingeweicht

FÜR DAS APFEL-CHUTNEY
- 500 g saftige, säuerliche Äpfel oder das übrig gebliebene Püree vom Apfelgelee
- 1 Zwiebel und 1 Knoblauchzehe, fein gewürfelt
- 2 TL Öl, 3 EL Apfel- oder Weißwein
- 2 TL Apfelessig, ½ Chilischote, 2–3 TL Zucker
- gemahlener Zimt und gemahlene Gewürznelken, nach Belieben

AUSSERDEM
- 1 Terrinenform von 1,2 l Inhalt

1. Würzen Sie die Fleischwürfel mit je 1 TL Salz und Zucker, breiten Sie sie auf einem Teller aus und stellen Sie das Fleisch für etwa 15 Minuten in das Tiefkühlfach. Inzwischen die Terrinenform mit Speck auskleiden, wie in Step 1 gezeigt. Die Gewürze und Kräuter im Blitzhacker sehr fein zermahlen. Füllen Sie eine ofenfeste Form, in der die Terrinenform gut Platz hat, zur Hälfte mit heißem Wasser und stellen Sie sie in den Ofen.

2. Den Backofen auf 175 °C vorheizen. Bestreuen Sie Leber- und Zungenwürfel mit der Hälfte der Würzmischung. 1 cl Cognac und 10 ml Madeira zufügen und alles kurz kühl durchziehen lassen. Das tiefgekühlte Fleisch mit der restlichen Würzmischung sowie dem übrigen Cognac und Madeira in der Küchenmaschine oder im Blitzhacker fein zerkleinern, dabei nach und nach die kalte Sahne zufügen. Das muss alles sehr schnell gehen, damit die Farce nicht zu warm wird. Mischen Sie dann die marinierten Leber- und Zungenwürfel sowie die Pistazien unter die Farce.

3. Runden Sie die Farce mit Kalbsjus, Cayennepfeffer und 1 bis 2 TL Salz ab und füllen Sie sie in die Form, wie in Step 2 gezeigt. Die Terrine im Wasserbad 2 ½ Stunden pochieren. Sie ist fertig, wenn die Temperatur im Innern 65 °C erreicht hat. Herausnehmen und abkühlen lassen.

4. Für das Gelee die Äpfel schälen, vierteln und das Fruchtfleisch mit Zitronensaft, Chili, Salz und Pfeffer im Mixer pürieren. Lassen Sie das Püree in einem Sieb abtropfen. Den Saft (200 ml) aufkochen, mit Zitronensaft abschmecken und die gut ausgedrückte Gelatine darin auflösen. Das Gelee in eine flache, eckige Form gießen und im Kühlschrank erstarren lassen.

5. Für das Chutney das übrig gebliebene Apfelpüree weiterverarbeiten oder die Äpfel schälen, fein würfeln und mit Zwiebel und Knoblauch aufkochen. Öl, Apfelwein und -essig sowie die fein gehackte Chilischote zufügen und den Zucker einrühren. Nach Belieben alles noch mit Zimt und Nelken abschmecken. Köcheln Sie das Chutney in 20 bis 30 Minuten dicklich ein, füllen sie es in ein Schraubglas und lassen Sie es abkühlen.

6. Stürzen Sie die Terrine, schneiden Sie sie mit dem Speckrand in Scheiben und richten Sie sie nach Belieben mit einer Salatgarnitur, dem gewürfelten Apfelgelee sowie dem Apfel-Chutney an.

S. 64
WARENKUNDE Grüner Speck

S. 150
KÜCHENPRAXIS Kalbsjus

TERRINENFORM
mit Speck auslegen und füllen

(1) Die Terrinenform quer leicht überlappend mit den Speckscheiben auslegen, dabei 1 Scheibe zum Abdecken der Terrine aufbewahren.

(2) Die Terrinenform mit der Farce füllen und diese mit einem Teigschaber gleichmäßig verteilen, so dass keine Hohlräume entstehen. Die Form mehrmals leicht auf die Arbeitsfläche klopfen, um eventuell entstandene Luftblasen zu entfernen. Die Oberfläche mit der letzten Speckscheibe bedecken und die Form mit dem Deckel oder mit Alufolie verschließen.

Spanferkelsulz

ZUBEREITUNGSZEIT 2 Std. 30 Min.
PÖKELZEIT 7 Tage
ZEIT ZUM WÄSSERN 5 Std.
KÜHLZEIT 12 Std. – FÜR 6–8 PORTIONEN

FÜR DIE SPANFERKELSULZ

- 1 Spanferkelschulter, etwa 1 ½ kg
- 4 Spanferkelhaxen, je etwa 400 g
- 250 g Schweineschwarte (ohne Speck)
- 4 Zwiebeln, geschält, 2 Knoblauchzehen
- 4 Möhren, geputzt
- 100 g Knollensellerie, geputzt
- 2 Lorbeerblätter, 1 Stängel Liebstöckel
- 10 weiße Pfefferkörner, 1 TL Kümmelsamen
- 60 ml Weißweinessig, 200 g Belugalinsen
- 2 Zweige Thymian
- 2–3 Blatt kalt eingeweichte Gelatine, nach Bedarf
- 80 g kleine Kapern
- 6 Essiggurken, klein gewürfelt

FÜR DIE PÖKELMISCHUNG

- 3 Knoblauchzehen, 10 g Kümmelsamen
- je 10 g Koriander- und Pfefferkörner
- 155 g Pökelsalz, 6 g Puderzucker

FÜR DIE KRÄUTER-VINAIGRETTE

- 50 ml Sherry-Essig, 1 EL Dijonsenf
- 80 ml Olivenöl
- 1 grüne Paprikaschote, fein gewürfelt
- 1 Knoblauchzehe, in feinen Streifen
- 1 EL gehacktes Koriandergrün
- 1 EL in Streifen geschnittene glatte Petersilie
- 1 Schalotte, fein gewürfelt
- gemahlener Koriander, Salz, Pfeffer

AUSSERDEM

- 2 Hand voll Sommerportulak oder Blattsalate der Saison

S. 74
WARENKUNDE Spanferkel
S. 140
KÜCHENPRAXIS Pökeln

1. Die Spanferkelschulter und die Haxen kalt abspülen und trockentupfen. Für die Pökelmischung den Knoblauch abziehen und mit dem Kümmel, den Koriander- und Pfefferkörnern fein hacken. Alles mit 75 g Pökelsalz und dem Puderzucker vermischen. Reiben Sie die Spanferkelteile mit der Pökelmischung ein und schichten Sie sie möglichst dicht ohne Zwischenräume in ein Gefäß. Anschließend das Fleisch mit einem Teller beschweren und im Kühlschrank 3 Tage pökeln.

2. Kochen Sie das restliche Pökelsalz mit 3 l Wasser auf und lassen Sie die Lake abkühlen. Die kalte Pökellake über das Fleisch gießen, dieses erneut mit einem Teller beschweren und weitere 4 Tage im Kühlschrank pökeln.

3. Nehmen Sie das Fleisch aus der Pökellake, waschen Sie es gründlich ab und wässern Sie es 5 Stunden kalt, dabei das Wasser mehrmals wechseln.

4. Bedecken Sie das Fleisch und die Schwarte in einem Topf mit kaltem Wasser und bringen Sie alles langsam zum Kochen. Dann 3 ½ Zwiebeln sowie 1 Knoblauchzehe, das Gemüse, die Kräuter, Gewürze sowie den Essig zufügen. Lassen Sie alles bei schwacher Hitze 20 bis 25 Minuten köcheln, bis die Möhren weich sind. Diese herausnehmen und die Möhren klein würfeln. Das Fleisch noch weitere 1 bis 1 ½ Stunden köcheln lassen.

5. Inzwischen die Linsen blanchieren und abgießen. Drücken Sie die restliche Knoblauchzehe leicht an und garen Sie die Linsen mit dem Knoblauch, der übrigen Zwiebelhälfte, und 1 Zweig Thymian weich. Die Linsen abgießen und die Zwiebel, den Knoblauch und den Thymian entfernen.

6. Das Spanferkelfleisch – es sollte sehr weich sein – herausnehmen, den Sud durch ein Sieb gießen, 100 ml abmessen und beiseite stellen, den übrigen Sud aufbewahren. Lösen Sie das Fleisch von den Knochen, befreien Sie es von allem sichtbaren Fett und schneiden Sie es in Würfel.

7. Kochen Sie den übrigen Sud mit der Schwarte noch etwas ein und gießen Sie ihn durch ein mit einem Tuch ausgelegtes Sieb. Abschmecken, bei Bedarf mit etwas Wasser verdünnen und eine Gelierprobe machen; sollte das Gelee zu weich sein, etwas ausgedrückte Gelatine darin auflösen. Das Fleisch mit den Möhren, Kapern, Gurken und Linsen in 6 bis 8 Förmchen oder Teller verteilen, mit Gelee auffüllen und kalt stellen.

8. Für die Vinaigrette alle Zutaten sowie die 100 ml Kochsud verrühren. Stürzen Sie die Sulz und richten Sie sie mit Portulak oder Blattsalaten an. Alles mit der Vinaigrette beträufeln und servieren. Dazu passt gut getoastetes und mit Knoblauch eingeriebenes Schwarzbrot.

Zeit sparen

Wenn Sie die Spanferkelteile bei Ihrem Fleischer bereits gepökelt bestellen, entfällt die lange Vorbereitungszeit. Sie müssen sie dann nur noch wässern. Falls Sie mal eine andere Menge Fleisch pökeln wollen, rechnen Sie pro 1 kg Fleisch 25 g Pökelsalz, 2 g Puderzucker, 1 Knoblauchzehe und je 3 g Kümmel, Koriander- und Pfefferkörner sowie 25 g Pökelsalz und 1 l Wasser für die Lake.

Carpaccio von der Kalbshaxe mit eingelegten Gemüsen

S. 49
WARENKUNDE Kalbshaxe
S. 144
KÜCHENPRAXIS Heller Kalbsfond

ZUBEREITUNGSZEIT 2 Std. 30 Min.

FÜR DIE KALBSHAXE
- 1 mittelgroße Kalbshaxe, Salz, Pfeffer
- Olivenöl, 4 l heller Kalbsfond (S. 144)
- 1 Bouquet garni (1 kleine Möhre, 1 Stange Staudensellerie, ½ Stange Lauch, 1 kleines Stück Knollensellerie, ½ Gemüsezwiebel)

FÜR DAS MARINIERTE GEMÜSE
- 6 EL grobes Meersalz, 4 Schalotten
- 1 gelber Zucchino, 1 große Artischocke
- 4 Strauchtomaten, 2 EL Olivenöl
- Meersalz, 1 EL alter Aceto balsamico
- 2 EL gehackte Estragonblättchen

1. Die Kalbshaxe trockentupfen, salzen, pfeffern und in Öl ringsum anbraten, herausnehmen und abtupfen. Den Kalbsfond aufkochen und die Haxe bei schwacher Hitze 1 ½ Stunden köcheln. Bouquet garni zufügen und alles 1 weitere Stunde köcheln, dabei den Schaum abschöpfen. Die Haxe herausnehmen, das Fleisch vom Knochen lösen, von den Sehnen befreien und in vier gleich große Stücke schneiden. Rollen Sie das Fleisch fest in Frischhaltefolie ein und stellen Sie es kalt. Den Fond durch ein feines Sieb gießen, aber nicht ausdrücken, und abschmecken.

2. Den Backofen auf 100 °C vorheizen. Für das Gemüse den Boden einer kleinen ofenfesten Form mit grobem Meersalz bedecken, die ungeschälten Schalotten darauf setzen und im Ofen 20 bis 25 Minuten backen. Herausnehmen und die Schalotten abkühlen lassen. Den Zucchino in 1 cm dicke Scheiben schneiden. Die Artischocke putzen und den Boden in 12 Ecken teilen. Die Tomaten kreuzweise einritzen, blanchieren, häuten, vierteln und von Stielansatz und Samen befreien. Alles in 1 EL Olivenöl ohne Farbe dünsten, die Artischocke etwas länger. Das Gemüse in etwas Olivenöl, Salz und Balsamico marinieren.

Ideal für Gäste

Dieses Gericht lässt sich sehr gut vorbereiten und kann an heißen Tagen auch als Hauptga[ng] serviert werden. Und der Kalbsfond ergibt – geklärt – eine gute Grundlage für eine feine Maulta[schen]- oder Raviolisuppe.

3. Das Fleisch in 1 cm dicke Scheiben schneiden und in etwas Kalbsfond erwärmen. Abtropfen lassen, das Fleisch leicht überlappend auf Tellern anrichten und mit dem Gemüse belegen. Den Fond mit etwas Olivenöl aufschlagen, den Estragon zufügen und Gemüse und Fleisch mit der Sauce überziehen.

Porchetta mit Senffrüchte-Sauce

ZUBEREITUNGSZEIT 1 Std. 30 Min.

FÜR DAS SPANFERKELKARREE

- ½ Spanferkelkarree mit Knochen (das sind etwa 4 Koteletts mit Knochen, am Stück)
- 1 Zweig Rosmarin, 1 TL Thymianblättchen
- Salz, frisch gemahlener Pfeffer
- 1 TL Dijonsenf, 1 TL Honig, 2 EL Olivenöl

FÜR DIE SENFFRÜCHTE-VINAIGRETTE

- 100 g gemischtes, gewürfeltes Gemüse: Möhren, Knollensellerie, Lauch, Zwiebel (Mirepoix)
- 100 g Senffrüchte (italienisches Feinkostprodukt)
- 100 ml trockener Weißwein, 20 ml Himbeeressig
- Salz, frisch gemahlener Pfeffer, 3–5 EL Olivenöl

1. Das Fleisch auslösen, mit der Fettseite nach unten 30 Minuten in heißes Wasser legen und die Schwarte mit einem scharfen Messer rautenförmig einritzen. Das Fleisch leicht plattieren, wie in Step 1 gezeigt. Rosmarinnadeln abstreifen und mit dem Thymian hacken. Würzen Sie das Karree mit Salz und Pfeffer, bestreichen Sie es mit den Kräutern, Senf und Honig und binden Sie es in Form, wie in Step 2 gezeigt.

2. Das Karree von außen salzen, pfeffern und ringsum in 2 EL Olivenöl anbraten, dann bei 160 °C im vorgeheizten Ofen 15 bis 20 Minuten garen. Herausnehmen, etwas abkühlen lassen, fest in Frischhaltefolie, dann in Alufolie einwickeln und kalt stellen. Die Knochen in einem Bräter leicht anrösten. Gemüse kurz mitrösten, mit dem Wein ablöschen, diesen etwas reduzieren, und die Knochen mit kaltem Wasser bedeckt etwa 30 Minuten köcheln lassen. Die Sauce durch ein Sieb gießen, etwas reduzieren und mit Olivenöl und Himbeeressig mixen. Senffrüchte hacken und unter die Vinaigrette mischen, abschmecken.

3. Das Fleisch möglichst dünn aufschneiden. Bestreichen Sie die vorgewärmten Teller mit Olivenöl, richten Sie die Porchetta-Scheiben darauf an und überziehen Sie diese mit der lauwarmen Vinaigrette.

S. 74
WARENKUNDE Spanferkel

S. 134
KÜCHENPRAXIS Schwarte einschneiden

SPANFERKELKARREE

plattieren und in Form binden

(1) Das ausgelöste Karree mit der Schwarte nach unten auf ein Brett legen und mit der glatten Seite des Fleischklopfers leicht flach klopfen.

(2) Das gewürzte Spanferkelkarree zusammenschlagen und mit der Schwarte nach oben wie einen Rollbraten zusammenbinden.

»Gerollter Kalbskopf«

Für einen gerollten Kalbskopf brauchen Sie 1 ½ kg ausgelöste Maske (beim Fleischer vorbestellen!). Rollen Sie die Maske auf und binden Sie sie wie einen Rollbraten in Form (S. 136), dann 10 Minuten in Salzwasser blanchieren und kalt abbrausen. Wickeln Sie ihn in ein Mulltuch, dessen Enden Sie zubinden. Bereiten Sie einen Gemüsesud zu aus 5 l Wasser, 100 g Möhren, 100 g Lauch, 80 g Staudensellerie, 1 mittelgroßen Zwiebel mit 2 Gewürznelken gespickt, 1 Bund gemischten Kräutern (Petersilie, Kerbel, Schnittlauch und Estragon), 3 EL grobem Meersalz und 15 Pfefferkörnern und legen Sie den Kalbskopf ein. Aufkochen und mehrmals abschäumen! Decken Sie den Topf dreiviertel zu und lassen Sie alles 2 Stunden köcheln. Schneiden Sie den abgetropften Kalbskopf in Scheiben und servieren Sie ihn mit einer »Sauce gribiche«.

Margarethe Brunner

Gekochter Kalbskopf

ZUBEREITUNGSZEIT 3 Std. 45 Min.
ZEIT ZUM WÄSSERN 10 Std.
ZEIT ZUM PÖKELN 1 Woche – KÜHLZEIT 12 Std.
FÜR 6–8 PORTIONEN

FÜR DEN KALBSKOPF

- ½ Kalbskopf mit Knochen (2 ½ kg), ohne Hirn und Augen
- 1 Zitrone, 1 Kalbszunge (etwa 350 g), 2 Möhren, 4 Zwiebeln
- ½ Knollensellerie, 2 Petersilienwurzeln, 3 Lorbeerblätter
- 1 EL weiße Pfefferkörner, 60 ml Weißweinessig

FÜR DIE PÖKELLAKE

- 900 g Pökelsalz, 2 EL Kümmel, 4 Knoblauchzehen, abgezogen
- 20 Wacholderbeeren, 10 Lorbeerblätter
- 4 EL weiße Pfefferkörner, ½ Bund Thymian

FÜR DIE VINAIGRETTE

- ⅛ l Sonnenblumenöl, 60 ml Weißweinessig, 1 EL Dijonsenf
- 2 Schalotten, fein gewürfelt, 2 EL Schnittlauchröllchen
- 1 EL gehackte glatte Petersilie, Salz, frisch gemahlener Pfeffer

AUSSERDEM

- etwas Feld- und Friséesalat, geputzt, 4–6 Radieschen, geputzt

1. Putzen Sie den Kalbskopf sauber und reiben Sie ihn innen und außen mit der halbierten Zitrone gut ab. Dann den Kalbskopf 8 Stunden wässern, dabei das Wasser mehrmals wechseln.

2. Kochen Sie aus den angegebenen Zutaten mit 9 l Wasser eine Pökellake, gießen Sie diese durch ein Sieb und stellen Sie sie kalt. Kalbskopf und Zunge darin 1 Woche im Kühlschrank pökeln. Dann beides 2 Stunden wässern, dabei das Wasser öfter wechseln.

3. Den Kalbskopf und die Zunge in einem Topf mit Wasser bedecken. Fügen Sie das geputzte, grob gewürfelte Gemüse, die Gewürze und den Essig hinzu. Alles 1 bis 1 ½ Stunden köcheln lassen, die weiche Zunge herausnehmen und noch warm häuten. Nach etwa 2 ½ Stunden Garzeit den Kalbskopf herausnehmen, auslösen und binden, wie rechts in Step 1 bis 3 gezeigt. Stellen Sie anschließend den Kalbskopf 12 Stunden kalt.

4. Rühren Sie aus den angegebenen Zutaten eine Vinaigrette. Den Feldsalat waschen und trockenschleudern. Die Radieschen in feine Streifen schneiden. Beides in der Hälfte der Vinaigrette marinieren. Den Kalbskopf dünn aufschneiden und wie ein Carpaccio auf Tellern anrichten, mit der übrigen Vinaigrette beträufeln und mit Feldsalat und Radieschen garniert servieren.

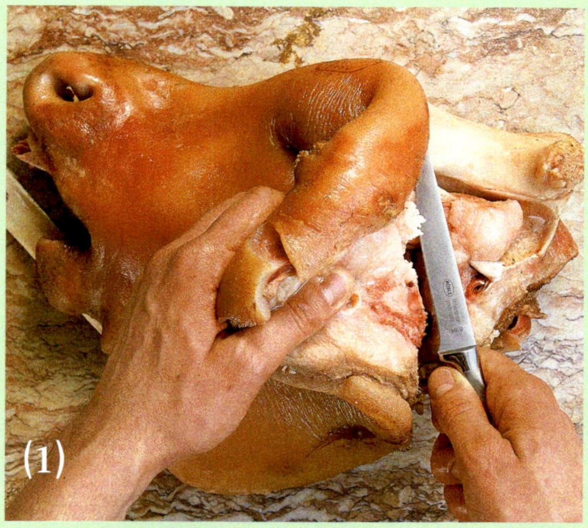

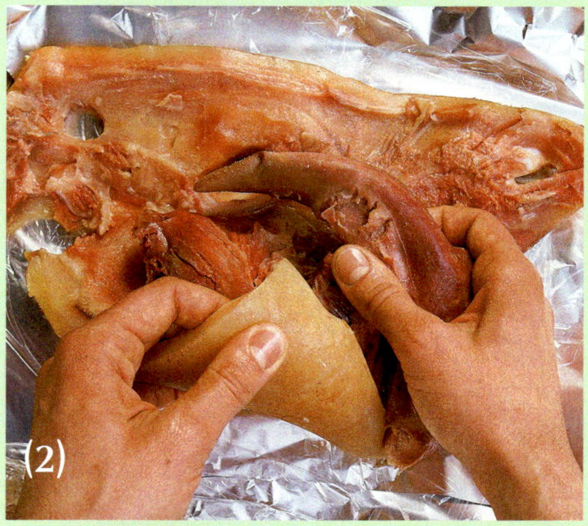

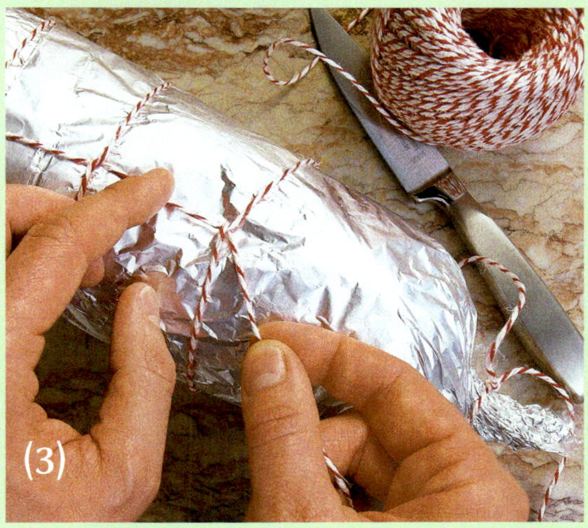

GEKOCHTEN KALBSKOPF
auslösen und binden

(1) Die Kalbsmaske von den Knochen ablösen, umdrehen und mit einem scharfen Messer alles sichtbare Fett sorgfältig abtrennen.

(2) Die gehäutete Zunge in die Mitte legen und fest in die Maske einrollen.

(3) Die aufgerollte Maske erst in Frischhaltefolie, dann in Alufolie wickeln. Anschließend den Kalbskopf mit Küchengarn ähnlich wie einen Rollbraten in Form binden und fest verschnüren.

Leberwurst im Glas

ZUBEREITUNGSZEIT 5 Std.
MARINIERZEIT 4 Tage
FÜR 4 GLÄSER von je 250 ml Inhalt

FÜR DIE LEBERWURST

- 1 Spanferkelkopf (etwa 1 ½ kg) oder ½ Jungschweinekopf (etwa 2 ½ kg)
- 300 g Kalbsleber
- 5 g Pökelsalz, 1 l Milch
- 1 Bouquet garni (1 Möhre, 1 Stange Staudensellerie, 1 kleines Stück Knollensellerie, 1 Stück Lauch, ½ Gemüsezwiebel)
- Salz, 100 g roher, durchwachsener Bauchspeck
- 100 g Rückenspeck (grüner Speck), 1 Apfel
- 1 kleine weiße Zwiebel, 1 Knoblauchzehe
- 1–2 EL Öl, 2 TL Honig, 2 TL Fünf-Gewürze-Pulver
- Pfeffer, 1 kleines Bund Majoran

FÜR DIE PÖKELLAKE

- 500 g Pökelsalz, 4 Zweige Rosmarin
- 4 Zweige Thymian, 20 Wacholderbeeren
- 2 EL schwarze Pfefferkörner, 3 Lorbeerblätter

S. 64
WARENKUNDE Grüner Speck
S. 132
KÜCHENPRAXIS Hackfleisch

1. Kochen Sie alle Zutaten für die Pökellake mit 5 l Wasser auf und lassen Sie diese abkühlen. Den Spanferkelkopf gründlich unter fließendem kaltem Wasser waschen und in der Pökellake zugedeckt 4 Tage im Kühlschrank durchziehen lassen. Am dritten Tag die Leber von Häutchen und Röhren befreien, mit 5 g Pökelsalz einreiben und 24 Stunden im Kühlschrank in der Milch einlegen.

2. Bringen Sie den Spanferkelkopf mit dem Bouquet garni in leicht gesalzenem Wasser zum Kochen und garen Sie ihn 2 bis 2 ½ Stunden. Den Kopf herausnehmen und leicht abkühlen lassen. Vom Kochfond 100 ml abmessen und beiseite stellen. Lösen Sie das Kopffleisch aus, es sollten 600 bis 700 g Fleisch und Bindegewebe übrig bleiben. Die beiden Specksorten, das Apfelfruchtfleisch, die geschälte Zwiebel sowie den Knoblauch grob würfeln und alles ringsum kräftig anbraten. Den Backofen auf 140 °C vorheizen.

3. Die Leber herausnehmen, abtropfen lassen und grob würfeln. 100 g Leber im Blitzhacker fein pürieren. Die restlichen Leberwürfel kurz in Öl anbraten und etwas abkühlen lassen. Drehen Sie alle Zutaten durch die mittlere Scheibe des Fleischwolfs und fügen Sie die pürierte Leber zu.

4. Die Masse mit Honig, Fünf-Gewürze-Pulver, 1 ½ TL Salz, Pfeffer sowie etwas Spanferkel-Kochfond abschmecken und den gehackten Majoran zufügen. Füllen Sie die Lebermasse in die vorbereiteten Gläser und verschließen Sie diese fest. Garen Sie die Leberwurst im Glas etwa 1 Stunde auf einem Gitter im heißen Ofen. Oder stellen Sie die Gläser in eine mit heißem Wasser gefüllte ofenfeste Form, dabei sollte das Wasser bis zur halben Höhe der Gläser reichen. Aus dem Ofen nehmen und die Leberwurst abkühlen lassen. Sie hält sich im Kühlschrank etwa 3 Wochen.

Schweinefleisch-Paté

ZUBEREITUNGSZEIT 3 Std. 40 Min.
MARINIERZEIT 12 Std.
KÜHLZEIT 24 Std.
FÜR 10–12 PORTIONEN

FÜR DIE FARCE
- 500 g Schweinenacken ohne Schwarte
- 500 g Schweinebauch ohne Schwarte
- 150 g Rückenspeck (grüner Speck)
- 300 g Kalbsleber, pariert
- 8 Wacholderbeeren, 5 Pimentkörner
- 25 g Pökelsalz, 2 cl Gin, 4 cl Cognac
- 2 Brötchen vom Vortag
- ⅛ l Milch
- 150 g Zwiebeln
- 2 Knoblauchzehen, 30 g Butter
- 1 EL gehackter Majoran
- 1 TL gehackter Thymian
- 2 EL gehackte glatte Petersilie
- frisch gemahlener Pfeffer
- frisch geriebene Muskatnuss

FÜR DIE EINLAGE
- 1 EL grüne Pfefferkörner, aus dem Glas
- 80 g geschälte Pistazien
- 100 g gekochter Schinken, in Würfeln
- 80 g frische, geputzte Morcheln, in 1 EL Butter angeschwitzt (Ersatz: Egerlinge)

AUSSERDEM
- 1 Terrinenform mit Deckel von 1,6 l Inhalt
- 8 breite Scheiben Rückenspeck

S. 64
WARENKUNDE Schweinebauch
S. 132
KÜCHENPRAXIS Hackfleisch

1. Schneiden Sie das Fleisch, den Speck und die Leber in etwa 2 cm große Würfel. Die Wacholderbeeren und Pimentkörner im Mörser zerstoßen. Alles mit dem Pökelsalz (Achtung: nicht mehr als 25 g verwenden, da die Paté sonst zu salzig wird), Gin und Cognac etwa 12 Stunden im Kühlschrank marinieren.

2. Am nächsten Tag die Brötchen 2 cm groß würfeln und in der Milch einweichen. Zwiebeln und Knoblauch schälen und beides in dünne Scheiben schneiden. Braten Sie die Zwiebeln in der Butter langsam hellbraun an, den Knoblauch kurz mitbraten und die Mischung abkühlen lassen.

3. Den Backofen auf 175 °C vorheizen. Drehen Sie das marinierte Fleisch mit den Brötchen und der Zwiebelmischung durch die feine Scheibe des Fleischwolfs und mischen Sie die gehackten Kräuter unter. Die Farce mit Pfeffer und Muskat würzen und gut durchkneten. Alle Zutaten für die Einlage unter die Farce heben und gut durchmischen.

4. Legen Sie die Terrinenform leicht überlappend mit den Speckscheiben aus und füllen Sie die Farce ein. Den Deckel auflegen, die Form in eine zu zwei Dritteln mit kochendem Wasser gefüllte ofenfeste Form stellen und die Paté im Wasserbad etwa 2 ¼ Stunden pochieren – sie ist gar, wenn sie im Inneren eine Kerntemperatur von mindestens 65 °C erreicht hat.

5. Nehmen Sie die Paté aus dem Ofen und stellen Sie sie vor dem Servieren mindestens 12 Stunden, besser noch 24 Stunden, kühl.

Suppen und Eintöpfe

Klassisch mit Mark und Ochsenschwanz oder asiatisch und exotisch gewürzt. Herzhaft und deftig: Pichelsteiner und Borschtsch.

Appetitlich und dampfend heiß

Ob klar oder gebunden, ob für eine Consommé als Auftakt eines Menüs oder für die kraftvolle Suppe zur Stärkung: Grundlage delikater Suppen und herzhafter Eintöpfe sind selbst gekochte Brühen und Fonds.

ALLEIN SCHON DER DUFT einer langsam auf dem Herd köchelnden Suppe hebt die Stimmung und regt den Appetit an. Voller Vorfreude versammeln sich alle in der Küche. Und tatsächlich ist ein Teller heißer Suppe eine Wohltat für Leib und Seele, nicht zuletzt deshalb, weil sie zusätzliche Flüssigkeit für den Körper bedeutet – und davon kann man ja nicht genug haben.

DIE GRUNDLAGEN: FONDS UND BRÜHEN

Sicherlich gibt es im gut sortierten Feinkosthandel jede Menge fertiger Fonds und Brühen aus dem Glas zu kaufen – und sie sind ja auch nicht schlecht. Wem die notwendige Zeit fehlt, greift gerne zu diesen Produkten. Dennoch kommen sie natürlich nicht an eine selbst gekochte Rinderbrühe oder einen Kalbsfond hin, der sich aus Knochen, Parüren und Würzzutaten in Verbindung mit etwas Zeit leicht selbst herstellen lässt. Für die Suppenküche ideal ist deshalb ein großer Vorrat an tiefgekühlten Fonds und Brühen – die Rezepte dafür finden Sie in der Küchenpraxis (S. 144 bis 149). Je nach Portionenzahl bieten sich zum Tiefkühlen verschließbare Gefäße in Größen zwischen 300 ml für 1 Portion und 1,2 l für 4 Portionen an.

VORSICHT MIT DEM SALZ

Beim Zubereiten von Suppen sollten Sie mit dem Salz vorsichtig sein. Während des Kochens verdampft ein gewisser Anteil an Flüssigkeit, der Salzgehalt bleibt jedoch derselbe, die Konzentration nimmt zu. Daher eine Suppe lieber zunächst sparsam salzen und erst kurz vor Ende der Garzeit mit Salz abschmecken – so kann nichts schief gehen.

FEINE EINLAGEN

Fleisch und ausgekochte Knochen bilden jedoch nicht nur die geschmackliche Grundlage von Suppen. Aus einer Farce oder dem in den Knochen enthaltenen Mark lassen sich zudem feine Einlagen für eine klare Brühe herstellen, zwei der besten stellen wir Ihnen auf den folgenden Seiten vor: Markklößchen und Kalbslebernockerl. Wollen Sie die delikaten Klößchen oder auch die etwas größeren Maultaschen einmal besonders edel auf den Tisch bringen, servieren Sie sie in einer feinen Consommé. Zum Klären köchelt hierfür eine kräftige Brühe zusammen mit einer Mischung aus Fleisch, Eiweiß und verschiedenen würzenden Zutaten eine Zeit lang auf dem Herd. Das Eiweiß bindet dabei sämtliche Trübstoffe und nach dem Passieren bleibt eine wunderbar klare, geschmackvolle Essenz übrig. Ein Prinzip, das man so auch bei der klaren Ochsenschwanzsuppe anwendet – einem der großen Klassiker der Suppenküche. Hier kann dann das ausgelöste zarte Fleisch ebenso als Einlage verwendet werden wie das mitgegarte, nicht zu weich gekochte, gewürfelte Gemüse. Eine Besonderheit stellt schließlich noch das Lammfilet in Consommé dar: Hier werden die dünn geschnittenen Filetscheiben roh mit einer kochend heißen Consommé übergossen und garen dadurch auf den Punkt.

Fleisch und Brühe

Für eine gute Brühe sollen Fleisch und Knochen möglichst stark auslaugen und kommen daher ins kalte Wasser. Wird das Fleisch jedoch als Einlage serviert, sollte es erst dann mit in den Topf, wenn das Wasser bereits kocht.

ALLES AUS EINEM TOPF

Den Schluss des Kapitels bilden herzhafte Suppen und Eintöpfe. Versuchen Sie doch einmal die exotische Gulaschsuppe oder den dazugehörigen Klassiker. Die Zubereitung von Eintöpfen ist nicht schwer, nur ein paar Feinheiten gilt es zu beachten. So wird etwa das Lage für Lage eingeschichtete Fleisch und Gemüse beim Pichelsteiner keinesfalls mehr umgerührt, während er im Ofen gart. Anders beim Borschtsch: Hier brät man Kohl und Rote Beten in Schmalz an, bevor man alles mit Suppe aufgießt.

Markklößchensuppe

ZUBEREITUNGSZEIT 3 Std.
ZEIT ZUM WÄSSERN 1 Std.

FÜR DIE MARKKLÖSSCHEN
- 80 g ausgelöstes Rindermark (aus etwa 500 g Markknochen)
- 50 g entrindetes Weißbrot, vom Vortag
- 3 Eigelbe
- Salz, frisch gemahlener weißer Pfeffer
- frisch geriebene Muskatnuss
- 1 EL gehackte glatte Petersilie
- 1 EL Mehl

FÜR DIE SUPPE
- etwa 1 l Rinderbrühe aus 2 Beinscheiben gekocht (S. 146)
- 2 EL Möhrenwürfel, bissfest gegart
- 4 EL Schnittlauchröllchen

S. 45
WARENKUNDE Markknochen
S. 147
KÜCHENPRAXIS Mark auslösen

1. Das ausgelöste Rindermark 1 Stunde unter fließendem kaltem Wasser wässern. In der Zwischenzeit das Weißbrot vom Vortag im Blitzhacker fein zerkleinern.

2. Geben Sie das Mark in eine Kasserolle und zerlassen Sie es bei schwacher Hitze. Dann das Mark durch ein feines Sieb in eine Schüssel gießen und vollständig erkalten lassen.

3. Rühren Sie zuerst die Weißbrotbrösel unter und arbeiten Sie dann nach und nach die Eigelbe ein. Die Masse mit Salz, weißem Pfeffer und Muskat würzen, anschließend die gehackte Petersilie und das Mehl unterrühren.

4. Bringen Sie in einem Topf eine ausreichende Menge Salzwasser zum Kochen. Von der Masse mit zwei in heißes Wasser getauchten Teelöffeln Nocken abstechen und diese mit angefeuchteten Händen zu Bällchen formen. Geben Sie die Markklößchen in das kochende Wasser und lassen Sie sie in etwa 5 Minuten darin gar ziehen.

5. Die Rinderbrühe erhitzen und die Möhrenwürfel darin erwärmen. Verteilen Sie die Markklößchen in Suppentassen oder -teller und und füllen Sie die Suppe ein. Die Suppe mit Schnittlauch bestreuen und sofort servieren.

In der Terrine serviert

In der kalten Jahreszeit ist eine Markklößchensuppe – klassisch in der Terrine serviert – eine wundervolle Vorspeise, die an die »gute, alte Zeit« erinnert. Wenn Sie die Brühe aus Beinscheiben kochen, können Sie das Mark daraus gleich für die Klößchen mitverwenden. Fleisch und Suppengemüse, sofern es nicht zu weich ist, ergeben klein gewürfelt eine zusätzliche herzhafte Einlage.

Kalbslebernockerlsuppe

ZUBEREITUNGSZEIT 40 Min.

FÜR DIE NOCKERL
- 35 g geräucherter Bauchspeck, in 3 mm dünne Scheiben geschnitten
- 80 g Kalbsleber, pariert
- 40 g Zwiebel, sehr fein gewürfelt
- 40 g Semmelbrösel
- 1 Ei
- 2 EL fein geschnittene glatte Petersilie
- 1 TL fein geschnittener frischer Majoran
- Salz, frisch gemahlener Pfeffer
- frisch geriebene Muskatnuss

FÜR DIE SUPPE
- 1 ¼ l kräftige Rinderbrühe (S. 146)
- 2 EL Schnittlauchröllchen

»Für eine klassische Leberknödelsuppe ersetzen Sie die Hälfte der links angegebenen Kalbsleber durch mageres Kalbfleisch. Die Masse können Sie dann zu kleinen Knödeln formen und diese wie die Nockerln in einer kräftigen Rinderbrühe servieren.«

1. Für die Nockerl schneiden Sie den Speck in sehr feine Würfel. Die Kalbsleber grob würfeln und durch die mittlere Scheibe des Fleischwolfs drehen. Den Speck ausbraten, die Zwiebelwürfel zufügen und glasig anschwitzen. Speck und Zwiebeln herausnehmen und auf Küchenpapier auskühlen lassen.

2. Vermengen Sie die Leber mit dem Speck, den Zwiebeln, den Semmelbröseln und dem Ei und rühren Sie die Kräuter unter. Dann die Masse mit Salz, Pfeffer und Muskat würzen, alles gut durchmischen und die Masse 10 Minuten quellen lassen. Formen Sie mit zwei Teelöffeln eine Probenocke und lassen Sie sie in heißem Salzwasser 8 Minuten ziehen. Falls die Nocke nicht zusammenhält, arbeiten Sie noch etwas Semmelbrösel in die Masse ein.

3. Die Rinderbrühe erhitzen. Mit zwei Teelöffeln kleine Nocken formen und in der heißen Brühe in etwa 8 Minuten unterhalb des Siedepunkts gar ziehen lassen. Die Suppe in Teller verteilen oder in einer Terrine anrichten, mit Schnittlauch bestreuen und sofort servieren.

S. 55
WARENKUNDE Kalbsleber

S. 146
KÜCHENPRAXIS Rinderbrühe

Schwäbische Maultaschen

ZUBEREITUNGSZEIT 40 Min.

FÜR DEN TEIG

- 250 g Nudelteig, fertig vom Bäcker oder selbst gemacht aus 170 g Mehl, 2 Eiern, etwas Salz und 1–3 EL Wasser

FÜR DIE FÜLLUNG

- 1 Zwiebel (60 g), ½ kleine Knoblauchzehe
- 40 g Lauch, 5 g Butter, 120 g Spinat, geputzt
- 1 Brötchen, in Scheiben geschnitten und in Milch eingeweicht
- 1 Landjäger, in grobe Scheiben geschnitten
- 40 g Räucherschinken, grob gewürfelt
- 3 Stängel glatte Petersilie, Blätter abgezupft
- 1 kleiner Zweig Majoran, Blätter abgezupft
- 100 g Hackfleisch (Schwein und Rind)
- 100 g Kalbfleischbrät vom Fleischer (oder Kalbfleischfarce von der Terrine, S. 162)
- 1 Ei, 1 EL fein geraspelte Möhre
- Salz, frisch gemahlener Pfeffer, Muskatnuss

AUSSERDEM

- 2 l Fleischbrühe (S. 146), 1 Eiweiß

1. Falls Sie keinen Nudelteig bekommen, verkneten Sie die angegebenen Zutaten zu einem Teig und lassen ihn ½ Stunde kühl ruhen. Dann den Teig dünn zu drei 35 x 15 cm großen Platten ausrollen.

2. Für die Füllung die Zwiebel schälen, den Knoblauch abziehen, den Lauch putzen und waschen. Alles sehr fein würfeln, in Butter kurz dünsten und abkühlen lassen.

3. Den Spinat waschen und kurz erhitzen, bis er zusammenfällt. Drehen Sie dann das eingeweichte und ausgedrückte Brötchen mit dem Landjäger, dem Räucherschinken, den Kräutern und dem Spinat durch die feine Scheibe des Fleischwolfs. Die Masse mit dem Hackfleisch, dem Kalbsbrät und der Zwiebel-Mischung vermengen, Ei und Möhre untermischen und alles mit Salz, Pfeffer und Muskat abschmecken.

4. Bringen Sie die Brühe in einem großen Topf zum Kochen. Die Teigbahnen an den Längsseiten mit Eiweiß bestreichen. Verteilen Sie die Füllung jeweils etwa 1 cm hoch auf der vorderen Hälfte der Teigplatten, klappen Sie die andere Hälfte darüber und drücken Sie die Teigränder gut fest. Mit einem Kochlöffelstiel im Abstand von etwa 6 cm eine Kerbe anbringen. Drücken Sie mit der Handkante etwas nach und trennen Sie die Maultaschen mit einem Messer voneinander.

5. Die Maultaschen in die leicht kochende Fleischbrühe einlegen und in etwa 15 Minuten gar ziehen lassen. Servieren Sie sie nach Belieben in der Brühe oder mit gebratenen Zwiebelringen und Kartoffelsalat.

»Himmlisch schlemmen«

»En de kloinschte Täschla send oft die beschte Sächla«, sagt der Württemberger und rückt genüsslich seinen Teller voll aufgeschmälzter Maultaschen zurecht. Und das nicht nur zur Fastenzeit. Denn eigentlich gehören die kleinen Nudeltaschen zu den althergebrachten Fastenspeisen und werden traditionell am Gründonnerstag serviert – und das trotz ihres oft sündig-fleischlichen Inhalts. Das wundert aber nur die Nicht-Schwaben, die den Fleischverzicht während der 40-tägigen, entbehrungsreichen Vorbereitung auf Ostern buchstabengetreu auslegen.
Der Sage nach liegt der Ursprung der köstlichen Mehlspeise im Kloster Maulbronn. Genussfreudige (und hungrige) Mönche kamen während des 30-jährigen Krieges dort auf die originelle Idee, das Fleisch vor den Augen der Welt und des Allmächtigen unter einem Nudelmantel zu verstecken. Im Volksmund werden Maultaschen daher auch »Herrgottsbscheißerla« genannt, was nicht nur die innige Beziehung der Schwaben zu ihrer Traditionsspeise zeigt, sondern auch ihre zuversichtliche Hinwendung zum himmlischen Vater.

Margarethe Brunner

Gebundene Ochsenschwanzsuppe

ZUBEREITUNGSZEIT 3 Std. 40 Min.

FÜR DIE SUPPE
- 800 g Ochsenschwanz
- 50 g gekochter geräucherter Bauchspeck (Wammerl)
- 1 Zwiebel, 1 Möhre
- 1 Petersilienwurzel
- 40 g Knollensellerie
- 1 Knoblauchzehe
- 2–3 EL Öl, 1 TL Tomatenmark
- 1 gehäufter EL Mehl (20 g)
- 350 ml trockener Rotwein, nicht zu säurehaltig
- 40 ml Madeira, 6 weiße Pfefferkörner
- 5 Pimentkörner, 5 Wacholderbeeren
- 1 Messerspitze gemahlener Koriander
- 2 Streifen Schale von 1 unbehandelten Zitrone
- 1 Zweig Thymian, ½ Lorbeerblatt
- 2 l schwach gesalzene oder ungesalzene Rinderbrühe (S. 146)
- Salz, frisch gemahlener Pfeffer
- 4 EL Crème fraîche, etwas glatte Petersilie

1. Den Ochsenschwanz mit Küchenpapier trockentupfen. Teilen Sie den Ochsenschwanz mit einem scharfen Messer in die einzelnen Segmente.

2. Schneiden Sie den Bauchspeck in kleine Würfel. Die Zwiebel, die Möhre, die Petersilienwurzel und den Knollensellerie schälen und alles in grobe Würfel schneiden. Den Knoblauch abziehen und mit einer breiten Messerklinge leicht andrücken.

3. Braten Sie die Ochsenschwanzstücke in Öl ringsum braun an. Anschließend die Gemüsewürfel mit dem Knoblauch sowie dem gewürfelten Speck zugeben und mit anbraten. Wenn das Gemüse leicht gebräunt ist, das Tomatenmark unterrühren und kurz mit anrösten. Alles mit Mehl bestauben und mit Rotwein und Madeira ablöschen. Fügen Sie die Gewürze, die Zitronenschale sowie die Kräuter zu, füllen Sie alles mit der Rinderbrühe auf und lassen Sie den Ochsenschwanz etwa 3 Stunden leicht köcheln.

4. Die Ochsenschwanzstücke herausnehmen. Lösen Sie das Fleisch noch warm von den Knochen und stellen Sie es beiseite. Die Brühe erst durch ein grobes, dann durch ein feinmaschiges Sieb gießen, dabei den Siebinhalt jeweils mit einer Schöpfkelle oder mit einem Stößel gut ausdrücken. Die Suppe bei Bedarf noch etwas reduzieren und entfetten.

5. Schmecken Sie die Suppe mit Salz und Pfeffer ab. Das Fleisch in Würfel schneiden und in die Suppe geben. Verteilen Sie die Ochsenschwanzsuppe in vorgewärmte tiefe Teller, verfeinern Sie sie mit jeweils 1 EL Crème fraîche und garnieren Sie die Suppe mit etwas glatter Petersilie. Sofort servieren.

Reste verarbeiten

Falls Sie etwas ausgelöstes Ochsenschwanzfleisch übrig haben, können Sie das Fleisch noch warm in eine Form pressen und darin erkalten lassen. So lässt es sich später leicht in Würfel oder Scheiben schneiden und nach Belieben panieren und ausbacken.

S. 45
WARENKUNDE Ochsenschwanz

S. 146
KÜCHENPRAXIS Rinderbrühe

Klare Ochsenschwanzsuppe

ZUBEREITUNGSZEIT 4 Std. 15 Min.

FÜR DIE SUPPE
- 200 g Zwiebeln, 100 g Möhren, 100 g Lauch
- 80 g Knollensellerie, 100 g Butter
- 800 g Ochsenschwanz, in Segmente zerteilt
- 1,2 kg Kalbs- und Rinderknochen, gehackt
- 1 EL Tomatenmark, ¾ l kräftiger Weißwein
- je 1 Zweig Thymian, Rosmarin und Salbei
- je 1 Stängel Petersilie und Basilikum
- 60 ml trockener Sherry

FÜR DIE KLÄRMISCHUNG
- 120 g Möhren, 60 g Petersilienwurzel, 100 g Lauch
- 400 g Rinderwade oder Beinscheiben, 5 Eiweiße
- 3 Pimentkörner, 10 weiße Pfefferkörner
- 1 EL Aceto balsamico, Salz, 2 Knoblauchzehen
- je 1 Zweig Thymian, Rosmarin und Basilikum
- ½ TL Majoranblättchen, 2 Gewürznelken, 1 Lorbeerblatt

S. 45
WARENKUNDE Ochsenschwanz
S. 39
WARENKUNDE Rinderwade

1. Den Ofen auf 180 °C vorheizen. Das Gemüse für die Suppe putzen und grob würfeln. Die Butter in einem Bräter zerlassen und den Ochsenschwanz, die Knochen und das Gemüse zufügen. Bräunen Sie alles unter mehrmaligem Wenden im Ofen an. Sobald die Flüssigkeit verdampft ist, das Tomatenmark zufügen und mitrösten. Den Wein in mehreren Portionen zugießen und jeweils völlig einkochen lassen.

2. Die Ochsenschwanzstücke mit kaltem Wasser bedecken, die Kräuter zufügen und alles offen auf dem Herd 3 bis 3 ½ Stunden köcheln lassen. Den Ochsenschwanz ausstechen und das Fleisch noch warm auslösen. Den Bratfond durch ein Sieb gießen, vollständig erkalten lassen und entfetten. Klären Sie den Fond, wie unten in Step 1 und 2 gezeigt. Das Fleisch als Einlage in der klaren Suppe servieren.

OCHSENSCHWANZSUPPE

mit Fleisch und Eiweiß klären

(1) Das Gemüse zum Klären putzen. Fleisch ohne Knochen, Möhren und Petersilienwurzel durch die grobe Scheibe des Fleischwolfs drehen und mit den restlichen Zutaten für die Klärmischung vermengen. Klärmischung und Fond in einen Topf füllen.

(2) Alles aufkochen, dabei ständig am Topfboden rühren. Nicht mehr rühren, sobald dichter Schaum aufsteigt. Alles 35 Minuten köcheln, den Sherry zugießen, erneut 10 Minuten köcheln und die Suppe durch ein mit einem Tuch ausgelegtes Sieb gießen.

Reisnudelsuppe mit Fleisch und Seafood

ZUBEREITUNGSZEIT 35 Min.

ZUTATEN
- 120 g Hackfleisch (Schwein und Rind)
- 2 EL helle Sojasauce
- 2 EL Fischsauce (Nam Pla)
- frisch gemahlener weißer Pfeffer
- 12 kleine geputzte Kalmarkörper, ohne Arme
- 1 l Geflügel- oder Kalbsfond (S. 149 oder 144)
- 4 geschälte rohe Salzwassergarnelen, je etwa 50 g
- 5 Chinakohlblätter
- 2 Stängel Koriandergrün
- 2 Frühlingszwiebeln
- 1 EL gehackter eingelegter Kohl (Senfkohl)
- 120 g Bohnensprossen, Zucker
- 40 g Reisbandnudeln, in Wasser gekocht (ergibt etwa 100 g gekochte Nudeln)
- 12 dünne Scheiben Rinderfilet, je etwa 20 g
- 2 EL gehackter Knoblauch, in Öl frittiert
- 2–3 EL Limettensaft, nach Belieben

1. Vermischen Sie das Hackfleisch mit je 1 EL Soja- und Fischsauce und würzen Sie es mit Pfeffer. Die Kalmare kalt abspülen, mit Küchenpapier trockentupfen und mit der Hackfleischmasse füllen.

2. Den Geflügelfond in einem Topf zum Kochen bringen, die gefüllten Kalmare und die Garnelen zugeben. Die Hitze etwas reduzieren und beides in dem Fond 15 bis 20 Minuten gar ziehen lassen. Nehmen Sie dann die Kalmare und die Garnelen wieder heraus und stellen Sie beides kurz warm.

3. Die Chinakohlblätter waschen, trockenschütteln und in Streifen schneiden. Die Korianderblättchen von den Stängeln abzupfen und beiseite stellen. Die Frühlingszwiebeln putzen, waschen und schräg in etwa 2 cm lange Stücke schneiden. Die Korianderstängel ebenfalls in 2 cm lange Stücke schneiden und mit den Chinakohlstreifen, dem eingelegten Senfkohl, den Bohnensprossen und den Frühlingszwiebelstücken in die Suppe geben. Alles kurz aufkochen lassen.

4. Die Suppe mit der restlichen Soja- und Fischsauce sowie etwas Zucker würzen.

5. Verteilen Sie die abgetropften Reisnudeln, die Kalmare, die Garnelen und die rohen Rinderfiletscheiben gleichmäßig in vier Suppentassen und gießen Sie die kochende Suppe mit dem Gemüse dazu. Die Suppe mit Korianderblättchen und frittiertem Knoblauch bestreuen und nach Belieben mit Limettensaft abschmecken.

Selbst ist der Gast

Stellen Sie Chilipulver, in Essig eingelegte rote Chilischeiben, Fischsauce und Zucker separat auf den Tisch, so kann jeder seine Suppe selbst abschmecken. Anstelle der 12 kleinen können Sie auch 3 oder 4 größere Kalmare füllen. Diese müssen allerdings etwas länger ziehen und werden dann in Scheiben geschnitten wieder in die Suppe gegeben.

Thailändische Hackfleischsuppe

ZUBEREITUNGSZEIT 1 Std.

ZUTATEN
- 1 Stück Korianderwurzel (5 cm)
- 3 Knoblauchzehen
- etwas frisches Chilifruchtfleisch, nach Belieben
- 160 g Hackfleisch (Kalb und Schwein)
- 40 g geschälte rohe Garnelenschwänze, halbiert
- 12 getrocknete Shiitake-Pilze, 20 Minuten in lauwarmem Wasser eingeweicht
- 1 EL Sonnenblumenöl, weißer Pfeffer
- je 1 EL Fischsauce und helle Sojasauce
- 1 l Geflügelfond oder Schweinebrühe (S. 149)
- 3 kleine, nicht zu dicke Salatgurken
- 300 g weicher Tofu, nach Belieben
- 2 Frühlingszwiebeln
- 3 EL abgezupfte Korianderblättchen

1. Die Korianderwurzel gründlich waschen und fein hacken. Den Knoblauch abziehen, fein hacken und mit der Korianderwurzel im Mörser zu einer Paste verarbeiten. Wer's gerne scharf mag, verarbeitet zusätzlich etwas gehacktes Chilifruchtfleisch im Mörser mit.

2. Vermengen Sie das Hackfleisch, die Garnelen und die Würzpaste gut miteinander und braten Sie alles zusammen mit den ausgedrückten Shiitake-Pilzen im heißen Öl an. Mit Pfeffer, Fisch- und Sojasauce würzen, den Fond zugießen und die Mischung zum Kochen bringen.

3. Inzwischen die Gurken schälen, halbieren, mit einem Kugelausstecher von den Kernen befreien und in 5 mm dicke Scheiben schneiden. Den Tofu in 1 cm große Würfel schneiden. Die Frühlingszwiebeln putzen, waschen und in 2 cm lange Stücke schneiden.

4. Geben Sie die Gurken, den Tofu und die Frühlingszwiebeln in die Suppe und lassen Sie sie darin heiß werden. Dann die Korianderblättchen untermischen, die Suppe abschmecken, mit weißem Pfeffer würzen und servieren.

Lammfilet in Consommé

ZUBEREITUNGSZEIT 3 Std. 45 Min.

FÜR DEN FOND
- 300 g Lammknochen, 1–2 EL Öl
- 80 g gemischtes, gewürfeltes Gemüse (Möhren, Sellerie, Lauch und Zwiebel)
- ½ EL Tomatenmark
- 1 Tomate, gewürfelt, 100 ml Weißwein
- je 1 Zweig Rosmarin und Thymian
- ½ gebräunte Zwiebel mit Schale

ZUM KLÄREN
- 100 g Rinderwade, durch die grobe Scheibe des Fleischwolfs gedreht
- 1 Eiweiß, leicht verquirlt
- 1 TL Fenchelsamen, Salz, zerstoßenes Eis

S. 82
WARENKUNDE Lammfilet

FÜR DIE EINLAGE
- 2 mittelgroße Fenchelknollen, halbiert
- 1 Schalotte, fein gewürfelt, 2 EL Olivenöl
- 1 TL Korianderkörner
- Salz, frisch gemahlener Pfeffer
- 4 Lammfilets

FÜR DAS PISTOU
- 1 großes Bund Basilikum (etwa 50 Blätter)
- 1 ½ EL Pinienkerne, geröstet
- ½ Knoblauchzehe, fein gehackt
- Salz, 1–2 EL Parmesan, Olivenöl

1. Für den Fond rösten Sie die Knochen langsam in Öl an. Das gewürfelte Gemüse zugeben und mit anbraten. Das Tomatenmark kurz mitrösten, dann die Tomatenwürfel zufügen und kurz mitdünsten. Alles mit dem Wein ablöschen und diesen reduzieren. Bedecken Sie die Knochen mit kaltem Wasser, fügen Sie die Kräuter hinzu und lassen Sie den Fond 2 Stunden bei schwacher Hitze köcheln, dabei immer wieder entfetten. Anschließend den Fond durch ein feines Sieb gießen (Rückstände nicht ausdrücken!) und kalt stellen.

2. Verrühren Sie sämtliche Klärzutaten gut miteinander. Den erkalteten Lammfond entfetten und mit der Klärmischung unter ständigem Rühren zum Kochen bringen. Dann die Hitze reduzieren, die Zwiebel zufügen und die Consommé 1 Stunde bei schwacher Hitze ziehen lassen. Die Consommé durch ein mit einem Tuch ausgelegtes Sieb gießen und abschmecken.

3. Den Backofen auf 160 °C vorheizen. Für die Einlage den Fenchel mit Strunk in 2 cm dicke Scheiben schneiden. Dünsten Sie die Schalotte in Öl an, Fenchel und Korianderkörner zugeben, salzen, pfeffern, etwas Wasser angießen und den Fenchel zugedeckt im Ofen in etwa 30 Minuten weich schmoren. Herausnehmen und den Fenchel mit Küchenpapier abtupfen.

4. Für das Pistou Basilikum, Pinienkerne, Knoblauch, Salz, Parmesan und Öl im Mörser oder Mixer zu einer homogenen Paste verarbeiten. Die Lammfilets in sehr dünne Scheiben schneiden. Richten Sie die Fleischscheiben mit dem Fenchel und je 1 TL Pistou in vorgewärmten tiefen Tellern an und gießen Sie die Consommé kochend heiß darüber. Sofort servieren.

Fruchtige Gulaschsuppe

ZUBEREITUNGSZEIT 1 Std. 40 Min.

FÜR DIE GULASCHSUPPE

- 800 g Rindfleisch aus der Oberschale, 3–4 EL Öl
- 4 rote Zwiebeln, in Streifen, 2 Möhren, gewürfelt
- ¼ kleiner Knollensellerie (100–150 g), gewürfelt
- 1 TL Meersalz, 1 TL Currypulver
- 1 TL gemahlener Kreuzkümmel
- 1 TL Tandoori-Pulver, 1 TL Zucker
- 2 EL Tomatenmark, ½ l Rinderbrühe (S. 146)
- ½ l Maracujasaft, 1 Mango, in Streifen geschnitten
- 2 Eigelbe, 8 Blätter Frühlingsrollenteig (Kühlregal)
- 2 EL fein geschnittenes Koriandergrün

1. Das Rindfleisch 2 cm groß würfeln. Braten Sie das Fleisch in Öl portionsweise kräftig an. Herausnehmen und das vorbereitete Gemüse ebenfalls anbraten. Das Fleisch wieder einlegen und mit Salz, Curry, Kreuzkümmel, Tandoori-Pulver und Zucker würzen.

2. Rösten Sie das Tomatenmark 2 Minuten mit an und löschen Sie dann alles mit der Brühe und dem Maracujasaft ab. Die Suppe offen etwa 50 Minuten leicht köcheln lassen.

3. Das Fleisch ausstechen. Die Mangostreifen in die Suppe geben. Verteilen Sie das Fleisch auf den am Rand mit Eigelb bepinselten Frühlingsrollenteigblättern und rollen Sie diese fest auf. Die Rollen in Öl ringsum goldgelb anbraten.

4. Verteilen Sie die Suppe in tiefe Teller. In die Mitte je eine schräg aufgeschnittene Fleischrolle setzen und mit Koriandergrün bestreut servieren.

S. 37
WARENKUNDE Rinderoberschale

S. 146
KÜCHENPRAXIS Rinderbrühe

»Gulaschsuppe klassisch«

Paprika spielt in der ungarischen Küche eine zentrale Rolle, ebenso der Kessel der Rinderhirten, der heute noch bei der traditionellen Zubereitung von Gulaschsuppe und Kesselgulasch aus Rindfleisch über offenem Feuer gebräuchlich ist. Das ungarische Wort gulyás (deutsch Rinderhirte) bezeichnet übrigens die Suppe und nicht das Fleischgericht (ungar. pörkölt).

Für die klassische Gulaschsuppe dünsten Sie 200 g Zwiebeln in 30 g Butter glasig an, fügen je 1 EL Paprikapulver und Tomatenmark hinzu und löschen mit 1 EL Rotweinessig ab. Nun kommen 600 g klein gewürfelte Rinderschulter, 1 gehackte Knoblauchzehe, 1 gute Prise gemahlener Kümmel und ½ TL Majoran dazu. Gießen Sie das Fleisch mit wenig kaltem Wasser auf und lassen es etwas einkochen, dann das Fleisch noch 20 Minuten zugedeckt schmoren. Zuletzt geben Sie 200 g geschälte, mehlig kochende Kartoffeln in Würfeln mit reichlich Wasser dazu und garen Sie sie weich. Danach kommt die Suppe in den 150 °C heißen Backofen, wo sie einige Stunden offen köchelt, bis sie die richtige Konsistenz hat.

Ingrid Schindler

Pichelsteiner Eintopf

ZUBEREITUNGSZEIT 1 Std. 40 Min.
FÜR 4–6 PORTIONEN

FÜR DEN EINTOPF
- 300 g Rinderschulter
- 300 g Schweineschulter
- 300 g Lammschulter
- Salz, frisch gemahlener Pfeffer
- 4 EL Öl
- 250 g Möhren
- 250 g Knollensellerie
- 200 g Zwiebeln
- 250 g fest kochende Kartoffeln
- 250 g Weißkohl, 200 g Lauch
- 4 TL frische Majoranblättchen
- 1 l Kalbsfond oder Rinderbrühe (S. 144 oder 146)
- 1 Bund glatte Petersilie, gehackt

1. Alle Fleischsorten parieren und mit Küchenpapier sorgfältig trockentupfen. Das Fleisch jeweils in 3 bis 4 cm große Würfel schneiden und mit Salz und Pfeffer würzen. Braten Sie das Fleisch portionsweise in einem großen schweren Schmortopf in Öl von allen Seiten kräftig an. Dann aus dem Topf nehmen und das Fleisch beiseite stellen.

2. Die Möhren, den Sellerie, die Zwiebeln sowie die Kartoffeln schälen und waschen. Den Weißkohl putzen, den Strunk sowie die dicken Blattrippen entfernen, die Blätter waschen und abtropfen lassen. Den Lauch putzen, halbieren und gründlich waschen. Schneiden Sie das Gemüse in Würfel von etwa 3 cm und vermischen Sie es gut miteinander.

3. Den Backofen auf 150 °C vorheizen. Schichten Sie abwechselnd jeweils eine Lage Fleisch und eine Lage gemischtes Gemüse in den Topf und würzen Sie jede Schicht mit Salz, Pfeffer und Majoran.

4. Gießen Sie den Fond seitlich an und bringen Sie alles langsam zum Kochen. Dann den Topf zugedeckt in den Ofen stellen und den Pichelsteiner Eintopf darin 45 bis 60 Minuten garen, dabei jedoch keinesfalls umrühren. Wenn das Fleisch gar ist, den Eintopf mit Petersilie bestreuen, in vorgewärmte Suppenschalen verteilen und servieren.

Das Original

Beim Originalrezept kommen außer Fleisch und Gemüse auch noch Rindermarkscheiben mit in den Topf. Diese werden nach dem Wässern kurz angebraten und dann mit eingeschichtet. Oder Sie probieren einmal eine Variante mit mediterranem Gemüse, Knoblauch und Olivenöl.

S. 144
KÜCHENPRAXIS Kalbsfond

S. 118
KÜCHENPRAXIS Fleisch schneiden

Borschtsch

ZUBEREITUNGSZEIT 2 Std. 45 Min.
FÜR 4–6 PORTIONEN

FÜR DIE BRÜHE
- 800 g Rindfleisch zum Kochen (Schulterstück)
- 1 kg Rinderknochen
- 1 TL weiße Pfefferkörner, 1 TL Pimentkörner
- 5 Wacholderbeeren, 2 Lorbeerblätter
- 10 Stängel Petersilie, 2 Stängel Liebstöckel
- Salz, 2 Zwiebeln, 2 Möhren
- ½ Knollensellerie (200–250 g)
- ½ Stange Lauch

FÜR DIE EINLAGE
- 2 Rote Beten (insgesamt 300–400 g)
- 250 g Weißkohl, geputzt, 1 Zwiebel, geschält
- 30 g Schweineschmalz oder 3 EL Öl
- 1 TL Zucker, Salz, 1–2 TL Kümmel
- frisch gemahlener Pfeffer, 2 EL Rotweinessig

FÜR DIE GARNITUR
- 200 g Sauerrahm, glatt gerührt
- 4 EL gehackter Dill

1. Das Rindfleisch parieren und die Knochen kalt abspülen. Bedecken Sie die Knochen in einem Topf mit kaltem Wasser und bringen Sie sie langsam zum Kochen. Anschließend das Rindfleisch, die Gewürze und Kräuter zufügen und leicht salzen. Alles erneut aufkochen, dabei immer wieder den entstandenen Schaum abschöpfen.

2. Die Zwiebeln mit der Schale halbieren und in einer Pfanne ohne Fett auf der Schnittfläche kräftig bräunen. Die Möhren und den Sellerie schälen, den Lauch putzen, alles waschen, in große Stücke schneiden und in die Suppe geben. Nehmen Sie nach 15 bis 20 Minuten Garzeit die Möhren heraus, lassen Sie sie kurz abkühlen und schneiden Sie sie als Suppeneinlage in Streifen.

3. Lassen Sie die Suppe 1 ½ bis 2 Stunden köcheln, bis das Fleisch gar ist. Dann herausnehmen, das Fleisch in Würfel schneiden und die Suppe durch ein mit einem Tuch ausgelegtes Sieb gießen.

4. Für die Einlage die Roten Beten schälen und in Streifen schneiden. Den Weißkohl und die Zwiebel ebenfalls in Streifen schneiden. Braten Sie das Gemüse in einem großen Topf in Schweineschmalz kurz an, bis es leicht gebräunt ist. Alles mit Zucker, Salz und Kümmel würzen und mit der Suppe aufgießen. Lassen Sie alles bei schwacher Hitze köcheln, bis das Gemüse weich ist.

5. Die Möhrenstreifen sowie die Fleischwürfel zufügen, kurz erwärmen und den Borschtsch mit Salz, Pfeffer und Essig kräftig abschmecken. Verteilen Sie den Eintopf in tiefe Teller und garnieren Sie ihn jeweils mit etwas Sauerrahm und Dill.

S. 32
WARENKUNDE Rinderschulter
S. 118
KÜCHENPRAXIS Fleisch schneiden

Pochieren, Kochen und Dämpfen

Mit diesen Garmethoden werden auch bindegewebsreiche Teilstücke weich und zart.

Garen in Brühe, Wasser oder Dampf

Die feuchte Hitze bekommt vor allem jenen Fleischstücken gut, die einen hohen Anteil an Bindegewebe haben und in der Struktur etwas grobfaseriger sind, etwa den Teilen des Vorderviertels vom Rind.

BEKÖMMLICH, LEICHT UND SCHMACKHAFT sind Tafelspitz, Beinfleisch und gekochte Ochsenbrust, die gerne mit frisch geriebenem Meerrettich, Gemüse und Salz- oder Petersilienkartoffeln serviert werden. Bei der Zubereitung dieser Spezialitäten wird nämlich keinerlei Fett benötigt – das Fleisch gart nur in Fond, Brühe oder Wasser. Beim Garen in feuchter Hitze bilden sich weder Röststoffe und -aromen noch eine Kruste, der pure Fleischgeschmack bleibt unverfälscht erhalten. Daher eignet sich das Garen in feuchter Hitze in erster Linie für Fleisch mit viel Aroma, wie beispielsweise Lamm oder Rind.

FLEISCH KOCHEN

Viele denken bei Tafelspitz an »gekochtes« Fleisch und auch auf Speisekarten taucht es regelmäßig als »Koch-« oder »Siedfleisch« auf. Wobei – wer hier von Kochen oder Sieden spricht, im Grunde eher Pochieren meint. Denn wirklich gekocht, das heißt, in viel sprudelnder Flüssigkeit gegart, wird Fleisch nur ganz kurz. Und zwar gleich zu Beginn des Garvorgangs, damit das Eiweiß gerinnt, sich die Fleischporen rasch schließen und weniger Fleischsaft austritt. Dafür legt man das Fleisch in einen hohen Topf mit viel sprudelnd kochender Flüssigkeit – die Temperatur beträgt dabei etwa 100 °C. Um Energie zu sparen, ist es ratsam, den Topf währenddessen mit einem Deckel zu verschließen, weil das Kochen von Flüssigkeit ohne Deckel dreimal so viel Energie als mit Deckel verbraucht. Bei halb aufgelegtem Deckel beträgt der Energieverlust noch 50 Prozent.

FLEISCH POCHIEREN

Beim Pochieren oder Garziehen, wie diese Zubereitungsart auch genannt wird, handelt es sich um ein langsames Garen in viel Flüssigkeit bei einer Temperatur unterhalb des Siedepunktes. Diese liegt in der Regel in einem Bereich zwischen 80 und 95 °C. Während der untere Wert für Lebensmittel mit zarter Struktur gilt, wie beispielsweise Fisch oder Eier, darf die Hitze beim Garziehen von Fleisch ruhig etwas höher sein. Wasser, Fond oder Brühe sollen jedoch keinesfalls sprudeln, sonst ist es wieder zu viel des Guten. Gerade für bindegewebsreiches Fleisch, wie es die Teilstücke der Schulter sind, ist Pochieren ideal, denn das feste Bindegewebe hat dabei viel Zeit, um ausreichend Flüssigkeit aufzunehmen und zu quellen. Dadurch wird es weich und das Fleisch insgesamt zarter. Allerdings geht beim Pochieren ebenso wie beim Kochen ein großer Teil an Vitaminen und Mineralstoffen in die umgebende Flüssigkeit über. Ideal sind diese beiden Garmethoden deshalb für Gerichte, bei denen die Kochflüssigkeit mitverzehrt wird.

FLEISCH DÄMPFEN

Anders ist das dagegen beim Dämpfen, hier kommt das Fleisch während des Garens mit dem Kochwasser gar nicht erst in Berührung, der Nährstoffverlust bleibt gering. Geeignet ist dieses sanfte Garverfahren jedoch nur für zartfaserige Fleischstücke ohne Bindegewebe, wie etwa das Filet, weil das zähe Bindegewebe im Dampf nicht weich werden würde. Im Gegensatz zum Kochen und Pochieren genügt beim Dämpfen bereits wenig Flüssigkeit, in der Regel wird das Wasser nur 1 bis 2 cm hoch in den Topf eingefüllt. Nach dem Ankochen auf höchster Stufe kann die Temperatur dann reduziert werden, während das Fleisch im Wasserdampf-Luft-Gemisch bei Temperaturen um 100 °C gart. Der Deckel sollte dabei immer auf dem Topf bleiben, damit kein Dampf entweichen kann. Von Vorteil ist ein Topf mit gut schließendem Deckel sowie ein passender Siebeinsatz.

Ein guter Ersatz

Wenn Sie gerade keinen passenden Siebeinsatz zum Dämpfen haben, können Sie auch einen umgedrehten Suppenteller in den Topf legen, ein Stück mit der Gabel perforiertes Pergamentpapier darauflegen und das Gargut auf dem Teller platzieren. Auch so kommt es nicht mit dem Kochwasser in Berührung.

Tafelspitz »Wiener Art«

FÜR 6 PORTIONEN - ZUBEREITUNGSZEIT 3 Std. 15 Min.
ZEIT ZUM WÄSSERN 12 Std.

FÜR DEN TAFELSPITZ
- 1 kg Rinderknochen, 1 ½ kg Tafelspitz, Meersalz
- 1 Bouquet garni (1 Möhre, 1 Stange Staudensellerie 1 kleines Stück Knollensellerie, 1 Stück Lauch)
- ½ gebräunte Gemüsezwiebel, Schnittlauch, frischer Meerrettich

FÜR DIE ROTEN BETEN
- 3 Rote Beten, 300 g Meersalz, 20 ml Rotweinessig, Salz, Zucker
- 1 TL Schnittlauchröllchen, 1 Schalotte, fein gewürfelt

FÜR DIE BRATKARTOFFELN
- 6 fest kochende Kartoffeln, Salz, Kümmel, 1 EL Schweineschmalz
- Pfeffer, ½ rote Zwiebel, in feine Scheiben geschnitten
- grobes Meersalz, 1 EL gehackte glatte Petersilie

FÜR DIE KOPFSALATHERZEN
- ½ EL Butter, 1 TL fein gewürfelter durchwachsener Speck (Pancetta)
- 2 EL fein gewürfelte Möhre, Lauch, Staudensellerie, Schalotte
- 6 Kopfsalatherzen, halbiert, den Strunk zur Hälfte entfernt, Salz

AUSSERDEM
- 100 g Sauerrahm, Saft von ½ Zitrone, Salz, Pfeffer, Schnittlauch
- 2 EL grobes Meersalz, vermischt mit 1 EL gehackter glatter Petersilie

1. Die Knochen abspülen, das Mark herausdrücken und 12 Stunden wässern, dabei das Wasser öfter wechseln. Blanchieren Sie die Knochen und das Fleisch 3 bis 4 Minuten und spülen Sie beides kalt ab. Die Knochen in einem großen Topf mit kaltem Wasser bedecken und zum Kochen bringen. Leicht salzen, Tafelspitz einlegen und bei schwacher Hitze köcheln lassen, dabei ständig abschäumen. Nach 1 ½ Stunden das Bouquet garni sowie die gebräunte Zwiebel zugeben und das Fleisch noch etwa 1 Stunde weitergaren.

2. Inzwischen die Roten Beten waschen und trocknen. Den Boden einer ofenfesten Form mit dem Meersalz bedecken, die ungeschälten Roten Beten darauf setzen und bei 180 °C im vorgeheizten Ofen etwa 1 Stunde backen.

3. Die Kartoffeln waschen und mit der Schale in Salz-Kümmel-Wasser garen. Abgießen, etwas abkühlen lassen, pellen und die Kartoffeln in Scheiben schneiden.

4. Zerlassen Sie in einer ofenfesten Pfanne die Butter und braten Sie die Speck- und Gemüsewürfel darin an. Die Salatherzen darauf setzen und leicht salzen. 100 ml Brühe vom Tafelspitz abmessen, angießen und die Salatherzen bei 160 °C im heißen Ofen 20 bis 25 Minuten schmoren, dabei ständig mit Brühe übergießen.

S. 38
WARENKUNDE Tafelspitz
S. 110
KÜCHENPRAXIS Fleisch kochen

5. Nehmen Sie die Roten Beten aus dem Ofen – Garprobe machen! –, und lassen Sie sie etwas abkühlen. Die Knollen schälen und in Spalten schneiden. 50 ml Brühe vom Tafelspitz abmessen, mit Essig, Salz, Zucker, Schnittlauch und Schalotte zu einer Vinaigrette verrühren und die noch warmen Roten Beten damit vermischen.

6. Zum Braten der Kartoffeln das Schmalz erhitzen und die Kartoffelscheiben darin bei mittlerer Hitze goldgelb braten, salzen und pfeffern. Anschließend die rote Zwiebel, 1 Messerspitze Kümmel und die gehackte glatte Petersilie untermischen.

7. Schmecken Sie den Sauerrahm mit Zitronensaft, Salz, Pfeffer und Schnittlauch ab. Das Fleisch herausnehmen und in Eiswasser abschrecken. Die Brühe durch ein Sieb gießen und mit der Salz-Petersilien-Mischung abschmecken. Schneiden Sie das Fleisch quer zur Faser dünn auf. Auf Tellern anrichten, mit etwas Brühe begießen und das Fleisch mit Schnittlauch und frisch gehobeltem Meerrettich bestreuen.

8. Das Rindermark nach Belieben in 1 cm dicke Scheiben schneiden und in der heißen Brühe kurz ziehen lassen. Richten Sie die Markscheiben nach Belieben auf dem Tafelspitz an und würzen Sie ihn mit grobem Meersalz. Die Bratkartoffeln, Roten Beten, Kopfsalatherzen sowie den Sauerrahm separat zum Fleisch reichen.

»Tafelspitz« – eines der berühmtesten Gerichte der Wiener k.&k.-Küche – ist im Grunde ganz einfach, es braucht lediglich ein wenig Zeit.«

Kasseler mit Kartoffel-Radieschen-Salat

ZUBEREITUNGSZEIT 1 Std.

FÜR DAS KASSELER

- 1 kg Kasseler
- 1 l Geflügelfond (S. 149)
- je 200 g Möhren und Knollensellerie
- 1 Stange Lauch (200 g)
- 2 Zwiebeln (200 g), 2 Lorbeerblätter
- 2 Gewürznelken, 5 Wacholderbeeren
- 10 Pfefferkörner, 1 TL Senfkörner

FÜR DEN SALAT

- 500 g vorwiegend fest kochende Kartoffeln
- Salz, 1 EL Kümmel
- frisch gemahlener Pfeffer, 1 Prise Zucker
- 2 TL Dijonsenf, 50 ml Weißweinessig
- 5–6 EL Rapsöl, 8 kleine Radieschen (80 g)
- 1 kleines Bund Bärlauch

S. 63, 71
WARENKUNDE Kasseler

1. Bringen Sie das Kasseler in einem Topf zusammen mit dem Geflügelfond zum Kochen. Für den Salat die Kartoffeln mit Wasser, etwas Salz und Kümmel in etwa 20 Minuten weich garen.

2. Inzwischen die Möhren und den Sellerie schälen, den Lauch putzen, halbieren und gründlich waschen. Binden Sie das Gemüse zu einem Bouqet garni und geben Sie es zu dem Fleisch. Die Zwiebeln mit je 1 Lorbeerblatt und 1 Nelke spicken und mit den Wacholderbeeren sowie den Pfeffer- und Senfkörnern ebenfalls zufügen. Lassen Sie das Kasseler dann bei schwacher Hitze etwa 35 Minuten köcheln.

3. Die Kartoffeln abgießen, noch warm pellen und in Scheiben schneiden. Messen Sie von der Kasseler-Kochbrühe 200 ml ab, bringen Sie sie zum Kochen und würzen Sie die Brühe mit Salz, Pfeffer und Zucker. Anschließend aus Senf, Essig, Öl und der Brühe eine Sauce herstellen und über die Kartoffeln gießen.

4. Den Kartoffelsalat 15 bis 20 Minuten an einem warmen Ort ziehen lassen. Inzwischen die Radieschen waschen, putzen und in feine Scheiben, die gewaschenen Bärlauchblätter in feine Streifen schneiden. Mischen Sie beides unter den Kartoffelsalat und schmecken Sie ihn ab; er sollte nicht zu trocken sein, bei Bedarf noch etwas Brühe angießen. Das Kasseler in Scheiben schneiden und mit dem Kartoffel-Radieschen-Salat anrichten.

Eisbein, gepökelt

ZUBEREITUNGSZEIT 3 Std. 25 Min.

FÜR DAS EISBEIN
- 2 gepökelte Schinkeneisbeine (je 1 kg oder 1 großes Eisbein mit 1 ½ kg)
- 1 Zwiebel, mit 1 Lorbeerblatt und 2 Nelken gespickt
- Salz, 20 g Schalotten, gewürfelt, 10 g Butter
- 1 gestrichener TL Mehl
- 100 ml Riesling, 200 g Sahne, Tabasco
- 2 gestrichene EL grober Meaux-Senf (20 g)
- 3 EL Schnittlauchröllchen oder andere Kräuter

FÜR DAS ERBSEN-MINZE-PÜREE
- 400 g Erbsen, frisch oder tiefgekühlt
- Salz, Zucker, 20 g Butter
- 1 Blatt Minze, in feinen Streifen, Tabasco

1. Kochen Sie die Eisbeine mit der gespickten Zwiebel etwa 2 ½ Stunden in leicht gesalzenem Wasser. 400 ml des Kochfonds abmessen und durch ein mit einem Tuch ausgelegtes Sieb gießen. Für die Sauce die Schalottenwürfel in der Butter anschwitzen, mit Mehl bestauben und dieses kurz mit andünsten. Mit dem Wein ablöschen, den Kochfond zufügen und die Flüssigkeit auf ein Drittel reduzieren.

2. Inzwischen die Erbsen in Wasser mit je 1 TL Salz und Zucker 15 bis 20 Minuten garen, abschrecken und abtropfen lassen. 250 g Erbsen im Mixer mit etwas Erbsen-Kochfond pürieren, durch ein feines Sieb streichen und mit der Butter, den ganzen Erbsen und der Minze vermischen. Das Erbsenpüree mit Salz, Zucker und etwas Tabasco abschmecken und warm halten.

3. Die Sauce durch ein feines Sieb gießen, die Sahne zufügen, aufkochen und mit Salz, Tabasco und Senf abschmecken. Das Fleisch der Eisbeine auslösen, in etwas Eisbein-Kochfond erhitzen und auf dem Erbsenpüree anrichten, mit etwas Sauce umgießen und mit den Kräutern bestreut servieren.

S. 63
WARENKUNDE Eisbein
S. 108
KÜCHENPRAXIS Fleisch kochen

»Eisbein mit Sauerkraut«

Eisbein mit Sauerkraut ist deutsche Hausmannskost. Der Name »Eisbein« kommt daher, dass aus den Röhrenknochen größerer Schlachttiere früher Schlittschuhe hergestellt wurden. Während meine Variante mit feinem Erbsenpüree und Minze eher leicht ist, eignet sich das Original als deftiges Winteressen. Dafür braten Sie 1 Zwiebel und 1 Scheibe Räucherspeck mit Schwarte in 1 EL Gänseschmalz an. Fügen Sie 500 g Sauerkraut (frisch oder aus der Dose), ⅛ l Riesling und 1 Gewürzsäckchen mit ½ TL Kümmel, ½ Lorbeerblatt, 3 Wacholderbeeren, 2 Gewürznelken und ½ TL Pfefferkörner zu. Jetzt die Eisbeine in das Sauerkraut drücken und zugedeckt 2 ½ Stunden bei 175 °C im vorgeheizten Ofen garen. Die Eisbeine mehrmals wenden und das Sauerkraut gut durchrühren! Vor dem Servieren Speck und Gewürze entfernen, mit Salz und Zucker abschmecken.

Ingo Bockler

Königsberger Klopse

ZUBEREITUNGSZEIT 1 Std. 30 Min.

FÜR DIE KLOPSE
- 350 g Kalbfleisch, etwa aus der Unterschale
- 2 Schalotten, geschält
- 1 Knoblauchzehe, abgezogen
- 80 g Champignons, geputzt
- 30 g Butter
- 1 Hand voll glatte Petersilienblättchen
- 1 Brötchen vom Vortag, in Scheiben
- 50 ml Milch, lauwarm, 1 Ei
- Salz, frisch gemahlener Pfeffer
- frisch geriebene Muskatnuss
- 2 l Rinderbrühe (S. 146)

FÜR DIE FÜLLUNG
- 6 rohe Garnelen, geschält, ohne Darm
- 30 g getrocknete, in Öl eingelegte Tomaten, abgetropft
- 1 TL gehacktes Koriandergrün
- ¼ Knoblauchzehe, sehr fein gewürfelt
- Salz, frisch gemahlener Pfeffer
- 1–2 EL Zitronensaft

FÜR DIE VELOUTÉ
- 30 g Mehl
- 40 g Butter
- ½ l heller Kalbsfond (S. 144)
- 1 Lorbeerblatt
- 125 g Crème fraîche
- 2 EL kleine Kapern
- abgeriebene Schale und Saft von 1 unbehandelten Zitrone
- Salz, frisch gemahlener weißer Pfeffer
- frisch geriebene Muskatnuss

1. Für die Klopse das Fleisch sorgfältig trockentupfen und würfeln. Die Schalotten, den Knoblauch und die Champignons in feine Scheiben schneiden und in der Butter farblos anschwitzen. Die Petersilie kurz mit anschwitzen und alles abkühlen lassen. Weichen Sie das Brötchen in der Milch ein und drehen Sie alles mit dem Fleisch durch die feine Scheibe des Fleischwolfes. Das Ei einarbeiten und die Masse kräftig mit Salz, Pfeffer und Muskat würzen.

2. Für die Füllung hacken Sie die Garnelen fein. Die getrockneten Tomaten etwas gröber hacken und beides mit dem Koriander und dem Knoblauch vermischen. Die Masse mit Salz, Pfeffer und Zitronensaft abschmecken, zu kleinen Bällchen formen und kühl stellen.

3. Für die Velouté das Mehl in der Butter anschwitzen, mit dem Kalbsfond aufgießen, das Lorbeerblatt zufügen und alles etwa 15 Minuten köcheln lassen, damit der Mehlgeschmack verschwindet. Das Lorbeerblatt entfernen, die Crème fraîche zufügen und alles aufkochen. Mixen Sie die Sauce mit dem Pürierstab auf und rühren Sie die Kapern unter. Dann die Sauce mit Zitronenschale und -saft, Salz, weißem Pfeffer und Muskat abschmecken.

4. Aus der Fleischmasse Klopse formen. Drücken Sie diese leicht flach, setzen Sie ein Garnelenbällchen in die Mitte und umschließen Sie diese mit dem Fleischteig. Die Klopse sollten einen Durchmesser von etwa 5 cm haben. Bringen Sie die Rinderbrühe zum Kochen, schmecken Sie sie ab und pochieren Sie die Klopse darin etwa 12 Minuten. Herausnehmen, gut abtropfen lassen, die Königsberger Klopse mit der Kapernsauce überziehen und nach Belieben mit Basmatireis servieren.

S. 48
WARENKUNDE Kalbsunterschale
S. 146
KÜCHENPRAXIS Rinderbrühe

»Ostpreußen grüßt Berlin!«

Nicht nur Bayern, Schwaben, Schlesier oder Thüringer haben Knödel und Klöße, auch die Berliner haben einen Klops. Der stammt ursprünglich aus Königsberg in Ostpreußen, ist aber längst ein Berliner geworden. Während ich in meiner Variation die Knödel mit gehackten Garnelen fülle, wird der Ostseeknödel mit Salzhering oder Sardellen zubereitet.

Für den Klassiker nehmen Sie 500 g Kalbfleisch, die abgeriebene Schale einer unbehandelten Zitrone und 5 Sardellenfilets. Lassen Sie die Champignons weg und bereiten Sie mit den übrigen Zutaten vom Rezept links die Klopse zu. Da die Originale nicht gefüllt werden, formen Sie sie etwas kleiner und lassen sie nur 8 bis 10 Minuten ziehen. Die Velouté wird ebenfalls wie beschrieben hergestellt. Die klassischen Beilagen sind Salzkartoffeln und Rote Bete. Für Letztere garen Sie 1 Rote Bete mit 1 TL Kümmel in Salzwasser. Dann schälen Sie die abgekühlte Knolle und schneiden sie in feine Würfel. Mit geriebenem Meerrettich, Salz und Pfeffer gewürzt kommen sie schließlich über die Klopse.

Christian Petz

Lammrücken, pochiert

ZUBEREITUNGSZEIT 2 Std.

FÜR DEN LAMMRÜCKEN
- 600 g parierter Lammrücken, Salz, Pfeffer
- 2 EL Olivenöl, je 1 Zweig Rosmarin und Thymian
- 2 Basilikumblätter, in dünne Streifen geschnitten

FÜR DEN FOND
- 300 g Lammknochen, klein gehackt, Olivenöl
- 100 g gemischtes, klein gewürfeltes Gemüse (Möhren, Sellerie, Lauch und Zwiebel)
- 2 Knoblauchzehen, angedrückt
- 5 vollreife Tomaten, das Fruchtfleisch gewürfelt
- 1 TL Fenchelsamen, 1/2 EL Tomatenmark
- 200 ml Weißwein, Salz, frisch gemahlener Pfeffer

FÜR DIE GEMÜSEEINLAGE
- 2 Navetten, 1 Möhre, 1 Stange Staudensellerie, 1 mehlig kochende Kartoffel, 1 Zucchino, alles geputzt und in gleich große Stücke geschnitten
- Salz, 2 Tomaten, gehäutet, geviertelt und entkernt
- 4 schwarze Oliven, entsteint und fein gehackt
- 1 Stück getrocknete Tomate, fein gehackt

1. Für den Fond rösten Sie die Knochen in Olivenöl an. Dann das gewürfelte Gemüse, Knoblauch, Tomaten und Fenchelsamen kurz mit anbraten. Das Tomatenmark einrühren, alles mit dem Weißwein ablöschen und diesen reduzieren.

2. Bedecken Sie die Knochen mit kaltem Wasser und lassen Sie sie 2 Stunden köcheln, dabei abschäumen und gelegentlich etwas Wasser zugießen. Den Fond durch ein feines Sieb gießen, reduzieren, etwas Olivenöl einrühren, salzen und pfeffern.

3. Die Navetten sowie die anderen Gemüsearten nacheinander in Salzwasser blanchieren. Lassen Sie das Gemüse dann noch etwa 10 Minuten in der Sauce ziehen. Zuletzt die Tomatenviertel, die Oliven und die getrocknete Tomate zugeben.

4. Würzen Sie den Lammrücken mit Salz und Pfeffer und braten Sie ihn in Olivenöl ringsum an. Herausnehmen, trockentupfen, den Lammrücken mit den Kräutern vakuumieren und im 70 bis 80 °C heißen Wasser etwa 10 Minuten pochieren. (Wenn Sie kein Vakuumiergerät besitzen, können Sie den Lammrücken mit den Kräutern auch im Fond gar ziehen lassen.) Aus der Folie nehmen und das Fleisch 10 Minuten ruhen lassen.

5. Tranchieren Sie den Lammrücken und richten Sie ihn mit dem Gemüse und der Sauce auf Tellern an. Mit Basilikum und nach Belieben mit Rosmarin garnieren und servieren.

Gedämpfte Rindermedaillons

ZUBEREITUNGSZEIT 50 Min.

FÜR DIE RINDERMEDAILLONS
- 8 Rinderhüftsteaks, je 80 g
- 4 Zweige Thymian
- 60 g Lauch, 80 g Petersilienwurzel
- 2 Stängel Selleriegrün
- 2 frische Lorbeerblätter
- Zesten von 1 unbehandelten Orange
- 200 ml Rotwein
- frisch gemahlener Pfeffer, grobes Meersalz

FÜR DIE WEISSE PFEFFERSAUCE
- 20 g Butter, 20 g Zucker
- 1 EL weiße Pfefferkörner, zerdrückt
- 1 TL grüne Pfefferkörner (aus dem Glas)
- 10 ml Champagner- oder Weißweinessig
- 1 Schalotte, in feinen Scheiben
- 2 Champignons, geputzt, in feinen Scheiben
- 30 ml Weißwein, 200 ml Geflügelfond (S. 149)
- 50 ml Kalbsjus (S. 150), 100 g Sahne
- Salz, frisch gemahlener Pfeffer, Limettensaft
- 2 EL geschlagene Sahne

S. 38
WARENKUNDE Rinderhüfte

S. 149, 150
KÜCHENPRAXIS Geflügelfond, Kalbsjus

1. Das Fleisch mit Küchenpapier abtupfen und beiseite stellen. Zupfen Sie die Blättchen vom Thymian ab und geben Sie die Stängel in einen großen Topf. Den Lauch putzen, gründlich waschen und in Ringe schneiden. Die Petersilienwurzel schälen und klein würfeln. Das Selleriegrün hacken. Die Lorbeerblätter mehrfach einschneiden. Geben Sie die vorbereiteten Zutaten bis auf das Fleisch mit der Orangenschale, dem Rotwein und 2 l kaltem Wasser in den Topf. Alles zugedeckt aufkochen und 10 Minuten köcheln lassen.

2. Inzwischen für die Sauce in einer Pfanne Butter und Zucker hellbraun karamellisieren. Geben Sie die weißen und grünen Pfefferkörner zu und braten Sie sie kurz mit an. Anschließend mit dem Essig ablöschen und diesen reduzieren. Schalotten- und Champignonscheiben zufügen, den Weißwein zugießen und reduzieren.

3. Gießen Sie dann den Geflügelfond an und lassen Sie ihn auf 3 bis 4 EL sirupartig einkochen. Den Kalbsjus unterrühren und ebenfalls stark reduzieren. Zum Schluss die Sahne zugießen, die Sauce kurz aufkochen lassen, durch ein feines Sieb gießen, mit Salz, Pfeffer und Limettensaft abschmecken und warm halten.

4. Pfeffern Sie das Fleisch, setzen Sie es in einen passenden Dämpfeinsatz und bestreuen Sie es mit den Thymianblättchen. Dann die Medaillons zugedeckt über dem Rotweinsud 3 Minuten dämpfen, bis das Fleisch rötlich schimmert, dann aus dem Dampf nehmen.

5. Die Sauce mit der geschlagenen Sahne verfeinern. Bestreuen Sie die Medaillons mit etwas Meersalz und richten Sie sie mit der Pfeffersauce auf vorgewärmten Tellern an. Dazu schmeckt bissfest gedünsteter und in ein wenig Butter geschwenkter Lauch.

Kalbsblanquette mit Kokosmilch

ZUBEREITUNGSZEIT 2 Std.

FÜR DIE BLANQUETTE
- 800 g Kalbsschulter
- 2 rote Zwiebeln, 2 Möhren
- 2 Pastinaken oder Petersilienwurzeln (200 g)
- 60 g Staudensellerie
- 2 EL Öl
- 1 TL Salz, 2 TL Zucker
- 2 ganze Sternanis, 2 Lorbeerblätter
- 2 Kaffirlimettenblätter (Asialaden)
- 1–2 EL fein gehackter Ingwer
- 1 Zweig Majoran (Ersatz: ¼ – ½ TL getrockneter Majoran)
- 2 Dosen ungesüßte Kokosmilch (800–900 ml, aus dem Asialaden)
- ½ Granatapfel
- 2 EL fein gehackter Dill
- 2 EL Pinienkerne, geröstet
- etwas Dill und Majoran für die Garnitur
- 3–4 EL Ziegenkäse, nach Belieben (Ziegenrolle, Ziegenfeta oder ein anderer Ziegenfrischkäse mit fester Konsistenz)

S. 50
WARENKUNDE Kalbsschulter

1. Die Kalbsschulter mit Küchenpapier abtupfen. Schneiden Sie das Fleisch in Würfel von etwa 2 cm Kantenlänge. Die Zwiebeln schälen, halbieren und in feine Streifen schneiden. Die Möhren und Pastinaken schälen und fein würfeln. Den Staudensellerie putzen und in dünne Scheiben schneiden.

2. Braten Sie die Fleischwürfel mit den Zwiebeln, Möhren und Pastinaken in Öl kräftig an. Dann das Fleisch mit Salz und Zucker würzen, den Sternanis, die Lorbeer- und Limettenblätter, den gehackten Ingwer sowie den Majoran dazugeben und noch 2 Minuten mit anbraten. Löschen Sie alles mit der Kokosmilch ab und lassen Sie das Fleisch 45 bis 60 Minuten offen bei schwacher Hitze köcheln.

3. Inzwischen die Granatapfelkerne auslösen. Wenn das Fleisch noch Biss hat, aber nicht zerfällt, den Staudensellerie sowie den Dill zufügen und kurz mitköcheln.

4. Richten Sie die Kalbsblanquette in vorgewärmten Tellern an und verteilen Sie die gerösteten Pinienkerne, die Granatapfelkerne und die Kräuter darüber. Etwas Ziegenkäse über die Blanquette gestreut, verleiht ihr eine besondere Würze. Und als Beilage dazu passt Basmatireis oder auch eine Tomatenfocaccia sehr gut.

Granatapfelkerne

Die saftigen Kerne lassen sich auslösen, wenn Sie mit dem Messer einen Keil aus der Frucht schneiden und beide Hälften mit leichtem Druck auseinander brechen, dann fallen die roten Kerne heraus. Die anhaftenden weißen Häutchen sollten Sie immer entfernen, denn sie schmecken sehr bitter.

»Kalbsblanquette klassisch«

Für die klassische »Blanquette de veau« werden die Kalbfleischwürfel in reichlich kochendem Gemüsesud aus grob gewürfeltem Gemüse (möglich sind Möhren, Petersilienwurzel, Knollen- oder Staudensellerie), etwas Weißwein, Zwiebeln, Lorbeer, Gewürznelken, Thymian und Wacholderbeeren, Salz und Pfeffer etwa 1 Stunde bei schwacher Hitze weich gekocht. Für die Sauce den Kochsud durch ein Sieb gießen, 1 l abmessen, aufkochen und etwas Mehlbutter einrühren. Die Kalbfleischwürfel einlegen und mit Salz und Pfeffer abschmecken. Am Schluss mit etwas Sahne sowie 1 Schuss Weißwein vollenden – und fertig ist die Blanquette. Verfeinert werden kann die Blanquette zudem mit frischen Morcheln und weißem Spargel, der mitgegart wird.

Margarethe Brunner

In Rotwein pochiertes Rinderfilet

ZUBEREITUNGSZEIT 1 Std. 10 Min.

FÜR DAS RINDERFILET
- 800 g pariertes Rinderfilet aus dem Mittelstück
- 2 Schalotten, in Scheiben geschnitten
- 4 Knoblauchzehen, abgezogen und halbiert
- 2 Lorbeerblätter
- 2 Gewürznelken
- 8 Pfefferkörner, zerdrückt
- 1 l kräftige Rinderbrühe (S. 146)
- 1,2–1,6 l Burgunder (je nach Topfgröße)
- 100 ml Rotweinessig, Salz

FÜR DAS GEMÜSE
- 10 mittelgroße fest kochende Kartoffeln (700 g)
- 3 große Tomaten, 2–3 EL Olivenöl zum Braten
- Salz, frisch gemahlener Pfeffer
- 1 Knoblauchzehe, fein gewürfelt
- 1 Zweig Thymian

FÜR DIE SAUCE DIVINE
- 1 Schalotte, fein gewürfelt
- 5 weiße Pfefferkörner
- 1 TL Weißweinessig
- 1 TL süßer Sherry oder Marsala
- 50 ml Rinderbrühe (S. 146)
- 1 Knoblauchzehe, abgezogen und halbiert
- 2 Eigelbe
- 150 ml mildes Olivenöl, auf knapp 50 °C erwärmt
- 1 EL Rinderglace (Ersatz: Kalbsjus)
- 1 EL fein gehackte schwarze Oliven
- 1 EL geschlagene Sahne
- Zitronensaft, Salz, frisch gemahlener Pfeffer

AUSSERDEM
- einige Zweige Thymian

1. Das Rinderfilet sehr gut trockentupfen und in Form binden, wie unten in Step 1 gezeigt. Schalotten, Knoblauch, Gewürze, Brühe, Rotwein, Essig sowie ein wenig Salz in einem Topf aufkochen. Das Rinderfilet zum Pochieren in den Fond hängen, wie in Step 2 gezeigt.

2. Kartoffeln waschen, schälen und in 5 mm große Würfel schneiden. Die Tomaten blanchieren, häuten, entkernen und das Fruchtfleisch ebenfalls 5 mm groß würfeln. Erhitzen Sie das Olivenöl in einer Pfanne und braten Sie die Kartoffelwürfel darin an. Wenn sie ringsum leicht gebräunt sind, mit Salz und Pfeffer würzen. Dann die Hitze reduzieren und die Kartoffeln noch 5 bis 7 Minuten weiterbraten. Kurz vor Ende der Garzeit Knoblauch, Thymian und Tomatenwürfel untermischen und abschmecken.

3. Das Filet herausnehmen, in Alufolie wickeln und bei 80 °C im vorgeheizten Ofen noch 10 Minuten ruhen lassen.

4. Für die Sauce Schalotte, Pfeffer, Essig, Sherry und 40 ml Wasser auf etwa 1 EL reduzieren. Die Brühe zugeben und alles durch ein Sieb gießen. Eine Metallschüssel mit Knoblauch ausreiben, die Reduktion darin mit den Eigelben auf einem Wasserbad (80 °C) cremig aufschlagen. Vom Wasserbad nehmen und das erwärmte Olivenöl erst tropfenweise, dann in dünnem Strahl unterschlagen. Rinderglace erwärmen und mit den Oliven unterrühren, dann die geschlagene Sahne vorsichtig unterheben und die Sauce mit Zitronensaft, Salz und Pfeffer abschmecken.

5. Das Gemüse abtropfen lassen, dann auf einer vorgewärmten Platte verteilen. Tranchieren Sie das Filet, richten Sie die Scheiben auf dem Gemüse an und servieren Sie es mit Thymian garniert. Die Sauce Divine separat dazureichen.

Gemüse nach Saison

Im Sommer bietet sich eine Variante des Gemüses mit Artischocken an: Ersetzen Sie dafür 4 Kartoffeln durch 2 geputzte Artischockenböden. Diese sofort mit Zitrone abreiben, damit sie sich nicht verfärben, dann in 5 mm große Würfel schneiden und mit den Kartoffelwürfeln zusammen anbraten.

S. 34
WARENKUNDE Rinderfilet

S. 136
KÜCHENPRAXIS Rollbraten binden

S. 146, 151
KÜCHENPRAXIS Rinderbrühe, -glace

RINDERFILET
in Form binden und pochieren

(1) Das Rinderfilet mit Küchengarn wie einen Rollbraten binden, dabei an beiden Enden jeweils eine Schlaufe anbringen.

(2) Einen stabilen, langen Kochlöffel durch die Schlaufen stecken und auf den Topfrand legen. Die Länge der Schlaufen muss so bemessen sein, dass das Filet den Topfboden nicht berührt, aber vollständig von dem Fond bedeckt ist, bei Bedarf noch etwas Rotwein nachgießen. Lassen Sie dann das Fleisch je nach Dicke in 25 bis 30 Minuten knapp unter dem Siedepunkt gar ziehen.

(1)

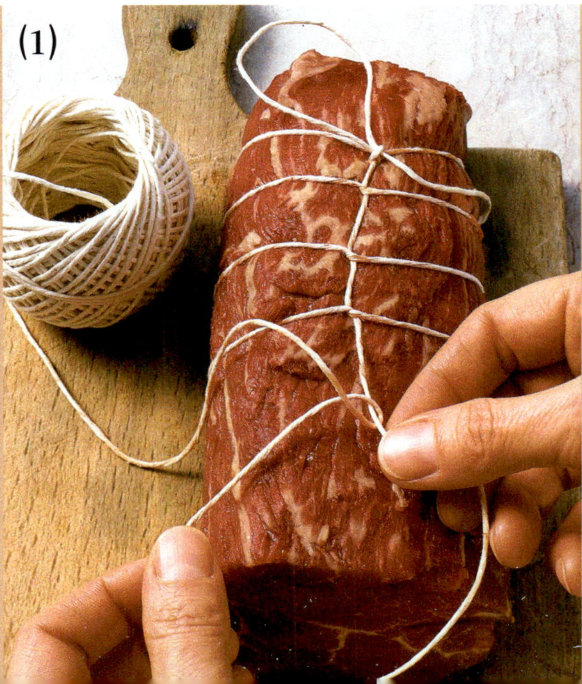

(2)

Schmoren

Rinderbraten, Rouladen und Ragouts: Bei diesem Garverfahren werden auch die bindegewebsreichen Stücke herrlich zart.

Butterzart mit viel Aroma

Das Geheimnis beim Schmoren liegt in der Zugabe von ein wenig Wein oder Fond und im Wartenkönnen: Mit ausreichend Zeit und Flüssigkeit werden Gulasch oder Kalbshaxe wunderbar weich.

UM ZWEI DINGE AUF EINMAL geht es denn auch beim Schmoren: Zuerst brät man das Fleisch im heißen Fett ringsum an, wobei sich aromatische Röststoffe bilden. Anschließend kommt etwas Flüssigkeit hinzu und aus dem Braten wird ein Dünsten, daher spricht man beim Schmoren auch von einem kombinierten Garverfahren.

WELCHES FLEISCH SICH DAFÜR EIGNET

Insbesondere die bindegewebsreichen Teilstücke sind zum Schmoren ideal, weil das feste Bindegewebe viel Flüssigkeit aufnehmen muss, um weich zu werden. Hierzu zählen in erster Linie die stark beanspruchten Muskeln des Vorderviertels, wie etwa die Schulter vom Rind mit ihren Teilstücken Dicker Bug, Falsches Filet oder Mittelbugstück oder auch die Wadenmuskulatur von Rind, Kalb oder Lamm. Flüssigkeit allein reicht jedoch noch nicht: Das Bindegewebe braucht auch noch ausreichend Zeit und Temperatur zum Quellen.

VON VORTEIL: SCHWERES GESCHIRR

Besonders gute Ergebnisse lassen sich beim Schmoren in schwerem Kochgeschirr aus Gusseisen erzielen: Die dicken Wände und der Boden des Topfes speichern die Hitze lange – und geben sie dann langsam und gleichmäßig wieder an das Gargut ab Mit der Folge, dass Ragoutwürfel oder Bratenstücke darin gleichmäßiger bräunen und garen als in Kochgeschirr aus anderen Materialien. Kein Wunder, dass viele Köche Schmortöpfe aus Gusseisen empfehlen. Wer also Schmorgerichte oder auch Braten aus dem Ofen liebt, für den lohnt es sich, über die Anschaffung eines entsprechenden Schmortopfes nachzudenken. Und noch ein Tipp: Nicht oberflächenbehandeltes Gussgeschirr gehört nicht in die Spülmaschine sondern wird von Hand gereinigt. Auch sollte es immer unmittelbar nach dem Säubern abgetrocknet werden, da sich sonst rasch ein Anflug von Rost bilden kann.

DIE EINZELNEN SCHRITTE

Zunächst einmal wird das Fett, in der Regel Öl oder Butterschmalz, im offenen Schmortopf (oder in einer Pfanne) erhitzt und das Fleisch darin rundherum angebraten – große Braten würzt man vor, Würfel für Gulasch und Ragouts erst nach dem Anbraten. Hat das Fleisch dann eine schöne braune Kruste, nehmen Sie es wieder aus dem Topf und stellen es beiseite. Jetzt ist es Zeit für die Zugabe des würzenden Gemüses – Mirepoix – wie die Köche sagen. Dazu werden Möhren, Knollensellerie und Zwiebeln klein gewürfelt und im verbliebenen Fett angebraten, bevor sie dann mit etwas Wein oder Fond abgelöscht werden – die Schmorphase beginnt. Allerdings sollten Sie nicht zu viel Flüssigkeit auf einmal angießen, denn sonst kocht das Fleisch. Je öfter der Vorgang von Ablöschen und Trockenrösten wiederholt wird – im Idealfall sind es drei Mal – desto intensiver wird der Schmorfond. Manchmal kann dabei Tomatenmark mit hinzukommen oder weitere würzende Zutaten, manchmal wird das Gemüse auch mit wenig Mehl bestaubt, um eine sämige Sauce zu erhalten. Nun legen Sie das Fleisch wieder ein und füllen das Ganze mit dunklem Fond und Wein oder mit Marinadenflüssigkeit auf, wenn das Fleisch zuvor eingelegt wurde, wie beim Boeuf bourguignon. Mehr als zur Hälfte sollte es jedoch nicht von Flüssigkeit bedeckt sein.

DIE SAUCE ZUM SCHLUSS

In der Schmorphase kommt dann der Deckel auf den Topf, das Fleisch gart bei reduzierter Hitze unten in siedender Flüssigkeit und oben im Dampf. Der sich dabei geschmacklich noch weiter verdichtende Schmorfond ist dann eine ideale Grundlage für eine aromatische Sauce.

Eine Sauce ganz nebenbei

Für eine feine Sauce nehmen Sie nach Ende der Garzeit das Fleisch aus dem Topf und stellen es warm. Dann schmecken Sie den Schmorfond ab und lassen ihn bis zur gewünschten Konsistenz einkochen. Nach Belieben können Sie die Sauce noch mit ein paar kalten Butterwürfeln binden.

Rindersaftgulasch mit Apfeltagliatelle

ZUBEREITUNGSZEIT 3 Std. 45 Min.
MARINIERZEIT 12 Std.

FÜR DAS GULASCH
- 1 kg Rinderschulter
- 70 g edelsüßes Paprikapulver
- 10 rote Zwiebeln, 40 g Schweineschmalz
- Salz, frisch gemahlener Pfeffer
- 2 EL Tomatenmark, 30 g Mehl, gesiebt
- 50 ml Weißweinessig, 1 Prise Zucker

FÜR DAS GULASCHGEWÜRZ
- 1 Knoblauchzehe, grob gehackt
- Schale von ½ unbehandelten Zitrone
- ¼ TL Kümmel, gehackt, 20 g Butter

FÜR DIE TAGLIATELLE
- 1 Ei, 7 Eigelbe, Salz, 1 EL Olivenöl
- 300 g Mehl, 50 g getrocknete, fein gemixte Äpfel
- 50 g Butter, Apfelspalten nach Belieben

1. Das Fleisch mit Küchenpapier gut trockentupfen, in 3 x 3 cm große Würfel schneiden und in eine Form geben. Bestauben Sie die Feischwürfel mit der Hälfte des Paprikapulvers und lassen Sie sie 12 Stunden zugedeckt im Kühlschrank durchziehen.

2. Den Backofen auf 160 °C vorheizen. Die Zwiebeln schälen und in feine Streifen schneiden. Erhitzen Sie das Schweineschmalz und dünsten Sie die Zwiebeln darin farblos an. Das Fleisch salzen, pfeffern, nach und nach zu den Zwiebeln geben und anbraten.

3. Das Tomatenmark kurz mit anbraten und das übrige Paprikapulver unterrühren. Alles mit Mehl bestauben und mit Essig ablöschen. Bedecken Sie das Fleisch mit Wasser und schmoren Sie es zugedeckt im Ofen in 2 bis 2 ½ Stunden weich. Alternativ können Sie es auch auf dem Herd bei schwacher Hitze zugedeckt schmoren, dabei mehrmals umrühren und gegebenenfalls etwas Wasser nachgießen. Das Gulasch von Zeit zu Zeit abschäumen.

4. Für das Gulaschgewürz den Knoblauch mit der Zitronenschale, dem Kümmel und der Butter gut verhacken. Fügen Sie das Gewürz kurz vor Ende der Garzeit zu. Das Gulasch mit Zucker abschmecken.

5. Für die Tagliatelle das Ei, die Eigelbe, ½ TL Salz und das Öl 2 bis 3 Minuten verrühren. Fügen Sie Mehl und Äpfel hinzu und verarbeiten Sie alles zu einem elastischen Teig, bei Bedarf etwas Wasser zufügen. Den Teig zugedeckt 1 Stunde kühl ruhen lassen.

6. Den Teig mit Mehl bestauben und mit der Nudelmaschine zu Tagliatelle verarbeiten. Diese in Salzwasser al dente kochen und abgießen. Zerlassen Sie die Butter, dünsten Sie nach Belieben die Apfelspalten darin an und schwenken Sie die Nudeln darin. Das Gulasch mit den Nudeln anrichten und servieren.

S. 32
WARENKUNDE Rinderschulter

S. 108
KÜCHENPRAXIS Schmoren

Szegediner exotisch

ZUBEREITUNGSZEIT 1 Std. 15 Min.

FÜR DAS SZEGEDINER GULASCH

- 800 g Schweinefleisch aus der Keule
- 2 rote Zwiebeln (200 g), geschält
- 2 EL Öl
- 2 EL Tandoori-Pulver (10 g)
- 1 TL Currypulver
- 1 TL gemahlener Kreuzkümmel
- 1 EL gehackter Ingwer (etwa 10 g)
- Salz, Zucker
- 1 gehäufter EL Tomatenmark (20 g)
- 300 g Sauerkraut
- 300 ml Ananassaft
- 200 ml Weißwein
- ½ Ananas, geschält und gewürfelt
- 2 EL fein geschnittenes Basilikum
- 300 g Schmand oder Doppelrahmfrischkäse
- 2 EL Sesamsamen

S. 66
WARENKUNDE Schweinekeule

1. Das Schweinefleisch sehr gut trockentupfen und 2 cm groß würfeln. Die Zwiebeln halbieren und in Würfel schneiden. Braten Sie die Fleischwürfel und die Zwiebeln in Öl kräftig an. Dann alles mit Tandoori-Pulver, Curry, Kreuzkümmel, Ingwer und je 1 TL Salz und Zucker würzen. Rühren Sie das Tomatenmark ein und braten Sie alles noch weitere 2 Minuten.

2. Das Sauerkraut gut ausdrücken und zum Fleisch geben. Gießen Sie alles mit dem Ananassaft sowie dem Weißwein auf und lassen Sie das Gulasch offen 40 Minuten bei schwacher Hitze köcheln. 5 Minuten vor Ende der Garzeit die gewürfelte Ananas zufügen und das Gulasch mit dem Basilikum bestreuen.

3. Den Schmand oder Frischkäse mit Sesam, Salz und Zucker abschmecken, auf das Gulasch geben und sofort servieren. Dazu passen Süßkartoffelpuffer.

»Szegediner Gulasch – das Original«

Gulasch ist ein traditionelles Schmorgericht, das es vor allem in Österreich und Ungarn in unzähligen Varianten gibt. Eigentlich stammt es von einem ungarischen Reitervolk – den Magyaren. Besonders beliebt war der Eintopf auch beim Militär, da er – in seiner schlichtesten Variante – recht geringe Ansprüche an den zuständigen Koch stellt.

Für die original ungarische Version des Szegediners würzen Sie 800 g in Schweineschmalz angebratenes Fleisch und 2 Zwiebeln mit 1 gehäuften EL edelsüßem Paprikapulver und gießen etwa 150 ml Rinder- oder Geflügelfond an. Lassen Sie das Fleisch 30 Minuten zugedeckt schmoren. Dann geben Sie 400 g Sauerkraut und 1 TL Kümmel zu und garen das Gulasch weitere 10 Minuten. Gießen Sie alles mit 150 ml Fond auf und rühren Sie 2 EL Tomatenmark unter. Nach weiteren 20 Minuten das Gulasch mit saurer Sahne verfeinern und servieren.

Margarethe Brunner

Lammcurry mit Thai-Auberginen

ZUBEREITUNGSZEIT 1 Std. 10 Min.

FÜR DAS CURRY
- 1 kg Lammfleisch aus der Keule, ohne Knochen
- 20 g Tamarindenmark (Asialaden)
- 2 Schalotten, 1 Knoblauchzehe
- 4 große getrocknete rote Chilischoten
- 4 EL Öl
- 60 g geschälte, ungesalzene Erdnüsse
- 4 EL Massaman-Currypaste (= gelbe Currypaste; Asialaden)
- 3 Stängel Zitronengras
- 800 ml Kokosmilch
- 8 Thai-Auberginen (Mini-Auberginen; Asialaden), halbiert
- brauner Zucker
- Limettensaft, Fischsauce, Salz

S. 86
WARENKUNDE Lammkeule

S. 108
KÜCHENPRAXIS Schmoren

1. Das Lammfleisch parieren und mit Küchenpapier sorgfältig trockentupfen. Schneiden Sie das Fleisch in etwa 3 x 3 cm große Würfel.

2. Das Tamarindenmark in 100 ml Wasser aufkochen und 30 bis 40 Minuten köcheln lassen, anschließend durch ein Sieb abgießen. Schälen Sie die Schalotten und schneiden Sie sie in feine Streifen. Den Knoblauch abziehen und fein hacken.

3. Braten Sie dann nacheinander die Schalotten, die Chilis und den Knoblauch in 2 EL Öl goldgelb an und verarbeiten Sie die Mischung anschließend im Mixer oder in einem Mörser zu einer homogenen Paste. Die Erdnüsse ohne Fett goldgelb rösten.

4. Braten Sie das Lammfleisch im restlichen Öl an. Die Massaman-Currypaste zugeben und etwa 2 Minuten unter Rühren mit anbraten. Das Zitronengras etwas flach klopfen und zufügen. Löschen Sie alles mit der Kokosmilch ab und lassen Sie das Curry etwa 30 Minuten köcheln.

5. Fügen Sie 10 Minuten vor Ende der Garzeit die Auberginen und das Tamarindenwasser zu. Das Curry mit Zucker, Limettensaft und Fischsauce würzen. Die Paste aus gerösteten Chilis, Knoblauch und Schalotten sowie die Erdnüsse unterrühren und das Curry mit Salz abschmecken.

Tamarindenmark

Das Mark des immergrünen Tamarindenbaumes ist ein beliebtes Säuerungsmittel der asiatischen Küchen. Sie können stattdessen auch 1 bis 2 EL Zitronensaft verwenden.

Kalbsfrikassee mit Champignons

ZUBEREITUNGSZEIT 1 Std. 30 Min.

FÜR DAS FRIKASSEE
- 650 g Kalbsschulter
- Salz, frisch gemahlener Pfeffer
- 30 g Mehl (2 gehäufte EL)
- 100 g Schalotten
- 40 g Butter
- 600 ml heller Kalbsfond (S. 144)
- $\frac{1}{8}$ l trockener Weißwein
- 1 Gewürzsäckchen mit $\frac{1}{2}$ Lorbeerblatt, 1 Pimentkorn, 1 Gewürznelke, $\frac{1}{2}$ TL weißen Pfefferkörnern und 1 Wacholderbeere
- 80 g Sahne
- etwas Zitronensaft

1. Die Kalbsschulter parieren, mit Küchenpapier sorgfältig trockentupfen und in 3 x 3 cm große Würfel schneiden. Würzen Sie das Fleisch mit Salz und Pfeffer und bestauben Sie es mit wenig Mehl.

2. Die Schalotten schälen und fein würfeln. Zerlassen Sie die Butter in einem weiten Fleischtopf und dünsten Sie die Schalotten und das Fleisch darin farblos an, bis die entstandene Flüssigkeit sirupartig reduziert ist. Den Kalbsfond separat in einem Topf erhitzen.

3. Das Fleisch mit dem restlichen Mehl bestauben und gut durchrühren. Gießen Sie es mit dem Weißwein und dem heißen Kalbsfond auf. Alles aufkochen lassen, abschäumen, das Gewürzsäckchen zufügen und das Frikassee bei reduzierter Hitze knapp unterhalb des Siedepunktes zugedeckt etwa 50 Minuten garen.

4. Das Fleisch mit der Schaumkelle herausnehmen. Mixen Sie die Sauce dann mit dem Pürierstab auf und gießen Sie sie durch ein feines Sieb. Die Sahne einrühren, alles aufkochen lassen und die Sauce mit Zitronensaft abschmecken.

5. Das Fleisch wieder in die Sauce geben und das Kalbsfrikassee auf vorgewärmten Tellern anrichten. Die traditionelle Beilage zu diesem Klassiker sind gebratene Champignons und Reis.

»Wenn Sie noch ein paar Krebsschwänze, Kalbsbriesröschen sowie eine Hand voll Pfifferlinge hinzufügen, wird aus dem Kalbsfrikassee ein luxuriöser Hauptgang.«

S. 50
WARENKUNDE Kalbsschulter

S. 144
KÜCHENPRAXIS Heller Kalbsfond

»Westfälischer Pfefferpotthast«

Was für ein Name, was für ein wunderbares Gericht! »Pott« sagt man im Westfälischen zu Topf, »Hast« bedeutet gekochtes Fleisch, »Pfeffer« bezieht sich wahrscheinlich darauf, dass es sich um ein Ragout handelt. Anders gesagt: Der würzige Rindfleischtopf, seit dem 14. Jahrhundert in Dortmund aktenkundig, ist so etwas wie die westfälische Version des Bœuf bourguignon. Mein Tipp vorweg: Bereiten Sie gleich die doppelte Menge zu, denn erstens schmeckt es schon beim ersten Zugreifen nach mehr und zweitens ist das Potthast aufgewärmt noch besser.
Meist bereite ich Potthast im Römertopf zu, weil es darin so schön saftig wird. Ich schneide 750 g Rinderschulter in 3 cm große Würfel und ebenso viele Zwiebeln in dünne Ringe. Dann würze ich beides separat mit Pfeffer, Salz, Cayennepfeffer und der abgeriebenen Schale von ½ unbehandelten Zitrone. Nun kommen je eine Lage Rindfleisch, Zwiebeln und 1 EL Kapern in den gewässerten Römertopf, dann dasselbe noch einmal. Das Ganze gieße ich mit ½ l Rinderbrühe (S. 146) und 100 ml dunklem Bier auf, gebe 1 Lorbeerblatt, 1 Pimentkorn und 2 Nelken im Gewürzsäckchen dazu und bestreue alles mit 2 fein geriebenen Brötchen vom Vortag. Das Potthast lasse ich zugedeckt 2 bis 2 ½ Stunden bei 180 °C im vorgeheizten Backofen schmoren. Serviert wird es mit Gewürzgurken und Salzkartoffeln. Was ich dazu trinke? Natürlich ein schönes Pils oder ein Alt.

Ingo Bockler

Bœuf bourguignon

ZUBEREITUNGSZEIT 4 Std. 45 Min.
MARINIERZEIT 24 Std.

FÜR DAS RAGOUT

- 800 g Rindfleisch aus der Schulter, Unterschale oder auch aus der Wade
- 1 ½ l Burgunder (davon werden ¾ l zum Marinieren benötigt, weitere ¾ l dann nach Bedarf zum Schmoren)
- 100 g Möhren, geputzt und grob gewürfelt
- 100 g Zwiebeln, geschält und grob gewürfelt
- 2 EL Öl
- Meersalz, frisch gemahlener weißer Pfeffer
- 1 Bund gemischte Kräuter (glatte Petersilie, Thymian und Majoran)
- 2 Knoblauchzehen, abgezogen
- 1 Gewürzsäckchen mit 1 Lorbeerblatt, ½ TL weißen Pfefferkörnern, 2 Gewürznelken
- 200 g frische Perlzwiebeln (Ersatz: der weiße, untere Teil von Frühlingszwiebeln oder auch Schalotten)
- ½ TL Puderzucker
- 30 g Butter
- 80 g milder, geräucherter durchwachsener Speck, in Streifen geschnitten und blanchiert
- 200 g Champignons, geputzt und geviertelt
- 1 TL fein geschnittene glatte Petersilie

1. Am Vortag das Rindfleisch parieren, trockentupfen und in 3 bis 4 cm große, etwa 70 g schwere Würfel schneiden. Die Hälfte des Burgunders aufkochen und abkühlen lassen. Legen Sie das Fleisch, die Möhren und die Zwiebeln darin ein und marinieren Sie alles zugedeckt 24 Stunden im Kühlschrank.

2. Am nächsten Tag Fleisch und Gemüse aus der Burgundermarinade nehmen und trockentupfen. Erhitzen Sie 1 EL Öl in einem gusseisernen Schmortopf und braten Sie das Fleisch darin ringsum braun an. Mit Salz und Pfeffer würzen, das Gemüse aus der Marinade zufügen und 5 Minuten mitbraten.

3. Den Backofen auf 180 °C vorheizen. Gießen Sie das Bratfett ab und füllen Sie das Fleisch mit der Burgundermarinade auf. Das Fleisch sollte etwa zu drei Vierteln von Wein bedeckt sein, nach Bedarf

noch etwas Burgunder zugießen. Dann die Kräuter, den Knoblauch sowie das Gewürzsäckchen zufügen. Alles aufkochen lassen und abschäumen. Leicht salzen, den Deckel auflegen und das Fleisch im Ofen 2 ½ bis 3 Stunden schmoren, dabei hin und wieder mit einem Holzspatel durchrühren und gegebenenfalls etwas Wasser zufügen.

4. Inzwischen die Perlzwiebeln nebeneinander in eine Kasserolle passender Größe setzen, mit Puderzucker bestauben und zur Hälfte mit Wasser bedecken. Den Deckel auflegen und rasch aufkochen. Nehmen Sie den Deckel ab und köcheln Sie die Zwiebeln bei schwacher Hitze, bis das Wasser verdampft ist und die Zwiebeln glasiert sind.

5. Fügen Sie dann 10 g Butter hinzu und lassen Sie die Zwiebeln noch leicht Farbe nehmen.

6. Braten Sie die Speckstreifen im übrigen Öl knusprig an und lassen Sie sie auf Küchenpapier abtropfen. Die restliche Butter aufschäumen lassen und die Champignons darin braten, herausnehmen und auf Küchenpapier abtropfen lassen. Speck und Pilze salzen, pfeffern und mit der Petersilie vermischen.

7. Wenn es weich ist, das Fleisch mit der Fleischgabel ausstechen und das Gewürzsäckchen sowie die Kräuter entfernen. Gießen Sie die Sauce durch ein Spitzsieb und drücken Sie dabei das Gemüse kräftig aus. Die Sauce kurz aufkochen, abschmecken und das Rindfleisch wieder zufügen.

8. Richten Sie das Bœuf bourguignon auf vorgewärmten Tellern an. Perlzwiebeln, Speck und Pilze darauf verteilen und nach Belieben Kartoffelpüree oder ein Makkaronigratin dazureichen.

S. 32
WARENKUNDE Rinderschulter
S. 108
KÜCHENPRAXIS Schmoren

Mit Hackfleisch gefülltes Mini-Gemüse

ZUBEREITUNGSZEIT 1 Std. 40 Min.

FÜR DIE HACKFLEISCHFÜLLUNG
- 250 g Hackfleisch vom Lamm (durch die mittlere Scheibe des Fleischwolfs gedreht) (Ersatz: Rinderhack, Kalbshack)
- 20 ml Olivenöl, Salz, frisch gemahlener Pfeffer
- 60 g Schalottenwürfel
- 2 Knoblauchzehen, fein gehackt
- 70 g doppelt konzentriertes Tomatenmark
- 200 ml Tomatensaft
- 40 g schwarze Oliven, fein gewürfelt
- 2 Tomaten, gehäutet, entkernt und gewürfelt
- 40 g Pecorino, grob gerieben
- 5 Zweige Oregano, Blätter abgezupft und fein geschnitten, die Stiele aufbewahren
- etwas Zucker zum Abschmecken

FÜR DAS GEMÜSE
- je 4 kleine Zucchini und Auberginen
- 4 Mini-Paprika, rot oder gelb
- 2 Minifenchel, 4 kleine Flaschentomaten
- Salz, frisch gemahlener Pfeffer
- 60 g rote Zwiebel, in Streifen geschnitten
- 50 ml Olivenöl, 30 g grüne Oliven, halbiert
- 2 Knoblauchzehen, angedrückt
- 150 ml Tomatensaft
- 150 ml Geflügelfond (S. 149)

FÜR DAS LAUCHÖL
- 40 g Lauchgrün, Salz
- 30 ml Olivenöl

1. Für das Lauchöl den Lauch in grobe Stücke schneiden und in Salzwasser blanchieren. Den Lauch abschrecken, trockentupfen, mit Öl und etwas Salz mixen, durch ein Sieb streichen und beiseite stellen.

2. Für die Füllung das Lammhack im Öl braun anbraten, salzen und pfeffern. Schalotten und Knoblauch zufügen und glasig anschwitzen. Das Tomatenmark 2 Minuten mitrösten, dann den Tomatensaft und die Oliven einrühren. Alles kurz aufkochen lassen und vom Herd nehmen. Wenn die Masse abgekühlt ist, mischen Sie die Tomatenwürfel, den Pecorino und die Oreganoblättchen unter und schmecken sie mit Salz, Pfeffer und 1 Prise Zucker ab.

3. Bereiten Sie das Gemüse vor, wie unten in Step 1 gezeigt. Innen wie außen salzen und pfeffern und das Gemüse mit Ausnahme der Tomaten in etwas Öl außen ringsum anbraten, herausnehmen und auf Küchenpapier abtropfen lassen. Den Backofen auf 160 °C vorheizen. Die roten Zwiebelstreifen in Olivenöl anschwitzen, grüne Oliven, Knoblauch und Oreganostiele zufügen. Den Tomatensaft und den Geflügelfond zugießen und die Sauce in eine ofenfeste Form füllen.

4. Das Mini-Gemüse füllen, wie in Step 2 gezeigt. Setzen Sie zuerst den Fenchel und den Paprika in die Form und garen Sie beides 5 bis 10 Minuten im Ofen. Dann das übrige Gemüse zufügen und 6 bis 10 Minuten mitgaren, bei Bedarf noch etwas Geflügelfond angießen. Herausnehmen, das Gemüse, die Oreganostiele sowie den Knoblauch herausnehmen. Die Sauce aufkochen, abschmecken, auf Teller verteilen und mit dem Lauchöl beträufeln. Richten Sie das gefüllte Mini-Gemüse auf der Sauce an.

S. 132
KÜCHENPRAXIS Hackfleisch
S. 149
KÜCHENPRAXIS Geflügelfond

Mit Oreganogebäck

Gut zum Mini-Gemüse schmeckt knuspriges Oreganogebäck. Dafür verrühren Sie 2 EL Mehl und 5 EL Wasser zu einem dünnen Teig und würzen ihn mit Salz und 1 TL fein geschnittenen Oreganoblättchen. Den Teig dann sehr dünn auf ein mit Backpapier belegtes Blech gießen und bei 160 °C im vorgeheizten Ofen in 30 bis 35 Minuten knusprig braun backen.

MINIGEMÜSE
vorbereiten und füllen

(1) Die Zucchini und Auberginen waschen, jeweils längs einen Deckel abschneiden und mit einem kleinen Kugelausstecher die Kerne entfernen. Die Paprikaschoten waschen, längs halbieren, Samen und Scheidewände entfernen. Den Fenchel waschen, putzen, längs halbieren und die Herzen etwas herausschneiden. Die Tomaten vom Stielansatz befreien, häuten, einen Deckel abschneiden und die Tomaten aushöhlen.

(2) Mit einem Esslöffel etwas von der Hackfleischmasse abnehmen und löffelweise in das vorbereitete Gemüse einfüllen.

(1)

(2)

Rinderrouladen mit fruchtiger Füllung

ZUBEREITUNGSZEIT 2 Std. 30 Min.

FÜR DIE ROULADEN
- 4 Rinderrouladen, je 150 g
- 1 EL Meerrettichsenf oder mittelscharfer Senf
- Salz, frisch gemahlener Pfeffer
- 2 rote Zwiebeln, 2 kleine Pastinaken
- 2 Möhren, 2 EL Mehl, 2 EL Öl
- 2 TL gehackter Ingwer, 1 TL Zucker
- 2 EL Tomatenmark, 800 ml rosa Grapefruitsaft
- 4 schwarze Kardamomkapseln (Asialaden), die Samen ausgelöst (Ersatz: grüne Kardamomkapseln)
- 2 Zweige Rosmarin

FÜR DIE FÜLLUNG
- 2 Quitten oder feste Äpfel, geschält und entkernt
- 200 g frische Steinpilze, geputzt (Ersatz: 35 g getrocknete Steinpilze, eingeweicht)
- 10 Oliven, entsteint, 2–3 getrocknete Tomaten
- 1 rote Zwiebel, geschält und fein gewürfelt
- 2 EL Öl, Salz, frisch gemahlener Pfeffer, Zucker
- 2 EL Ziegen- oder Doppelrahmfrischkäse

S. 37
WARENKUNDE Oberschale vom Rind

1. Das Rouladenfleisch sorgfältig trockentupfen und leicht plattieren. Für die Füllung schneiden Sie das Quitten- oder Apfelfruchtfleisch in feine Würfel. Die frischen oder die getrockneten eingeweichten, gut ausgedrückten Pilze wie die Oliven und die getrockneten Tomaten fein hacken.

2. Braten Sie Zwiebel, Quitten, Pilze, Oliven und Tomaten im Öl kurz an. Alles mit Salz, Pfeffer und Zucker würzen und weiterbraten, bis die Quitten weich sind. Wenn Sie Äpfel verwenden, die Äpfel erst später zufügen, damit sie nicht zu weich werden. Den Ziegenfrischkäse unter die warme Masse rühren und alles kalt stellen.

3. Bestreichen Sie das Rouladenfleisch mit dem Senf und würzen Sie es mit Salz und Pfeffer. Die Füllung auf den Fleischscheiben verstreichen, dabei einen schmalen Rand frei lassen. Die Längsseiten leicht einschlagen, die Rouladen aufrollen und mit Küchengarn zu Päckchen binden.

4. Den Backofen auf 200 °C vorheizen. Die Zwiebeln, Pastinaken und Möhren schälen und alles fein würfeln. Wenden Sie die Rouladen in Mehl – überschüssiges Mehl abklopfen – und braten Sie sie im heißen Öl ringsum braun an. Herausnehmen, die Gemüsewürfel mit dem Ingwer darin anbraten und mit je 1 TL Salz und Zucker würzen. Das Tomatenmark 2 Minuten mitrösten und alles mit dem Grapefruitsaft ablöschen. Kardamom und Rosmarin zufügen, aufkochen lassen, die Rouladen wieder in den Fond legen und im Ofen 1 ½ Stunden zugedeckt schmoren.

5. Herausnehmen, die Rouladen vom Küchengarn befreien, den Fond kurz mit dem Pürierstab aufmixen und durch ein feines Sieb gießen. Richten Sie die Rouladen mit der Sauce in tiefen Tellern an und servieren Sie nach Belieben Selleriepüree oder Haselnuss-Spätzle dazu.

»Traditionell gefüllt«

Für klassische Rinderrouladen werden die Fleischscheiben gesalzen und gepfeffert, dünn mit scharfem Senf bestrichen und mit geräuchertem Speck, Zwiebeln und Gewürzgurken belegt. Dann schlagen Sie die Scheiben seitlich ein, rollen sie auf und binden sie mit Küchengarn zusammen. Wenden Sie die Rouladen in Mehl und braten Sie sie gut in Öl und Butter an. Das Fleisch herausnehmen, 300 g gewürfeltes Wurzelgemüse im verbliebenen Fett anbraten, 2 EL Tomatenmark mit anrösten, mit ⅛ l trockenem Rotwein ablöschen und kurz einkochen lassen. Geben Sie nun die Rouladen wieder zu, gießen Sie sie mit ½ l dunklem Rinderfond (S. 147) auf lassen Sie alles 1 ½ Stunden zugedeckt schmoren. Sind die Rouladen weich, nehmen Sie sie heraus, entfernen das Küchengarn, gießen die Sauce durch ein Sieb und reduzieren sie noch etwas. Als Beilage passen Salzkartoffeln, Kartoffelpüree, Spätzle, Risotto oder Polenta.

Ingrid Schindler

Kalbsrouladen mit Sprossen und Ingwer

ZUBEREITUNGSZEIT 50 Min.

FÜR DIE ROULADEN

- 4 Kalbsschnitzel, je 150 g
- 1 rote Paprikaschote, 80 g Zuckerschoten
- 80 g Lauch, 50 g Shiitake-Pilze
- 10 g Ingwer, geschält, 2 TL Koriandergrün
- 80 g Sojasprossen, gewaschen und abgetropft
- 1 EL Sesamöl (aus ungeröstetem Sesam)
- Salz, frisch gemahlener Pfeffer
- 2–3 Prisen gemahlener Koriander
- 2 EL helle Sojasauce, 2–3 EL Mehl
- 1 EL Butterschmalz

FÜR DIE SAUCE

- 1 EL Butter
- 3 Schalotten, in Streifen geschnitten
- $\frac{1}{8}$ l trockener Sherry, $\frac{1}{4}$ l Geflügelfond (S. 149)
- Salz, Pfeffer, Saft von $\frac{1}{2}$ Zitrone
- 1–2 TL Maisstärke, nach Bedarf
- 1 EL gehackte Petersilie
- 1 TL gehacktes Koriandergrün

S. 48
WARENKUNDE Oberschale vom Kalb

S. 149
KÜCHENPRAXIS Geflügelfond

1. Die Kalbsschnitzel kalt abspülen, trockentupfen und zwischen Frischhaltefolie gleichmäßig dünn plattieren. Schälen Sie die Paprikaschote mit einem Sparschäler, entfernen Sie die Samen und Scheidewände und schneiden Sie das Fruchtfleisch in feine Streifen. Die Zuckerschoten, den Lauch und die Pilze putzen, waschen und ebenfalls in feine Streifen schneiden. Den Ingwer und das Koriandergrün in sehr feine Streifen schneiden.

2. Braten Sie das Gemüse mit den Sojasprossen in Sesamöl kurz an und würzen Sie die Mischung mit Salz, Pfeffer und gemahlenem Koriander. Alles mit der Sojasauce ablöschen, den Ingwer sowie das Koriandergrün untermischen und die Masse kalt stellen.

3. Die plattierten Kalbsschnitzel mit der Gemüsemischung bedecken, aufrollen und mit Küchengarn fixieren. Würzen Sie die Rouladen mit Salz und Pfeffer, wenden Sie sie in Mehl und braten Sie sie in einem Schmortopf in Butterschmalz ringsum kräftig an. Herausnehmen.

4. Für die Sauce die Butter in den Topf geben und die Schalotten darin anschwitzen. Löschen Sie sie mit dem Sherry ab und gießen Sie den Geflügelfond zu. Die Rouladen wieder einlegen und zugedeckt bei schwacher Hitze etwa 15 Minuten schmoren. Die Rouladen herausnehmen. Schmecken Sie die Sauce mit Salz, Pfeffer und Zitronensaft ab und binden Sie sie bei Bedarf noch mit etwas Maisstärke. Die Kräuter unterrühren und die Rouladen mit der Sauce beträufeln. Nach Belieben Basmatireis dazureichen.

Lammrouladen mit Auberginen

ZUBEREITUNGSZEIT 3 Std. 30 Min.

FÜR DIE ROULADEN
- 8 dünne Scheiben aus der Lammkeule, je 90 g
- 2–3 EL Dijonsenf, 1 TL edelsüßes Paprikapulver
- Meersalz, Pfeffer, Mehl, 6 EL Öl
- je 40 g Möhre und Knollensellerie sowie 160 g Zwiebeln, alles grob gewürfelt
- 30 g Tomatenmark, 100 ml Rotwein
- 1,2 l Lammfond (S. 149), 4 Knoblauchzehen
- 40 g kalte Butter, 1 Zweig Thymian

FÜR DIE FÜLLUNG
- 100 g Zwiebelwürfel, 1 Knoblauchzehe, gehackt
- 100 g Aubergine, fein gewürfelt, 1 EL Öl
- 50 g Schafkäse (Feta), 100 g Lammhackfleisch
- Meersalz, frisch gemahlener weißer Pfeffer
- 2 EL geschnittene glatte Petersilie
- ½ TL fein gehackte Thymianblättchen

FÜR DIE GARNITUR
- 160 g gewürfeltes Tomatenfruchtfleisch
- ½ Knoblauchzehe, fein gehackt, 3 EL Olivenöl
- ½ TL Thymianblättchen, Meersalz, Pfeffer, Zucker

S. 86
WARENKUNDE Lammkeule
S. 149
KÜCHENPRAXIS Lammfond

1. Die Fleischscheiben mit Küchenpapier trockentupfen und zwischen Frischhaltefolie leicht plattieren. Für die Füllung die Zwiebel-, Knoblauch- und Auberginenwürfel in Öl kurz dünsten, dann abkühlen lassen. Zerbröckeln Sie den Schafkäse grob und vermischen Sie ihn in einer Schüssel mit den restlichen Zutaten für die Füllung.

2. Die Lammrouladen dünn mit Senf bestreichen und mit dem Paprikapulver bestauben. Verteilen Sie die Füllung gleichmäßig darauf und lassen Sie dabei jeweils einen ½ cm breiten Rand frei. Die Seitenränder nach innen über die Füllung schlagen, die Rouladen fest aufrollen und mit Küchengarn fixieren.

3. Würzen Sie die Lammrouladen mit Salz und Pfeffer, wenden Sie sie in Mehl und braten Sie sie in Öl an. Die Möhren- und Selleriewürfel kurz mitbraten. Sobald sie leicht gebräunt sind, die Zwiebeln zufügen. Wenn die Rouladen rundherum leicht gebräunt sind, aus dem Schmortopf nehmen und die Rouladen warm stellen.

4. Heizen Sie den Backofen auf 170 °C vor. Das Röstgemüse noch etwas weiterbräunen. Gießen Sie dann das Bratfett ab und rösten Sie das Tomatenmark unter ständigem Rühren noch 2 Minuten mit an. Alles mit dem Rotwein ablöschen, die Rouladen einsetzen und mit dem Lammfond aufgießen. Den abgezogenen Knoblauch zufügen und die Rouladen zugedeckt im Ofen in etwa 1 Stunde und 20 Minuten weich schmoren, dabei regelmäßig wenden und etwas Wasser nachgießen, so dass die Rouladen stets zu drei Vierteln von Flüssigkeit bedeckt sind.

5. Herausnehmen, das Garn entfernen und die Rouladen warm stellen. Den Schmorfond durch ein Sieb gießen, reduzieren und die kalte Butter sowie den Thymian zufügen. Gießen Sie die Sauce erneut durch ein feines Sieb und schmecken Sie sie ab.

6. Für die Garnitur Tomaten und Knoblauch in Öl anschwitzen, Thymian zufügen und abschmecken. Je 2 Rouladen mit etwas Sauce und Tomatenwürfeln anrichten.

Kohlrouladen mit Gorgonzola

ZUBEREITUNGSZEIT 50 Min.

FÜR DIE ROULADEN
- 8 große Weißkohl- oder Rotkohlblätter
- Salz, 2 EL Mehl, 2 EL Öl
- ⅛ l Gingerale (Ersatz: Weißwein)
- ⅛ l Apfelsaft
- 2 EL Speisestärke

FÜR DIE FÜLLUNG
- 1 frischer Pfirsich (Ersatz 1 Pfirsich aus der Dose, ungezuckert und gehäutet)
- 400 g gemischtes Hackfleisch (Schwein und Rind)
- 1 rote Zwiebel, fein gewürfelt
- 2 EL gewürfelter Gorgonzola
- 2 EL fein geschnittener Estragon
- 2 EL grob gehackte Pistazien
- 2 Eier, ½ TL Salz, 1 TL Zucker
- ½ TL gemahlener Pfeffer

S. 132
KÜCHENPRAXIS Hackfleisch

1. Für die Füllung den Pfirsich blanchieren, häuten und fein würfeln. Vermischen Sie das Hackfleisch mit der Zwiebel, dem Gorgonzola, Estragon, Pfirsich sowie mit den Pistazien und den Eiern. Die Masse mit Salz, Zucker und Pfeffer würzen.

2. Die Kohlblätter 2 Minuten in kochendem Salzwasser blanchieren, in Eiswasser abschrecken und die groben Blattrippen ausschneiden. Die Kohlblätter mit Küchenpapier trockentupfen und auf der Arbeitsfläche ausbreiten.

3. Den Backofen auf 200 °C vorheizen. Die Füllung auf die Blätter verteilen, die Seiten einschlagen und von der Strunkseite her zu Rouladen aufrollen. Mit Küchengarn zu Päckchen binden und die Rouladen in Mehl wenden, überschüssiges Mehl abklopfen.

4. Braten Sie die Rouladen rundum in Öl an, löschen Sie sie mit Gingerale und Apfelsaft ab und lassen Sie sie etwa 25 Minuten im heißen Ofen fertig garen. Sie können die Rouladen auch auf dem Herd zugedeckt bei schwacher Hitze fertig schmoren.

5. Die Rouladen herausnehmen und den Fond mit der mit kaltem Wasser angerührten Speisestärke unter Rühren binden. Legen Sie die Rouladen wieder ein und lassen Sie den Fond noch 2 Minuten kochen. Die Rouladen herausnehmen und vorsichtig von dem Garn befreien. Richten Sie die Kohlrouladen mit der Sauce auf vorgewärmten Tellern an und reichen Sie nach Belieben einen Graupen-Risotto dazu.

Varianten

Sie können die Füllung für die Kohlrouladen auch mit Hackfleisch von Lamm oder Wild zubereiten. Oder Sie ersetzen den Pfeffer durch Szechuanpfeffer. Auch dadurch erhält die Füllung geschmacklich eine andere Note.

Geschmorte Rinderbacke

ZUBEREITUNGSZEIT 2 Std. 30 Min.
MARINIERZEIT 2 Tage

FÜR DIE RINDERBACKEN
- 1 kg Rinderbacken, Salz, Pfeffer
- 30 g Butterschmalz
- 80 g durchwachsener Räucherspeck
- 30 g Butter, 80 g Möhren
- 30 g Knollensellerie, 30 g Petersilienwurzel
- 3 rote Zwiebeln (240 g), grob gewürfelt
- 30 g Tomatenmark
- 350 ml dunkler Kalbsfond (S. 145)
- 150 ml Kalbsjus (S. 150), 1 EL Dijonsenf

FÜR DIE MARINADE
- 600 ml kräftiger Rotwein, etwa Burgunder
- 100 g Champignons, in Scheiben
- 1 Tomate, blanchiert, gehäutet und gewürfelt
- 6 Knoblauchzehen, geviertelt
- 1 Lorbeerblatt, 1 EL weiße Pfefferkörner
- 1 Bund Thymian

S. 44
WARENKUNDE Rinderbacken

1. Von den Backen die äußeren dicken Sehnen entfernen, die inneren am Fleisch belassen. Stellen Sie aus den angegebenen Zutaten eine Marinade her. Die Backen darin 48 Stunden kühl marinieren.

2. Nehmen Sie das Fleisch aus der Marinade und gießen Sie diese durch ein feines Sieb – die Würzzutaten und die Marinade aufbewahren. Das Fleisch trockentupfen, salzen, pfeffern und in einem Bräter in Butterschmalz ringsum anbraten, dabei die Abschnitte, Sehnen sowie den grob gewürfelten Speck kurz mitbraten.

3. Den Backofen auf 180 °C vorheizen. Nehmen Sie die Backen aus dem Bräter, gießen Sie das Fett ab und fügen Sie die Butter zu. Das Röstgemüse bis auf die Zwiebeln zugeben und braun anbraten. Dann die Zwiebeln kurz mitbraten, das Tomatenmark 2 Minuten mitrösten. Löschen Sie alles mit 100 ml Rotweinmarinade ab und lassen Sie diese vollständig einkochen.

4. Gießen Sie die restliche Marinade, den Kalbsfond sowie den Kalbsjus zu. Alles aufkochen lassen, die Würzzutaten aus der Marinade zufügen und den Senf einrühren. Legen Sie die Rinderbacken wieder ein und schmoren Sie sie 1 ½ bis 2 Stunden im Ofen, dabei öfter wenden.

5. Das weiche Fleisch herausnehmen und warm stellen. Die Sauce durch ein Sieb gießen, reduzieren und abschmecken. Die Rinderbacken tranchieren und mit der Sauce anrichten. Nach Belieben mit leicht gesalzener Crème fraîche und gebratenen Speckscheiben garnieren. Dazu passen Nudeln, Spätzle oder Wirsing sehr gut.

»Rinderwade – ein guter Ersatz«

Rinderbacken haben einen relativ hohen Anteil an Bindegewebe. Sie müssen daher lange garen. Aber wenn man die notwendige Geduld und Zeit aufbringt, werden sie butterweich und saftig – nicht zuletzt, weil es sich bei diesem Fleisch um einen Muskel handelt, der auch bei Stallrindern wirklich regelmäßig bewegt wird und daher gut durchblutet ist. Das ist auch der Grund, warum es für Schmorgerichte, zum Beispiel auch für Gulasch oder Rindsragout, bestens geeignet ist, wobei ich meine Art der Zubereitung am besten finde. Wenn Ihr Fleischer gerade keine Backen vorrätig hat – sie müssen meist vorbestellt werden –, können Sie für dieses Rezept genauso gut auf einen Teil der Hinterhesse, das Wadfleisch, zurückgreifen. Im Gegensatz zu den anderen Fleischteilen der Keule ist die Wade sehr bindegewebsreich und daher ideal für mein Schmorgericht.

Ingo Bockler

Geschmorte Kalbshaxe mit Pfifferlingen und Liebstöckel

ZUBEREITUNGSZEIT 2 Std. 50 Min.

FÜR DIE KALBSHAXE
- 1 hintere Kalbshaxe, mit Knochen, etwa 1,1 kg
- Salz, frisch gemahlener Pfeffer, 1 EL Mehl
- 40 g Butterschmalz, 60 g Butter
- 80 g Schalottenwürfel
- je 80 g Möhren- und Staudenselleriewürfel
- 1 EL Tomatenmark, 400 ml Riesling
- ½ l Kalbs- oder Geflügelfond (S. 144 oder 149)
- je 1 Zweig Rosmarin und Thymian
- 1 Lorbeerblatt, 1 Knoblauchzehe, Maisstärke

FÜR DIE PFIFFERLINGE
- 1 EL Olivenöl, 200 g geputzte Pfifferlinge
- 20 g Butter, 20 g Schalottenwürfel
- Salz, frisch gemahlener Pfeffer
- 1 EL in feine Streifen geschnittener Liebstöckel

S. 49
WARENKUNDE Kalbshaxe
S. 144
KÜCHENPRAXIS Heller Kalbsfond

1. Die Kalbshaxe waschen, trockentupfen, salzen, pfeffern und mit Mehl bestauben. Erhitzen Sie das Butterschmalz in einem engen Schmortopf und braten Sie die Haxe darin ringsum kräftig an. Die Kalbshaxe herausnehmen und das Butterschmalz entfernen.

2. Anschließend im selben Topf die Butter zerlassen und die Schalotten-, Möhren- und Selleriewürfel darin leicht bräunen. Das Tomatenmark zufügen, kurz mit anbraten und mit dem Weißwein ablöschen.

3. Die Kalbshaxe wieder einlegen und den Fond angießen. Die Kräuter und die geschälte Knoblauchzehe zufügen und die Kalbshaxe zugedeckt bei 170 °C im vorgeheizten Ofen etwa 2 Stunden schmoren. Je nach Größe der Haxe, diese etwas früher oder später herausnehmen und warm stellen. Binden Sie die Sauce nach Belieben mit in etwas Wasser angerührter Speisestärke.

4. In einer Pfanne das Öl erhitzen und die Pfifferlinge darin kräftig anbraten. Butter und Schalottenwürfel zufügen, die Pilze mit Salz und Pfeffer würzen und die Liebstöckelstreifen unterheben.

5. Richten Sie die Kalbshaxe mit der Sauce an und servieren Sie die Pfifferlinge separat dazu. Als Beilage passen gut gebratene Polentascheiben, geröstete Semmelknödel oder auch Petersilienkartoffeln.

Gefüllte Lammhaxen

ZUBEREITUNGSZEIT 2 Std. 10 Min.

FÜR DIE LAMMHAXEN
- 4 Lammhaxen, je 250 g, Salz, Pfeffer
- 2 EL Olivenöl, 250 g Röstgemüse (gewürfelte Möhre, Knollensellerie, Lauch und Zwiebel)
- 1 EL Tomatenmark, 2 Knoblauchzehen, geschält
- 2 Zweige Thymian, 1 Zweig Rosmarin
- 1–2 TL Fenchelkörner, 2 Lorbeerblätter
- ¼ l Weißwein, ½ l Kalbs- oder Geflügelfond
- 2 EL Dijonsenf, 1 gewässertes Schweinenetz

FÜR DIE FÜLLUNG
- 50 g Polentagrieß, 150–200 ml Geflügelfond
- 1 EL frisch geriebener Parmesan, 1 EL Butter
- 1 EL kleine Kapern, in Salz, 2 Sardellen, in Salz
- 1 EL gehackte glatte Petersilie, 1 Eigelb
- Salz, frisch gemahlener Pfeffer

FÜR DAS PAPRIKAKRAUT
- 160 g rotes Paprikafruchtfleisch, 300 g Weißkohl
- 50 g Zwiebelwürfel, 50 g Schweineschmalz
- Salz, Pfeffer, 1 TL Kümmel, 1 EL Paprikapulver
- 1 Knoblauchzehe, gehackt, ⅛ l Geflügelfond (S. 149)
- 1–2 Spritzer Essig, 1 mehlig kochende Kartoffel

»Eine raffinierte Idee: die pikante Füllung verleiht den langsam geschmorten und dadurch wunderbar zarten Lammhaxen noch das gewisse Etwas.«

1. Die Haxen trockentupfen, salzen und pfeffern, dann im heißen Öl kräftig anbraten und herausnehmen. Das Röstgemüse im verbliebenen Öl anbraten. Tomatenmark kurz mit anbraten, Knoblauch, Kräuter und Gewürze zufügen, mit dem Wein ablöschen und diesen etwas reduzieren, dann mit Fond auffüllen. Die Haxen darin zugedeckt 1 Stunde schmoren, herausnehmen. Gießen Sie die Sauce durch ein feines Sieb und kochen Sie sie je nach Konsistenz bei Bedarf noch etwas ein.

2. Für die Füllung die Polenta in 150 ml Geflügelfond garen. Sollte sie zu fest sein, den restlichen Gefügelfond einrühren. Mit Parmesan und Butter binden und die Polenta etwas abkühlen lassen. Kapern und Sardellen abspülen, gut abtropfen lassen, hacken und mit der Petersilie sowie dem Eigelb in die Polenta rühren. Alles mit Salz und Pfeffer abschmecken. Das Fleisch von den Haxenknochen lösen, mit der Polenta füllen, mit Senf bestreichen und jeweils in ein Stück Schweinenetz einwickeln. Die Haxen ringsum anbraten, dann 20 Minuten in der Sauce schmoren.

3. Für das Kraut das Paprikafruchtfleisch schälen und wie die Kohlbätter in 5 mm breite Streifen schneiden. Die Zwiebel im Schmalz anschwitzen. Kohl und Paprika zufügen, alles mit Salz, Pfeffer, Kümmel, Paprika und Knoblauch würzen. Den Fond und einen Spritzer Essig zugeben und das Kraut etwa 20 Minuten dünsten. Kurz vor Ende der Garzeit die geschälte Kartoffel dazureiben, abschmecken. Richten Sie die Lammhaxen auf dem Kraut an und umgießen Sie sie mit der Sauce.

S. 84
WARENKUNDE Lammhaxe

S. 134
KÜCHENPRAXIS Schweinenetz

S. 144, 149
KÜCHENPRAXIS Fonds

Kalbsvögerln österreichische Art

ZUBEREITUNGSZEIT 1 Std. 30 Min.

FÜR DIE KALBSVÖGERLN

- 1 kg Kalbsvögerln (Kalbshaxe ohne Knochen, in 4 Stücke geteilt)
- 80 g grüner Speck, in Streifen, kurz tiefgekühlt
- Salz, weißer Pfeffer, 2–3 EL Mehl
- 1 EL Butterschmalz, 250 g Kalbsknochen
- 100 g kalte Butter, $\frac{1}{8}$ l Weißwein, Maisstärke

FÜR DAS BAYRISCH KRAUT

- 80 g durchwachsener Speck, fein gewürfelt
- 1 EL Schweineschmalz, $\frac{1}{2}$ Zwiebel, gewürfelt
- 600 g Weißkohl, geputzt, in Streifen
- 2 TL Zucker, Salz, Pfeffer, 1 TL Kümmel
- 100 ml Rinderbrühe (S. 146)
- Most- oder Apfelessig

S. 49,50
WARENKUNDE Kalbshaxe

1. Spicken Sie die Kalbsvögerln der Länge nach mit den Speckstreifen. Dann salzen, pfeffern, mit Mehl bestauben und das Fleisch in Butterschmalz ringsum anbraten. Das Fleisch herausnehmen. Den Backofen auf 200 °C vorheizen.

2. Rösten Sie die Knochen in der Pfanne hellbraun an. Dann 60 g Butter zufügen, aufschäumen lassen und mit dem Weißwein ablöschen. Ein wenig Wasser am Topfrand angießen, das Fleisch auf die Knochen legen und unter ständigem Übergießen mit Bratfond 1 Stunde und 10 Minuten schmoren, dabei ab und zu ein wenig Wasser am Rand angießen.

3. Für das Kraut braten Sie den Speck in Schmalz an. Die Zwiebel kurz mitbraten, dann den Weißkohl zugeben, zuckern und ebenfalls kurz mitbraten. Mit Salz, Pfeffer und Kümmel würzen, die Brühe angießen und das Kraut unter gelegentlichem Umrühren etwa 15 Minuten dünsten und mit Mostessig abschmecken.

4. Nehmen Sie das Fleisch heraus und stellen Sie es warm. Die Knochen kurz auskochen, dann die Sauce durch ein Sieb gießen, bei Bedarf mit in Wasser angerührter Stärke binden und die übrige Butter unterschlagen. Richten Sie das Fleisch mit dem Bayrisch Kraut an.

»Kalbsvögerl«

Das hört sich ganz ähnlich an. U
doch hat diese Spezialität aus
Bayern mit einer Kalbshaxe nich
zu tun. Dabei handelt es sich vie
mehr um gefüllte Kalbsrouladen

Spanferkelhaxe mit Glasnudelsalat

ZUBEREITUNGSZEIT 3 Std. 10 Min.
MARINIERZEIT 2 Tage

FÜR DIE HAXEN
- 2 Spanferkelhaxen, Salz

FÜR DIE MARINADE
- 2 Knoblauchzehen, abgezogen
- 100 ml helle Sojasauce
- 100 ml dickflüssige dunkle Sojasauce (Ketjap)
- 2 Stängel Zitronengras, grob gehackt
- 6 Kaffirlimettenblätter
- 1 Stange Lauch, geputzt und fein geschnitten
- 30 g Ingwerwurzel, geschält, in feinen Scheiben
- 1 Bund Koriandergrün, grob gehackt
- 1 TL Korianderkörner, 2 EL Honig
- 50 ml Sesamöl (aus ungeröstetem Sesam)
- 1 Chilischote, halbiert und entkernt
- abgeriebene Schale von ½ unbehandelten Orange
- 2 EL Hoisinsauce, Salz, Pfeffer

FÜR DEN GLASNUDELSALAT
- 150 g Glasnudeln
- ¼ l Kokosmilch
- Salz, 4 Korianderblättchen, gehackt

S. 74
WARENKUNDE Spanferkel

S. 108
KÜCHENPRAXIS Schmoren

1. Blanchieren Sie die Spanferkelhaxen 2 bis 3 Minuten in kochendem Salzwasser und spülen Sie sie dann mit kaltem Wasser ab. Mit einem scharfen Messer die Schwarte rautenförmig einritzen.

2. Stellen Sie aus den oben genannten Zutaten eine Marinade her. Die Haxen darin einlegen, in den Kühlschrank stellen und 48 Stunden marinieren.

3. Den Backofen auf 160 °C vorheizen. Die Haxen herausnehmen und die Marinade in einem Schmortopf zum Kochen bringen. Legen Sie die Haxen wieder ein und lassen Sie sie zugedeckt 2 bis 2 ½ Stunden im Ofen garen.

4. Das Fleisch herausnehmen, von den Knochen lösen und in feine Scheiben schneiden. Gießen Sie 100 ml von der Marinadeflüssigkeit durch ein Sieb und reduzieren Sie diese um die Hälfte.

5. Die Glasnudeln in Kokosmilch mit etwas Salz weich kochen, mit Koriander bestreuen und mit einer Fleischgabel zum Servieren aufrollen. Richten Sie die Nudeln neben den Fleischscheiben an und beträufeln Sie diese mit der reduzierten Marinade. Als Beilage zu der geschmorten Spanferkelhaxe passen auch bunte Linsen sehr gut.

Resteverwertung

Übrig gebliebene Fleischscheiben können Sie lauwarm mit etwas reduzierter Marinade in eine mit Frischhaltefolie ausgelegte Terrinenform schichten, pressen und gut durchkühlen. Kalt lässt sich dann alles stürzen und in feine Scheiben schneiden. Mit ewas Kräutervinaigrette beträufelt, ergibt die Spanferkelhaxe so eine wundervolle Vorspeise.

Rheinischer Sauerbraten

ZUBEREITUNGSZEIT 2 Std.
MARINIERZEIT 3–4 Tage
FÜR 4–6 PORTIONEN

FÜR DAS FLEISCH
- 1 ½ kg Rinderschulter (Mittelbugstück)
- ½–¾ l dunkler Kalbsfond (S. 145)
- Salz, frisch gemahlener Pfeffer, 2 EL Mehl
- 30 g Schweineschmalz
- 80 g Pumpernickel, klein gewürfelt, 1 Hand voll Rosinen

FÜR DIE MARINADE
- 2 l trockener Rotwein mit kräftiger Farbe
- 200 ml Rotwein- oder Estragonessig
- 2 Möhren, ¼ Knollensellerie, 2 Zwiebeln
- ½ TL Pfefferkörner, 6 Pimentkörner
- 10 Wacholderbeeren, 2 Lorbeerblätter

1. Für die Marinade Rotwein und Essig in eine Schüssel gießen. Die Möhren und den Sellerie schälen, waschen und klein schneiden, die Zwiebeln schälen und grob würfeln. Geben Sie das Gemüse mit den Gewürzen in die Wein-Essig-Mischung. Das Fleisch in die Marinade legen und vollständig bedeckt mindestens 3 bis 4 Tage im Kühlschrank marinieren.

2. Am Tag der Zubereitung das Fleisch aus der Marinade nehmen, diese durch ein Sieb gießen und ½ l abmessen. Das Gemüse gut abtropfen lassen. Vermischen Sie die Marinade mit dem Kalbsfond. Das Fleisch trockentupfen, würzen und mehlieren.

3. Den Backofen auf 180 °C vorheizen. Braten Sie das Fleisch im heißen Schmalz ringsum kräftig an. Das Gemüse kurz mitbraten und mit etwas Marinade ablöschen. Den Braten im Ofen zugedeckt 1 Stunde schmoren, dabei wiederholt mit der Marinade begießen.

4. Das Fleisch wenden. Pumpernickel im Blitzhacker zerkleinern und zufügen. Lassen Sie das Fleisch weitere 1 ½ bis 2 Stunden schmoren und übergießen Sie es dabei immer wieder mit dem Schmorfond.

5. Das Fleisch herausnehmen und warm halten. Die Sauce durch ein feines Sieb gießen, die Rosinen zufügen und die Sauce kurz aufkochen lassen. Den Braten in Scheiben schneiden, auf vorgewärmten Tellern anrichten und die Sauce separat dazureichen.

Eine süß-pikante Variante

Statt mit Pumpernickel und Rosinen können Sie den Sauerbraten auch mit frischen, halbierten und entkernten Weintrauben und 20 g Bitterschokolade verfeinern. Zum Marinieren füllen Sie Fleisch und Marinade in einen großen Gefrierbeutel, pressen die Luft heraus und verschweißen den Beutel oder, noch besser, Sie vakuumieren ihn.

S. 32
WARENKUNDE Rinderschulter
S. 145
KÜCHENPRAXIS Dunkler Kalbsfond

»Mürb und zart – der Sauerbraten«

Rheinischer Sauerbraten wurde traditionell mit Pferdefleisch zubereitet, heute verwendet man aber meist Rindfleisch dafür. Eigentlich müsste er »Süßsauer-Braten« heißen, denn der Säure der Beize wirkt die Süße der Sauce entgegen – eine einzigartige Kombination, die weit über das Rheinland hinaus Nachahmung fand. Die Marinade macht das Fleisch mürbe und zart. Während ich in meinem relativ klassischen Rezept Rotwein und Essig verwende, bescheiden sich Schwaben und Münchner mit einer Beize aus Wasser und Weinessig, die Thurgauer legen den »Suuren Mocken«, wie Sauerbraten in der Ostschweiz heißt, in Apfelwein und -essig ein. Und die Hugenotten, denen wir diesen Braten angeblich verdanken, sollen ihn in Bieressig und Bier mariniert haben. Für die Süße und die Bindung der Sauce sind Rosinen, Printen, Lebkuchen, Pumpernickel, Mandeln oder Rübenkraut verantwortlich. Apfelmus, Johannisbeergelee, Dörrpflaumen, Preiselbeeren, Senffrüchte oder, wie in meiner Rezeptvariante, Trauben und Bitterschokolade, bringen das süß-pikante Aroma noch besser zur Geltung. Dazu serviere ich gerne Kartoffelklöße aus gekochten Kartoffeln und Apfelkompott.

Markus Bischoff

Geschmorte Rinderschulter

ZUBEREITUNGSZEIT 3 Std.
MARINIERZEIT 24 Std.
FÜR 6 PORTIONEN

FÜR DIE RINDERSCHULTER
- 2 kg flache Rinderschulter, Salz, Pfeffer
- 50 g Mehl, 5 EL Olivenöl
- 100 g geräucherter Bauchspeck, gewürfelt
- 1 EL Tomatenmark, ¼ l Rinderbrühe (S. 146)
- 20 g Maisstärke, nach Belieben

FÜR DIE MARINADE
- 1 l kräftiger säurearmer Rotwein, etwa Merlot
- 6 cl Cognac, 5 Knoblauchzehen
- 2 Zweige Thymian, 1 Zweig Rosmarin
- 2 Lorbeerblätter, 1 EL schwarze Pfefferkörner
- 100 g Möhre, gewürfelt
- 100 g Knollensellerie, gewürfelt
- 100 g Lauch, in breiten Streifen
- 300 g rote Zwiebeln, gewürfelt

1. Das Fleisch gut trockentupfen und kräftig plattieren. Legen Sie das Fleisch in eine Form und geben Sie den Wein sowie die übrigen Zutaten für die Marinade zu. Das Fleisch zugedeckt 24 Stunden kühl marinieren.

2. Den Backofen auf 180 °C vorheizen. Das Fleisch aus der Marinade nehmen und trockentupfen. Gießen Sie die Marinade durch ein Sieb und lassen Sie das Gemüse gut abtropfen. Die Marinade kurz aufkochen und abschäumen. Das Fleisch salzen, pfeffern und in Mehl wenden. Braten Sie die Rinderschulter in einem Schmortopf in Olivenöl ringsum kräftig an. Das Fleisch herausnehmen und erst den Speck, dann die Möhren- und Selleriewürfel aus der Marinade mitbraten. Zwiebeln zufügen und bräunen. Zuletzt den Lauch kurz mitbraten, die Gewürze und Kräuter aus der Marinade zugeben und das Tomatenmark kurz mitbraten.

3. Löschen Sie alles mit ⅛ l Marinade ab und lassen Sie diese einkochen, bis das Gemüse wieder zu braten beginnt. Diesen Vorgang nochmals wiederholen, dann mit der übrigen Marinade und der Brühe auffüllen. Das Fleisch einlegen, aufkochen und im Ofen 2 Stunden schmoren.

4. Das Fleisch herausnehmen, den Schmorfond durch ein Sieb gießen und, falls erforderlich, mit in Wasser angerührter Maisstärke binden und abschmecken. Richten Sie den Braten mit der Sauce auf vorgewärmten Tellern an und servieren Sie nach Belieben Kartoffelpüree, weiche Polenta, kleine Rosmarinkartoffeln oder auch Bandnudeln dazu.

Geschmorte Zickleinschulter auf spanische Art

ZUBEREITUNGSZEIT 1 Std. 20 Min.

FÜR DIE ZICKLEINSCHULTER
- 2 Zickleinschultern, je 600 g mit Schulterblatt, aber ohne Beinknochen
- Salz, frisch gemahlener Pfeffer, 30 ml Olivenöl
- 2 Tomaten, grob gewürfelt
- 8 Knoblauchzehen, 2 Zweige Thymian
- 150 ml trockener Weißwein
- 100 ml Geflügelfond (S. 149)

FÜR DAS GEMÜSE
- 6–10 kleine Kartoffeln (etwa Charlotte oder Bamberger Hörnchen), sehr sauber gewaschen
- Salz, frisch gemahlener Pfeffer, 30 ml Olivenöl
- je 100 g rote und gelbe Paprikaschote, in 2 cm große Stücke geschnitten
- 100 g Zucchini, in 2 cm großen Stücken
- 20 kleine schwarze Oliven in Öl, entsteint
- 12 Scheiben Paprika-Chorizo, nach Belieben
- 2 Knoblauchzehen, 1 Zweig Thymian
- 6 Sardellenfilets, gewässert und gedrittelt

S. 92
WARENKUNDE Zickleinschulter

S. 149
KÜCHENPRAXIS Geflügelfond

1. Den Backofen auf 170 °C vorheizen. Die Zickleinschultern parieren, trockentupfen und mit Salz, Pfeffer und Olivenöl einreiben. Legen Sie das Fleisch mit den Tomaten, den ungeschälten Knoblauchzehen und dem Thymian in einen Bräter und schmoren Sie es etwa 1 Stunde im Ofen, dabei die Schultern immer wieder mit etwas Weißwein und Geflügelfond begießen.

2. Wenn beides fast völlig eingekocht ist, die Zickleinschultern mit dem Bratfond übergießen (glacieren), bis sie schön glänzen. Bei Bedarf noch etwas Wasser zugießen.

3. Bereiten Sie inzwischen das Gemüse vor. Die gesäuberten, ungeschälten Kartoffeln halbieren, salzen, pfeffern und auf einem tiefen Backblech verteilen. Mit dem Olivenöl beträufeln, die Kartoffeln darin wenden und nach 30 Minuten Garzeit des Fleisches in den Ofen schieben und 25 Minuten mitbraten.

4. Würzen Sie die Paprikastücke mit Salz und Pfeffer und geben Sie sie nach 10 Minuten zu den Kartoffeln. Diese hin und wieder durchrühren. Nach weiteren 5 Minuten die Zucchini salzen und pfeffern und mit den Oliven und den Chorizoscheiben zufügen. Die Knoblauchzehen abziehen, in Scheiben schneiden und nach weiteren 5 Minuten mit dem Thymianzweig sowie den Sardellenfilets untermischen und das Gemüse noch 5 Minuten im Ofen weitergaren.

5. Herausnehmen und den Thymianzweig entfernen. Verteilen Sie das Gemüse auf einer Platte und richten Sie die tranchierten Zickleinschultern darauf an. Den verbliebenen Bratfond durch ein feines Sieb passieren, kurz aufkochen, abschmecken und separat dazureichen.

Aus der Pfanne

Ob Schnitzel oder Steak – Kurzgebratenes ist nicht zuletzt deshalb so beliebt, weil alles im Handumdrehen fertig ist.

Von beiden Seiten schön braun

Fleischscheiben und Fleischstreifen sind zum Kurzbraten ideal. Die dabei entstehenden Röststoffe geben Aroma und die dünne Kruste schützt das Fleisch im Innern – wertvolle Tipps zum Braten in Pfanne und Wok.

EINE GROSSE HITZE ZU BEGINN des Bratvorgangs ist die erste Voraussetzung für gutes Gelingen: Sie bewirkt, dass sich die Fleischporen rasch schließen und kein Fleischsaft mehr austreten kann. Damit das Anbraten jedoch auch wie gewünscht funktioniert, gilt es ein paar Regeln zu beachten. Zunächst einmal darf das Fleisch nicht direkt aus dem Kühlschrank in die Pfanne kommen, sondern sollte zimmerwarm sein, weil sonst das Fett beim Einlegen des Bratguts zu sehr abkühlt und die erforderliche hohe Temperatur zum Schließen der Poren nicht gehalten werden kann. Die Folge: Fleischsaft tritt aus, das Anbraten funktioniert nicht und das Fleisch wird trocken. Zudem sollte die Oberfläche des Bratguts vor dem Anbraten absolut trocken sein, schon um unnötiges Spritzen zu vermeiden. Beides zugleich erreichen Sie, wenn Sie das Fleisch 1 Stunde vor der Zubereitung aus dem Kühlschrank nehmen und in Küchenpapier oder in ein trockenes Küchentuch einschlagen. Während des Bratens darf die Oberfläche des Fleisches nicht verletzt werden. Verwenden Sie deshalb zum Wenden von Schnitzel und Steaks keine Gabel, denn durch die Einstechlöcher würde wertvoller Fleischsaft austreten. Besser zum Wenden geeignet sind Bratenwender aus Holz oder Metall oder auch eine Küchenzange.

RÖSTSTOFFE – GRUNDLAGE DES AROMAS

Beim Anbraten von Fleisch bildet sich eine braune Kruste. Fachleute sprechen in diesem Zusammenhang von der »Maillard-Reaktion«: Dabei verbinden sich bei großer Hitze an der Fleischoberfläche Eiweißbestandteile (Aminosäuren) und Zuckermoleküle. Die entstehenden Röststoffe (Melanoide) bilden die Kruste sowie den Bratansatz in der Pfanne und sind damit die Grundlage für das Brataroma. Zugleich ändert sich beim Braten auch die Farbe des Fleisches, ab Temperaturen über 50 °C wird der rote Blutfarbstoff zerstört, das Fleisch verfärbt sich mehr und mehr ins Graue. Das Muskeleiweiß gerinnt, die Fasern verkürzen und verknäulen sich – das Bratgut schrumpft. Dabei wird Wasser freigesetzt und tritt, sofern keine schützende Kruste vorhanden ist, aus dem Fleisch aus, wobei es lösliche Stoffe wie Vitamine und Mineralstoffe mitnimmt.

WELCHE STÜCKE SIND GEEIGNET?

Zum Kurzbraten eignet sich vor allem flaches oder klein geschnittenes Fleisch. Zudem darf der Anteil an Bindegewebe nicht zu groß sein, denn dieses wird während der kurzen Garzeit nicht weich. Ideal zum Braten in der Pfanne oder im Wok sind kurzfaserige Scheiben – aus dem Filet, dem Rücken oder aus der Keule geschnitten, bis zu einer Stärke von 3 cm. Sehr mageres Fleisch wird bei Temperaturen zwischen 160 und 200 °C in etwas Fett angebraten. Bei stark durchwachsenem Fleisch kann auf das Fett zum Anbraten verzichtet werden.

Braten im Wok

Eine Spielart des Kurzbratens ist das Braten im Wok: Hier wird das Fleisch zuvor relativ klein geschnitten und während des Bratens dann ständig in Bewegung gehalten, damit es bei der hohen Temperatur nicht verbrennt.

BEI NIEDERTEMPARATUR FERTIG GAREN

Nicht nur große Fleischstücke, auch zartfaserige Schnitzel und Steaks oder Geschnetzeltes können Sie nach dem Anbraten bei starker Hitze langsam im Ofen fertig garen. Wichtig dabei ist, dass die Backofentemperatur genau stimmt – diese sollten Sie vorher unbedingt mit einem geeigneten Ofenthermometer überprüfen. So wird ein Rinderfilet beispielsweise 2 bis 2 ½ Minuten von jeder Seite in der Pfanne im heißen Fett angebraten und gart dann noch etwa eine ¾ Stunde bei 70 °C im Ofen nach. Bei einem Entrecôte double heizen Sie den Ofen auf 80 °C vor und rechnen die doppelte Zeit. Für Schnitzel und kleine Stücke stellen Sie den Regler auf 75 °C, je nach Dicke der Scheiben bleiben sie etwa 40 Minuten, Geschnetzeltes etwa 30 Minuten im Ofen.

Kalbsschnitzel mit Zitronensauce

ZUBEREITUNGSZEIT 1 Std. 30 Min.

ZUTATEN
- 8 dünne Kalbsschnitzel, je 80 g
- 1 unbehandelte Zitrone
- 12 EL Olivenöl (etwa 1/8 l)
- frisch gemahlener weißer Pfeffer
- 2 EL Mehl
- 1/4 l Weißwein
- 2 EL kalte Butter, in Stücken
- 1 Prise Zucker, Salz, Kerbel

S. 48
WARENKUNDE Oberschale vom Kalb
S. 118
KÜCHENPRAXIS Fleisch schneiden

1. Die Kalbsschnitzel mit Küchenpapier sorgfältig trockentupfen. Klopfen Sie die Fleischscheiben gleichmäßig zwischen zwei Lagen Klarsichtfolie flach, bis alle 5 mm dünn sind. Die Zitrone heiß waschen, trocknen, die Schale fein abreiben und die Frucht auspressen. Den Zitronensaft mit 5 EL Olivenöl verquirlen, mit wenig Pfeffer würzen und die abgeriebene Zitronenschale untermischen. Gießen Sie die Marinade über die Schnitzel und lassen Sie sie zugedeckt im Kühlschrank mindestens 1 Stunde durchziehen, dabei zwischendurch einmal wenden.

2. Den Backofen auf 60 °C vorheizen. In einer Pfanne 2 EL Olivenöl erhitzen. Nehmen Sie die Schnitzel aus der Marinade, lassen Sie sie gut abtropfen und wenden Sie das Fleisch leicht in wenig Mehl. Dann die Schnitzel portionsweise im heißen Öl von beiden Seiten je etwa 2 Minuten braten, dabei immer wieder etwas Olivenöl zugeben. Herausnehmen und die Schnitzel zugedeckt im Ofen warm halten.

3. Gießen Sie die Marinade in die Pfanne. Dann den Wein zufügen und alles kräftig aufkochen. Schlagen Sie die Sauce mit der Butter auf und schmecken Sie sie mit Zucker, Salz und Pfeffer ab. Der Zucker mildert hier die Säure der Zitrone etwas ab.

4. Lassen Sie die Schnitzel in der Sauce nochmals richtig heiß werden. Dann die Kalbsschnitzel nach Belieben mit etwas grünem Spargel auf vorgewärmten Tellern anrichten, mit Kerbel garnieren, mit der Zitronensauce umgießen und sofort servieren.

Saltimbocca alla romana

In Italien gibt es eine weitere Variante der kleinen Kalbsschnitzel. Sie ist so lecker, dass einem die Schnitzelchen »von selbst in den Mund springen«: Dafür steckt man je 1 Salbeiblatt und 1 Scheibe Parmaschinken mit einem Zahnstocher auf dünn plattierten Kalbsschnitzeln fest, brät sie kurz in Butter an und schmort die Schnitzel dann in Weißwein gar.

Paillard vom Kalb auf Erbsenrisotto mit braunem Butterjus

ZUBEREITUNGSZEIT 1 Std.

FÜR DIE PAILLARDS
- 4 Kalbsschnitzel aus der Oberschale, je 150 g
- Salz, 20 g Butterschmalz, 50 g Butter

FÜR DEN RISOTTO
- 100 g Erbsen, 800 ml Geflügelfond (S. 149)
- 2 Schalotten, fein gewürfelt, 40 g Butter
- 200 g Risottoreis, etwa Arborio oder Carnaroli
- 200 ml Weißwein, 30 g geriebener Parmesan
- 1 EL gehackter Kerbel, Salz, Pfeffer

FÜR DEN BUTTERJUS
- 50 g Butter, $\frac{1}{8}$ l Kalbsjus, warm
- etwas Zitronensaft

1. Die Schnitzel zwischen Folie 3 mm dünn plattieren und beiseite stellen. Für den Risotto die Erbsen blanchieren, eiskalt abschrecken und zwei Drittel mit wenig Geflügelfond pürieren. Den restlichen Fond erhitzen.

2. Dünsten Sie die Schalotten in 25 g Butter hell an. Dann den Reis zufügen und mit andünsten, bis er glasig ist. Mit Weißwein ablöschen, den Reis mit heißem Fond bedecken und unter Rühren 15 Minuten köcheln, dabei immer wieder etwas Fond angießen. Fügen Sie das Erbsenpüree sowie die Erbsen zu. Dann die restliche Butter und den Parmesan unterrühren und den Risotto mit Kerbel, Salz und Pfeffer abschmecken.

3. Für den Butterjus bräunen Sie die Butter unter Rühren leicht an. Dann mit dem Kalbsjus aufmixen und mit Zitronensaft abschmecken.

4. Die Schnitzel salzen und von beiden Seiten in Butterschmalz kräftig anbraten. Die Butter zufügen und kurz durchschwenken. Verteilen Sie den Risotto auf vorgewärmten Tellern und richten Sie die Paillards darauf an. Mit Butterjus umgießen und nach Belieben mit Kerbel garnieren.

KALBSSCHNITZEL

mit Semmelbröseln panieren

(1) Das Mehl auf eine Platte oder in einen tiefen Teller sieben und die Schnitzel darin wenden. Das überschüssige Mehl vom Fleisch gut abklopfen.

(2) Die Eier in einem tiefen Teller verquirlen. Die Schnitzel auf beiden Seiten durch das Ei ziehen, so dass sie ringsum gut umhüllt sind.

(3) Die Semmelbrösel auf eine Platte oder in einen tiefen Teller schütten und die Schnitzel einzeln darin wenden, dann die Brösel mit den Fingern leicht andrücken.

Wiener Schnitzel

ZUBEREITUNGSZEIT 20 Min.

FÜR DIE SCHNITZEL
- 4 Kalbsschnitzel aus der Oberschale, je etwa 120 g
- Salz, frisch gemahlener Pfeffer
- 3 EL Öl
- 30 g Butter

FÜR DIE PANADE
- 30 g Mehl, 2 Eier
- 150 g Semmelbrösel

AUSSERDEM
- 1 unbehandelte Zitrone, in Achteln, nach Belieben
- etwas Schnittlauch und Petersilie

S. 48
WARENKUNDE Oberschale vom Kalb

S. 112
KÜCHENPRAXIS Fleisch braten

1. Die Kalbsschnitzel mit Küchenpapier sorgfältig trockentupfen. Legen Sie die Schnitzel zum Plattieren jeweils einzeln zwischen zwei Lagen Frischhaltefolie und klopfen Sie sie dann mit dem Plattiereisen gleichmäßig flach, so dass die Schnitzel überall gleich dick sind. Nur so ist gewährleistet, dass sie dann auch überall gleichzeitig gar werden.

2. Die Schnitzel aus der Folie nehmen und von beiden Seiten mit Salz und Pfeffer würzen. Panieren Sie die Schnitzel, wie links in Step 1 bis 3 gezeigt.

3. Erhitzen Sie das Öl und die Butter in einer entsprechend großen Pfanne und braten Sie die panierten Schnitzel darin auf jeder Seite 2 bis 3 Minuten schön goldbraun.

4. Die Schnitzel aus der Pfanne nehmen, kurz auf Küchenpapier abtropfen lassen und auf vorgewärmten Tellern anrichten. Nach Belieben mit Zitronenschnitzen, Schnittlauch und Petersilie garnieren. Als Beilage zum Wiener Schnitzel schmeckt entweder ein Kartoffelsalat oder Petersilienkartoffeln.

Gute Semmelbrösel

Das Braten eines »Wiener Schnitzels« ist einfach, aber es kommt dabei auf die Qualität der Zutaten an. Kalbfleisch ist ein Muss, klassisch wird es aus der Oberschale geschnitten, dem Kaiserteil, wie die Österreicher sagen. Aber auch Nuss oder Hüfte liefern gutes Schnitzelfleisch. Und während man für eine »Piccata alla milanese« Parmesan für die Panade verwendet, sind es beim Wiener Original Semmelbrösel. Am besten, Sie reiben ein Brötchen vom Vortag selbst.

»Meine Panade-Variationen«

Die eigentliche Heimat des Wiener Schnitzels liegt in der Gegend um Mailand, von wo es im 18. Jahrhundert an den königlich-kaiserlichen Hof in Wien expediert und für gut befunden wurde.
Für meine Variation des Wiener Schnitzels wende ich 4 Kalbsschnitzel in Mehl und Ei und zum Schluss – das ist der Clou – in 150 g gemahlenen Wasabi-Erbsen (Asialaden) oder in gemahlenen BBQ–Tortillachips. Wer es gerne scharf mag, gibt zudem noch 1 bis 2 im Mörser zerstoßene getrocknete Chilischoten in die Panade. Ein Aroma-Plus bekommen Sie, wenn Sie die fertig gebratenen Schnitzel noch 2 Minuten zusammen mit 2 Rosmarinzweigen und 2 angedrückten Knoblauchzehen in Butter schwenken.

Bernd Arold

Crépinettes vom Lamm mit Steinpilzen, Schalotten und Parmaschinken

S. 83
WARENKUNDE Lammkoteletts
S. 134
KÜCHENPRAXIS Schweinenetz

ZUBEREITUNGSZEIT 2 Std.
ZEIT ZUM WÄSSERN 1–2 Std.

FÜR DIE CRÉPINETTES

- 16 einzelne Lammkoteletts mit Knochen
- 1 EL Dijonsenf
- 2 Schweinenetze, 1–2 Stunden gewässert, dabei das Wasser 3–4-mal wechseln
- Salz, frisch gemahlener Pfeffer
- 200 ml Olivenöl, 20 g Butter
- 1 Knoblauchzehe, abgezogen, 1 Zweig Thymian

FÜR DIE FARCE

- 1 Brötchen vom Vortag, 50 ml lauwarme Milch
- 100 g Steinpilze, geputzt und fein gewürfelt (Ersatz: 20 g getrocknete, eingeweichte Steinpilze, gut ausgedrückt und gehackt)
- 2 Schalotten, fein gewürfelt
- 30 g Butter, Salz, frisch gemahlener Pfeffer
- ¼ Knoblauchzehe, fein zerdrückt, 200 ml Weißwein
- 300 g Lammfleisch aus der Schulter
- 40 g Parmaschinken, fein gewürfelt (Ersatz: Westfälischer Schinken)
- 1 Ei, 1 EL gehackte glatte Petersilie
- 1 TL gehacktes Bohnenkraut, 1 TL gehackter Estragon

1. Für die Farce das Brötchen in Scheiben schneiden und in der Milch einweichen. Die Steinpilze und die Schalotten in der Butter anbraten und mit Salz, Pfeffer und dem Knoblauch würzen. Löschen Sie die Pilze mit dem Weißwein ab und lassen Sie diesen beinahe vollständig einkochen. Dann die Pilzmischung vom Herd nehmen und auskühlen lassen.

2. Drehen Sie das Lammfleisch mit dem Brötchen durch den Fleischwolf, wie rechts in Step 1 gezeigt. Das Lammhack mit den kalten Steinpilzen, dem Parmaschinken, dem Ei und den Kräutern verkneten und alles gut durchmischen.

3. Die Lammkoteletts leicht plattieren und dünn mit Senf bestreichen, dann mit der Farce umhüllen und in ein Schweinenetz einschlagen, wie rechts in Step 2 und 3 gezeigt. Würzen Sie die Crépinettes mit Salz und Pfeffer und braten Sie sie in Olivenöl an.

4. Die Koteletts wenden. Butter, Knoblauch und Thymian zufügen und die Crépinettes langsam unter ständigem Begießen mit der Bratbutter in etwa 5 Minuten fertig braten. Dann herausnehmen und kurz auf einem Rost ruhen lassen. Servieren Sie die Crépinettes vom Lamm nach Belieben mit Romana-Salat, rohen Egerlingen oder gebratenen Steinpilzen und Basilikum oder mit Rucola-Salat und frischem Weißbrot.

(1)

(2)

(3)

DIE FARCE HERSTELLEN,
aufstreichen und in Schweinenetz wickeln

(1) Das parierte Lammfleisch mit dem eingeweichten und gut ausgedrückten Brötchen zweimal durch die feine Scheibe des Fleischwolfs drehen und die Masse in eine Schüssel geben.

(2) Die Koteletts in die Hand nehmen, ringsum etwas Farce auftragen und leicht festdrücken.

(3) Die Schweinenetze in ausreichend große Stücke schneiden, auf der Arbeitsfläche ausbreiten und die Koteletts darin einschlagen. Dabei den Knochen frei lassen und darauf achten, dass sich die Nahtstellen nur wenig überlappen.

Zwiebel-rostbraten

ZUBEREITUNGSZEIT 45 Min.

FÜR DAS FLEISCH
- 4 Scheiben vom hohen Roastbeef, je etwa 200 g
- 2 EL Öl, Salz, frisch gemahlener Pfeffer
- 30 g Butter
- 150 ml trockener Rotwein, 100 ml Kalbsjus

FÜR DIE RÖSTZWIEBELN
- 500 g Zwiebeln, geschält
- 4 EL Öl, 50 g Butter

1. Für die Röstzwiebeln die Zwiebeln in etwa 1 mm dünne Ringe schneiden. Erhitzen Sie Öl und Butter in einer Pfanne und braten Sie die Zwiebelringe darin unter ständigem Wenden in 15 bis 20 Minuten schön goldgelb und kross. Dann herausnehmen und die Röstzwiebeln auf Küchenpapier entfetten.

2. Den Backofen auf 60 °C vorheizen. Das Fleisch plattieren, bis die Scheiben überall 1 cm stark sind. Schneiden Sie den Fettrand einige Male ein, damit sich das Fleisch beim Braten nicht aufwölbt. Die Roastbeefscheiben bei starker Hitze im Öl auf beiden Seiten etwa 30 Sekunden anbraten. Dann die Hitze reduzieren, das Fleisch mit Salz und Pfeffer würzen und die Butter zufügen. Braten Sie den Rostbraten bis zum gewünschten Gargrad (S. 113) fertig, nehmen Sie ihn aus der Pfanne und stellen Sie ihn zum Ruhen in den warmen Ofen.

3. Löschen Sie den Bratansatz mit dem Rotwein ab und reduzieren Sie ihn auf ein Drittel. Dann den Kalbsjus sowie etwa 100 ml Wasser zufügen und kurz aufkochen. Mit Salz und Pfeffer abschmecken und die Sauce durch ein feines Sieb in eine Kasserolle gießen.

4. Den Rostbraten mit den Röstzwiebeln auf vorgewärmten Tellern anrichten, mit der Sauce umgießen und sofort servieren. Spätzle oder mit Sauerkraut gebackene Schupfnudeln schmecken dazu ganz ausgezeichnet.

S. 34
WARENKUNDE Roastbeef

S. 113, 150
KÜCHENPRAXIS Garstufen, Jus

»Entrecôte klassisch«

Ein Engländer kauft beim Fleischer »Striploin Steak«, ein Amerikaner »Porterhouse Steak«, ein Franzose »Faux Filet« oder »Contrefilet«. Ein Österreicher verlangt »Beiried«, ein Schweizer »Roastbeef«, ein Bayer »Lende«, ein Norddeutscher »Rumpsteak« und ein Italiener »Bistecca«. Sie bekommen von ihrem Fleischer alle ein und dasselbe: Entrecôte aus der Zwischenrippe, dem neben dem Filet zartesten Muskel des Rinds.

Abgesehen vom babylonischen Sprachwirrwarr ist Entrecôte einfach zuzubereiten. Für ein Entrecôte nature brauchen Sie pro Person 200 g aus dem Mittelteil der Zwischenrippe. Braten Sie es in reichlich Öl pro Seite je 1 Minute stark an, reduzieren Sie die Hitze, würzen Sie das Fleisch und fügen Sie einen guten Stich Butter hinzu. Übergießen Sie das Fleisch immer wieder mit dem Bratfett und braten Sie es weiter, bis der gewünschte Gargrad erreicht ist. Je dicker das Fleisch, desto zarter, weshalb man für 2 Personen ein Entrecôte double von 400 bis 500 g am Stück grillt oder brät und quer zur Faser aufschneidet. Beim italienischen Tagliata di manzo wird das Fleisch nach dem Braten mit grobem Meersalz, Pfeffer, Olivenöl und Zitronensaft gewürzt. Für Rostbraten, Lenden- und Rumpsteaks nimmt man 1 cm dicke Scheiben aus der vorderen Hälfte des Roastbeefs, während das Porterhouse-Steak aus der hinteren Hälfte geschnitten wird.

Ingrid Schindler

Kalbsmedaillons mit Steinpilzen

ZUBEREITUNGSZEIT 30 Min.

FÜR DIE KALBSMEDAILLONS
- 8 Kalbsmedaillons aus dem Filet geschnitten, je etwa 80 g
- 100 g frische Steinpilze, geputzt und in 1 cm große Würfel geschnitten (Ersatz: Kräuterseitlinge, auch Cardoncello genannt, Austernpilze oder 15 g getrocknete Steinpilze, 30 Minuten eingeweicht, ausgedrückt und fein gehackt)
- 20 g Butterschmalz, 1 Knoblauchzehe, angedrückt
- 1 EL fein gewürfelte Schalotten
- Salz, frisch gemahlener Pfeffer
- 1 EL fein geschnittene glatte Petersilie
- 70 g Butter, 1 Eigelb, 1 EL Weißbrotbrösel (Mie de pain)
- 1 Zweig Thymian oder Rosmarin

1. Bereiten Sie die Kalbsmedaillons zum Füllen vor, wie rechts in Step 1 gezeigt. Die Steinpilze in der Hälfte des Butterschmalzes scharf anbraten und die Knoblauchzehe zugeben. Braten Sie die Schalotten ebenfalls kurz mit an. Dann die Pilze salzen, pfeffern, aus der Pfanne nehmen und die Petersilie untermischen. Die Knoblauchzehe entfernen.

2. Schlagen Sie 50 g Butter schaumig und geben Sie das Eigelb, die Weißbrotbrösel und die Steinpilzmischung zu. Alles gut vermengen, die Masse in einen Spritzbeutel mit Lochtülle (1 cm Durchmesser) füllen und weiterarbeiten, wie in Step 2 gezeigt.

3. Den Backofen auf 180 °C vorheizen. Die gefüllten Medaillons kurz anbraten, wie rechs in Step 3 gezeigt. Vom Herd nehmen und die Medaillons im heißen Ofen noch etwa 5 Minuten garen. Nehmen Sie sie dann heraus und lassen Sie die Medaillons an einem warmen Ort etwa 3 Minuten ruhen.

4. Die restliche Butter in einer Pfanne aufschäumen lassen und den Thymian zugeben. Braten Sie die Medaillons darin auf beiden Seiten noch einmal etwa 20 Sekunden und übergießen Sie sie dabei mit der Bratbutter. Zum Servieren können Sie die Medaillons dann nach Belieben einmal quer halbieren und mit der Schnittfläche nach oben anrichten. Als Beilage passen Petersiliennudeln oder auch ein Kartoffelgratin.

S. 51
WARENKUNDE Kalbsfilet

S. 118
KÜCHENPRAXIS Fleisch schneiden

(1)

KALBSMEDAILLONS

vorbereiten und füllen

(1) Die Kalbsmedaillons hochkant halten und mit einem Wetzstahl durch die Mitte der Medaillons parallel zur Faser ein Loch stechen.

(2) Die Medaillons mit dem Loch nach oben auf ein Brett legen. Vorsichtig jeweils etwas Füllung aus dem Spritzbeutel hineindrücken, dabei nicht zu sehr pressen, da die Füllung sonst wieder herausquillt.

(3) Erhitzen Sie das restliche Butterschmalz in einer ofenfesten Pfanne und braten Sie die gefüllten Medaillons darin auf der Schnittfläche von beiden Seiten kurz an.

Lammfrikadellen, würzig gefüllt mit Schafkäse

S. 66, 85
WARENKUNDE Schweine-, Lammfleisch

S. 132
KÜCHENPRAXIS Hackfleisch

ZUBEREITUNGSZEIT 50 Min.

FÜR DIE FRIKADELLEN
- 100 g Lammfleisch, 200 g Schweinefleisch
- 80 g Brötchen vom Vortag
- 100 ml Milch, 10 g Butter
- 80 g Zwiebeln, fein gewürfelt
- 1 Knoblauchzehe, fein gehackt
- 2 EL fein geschnittene glatte Petersilie
- 2–3 TL fein geschnittener frischer Majoran
- 2 kleine Eier, 1 TL mittelscharfer Senf
- Salz, frisch gemahlener Pfeffer
- 2 EL Semmelbrösel, nach Bedarf, Öl zum Braten

FÜR DIE FÜLLUNG
- 50 g würziger Schafkäse, etwa Feta
- 25 g schwarze Oliven, entsteint
- 25 g in Olivenöl eingelegte getrocknete Tomaten, gut abgetropft
- Salz, frisch gemahlener Pfeffer

1. Drehen Sie das Lamm- und Schweinefleisch durch die mittlere Scheibe des Fleischwolfs. Die Brötchen in dünne Scheiben schneiden und in eine Schüssel geben. Die Milch erwärmen, über die Brötchen gießen und diese kurz quellen lassen.

2. Die Butter aufschäumen lassen und die Zwiebelwürfel und den Knoblauch darin glasig anschwitzen. Nehmen Sie die Zwiebel-Knoblauch-Mischung wieder heraus und lassen Sie sie auf Küchenpapier abkühlen.

3. Vermengen Sie das Hackfleisch in einer Schüssel mit den ausgedrückten Brötchen, der abgekühlten Zwiebel-Knoblauch-Mischung, der Petersilie, dem Majoran und den Eiern. Die Masse mit Senf, Salz und Pfeffer würzen. Sollte sie zu weich sein, mischen Sie noch 2 EL Semmelbrösel unter. Die Masse mit Hilfe einer Saucenkelle oder eines Eisportionierers in Portionen von je 80 g teilen.

4. Für die Füllung würfeln Sie den Schafkäse, die Oliven und die getrockneten Tomaten fein. Anschließend die Mischung mit Salz und Pfeffer würzen und zu kirschgroßen Kugeln formen.

5. Geben Sie beim Formen des portionierten Fleischteiges jeweils eine Käse-Kugel in die Mitte und umschließen Sie diese mit dem Fleischteig. Die Frikadellen in heißem Öl unter Wenden bei mittlerer Hitze etwa 10 Minuten braten – sie müssen vollständig gar sein. Richten Sie die Frikadellen auf vorgewärmten Tellern an und reichen Sie nach Belieben knusprige Bratkartoffeln oder einen Kartoffel-Speck-Salat dazu.

Frikadellen-Vielfalt

Bei Frikadellen können Sie – was das verwendete Fleisch angeht – nach Belieben variieren. Wer's etwas feiner mag, ersetzt beispielsweise den Lammfleischanteil im linken Rezept durch Kalbfleisch, Sie können stattdessen aber auch Rindfleisch nehmen. Wenn Sie die Frikadellen ohne Füllung zubereiten wollen, müssen Sie den Fleischanteil etwas erhöhen, in diesem Fall rechnet man für 4 Portionen insgesamt 400 g Fleisch.

»Frikadellen und Hamburger«

»Frikadelle« (Hamburg), »Bulette« (Berlin) oder »Fleischpflanzerl« (Bayern) – zu wem gehören diese Küchlein aus Fleischteig eigentlich? Die Hackfleischküchlein sind zuerst in Berlin angekommen – im Gepäck der Hugenotten, die ihre »boulettes« mit in die neue Heimat brachten. Heute gibt es zahlreiche Varianten. Zwischen die Hälften eines weichen Brötchens geklemmt, ist die Bulette als »Hamburger« bekannt, der als schneller Imbiss kaum zu schlagen ist. Sie brauchen dafür 1 Hamburger-Brötchen, 1 Scheibe Schmelzkäse, 1 dünne heiße Rinderfrikadelle sowie 1 Tomatenscheibe, etwas Essiggurke, Eissalat, Ketchup und Senf. Alle Zutaten zwischen die getoasteten Brötchenhälften schichten und sich am schlichten Genuss erfreuen.

Margarethe Brunner

Shredded Beef

ZUBEREITUNGSZEIT 40 Min.
MARINIERZEIT 30 Min.

ZUTATEN
- 600 g Rinderrücken
- 4 EL helle Sojasauce
- 1 EL Palmzucker oder brauner Zucker
- Salz, 2 Knoblauchzehen
- 3 rote Paprikaschoten
- 8 Frühlingszwiebeln
- 1–2 kleine rote Chilischoten
- 3 EL Erdnussöl
- 1–2 TL Sesamöl, 2 EL Austernsauce
- frisch gemahlener Pfeffer
- 1–2 TL Speisestärke, nach Belieben
- je 1 TL geröstete schwarze und weiße Sesamsamen oder 2 TL geröstete weiße Sesamsamen
- 1 EL fein geschnittenes Koriandergrün, nach Belieben

1. Schneiden Sie das Fleisch in 5 cm lange und 5 mm breite Streifen. Die Sojasauce mit dem Palmzucker sowie ½ TL Salz verrühren, die Fleischstreifen zufügen, alles gut vermengen und das Fleisch darin etwa 30 Minuten im Kühlschrank durchziehen lassen.

2. Inzwischen den Knoblauch abziehen und sehr fein hacken. Die Paprikaschoten waschen, von Samen und Scheidewänden befreien und in 5 mm breite Streifen schneiden. Die Frühlingszwiebeln waschen, putzen und in 1 cm lange Stücke schneiden. Entfernen Sie die Samen und Scheidewände von den Chilis und schneiden Sie das Chilifruchtfleisch in feine Würfel.

3. Das Fleisch aus der Marinade nehmen und mit Küchenpapier gut trockentupfen. Braten Sie die Fleischstreifen in der Pfanne oder im Wok portionsweise im heißen Öl bei starker Hitze unter ständigem Rühren schnell an, dann herausnehmen und beiseite stellen.

4. Die Knoblauch- und Chiliwürfel im verbliebenen Öl anbraten. Geben Sie die Paprikastreifen zu und braten Sie sie unter Rühren 1 Minute mit an. Dann die Frühlingszwiebeln zufügen und 1 weitere Minute mitbraten.

5. Würzen Sie das Gemüse mit Sesamöl, Austernsauce, Salz und Pfeffer. Dann das Fleisch untermischen. Nach Belieben können Sie das Gericht jetzt mit ein wenig Speisestärke binden, dadurch wird es etwas sämiger und erhält einen schönen Glanz. Dafür wird die Stärke mit etwas Wasser verrührt, untergemischt und 2 Minuten mitgekocht.

6. Alles erneut kurz durchschwenken. Richten Sie das Shredded Beef auf Tellern an, bestreuen Sie es mit geröstetem Sesam und nach Belieben zudem mit etwas Koriandergrün. Als Beilage schmecken Reisnudeln.

S. 34
WARENKUNDE Rinderrücken

S. 118
KÜCHENPRAXIS Fleisch schneiden

Filetscheiben aus dem Wok

ZUBEREITUNGSZEIT 50 Min.

ZUTATEN
- 500 g Rinderfilet
- 200 g Weißkohl
- 3 Möhren
- 1 Stange Lauch
- 1 Bund Frühlingszwiebeln
- je ½ rote, orange und gelbe Paprikaschote
- 200 g Zuckerschoten
- 30 g Sojasprossen
- 30 g Shiitake-Pilze
- 3 EL Sesamöl
- 1 Chilischote, fein gewürfelt, nach Belieben
- 8 EL Kalbsjus (S. 150)
- 6 EL Ketjap Manis (Asialaden)
- 6 EL Sojasauce
- 4 cl Sherry
- Fischsauce (Asialaden)
- Szechuan-Pfeffer
- frisch gemahlener Pfeffer
- 1 EL Koriandergrün, nach Belieben

1. Schneiden Sie das Rinderfilet in dünne, etwa 3 mm starke Scheiben. Den Weißkohl, die Möhren, den Lauch, die Frühlingszwiebeln, den Paprika sowie die Zuckerschoten putzen oder schälen, waschen und alles in feine Streifen (Julienne) schneiden. Die Sojasprossen abtropfen lassen und die Stiele der Shiitake-Pilze etwas kürzen.

2. Die Filetscheiben im Wok portionsweiße im heißen Öl bei starker Hitze schnell und kräftig anbraten, dann herausnehmen und das Fleisch beiseite stellen.

3. Braten Sie die Gemüsesorten nacheinander im verbliebenen Öl an, bis alles gar, aber noch bissfest ist. Das Gemüse herausnehmen und beiseite stellen. Zuletzt die Pilze anbraten, nach Belieben die Chiliwürfel zufügen und kurz mitbraten. Gemüse und Pilze wieder in den Wok geben, erhitzen, mit Kalbsjus, Ketjap Manis, Sojasauce und Sherry ablöschen und mit Fischsauce und den beiden Pfeffersorten würzen.

4. Zum Schluss das Fleisch zufügen, kurz im Wok erwärmen und alles gut vermischen. Richten Sie die Rinderfiletscheiben mit dem Gemüse auf Tellern an und garnieren Sie sie nach Belieben mit Koriandergrün. Als Beilage empfiehlt sich gekochter oder gebratener Basmatireis. Für Letzteren sollten Sie den Reis bereits am Vortag kochen.

Der Vorteil des Woks

Gegenüber der Pfanne hat der Wok den großen Vorteil, dass bereits gegarte Stücke am gewölbten Rand hochgeschoben werden können und dort nicht mehr weiterbraten, sondern nur noch warm gehalten werden. Inzwischen können im heißen Zentrum weitere Zutaten wie Gemüse und Saucen braten oder köcheln.

S. 34
WARENKUNDE Rinderfilet

S. 150
KÜCHENPRAXIS Kalbsjus

Süßsaures Schweinefilet mit Ananas

ZUBEREITUNGSZEIT 1 Std.

FÜR DAS FLEISCH
- 600 g Schweinefilet, Salz, Pfeffer
- 2 EL Speisestärke, 2 EL Öl

FÜR DIE SAUCE
- 2 Knoblauchzehen, abgezogen, 4 EL Reisessig
- Palmzucker oder brauner Zucker
- 1 EL helle Sojasauce, 3 EL Fischsauce
- 1 EL Tomatenketchup, 4 EL Honig
- 50 ml Geflügel- oder Kalbsfond (S. 149 oder 144)
- 40 ml Shaoxing-Wein (Asialaden; Ersatz: Sherry)
- 1 ganzer Sternanis, 1 kleines Stück Zimt (1 cm)
- 1 Msp. Fünf-Gewürze-Pulver (Asialaden)
- 2 TL Speisestärke, Limettensaft, Salz

FÜR DIE EINLAGE
- 3 EL eingeweichte Mu-Err-Pilze
- 1 Bund Frühlingszwiebeln, 200 g Salatgurke
- 1 Baby-Ananas, geschält, 3 Tomaten
- 1 Zwiebel, in Streifen geschnitten, 2–3 EL Öl

S. 70
WARENKUNDE Schweinefilet
S. 118
KÜCHENPRAXIS Fleisch schneiden

1. Das Fleisch in 2 x 3 cm breite Streifen schneiden. Für die Sauce Knoblauch, Essig, 2 EL Palmzucker mit den übrigen Zutaten bis auf Stärke, Limettensaft und Salz verrühren und 5 Minuten köcheln lassen.

2. Binden Sie die Sauce nach Belieben mit der Speisestärke und schmecken Sie sie mit Limettensaft, Salz und Palmzucker ab.

3. Für die Einlage die abgetropften Pilze in Streifen schneiden. Frühlingszwiebeln und Gurke waschen, putzen oder schälen und wie die Ananas in 3 cm lange Stücke schneiden. Die Tomaten blanchieren, häuten, von Stielansatz und Samen befreien und das Fruchtfleisch in je 6 Spalten teilen.

4. Braten Sie nacheinander die Pilze, Frühlingszwiebeln, Zwiebelstreifen, Gurke, Ananas und Tomaten im heißen Öl kurz an und stellen Sie alles warm.

5. Das Fleisch salzen, pfeffern und mit der Stärke bestauben. Braten Sie die Filetscheiben im Wok bei starker Hitze im Öl in 3 bis 4 Minuten kross an. Das Fleisch und das Gemüse auf Tellern anrichten, mit der Sauce übergießen und mit Duftreis servieren.

Lammkeule aus dem Wok

ZUBEREITUNGSZEIT 45 Min.
MARINIERZEIT 30 Min.

FÜR DIE LAMMKEULE

- 500 g Lammkeule (Nuss)
- 1 TL Currypulver, 20 g Garam Masala
- frisch gemahlener Pfeffer, Salz
- 3 EL Öl, 2 Knoblauchzehen, gehackt
- 1 Stängel Zitronengras, fein gehackt
- 1 TL gehackter Ingwer
- 1 kleine rote Chilischote, fein gewürfelt
- 1 rote Paprikaschote, in Streifen geschnitten
- 2 cm Zimtstange
- 8 Frühlingszwiebeln, in 1 cm lange Stücke geschnitten
- 150 g Sojasprossen, abgetropft
- 1–2 EL Austernsauce, 1 EL gehackte Minzeblätter
- 3 EL Cashewkerne, geröstet

1. Das Fleisch mit Küchenpapier sorgfältig trockentupfen und in 4 x 1 cm breite Streifen schneiden. Verrühren Sie das Currypulver mit Garam Masala, Pfeffer und ½ TL Salz, würzen Sie die Lammstreifen damit und lassen Sie sie etwa 30 Minuten durchziehen. Das Öl im Wok oder in einer Pfanne erhitzen und das Fleisch darin kurz und unter ständigem Rühren bei starker Hitze anbraten. Herausnehmen und das gebratene Fleisch beiseite stellen.

2. Braten Sie den Knoblauch, das Zitronengras, den Ingwer und die Chiliwürfel im verbliebenen Öl kurz an. Dann die Paprikastreifen zugeben, die Zimtstange einlegen und alles unter ständigem Rühren 1 Minute braten. Geben Sie anschließend die Frühlingszwiebeln sowie die Sojasprossen zu und braten Sie alles noch 1 weitere Minute.

3. Würzen Sie die Gemüsemischung mit der Austernsauce und schmecken Sie sie mit Salz und Pfeffer ab. Anschließend das Fleisch mitsamt dem ausgetretenen Fleischsaft zugeben und alles nochmals kurz durchschwenken.

4. Richten Sie die Lammkeule mit dem Gemüse auf vorgewärmten Tellern an und bestreuen Sie alles mit der Minze und den Cashewkernen. Als Beilage dazu schmeckt gedämpfter Kardamomreis sehr gut.

Asiatisch gewürzt

Lammfleisch mit seinem kräftigen Geschmack harmoniert ausgezeichnet mit asiatischen Gewürzen wie Curry oder Koriander. Meist sind auch – wie hier – 1 bis 2 Chilis mit von der Partie. Je nach deren Schärfegrad kann das Gericht daher sehr feurig sein. Wer's weniger scharf liebt, gibt zum Schluss zusammen mit dem Fleisch noch eine kleine Dose Kokosmilch hinzu.

S. 86
WARENKUNDE Lammkeule

S. 118
KÜCHENPRAXIS Fleisch schneiden

Aus dem Ofen

Feine Braten – vom köstlichen Kasseler in Brotteig über gut gebräunte Keulen von Lamm und Zicklein bis zur glacierten Kalbshaxe.

Mit einer schönen Kruste

Die Hitze im Ofen bekommt vor allem großen Stücken: Außen gut gebräunt und herrlich knusprig, innen wunderbar zart und rosa, sind große Braten die Krönung jeder Festtags- oder Sonntagstafel.

ÜBERAUS BELIEBT ist diese Art, Fleisch zuzubereiten. Wohl auch deshalb, weil das Braten im Ofen an sich recht einfach ist und keine großen Vorarbeiten erfordert. Es bedarf nur weniger Handgriffe und ein wenig Geduld, bis Karree und Keule schön gebräunt wieder aus dem Ofen kommen.

GAREN IN TROCKENER HITZE

Wichtig ist zunächst das Anbraten des Fleisches in wenig Fett bei starker Hitze, damit sich die Poren schließen und kein wertvoller Fleischsaft austreten kann. Ob das nun auf dem Herd in der Pfanne passiert oder gleich im vorgeheizten Ofen bei Temperaturen zwischen 200 und 220 °C macht keinen Unterschied. Nach dem Anbraten im Ofen – das dauert etwa 10 Minuten – ist es jedoch wichtig, dass Sie die Temperatur dann schnell auf die eigentliche Brattemperatur reduzieren. Am besten, Sie öffnen dafür kurz die Ofentür und kontrollieren dann die Hitze im Innenraum mit einem Backofenthermometer.

DIE KLASSISCHE METHODE

Nach der klassischen Methode wird das Fleisch bei Temperaturen zwischen 140 und 180 °C bis zum gewünschten Gargrad fertig gebraten. Je nach gewählter Gradzahl kann die Garzeit dabei beträchtlich variieren. Durch die Rundumhitze bildet sich bald eine schöne braune Kruste, die das Innere des Bratens schützt und dafür sorgt, dass das Fleisch schön rosa bleibt. Besonders zart wird der Braten, wenn Sie ihn während des Garprozesses immer wieder mit dem austretenden Fleischsaft übergießen, der Fachmann spricht in diesem Zusammenhang von »glacieren«. Zusätzlich können Sie auch noch ein wenig Fond, Brühe oder Wasser angießen und dieses dann immer wieder reduzieren. Ein solcher Bratfond ergibt dann die ideale Grundlage für eine geschmackvolle Sauce. Sehr mageres Fleisch kann durch Spicken oder Einwickeln in Speck zusätzlich vor dem Austrocknen geschützt werden.

WELCHE STÜCKE SIND GEEIGNET?

Die klassischen Braten werden gemeinhin aus dem Hinterviertel geschnitten. Beim Rind sind es vornehmlich die Teile der Keule und des Rückens, vom Kalb schiebt man auch die Haxe sowie die gefüllte Brust gerne in den Ofen. Der Schinken oder das Kotelettstück vom Schwein ergeben ebenfalls gute Braten, ebenso wie ein gut durchwachsener Hals oder Bauch. Bei Lamm und Zicklein schätzen Liebhaber die saftige Keule und den zarten Rücken.

Den Gargrad überprüfen können Sie entweder mit einem Löffel oder – noch exakter – mit einem Fleischthermometer. Gibt der Braten auf Löffeldruck nach und tritt roter Fleischsaft aus, ist der Braten innen noch blutig, die Kerntemperatur beträgt nun 45 bis 50 °C. Medium, das heißt rosa oder halb durch, ist der Braten, wenn er auf Druck federnd nachgibt. Er hat jetzt eine Kerntemperatur von 60 °C. Durchgebratenes Fleisch ist fest, je nach Tierart liegt die Kerntemperatur dann zwischen 70 und 85 °C. Ein hitzebeständiges Fleischthermometer können Sie vor Garbeginn an der dicksten Stelle einstechen, ohne jedoch dabei einen Knochen zu berühren. Vor dem Tranchieren muss der fertige Braten dann noch 10 bis 20 Minuten im ausgeschalteten Ofen ruhen, damit sich der Fleischsaft im Innern gleichmäßig verteilen kann und beim Tranchieren nicht ausläuft.

Bei Niedertemperatur

Haben Sie einen Braten, etwa ein Roastbeef, nach der Niedertemperaturgarmethode zubereitet, muss er vor dem Anschneiden nicht mehr extra ruhen, da der Fleischsaft sich während der langen Garzeit bereits im Innern des Bratens gleichmäßig verteilt hat.

LANGE BRATEN MIT WENIG HITZE

Bei der Niedertemperaturmethode kommt es auf eine halbe Stunde mehr oder weniger nicht an, hier können Sie das Fleisch nach dem Anbraten bei der richtigen Ofentemperatur – meist 80 °C – unbesorgt sich selbst überlassen. Wie lange, das entnehmen Sie am besten der Garzeitentabelle auf S. 115.

»Schweinebraten-Variationen«

Unvorstellbar für »gstandene« Bayern, aber wahr: es gibt andere Zubereitungsarten von Schweinebraten, die auch schmecken. Zumindest Thailändern, Balinesen, Chinesen, Italienern, Preußen oder sogar – welch Verrat! – manch einem südlich des Weisswurstäquators. Schon bei den Eidgenossen fängt die Misere an: Sie essen Schweinebraten ohne Schwarte und verpassen damit das Beste, die »resche Kruste«. Da wählen wir lieber die italienische Spielart des bayerischen Nationalgerichts: »Arista alla fiorentina«. Dieser wird aus einem ausgelösten Kotelettstück mit Schwarte oder aus Halsgrat zubereitet. Lösen Sie die Schwarte ein Stück weit und würzen Sie das Fleisch rundum, auch unter der Schwarte, mit im Mörser zerstoßenem Salbei, Rosmarin, Salz, Pfeffer, Knoblauch, Fenchelsamen und abgeriebener Zitronenschale. Dann drücken Sie die Schwarte wieder an, rollen das Fleisch mit einigen Salbei- und Rosmarinzweigen auf und verschnüren es mit Küchengarn. Dann wird es mit Olivenöl bestrichen und auf dem Spieß gegrillt oder auf Zwiebeln, Lauch, Pfeffer und Lorbeer mit wenig Wasser oder Weißwein 2 Stunden im Ofen bei 180 °C gebraten. Gießen Sie hin und wieder zu, um den Bratansatz zu lösen und wenden Sie das Fleisch. Serviert wird der Braten mit Polenta und Chianti classico.
Doch nicht nur die mediterrane Version des Schweinebratens, auch asiatische Varianten, wie etwa Babi Guling – gegrilltes Spanferkel auf indonesische Art – oder thailändischer Schweinehals mit Chilisauce und Parfümreis, sind allemal einen Versuch wert.

Ingrid Schindler

Krustenbraten mit Altbier

ZUBEREITUNGSZEIT 2 Std. 15 Min.
FÜR 6–8 PORTIONEN

FÜR DEN KRUSTENBRATEN
- 1 ½ kg Schweineschulter mit Schwarte, Salz
- 4 Zwiebeln, 1 Möhre
- ¼ Knollensellerie (100–150 g)
- 2 Petersilienwurzeln
- frisch gemahlener Pfeffer
- 750 g Schweineknochen, 1–2 EL Kümmelsamen
- ½ l dunkles Bier oder auch Weißbier

FÜR DAS GLASIERTE KRAUT
- 1 Weißkohl (etwa 1,2 kg)
- 1 EL Zucker
- 20 ml Estragon- oder Weißweinessig
- 2 EL Butter, Salz, frisch gemahlener Pfeffer

FÜR DIE KARTOFFELKNÖDEL
- 1 kg mehlig kochende Kartoffeln (etwa 800 g geschälte Kartoffeln)
- 2 Eier, 1 Eigelb, 50 g Kartoffelstärke
- 50 g Nockerl- oder Hartweizengrieß
- Salz, frisch geriebene Muskatnuss
- 3 EL geröstete Weißbrotwürfel, nach Belieben

1. Den Backofen auf 180 °C vorheizen. Blanchieren Sie die Schweineschulter 2 bis 3 Minuten in kochendem Salzwasser. Dann herausnehmen und die Schwarte mit einem scharfen Messer rautenförmig einschneiden. Die Zwiebeln, die Möhre, den Sellerie sowie die Petersilienwurzeln schälen, waschen und das Gemüse klein würfeln.

2. Das Fleisch salzen und pfeffern. Verteilen Sie das gewürfelte Gemüse und die Schweineknochen in einem Bräter und setzen Sie die gewürzte Schweineschulter darauf. Das Gemüse mit dem Kümmel bestreuen und etwas Wasser angießen.

3. Schieben Sie den Bräter in den vorgeheizten Backofen und braten Sie die Schweineschulter darin 1 ¾ Stunden. Den Braten dabei von Zeit zu Zeit mit dem Bier übergießen.

4. Für das Kraut von dem Weißkohl den Strunk und die dicken Blattrippen entfernen, dann die Blätter in Rauten schneiden. Karamellisieren Sie den Zucker in einem Topf und löschen Sie ihn mit dem Essig ab. Butter und Weißkohl zufügen, salzen und pfeffern und das Kraut bei schwacher Hitze kurz dünsten. Zum Schluss den Deckel abnehmen, die Flüssigkeit einkochen lassen und den Kohl glasieren.

5. Für die Knödel die Kartoffeln schälen, waschen und weich kochen oder dämpfen.

6. Lassen Sie die Kartoffeln ausdampfen und drücken Sie sie noch warm durch die Kartoffelpresse. Dann rasch mit den Eiern, Eigelb, Stärke, Grieß, Salz und Muskat vermengen und aus der Masse kleine Knödel formen. Wenn Sie wollen, können Sie in die Mitte jeweils noch ein paar geröstete Brotwürfel drücken. Dann die Kartoffelknödel in Salzwasser in 10 bis 15 Minuten gar ziehen lassen.

7. Nehmen Sie den Braten aus dem Ofen und stellen Sie ihn warm. Das Gemüse mit der Flüssigkeit in einen Topf umfüllen, aufkochen und bei Bedarf noch etwas Fond oder Wasser angießen. Die Sauce durch ein Sieb gießen und entfetten. Den Braten tranchieren und mit dem Kraut, den Knödeln und der Sauce anrichten.

S. 64
WARENKUNDE Schweineschulter

S. 134
KÜCHENPRAXIS Schwarte einschneiden

Besonders knusprig

Die Kruste des Schweinebratens gelingt bei Umlufthitze ganz besonders gut. In diesem Fall heizen Sie den Ofen auf 165 °C vor und behalten diese Temperatur auch während des Bratens bei.

Gefüllte Kalbsbrust

ZUBEREITUNGSZEIT 4 Std. 10 Min.
FÜR 8–10 PORTIONEN

FÜR DIE KALBSBRUST
- 1 Kalbsbrust ohne Knochen (etwa 2–2 ½ kg, vom Fleischer bereits mit einer Tasche versehen)
- 1 ½ kg Kalbsknochen
- Salz, frisch gemahlener Pfeffer
- 4 Hand voll Röstgemüse (aus 2 Zwiebeln, 3 Möhren und 3 Stangen Staudensellerie, alles geschält beziehungsweise geputzt und in grobe Würfel geschnitten)
- 1 ½ l heller Kalbsfond (S. 144), 20 g kalte Butter

FÜR DIE FÜLLUNG
- 500 g frisch gebackenes Baguette
- 100 ml lauwarme Milch
- 200 g Möhren
- 150 g Knollensellerie
- 3 Schalotten
- 200 g Lauch, 2 EL Butter
- 6 Eier
- 5–8 Stängel Liebstöckel, die Blätter fein gehackt
- Salz, frisch gemahlener Pfeffer
- frisch geriebene Muskatnuss

AUSSERDEM
- Fleischnadel, Küchengarn

S. 51
WARENKUNDE Kalbsbrust

S. 136, 144
KÜCHENPRAXIS Kalbsbrust, Heller Kalbsfond

und in feine Streifen (Julienne) schneiden. Den Lauch putzen, halbieren, gründlich waschen und ebenfalls in feine Streifen schneiden. Zerlassen Sie die Butter in einer Pfanne und dünsten Sie das Gemüse darin kurz an.

3. Verquirlen Sie 3 Eier miteinander, gießen Sie sie über das Gemüse und braten Sie sie wie ein Rührei an. Die Eiermischung über das Brot verteilen und alles mit den restlichen 3 Eiern gut vermengen, bei Bedarf noch etwas Milch angießen. Die Masse mit dem gehackten Liebstöckel sowie mit Salz, Pfeffer und Muskatnuss würzen. Den Backofen auf 175 °C vorheizen.

Beilage inklusive

Der Vorteil bei einer gefüllten Kalbsbrust ist, dass neben dieser feinwürzigen, lockeren Brotfüllung keine weiteren Beilagen mehr benötigt werden. Noch sämiger und geschmeidiger wird sie, wenn Sie Streifen von gepresstem Kalbskopf hinzufügen.

4. Füllen Sie die Kalbsbrust mit der Brotmasse, wie unten in Step 1 gezeigt, und nähen Sie sie zu, wie in Step 2 erklärt.

5. Die Kalbsbrust von beiden Seiten salzen und pfeffern. Füllen Sie die Kalbsknochen und das Röstgemüse in einen Bräter, legen Sie die Kalbsbrust darauf und braten Sie sie im Ofen etwa 3 Stunden, dabei immer wieder mit dem Kalbsfond übergießen. Sollte die Oberfläche zu dunkel werden, die Temperatur gegen Ende der Garzeit auf 120 °C reduzieren.

6. Nehmen Sie die Kalbsbrust aus dem Bräter und stellen Sie sie warm. Die Sauce noch einmal kurz aufkochen, durch ein Sieb gießen und die kalte Butter in Stücken einrühren. Die Kalbsbrust in Scheiben schneiden und mit der Sauce servieren.

1. Die Kalbsbrust mit Küchenpapier sorgfältig trockentupfen und das sichtbare Fett entfernen. Die Kalbsknochen in kochendem Wasser blanchieren und abgießen.

2. Für die Füllung schneiden Sie das Baguette in feine Scheiben, geben das Brot in eine große Schüssel und übergießen es mit der lauwarmen Milch. Die Möhren, den Sellerie sowie die Schalotten schälen

KALBSBRUST
füllen und verschließen

(1) Die Kalbsbrust auf ein Brett legen und die Brotmasse von Hand locker in die eingeschnittene Tasche füllen. Dabei nicht zu sehr stopfen, da die Füllung sonst beim Garen wieder herausquillt.

(2) Das Küchengarn in die Fleischnadel einfädeln und die Tasche vom Rand her mit mehreren Stichen im Abstand von etwa 1 cm zunähen. Ziehen Sie dabei die beiden Fleischlappen etwas über die Füllung, dann geht das Nähen besser.

Gespickte Lammkeule

ZUBEREITUNGSZEIT 1 Std. 15 Min.
FÜR 4–6 PORTIONEN

FÜR DIE LAMMKEULE
- 1 Lammkeule (etwa 1,2 kg), Salz, Pfeffer
- 15 frische Lorbeerblätter, halbiert, 4 EL Olivenöl
- 2 Knoblauchzehen, angedrückt

FÜR DIE ROSMARINKARTOFFELN
- 800–1000 g kleine fest kochende Kartoffeln
- 5 EL Olivenöl, 3–4 Prisen grobes Meersalz
- 3 Zweige Rosmarin, die Nadeln abgezupft

FÜR DAS GEMÜSE
- 2 Fenchelknollen
- 2 rote oder gelbe Paprikaschoten
- 2 rote Zwiebeln, 2 EL Olivenöl, 1 Prise Zucker
- 80 ml Weißwein, 2–3 Zweige Thymian

1. Den Backofen auf 165 °C vorheizen. Die Keule kräftig mit Salz und Pfeffer einreiben. Spicken Sie die Keule dann mit den Lorbeerblättern, wie auf S. 135 beschrieben; die Lorbeerblätter sollen noch zu einem Drittel herausschauen. Braten Sie die Keule in einem Bräter im heißen Olivenöl von allen Seiten gut an. Dann den Knoblauch zugeben und die Lammkeule im Ofen in 50 bis 60 Minuten fertig garen.

2. Die Kartoffeln gut waschen, abtropfen lassen und auf einem Backblech verteilen. Beträufeln Sie die Kartoffeln mit dem Olivenöl und bestreuen Sie sie mit Salz und Rosmarinnadeln. Die Kartoffeln in den Ofen schieben und zusammen mit der Lammkeule bei 165 °C 40 bis 45 Minuten garen.

3. Inzwischen das Gemüse vorbereiten: Den Fenchel putzen und in je 8 Spalten schneiden. Die Paprikaschoten mit dem Sparschäler schälen und das Fruchtfleisch in 4 cm breite Streifen schneiden. Die Zwiebeln schälen und in breite Streifen schneiden.

4. Die Keule herausnehmen und 10 Minuten bei 60 °C im Ofen ruhen lassen, aber nicht in Alufolie wickeln. Fenchel, Paprika und Zwiebeln im Bräter in Olivenöl anbraten, mit dem Zucker bestreuen, mit dem Wein ablöschen und den Thymian zugeben. Lassen Sie alles köcheln, bis die Flüssigkeit fast ganz verdampft und das Gemüse weich ist. Bei Bedarf noch etwas Wein, Kalbs- oder Lammfond angießen und abschmecken.

5. Tranchieren Sie die Lammkeule und richten Sie das Fleisch mit dem Gemüse und den Kartoffeln auf vorgewärmten Tellern an. Sofort servieren.

Mit feiner Sauce

Zu der Lammkeule passt eine Safran-Weißwein-Sauce gut. Hierfür variieren Sie eine klassische Weißweinsauce mit Lammfond, Fenchel und Thymian und geben von Anfang an 5 bis 8 Safranfäden beim Anschwitzen des Gemüses mit hinzu. Noch ein Tipp: Wenn Sie die Keule mit Umluft braten, genügen 150 °C.

S. 86
WARENKUNDE Lammkeule

S. 135
KÜCHENPRAXIS Spicken

Zickleinkeule mit Staudensellerie und Gnocchetti

ZUBEREITUNGSZEIT 2 Std.

FÜR DIE ZICKLEINKEULE
- 1 Zickleinkeule ohne Hüftknochen, aber mit Oberschenkelknochen
- Salz, Pfeffer, 3 EL Olivenöl
- 5 Schalotten, halbiert
- 1 frische Knoblauchknolle, halbiert
- je 1 Zweig Rosmarin und Thymian
- 200 ml Lammjus (S. 150)
- 1 kleines Bund glatte Petersilie, gehackt

FÜR DEN STAUDENSELLERIE
- 1 ganzer Staudensellerie
- 150 ml Geflügelfond (S. 149), 10 g Butter
- Salz, Pfeffer, 10 ml Walnussöl

FÜR DIE GNOCCHETTI
- 100 g feiner Hartweizengrieß
- 100 ml lauwarmes Wasser, Salz
- 1 EL geriebener Parmesan, 30 g Butter

S. 92
WARENKUNDE Zickleinkeule

1. Den Ofen auf 130 °C vorheizen. Den Sellerie putzen, waschen und auf 20 cm kürzen, die äußeren Stangen und das Grün aufbewahren. Leicht schälen und den Strunk so abschneiden, dass die Stangen noch zusammenhängen. Bringen Sie den Geflügelfond mit der Butter zum Kochen. Leicht salzen, pfeffern und den Sellerie zugedeckt 35 Minuten im Ofen garen. Herausnehmen, die Kochflüssigkeit stark reduzieren und den Sellerie sowie die Sauce warm halten.

2. Die Temperatur zum Braten der Keule auf 160 °C erhöhen. Die Keule mit Küchengarn binden (S. 127), salzen und pfeffern. Erhitzen Sie 2 EL Öl in einem Bräter, dann die Keule auf der Fettseite einlegen und in den Ofen schieben. Fügen Sie die Schalotten, Knoblauch und die Kräuter zu. Die Keule nach 10 Minuten wenden, noch 20 bis 30 Minuten braten, dabei wiederholt mit Bratfond übergießen. Nehmen Sie die Keule aus dem Bräter und lassen Sie sie 15 Minuten ruhen.

3. Für die Gnocchetti aus Grieß, Wasser, Salz und Parmesan einen Teig herstellen, zu Rollen (2 cm Ø) formen und in 1 cm breite Stücke schneiden. Die Gnocchetti in kochendem Salzwasser 4 Minuten garen.

4. Die Sellerieabschnitte im Bräter kurz angehen lassen, den Lammjus angießen und 10 Minuten köcheln. Die Sauce entfetten und durch ein Sieb gießen. Braten Sie die Keule im übrigen Öl kurz nach. Den Sellerie in 2 bis 3 cm lange Stücke schneiden, die Selleriesauce mit dem Walnussöl binden und den Sellerie damit nappieren. Die Keule mit Petersilie bestreuen, tranchieren und mit dem Sellerie, den in Butter glasierten Gnocchetti und der Sauce anrichten und servieren.

Kasseler im roten Brotteig

ZUBEREITUNGSZEIT 1 Std. 30 Min.
RUHEZEIT FÜR DEN TEIG 30 Min.

FÜR DAS KASSELER
- 1 kg Kasseler, roh geräuchert, ohne Knochen
- 150 g Wurzelgemüse (Lauch, Zwiebel, Möhren, Knollensellerie), geputzt und klein gewürfelt
- 2 EL Öl, 1 TL Meersalz, 1 TL Zucker
- 2 Lorbeerblätter, 2 Pimentkörner
- 2 ganze Sternanis, 1 l Kirschsaft

FÜR DEN BROTTEIG
- 150 ml Rote-Bete-Saft, 10 g frische Hefe
- 300 g Weizenmehl (Type 405)
- 1 EL Tandoori-Pulver, 1 EL Magerquark
- 1 EL Olivenöl, 2 EL Mohnsamen, 1 TL Salz

1. Das Kasseler mit Küchenpapier sorgfältig trockentupfen. Braten Sie das klein gewürfelte Wurzelgemüse in einem Topf kurz in Öl an und würzen Sie es mit Salz und Zucker. Die Lorbeerblätter, Pimentkörner sowie den Sternanis zufügen und alles mit dem Kirschsaft ablöschen. Geben Sie das Kasseler in den Topf und lassen Sie es etwa 20 Minuten köcheln. Anschließend herausnehmen und das Kasseler auskühlen lassen. Den Backofen auf 180 °C vorheizen.

2. Für den Brotteig den Rote-Bete-Saft leicht erwärmen und die Hefe darin 2 Minuten quellen lassen. Vermischen Sie die Hefe-Saft-Mischung mit dem Mehl, dem Tandoori-Pulver, dem Quark, dem Öl, Mohn und Salz. Alles zu einem Brotteig kneten und diesen an einem warmen Ort 30 Minuten zugedeckt gehen lassen.

3. Rollen Sie den Teig auf einer bemehlten Arbeitsfläche zu einem 5 mm starken und ausreichend großen Rechteck aus. Das kalte Kasseler darauf setzen, in den Brotteig einschlagen und auf ein mit Backpapier belegtes Blech setzen. Das Kasseler in den heißen Ofen schieben und etwa 40 Minuten backen.

4. Nehmen Sie das Kasseler aus dem Ofen und schneiden Sie es zum Servieren in 2 cm dicke Scheiben.

Ein Highlight auf jedem Büfett

Durch seine ungewöhnliche, intensiv rote Farbe macht das Kasseler schon optisch eine gute Figur. Doch auch geschmacklich überrascht es mit ungewohnt fruchtigen, asiatischen Aromen. Wenn Sie wollen, können Sie diese Geschmacksrichtung aufgreifen und als Begleitung dazu einen Rucola- oder Portulak-Salat mit Kokosdressing servieren.

S. 71
WARENKUNDE Schweinekotelett

»Der Klassiker: Kasseler im Brot«

Kasseler Rippenspeer mit Sauerkraut, Erbsenpüree, Salzkartoffeln oder Rotkohl ist ein typisches Berliner Gericht. Den Namen hat es vom findigen Fleischer Cassel aus Schöneberg, der als Erster die Idee hatte, geräucherten Schweinerücken in Salzlake zu legen.

Im Brotteig hat Kasseler vor allem als Büfett- und Partygericht Karriere gemacht. Das Original ist natürlich nicht rot, wie in meinem Rezept dank Kirsch- und Rote-Bete-Saft, sondern wird in hellem Brotteig verpackt. Stellen Sie dafür aus jeweils 375 g Roggen- und Weizenmehl, 1 Würfel Hefe (42 g), 450 ml lauwarmem Wasser, 10 g Zucker, 1 Beutel Natursauerteig und 1 Prise Salz einen Brotteig her und schlagen Sie, wie links beschrieben, etwa 1 ½ kg Kassler darin ein, das Sie vorher in einem Fond aus 150 g Wurzelgemüse, 1 Lorbeerblatt, 1 Stängel Petersilie und 5 schwarzen Pfefferkörnern 20 Minuten ziehen lassen. Die übrige Zubereitung entspricht dann der in meinem Rezept. Serviert wird der Klassiker mit frisch geriebenem Meerrettich und scharfem Senf.

Bernd Arold

Milchkalbskarree in der Salzkruste mit »Kartoffelrisotto«

DAS KALBSKARREE
bardieren und in Salz packen

(1) Das Kalbskarree mit Rosmarin und Thymianblättchen bestreuen und leicht überlappend mit den Speckscheiben belegen.

(2) Das unbehandelte Meersalz in einer Schüssel mit den leicht verquirlten Eiweißen und den beiden Pfeffersorten vermischen.

(3) Das bardierte Kalbskarree auf der Speckseite mit einer dünnen Schicht Meersalz bedecken – die Knochen sollen freibleiben – und das Salzgemisch leicht andrücken.

(1)

(2)

(3)

ZUBEREITUNGSZEIT 2 Std. 15 Min.
FÜR 4–6 PORTIONEN

FÜR DAS MILCHKALBSKARREE
- 1 ½–2 kg Milchkalbskarree mit Knochen
- Salz, frisch gemahlener Pfeffer, Olivenöl
- je 3 Zweige Rosmarin und Thymian
- 12 dünne Scheiben grüner Speck
- 2–2 ½ kg graues Meersalz, 3 Eiweiße
- je 3 TL schwarzer und Szechuanpfeffer

FÜR DEN KARTOFFELRISOTTO
- 900 g fest kochende Kartoffeln, Salz
- 2 Schalotten, 1 EL Olivenöl, 50 g Butter
- 300 ml heller Kalbsfond (S. 144)
- 30 g frisch geriebener Parmesan
- 1 kleines Bund glatte Petersilie
- 4 schwarze Oliven, fein gewürfelt
- 1 ½ getrocknete Tomaten, gewürfelt
- Saft von ½ Limette
- 2 EL geschlagene Sahne

1. Den Backofen auf 160 °C vorheizen. Das Kalbskarree mit Küchenpapier trockentupfen, salzen und pfeffern. Erhitzen Sie 2 EL Olivenöl in einer Pfanne und braten Sie das Fleisch darin von allen Seiten kurz an. Herausnehmen, mit Küchenpapier abtupfen und das Fleisch auskühlen lassen. Anschließend das Kalbskarree mit den Kräutern und dem Speck belegen, wie links in Step 1 gezeigt.

2. Die Salzmischung vorbereiten, wie in Step 2 gezeigt. Ein mit Alufolie belegtes Blech in Größe des Karrees mit der Salzmischung bestreuen. Das bardierte Kalbskarree darauf legen und mit einer dünnen Salzschicht bedecken, wie links in Step 3 gezeigt. Schieben Sie das Blech in den Ofen und garen Sie das Kalbskarree 1 bis 1 ¼ Stunden.

3. Inzwischen die Kartoffeln schälen und 2 cm groß würfeln. Die Kartoffeln in Salzwasser in 6 bis 8 Minuten halb gar kochen, abgießen und auskühlen lassen. Die Schalotten schälen und fein würfeln. Erhitzen Sie das Olivenöl mit 10 g Butter in einem Topf und dünsten Sie die Schalottenwürfel darin glasig. In der Zwischenzeit den Kalbsfond erhitzen. Die Kartoffeln zu den Schalotten geben, leicht salzen und mit einem Teil des heißen Fonds bedecken. Die Flüssigkeit unter ständigem Rühren einkochen lassen und so lange etwas Fond angießen, bis die Kartoffeln weich, aber nicht verkocht sind – sie sollten noch eine stückige Konsistenz aufweisen, ähnlich dem Reis bei einem Risotto.

4. Übrige Butter und Parmesan unter die Kartoffeln rühren. Petersilie waschen, trockenschütteln, die Blättchen hacken und mit den Oliven und getrockneten Tomaten unterrühren. Kartoffelrisotto mit Salz und Limettensaft abschmecken und mit der Sahne verfeinern.

5. Nehmen Sie das Kalbskarree aus dem Ofen und lassen Sie es 15 Minuten ruhen. Mit Hilfe eines Löffels die Salzkruste aufschlagen, das Fleisch vorsichtig vom Fett befreien und zwischen den Knochen aufschneiden. Die Kalbskoteletts auf vorgewärmten Tellern mit dem Kartoffelrisotto anrichten und sofort servieren.

S. 53, 64
WARENKUNDE Kalbskarree, Grüner Speck

S. 144
KÜCHENPRAXIS Heller Kalbsfond

In einer Hülle aus Salz, Ei und Mehl«

In einer Hülle aus Salz und Eiweiß, die im Ofen zu einer harten Kruste verbackt, gart das Fleisch äußerst schonend, bleibt schön saftig und zart.
Statt der Kruste können Sie kleinere Fleischstücke wie Lammrücken oder Kalbsfilet auch im Salzteigmantel backen. Dafür verarbeiten Sie 500 g Mehl, 300 g Salz, 3 Eier, 1 EL Olivenöl und 1 TL Weißweinessig zu einem homogenen Teig. Lassen Sie den Teig 1 Stunde ruhen und rollen Sie ihn dann dünn aus. Legen Sie das kurz angebratene, trockengetupfte, gewürzte, mit Speck ummantelte Fleisch auf den Teig und schlagen Sie es von allen Seiten fest ein. Bevor Sie den Laib in den Ofen (180 °C) schieben, bestreichen Sie ihn noch mit einem Gemisch aus Eigelb und Wasser und stechen ihn mehrmals mit der Gabel ein. Garen Sie das Fleisch etwa 10 bis 12 Minuten und lassen Sie es nochmals 5 Minuten ruhen.

Bobby Bräuer

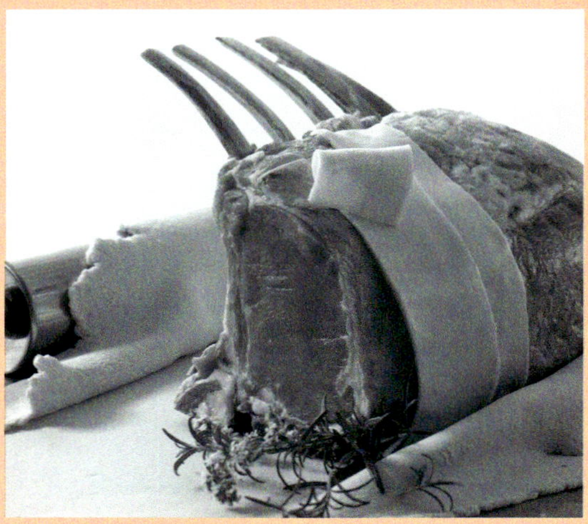

Bœuf Talleyrand

ZUBEREITUNGSZEIT 35 Min.
MARINIERZEIT 12 Std.

FÜR DAS FILET

- 650 g Rinderfilet aus dem Mittelstück (mit einem Durchmesser von etwa 8 cm)
- 30 g schwarze Trüffelscheiben
- 40 g Butter
- 40 ml Madeira oder Marsala
- 1 cl Cognac, Salz
- 2–3 EL Olivenöl
- frisch gemahlener Pfeffer

FÜR DIE SAUCE

- 20 g Trüffelwürfel
- 40 g Butter, Salz
- 40 ml Madeira
- ¼ l Kalbsjus (S. 150)

1. Das Rinderfilet parieren und trockentupfen. Schneiden Sie das Fleisch längs ein, aber nicht durch und klopfen Sie es leicht flach.

2. Die Trüffelscheiben nur leicht in 20 g Butter anschwitzen, dann mit Madeira und Cognac ablöschen. Würzen Sie die Trüffelscheiben mit wenig Salz und lassen Sie die Flüssigkeit beinahe vollständig einkochen. Dann die Trüffelscheiben vom Herd nehmen und auf Zimmertemperatur abkühlen lassen.

3. Belegen Sie das leicht plattierte Rinderfilet mit den Trüffelscheiben und rollen Sie es dann je nach Dicke ein oder klappen Sie das Fleisch zusammen und binden Sie es mit Küchengarn wie einen Rollbraten in Form. Das Filet mit Olivenöl bestreichen, in Klarsichtfolie wickeln und 12 Stunden im Kühlschrank durchziehen lassen.

4. Den Backofen auf 200 °C vorheizen. Das Fleisch mit Salz und Pfeffer würzen. Braten Sie das Filet in Olivenöl an, geben Sie die restliche Butter zu und braten Sie das Fleisch im Ofen unter ständigem Begießen mit der Bratbutter etwa 15 Minuten. Anschließend die Hitze reduzieren und das Filet bei 80 °C auf einem Gitter im Ofen warm halten.

5. Für die Sauce die Trüffelwürfel in 10 g aufgeschäumter Butter anschwitzen, leicht salzen, mit dem Madeira ablöschen und mit dem Kalbsjus auffüllen. Lassen Sie die Mischung 2 Minuten bei schwacher Hitze köcheln und schlagen Sie die restliche Butter unter.

6. Das Rinderfilet aus dem Ofen nehmen und in Scheiben schneiden. Richten Sie es auf vorgewärmten Tellern an, umgießen Sie es mit der Sauce und servieren Sie das Filet nach Belieben mit Blattspinat und Kartoffelgratin oder gebratenen Kartoffelschnitzen.

S. 34
WARENKUNDE Rinderfilet
S. 136
KÜCHENPRAXIS Rollbraten binden

»Berühmtheit erlangt hat auch ein anderer Klassiker mit Rinderfilet: Für »Tournedos Rossini« braten Sie pro Person zwei kleine Tournedos an und belegen diese mit je einer Scheibe gebratener Gänsestopfleber und einer Scheibe Trüffel. Serviert wird der exquisite Leckerbissen dann in Kalbsjus mit Madeira.«

TOURNEDOS VORBEREITEN

und in Blätterteig packen

(1) Die Morcheln mit der Kalbsfarce oder dem Kalbsbrät sowie der Petersilie vermengen.

(2) Die Tournedos mit zwei Dritteln der Farce ringsherum einstreichen.

(3) Die von Farce umhüllten Tournedos jeweils auf ein Teigquadrat setzen, je 2 gebratene Gänseleberscheiben darauf legen und mit der restlichen Farce bedecken. Die Teigränder mit Eiweiß bestreichen, ein zweites Blätterteigquadrat darauf setzen und den Rand mit einer Gabel festdrücken.

(1)

(2)

(3)

Rinderfilet in Blätterteig

ZUBEREITUNGSZEIT 1 Std.

FÜR DIE FILETS

- 4 Tournedos vom Rinderfilet, je 140 g
- Salz, frisch gemahlener Pfeffer, 2 EL Olivenöl
- 100 g frische Morcheln, gewaschen und geputzt (Ersatz: 30 g getrocknete Morcheln, im Einweichwasser aufgekocht und abgegossen)
- 2 Schalotten, fein gewürfelt, 30 g Butter
- geriebene Muskatnuss, 80 ml Madeira, 2 cl Cognac
- 8 Scheiben Gänsestopfleber, je 25 g (Ersatz: Entenstopfleber)
- Pastetengewürz (s. Glossar), 2 EL Mehl
- 100 g Kalbsfarce (S. 162) oder 100 g Kalbsbrät
- 1 EL gehackte glatte Petersilie
- 8 TK-Blätterteigquadrate, 12 x 12 cm
- 1 Eiweiß, 1 Eigelb, ¼ l Kalbsjus (S. 150)
- 30–40 g kalte Butter, in Stücken

1. Die Tournedos sorgfältig trockentupfen, salzen und pfeffern. Braten Sie die Tournedos in 1 EL Olivenöl von beiden Seiten kräftig an, dann stellen Sie sie kalt. Die Morcheln in Streifen schneiden und trockentupfen.

2. Braten Sie die Schalotten und die Morcheln in Butter an und würzen Sie sie mit Salz, Pfeffer und Muskat. Mit 40 ml Madeira und dem Cognac ablöschen, die Flüssigkeit völlig verdampfen lassen und alles kalt stellen.

3. Die Gänseleber mit Salz, Pfeffer und Pastetengewürz würzen, mit wenig Mehl bestauben und im restlichen Olivenöl beidseitig kurz anbraten, dann kalt stellen.

4. Den Backofen auf 220 °C vorheizen und die Tournedos in Blätterteig packen, wie links in Step 1 bis 3 gezeigt. Verquirlen Sie das Eigelb mit etwas Wasser und bestreichen Sie die Oberfläche der Taschen damit.

5. Die Blätterteigtaschen etwa 12 Minuten im heißen Ofen backen, dann 5 Minuten bei 80 °C ruhen lassen. Erhitzen Sie den Kalbsjus mit dem restlichen Madeira und binden Sie die Sauce mit der kalten Butter. Die Tournedos mit der Sauce anrichten und servieren.

S. 150
KÜCHENPRAXIS Kalbsjus

»Ein bekannter Klassiker: Filet Wellington«

Ich bevorzuge zwar die nebenstehende Variante, aber auch das Original »Filet Wellington« ist ein fürstlicher Genuss. Seinen Namen verdankt das Gericht keinem Geringeren als dem Bezwinger Napoleons, Arthur Wellesley, Herzog von Wellington, der den legendären Feldherrn 1815 bei Waterloo endgültig schlug. Ob Wellington nach dieser Heldentat mit dem Rinderfilet in Blätterteig belohnt wurde, ist allerdings nicht überliefert.
Für die Original-Version verwenden Sie Champignons an Stelle der Morcheln und lassen das Rinderfilet am Stück. Braten Sie es ringsum scharf an. Wenn Sie wollen, können Sie auf die Gänsestopfleber verzichten. Für den Teigmantel legen Sie die Blätterteig-Quadrate leicht überlappend auf eine Arbeitsfläche und rollen sie zu einem Rechteck aus. Streichen Sie ein Drittel der Farce auf den Teig, setzen Sie das Fleisch darauf und bestreichen Sie das Filet mit der übrigen Masse. Schlagen Sie dann das Fleisch in den Teig ein. Damit der Dampf entweichen kann, stechen Sie den Teig mit einem Holzspießchen mehrfach ein. Dann das Filet im vorgeheizten Ofen bei 220 °C 25 bis 30 Minuten backen. Zum Original wird dann die Sauce Périgueux, für die 20 g gehackte Trüffeln in die Mischung aus Bratenfond, Kalbsjus und Madeira kommen, serviert.

Christian Petz

Gebratener Lammrücken mit Chicorée

ZUBEREITUNGSZEIT 1 Std. 15 Min.

FÜR DEN LAMMRÜCKEN

- 2 Lammrückenfilets, je etwa 450 g vom Fett befreit, aber mit Haut
- Salz, Pfeffer, 3 EL Olivenöl, 20 g Butter

FÜR DEN CHICORÉE

- 4 Stauden Chicorée, geviertelt
- 100 g Butter, 1 TL Honig, Salz, Pfeffer
- 10 ml weißer Portwein oder Sherry
- 2 Orangen, filetiert, den Saft aufgefangen
- 100 ml Lammjus (S. 150)
- 25 g grob gehackte Haselnüsse
- 1 kleines Bund Estragon, in feine Streifen geschnitten

S. 82
WARENKUNDE Lammrücken
S. 119
KÜCHENPRAXIS Fleisch parieren

1. Den Backofen auf 160 °C vorheizen. Die Lammrückenfilets mit Küchenpapier abtupfen und die Haut mit einem scharfen Messer schräg einritzen, damit sich das Fleisch beim Braten nicht hochwölbt. Würzen Sie die Rückenfilets mit Salz und Pfeffer und braten Sie sie ringsum bei mittlerer Hitze in 2 EL Olivenöl an. Dann das Fleisch im Ofen weitere 10 Minuten braten und mit Alufolie bedeckt im ausgeschalteten Ofen warm halten.

2. Vom Chicorée den Strunk so herausschneiden, dass die Blätter noch zusammenhalten. Legen Sie den Chicorée für 20 Minuten in lauwarmes Wasser, um eventuell vorhandene Bitterstoffe zu entfernen, dann die Stauden herausnehmen und trockentupfen.

3. In einer Pfanne 50 g Butter zerlassen, den Honig zufügen und den Chicorée darin von allen Seiten goldgelb anbraten. Salzen, pfeffern, den Chicorée mit Portwein ablöschen und diesen komplett reduzieren. Den Orangensaft angießen und reduzieren, dann den Lammjus zugießen und auf die Hälfte einkochen lassen. Zum Schluss die Orangenfilets sowie die Haselnüsse unterrühren und die Sauce mit der restlichen Butter binden.

4. Die Lammrückenfilets herausnehmen und im restlichen Olivenöl und in der Butter erneut kurz braten. Das Fleisch tranchieren und mit dem Chicorée anrichten. Bestreuen Sie diesen mit dem Estragon und servieren Sie als Beilage Petersilienkartoffeln, Kartoffelgratin oder frisches Weißbrot.

Zickleinrücken, mit Pesto gefüllt

ZUBEREITUNGSZEIT 4 Std. 20 Min.
MARINIERZEIT 30 Min.
KÜHLZEIT 12 Std.

FÜR DEN ZICKLEINRÜCKEN
- 1 Zickleinrücken mit Bauchlappen (etwa 2 kg), längs halbiert und die Rippenknochen ausgelöst (die Rippenknochen mitnehmen)
- 3 EL Olivenöl, 2 Möhren, gewürfelt
- 3 Stangen Staudensellerie, gewürfelt
- 1 Gemüsezwiebel, gewürfelt
- 2 Knoblauchzehen, abgezogen
- 2 Tomaten, grob gewürfelt, 1 Zweig Rosmarin
- 2 Zweige Thymian, 2 Lorbeerblätter
- 4–5 Stängel Petersilie
- ½ TL schwarze Pfefferkörner
- ¼ l Weißwein, 1 ½ l Kalbsfond (S. 144)
- 500 g Salz, 250 g Zucker
- 125 g rosenscharfes Paprikapulver
- 1 kg Butterschmalz, Pfeffer

FÜR DIE FÜLLUNG
- ½ Stange frisches Baguette (125 g)
- 1 Topf Basilikum, 3 EL Pinienkerne
- 1 Knoblauchzehe, abgezogen, 80 ml Olivenöl
- 1 Ei, 20 g geriebener Parmesan, Salz

S. 93
WARENKUNDE Zickleinrücken

S. 136
KÜCHENPRAXIS Rollbraten binden

1. Die Rippenknochen hacken und in Olivenöl goldbraun rösten. Geben Sie das gewürfelte Wurzelgemüse hinzu und rösten Sie es kurz mit. Dann Knoblauch, Tomaten, Kräuter und Pfeffer zufügen, Wein und Fond angießen und alles 1 bis 1 ½ Stunden köcheln lassen.

2. Für die Füllung das Baguette in feine Scheiben schneiden. Stellen Sie aus Basilikum, Pinienkernen, Knoblauch und Öl einen Pesto her und mischen Sie ihn mit dem Ei und dem Parmesan unter das Brot. Die Masse leicht salzen. Die Füllung auf dem Fleisch verteilen, dieses aufrollen und mit Küchengarn wie einen Rollbraten in Form binden.

3. Vermischen Sie das Salz, den Zucker und das Paprikapulver in einer flachen Form, wenden Sie den Rollbraten darin und marinieren Sie ihn 30 Minuten im Kühlschrank. Vorsichtig abspülen, das Fleisch in einem Vakuumbeutel mit dem Butterschmalz einschweißen und 45 Minuten in 90 °C heißem Wasser pochieren. Herausnehmen und das Fleisch 12 Stunden im Fett auskühlen lassen.

4. Den Backofen auf 210 °C vorheizen. Nehmen Sie das Fleisch aus dem Beutel. Vom Fett befreien und den Zickleinbraten etwa 40 Minuten im Ofen garen, dabei die Kruste alle 10 Minuten mit Wasserdampf besprühen. Oder Sie benetzen die Kruste während des Bratens mit ein wenig Wasser. Den Braten gelegentlich wenden und zum Schluss kurz unter den heißen Grill stellen.

5. Herausnehmen, das Garn entfernen und den Zickleinbraten tranchieren. Die Sauce um ein Drittel reduzieren, durch ein feines Sieb gießen und mit Salz und Pfeffer abschmecken. Richten Sie den Zickleinrücken mit der Sauce auf vorgewärmten Tellern an. Als Beilage passen Salat oder Gemüse der Saison.

Im Beutel

Eine Alternative zum Vakuumieren ist, den Zickleinrollbraten zusammen mit dem Butterschmalz zum Pochieren einfach in einen hitzebeständigen Kunststoffbeutel (Gefrierbeutel) zu geben und diesen dann sehr fest zu verschließen.

Roastbeef, unterschiedlich gegart

ROASTBEEF, KLASSISCHE ART

ZUBEREITUNGSZEIT 40–45 Min.
FÜR 4–6 PORTIONEN

ZUTATEN
- 1 kg Roastbeef mit Fettauflage
- Salz, frisch gemahlener Pfeffer, 2–3 EL Öl

1. Den Backofen auf 240 °C vorheizen. Das Roastbeef parieren und das Fett rautenförmig einschneiden. Salzen, pfeffern und das Fleisch ringsum mit Öl bepinseln.

2. Legen Sie es auf einen Rost und braten Sie das Fleisch 15 Minuten im Ofen. Die Hitze auf 180 °C reduzieren und das Fleisch in 10 bis 15 Minuten fertig braten. Herausnehmen und das Roastbeef in Alufolie gewickelt noch 15 Minuten ruhen lassen.

ROASTBEEF, SANFT GEGART

ZUBEREITUNGSZEIT 5 Std.
FÜR 8–10 PORTIONEN (nicht abgebildet)

ZUTATEN
- 2 bis 2 ½ kg Roastbeef mit Fettauflage
- Salz, frisch gemahlener Pfeffer, 3–4 EL Öl

1. Den Backofen auf 250 °C vorheizen. Das Fleisch vorbereiten und würzen, wie links beschrieben.

2. Braten Sie das Roastbeef 15 Minuten unter dem heißen Grill. Dann die Hitze reduzieren (Ofentür öffnen!) und das Fleisch bei 70 °C in 4 ½ Stunden fertig garen; das Roastbeef ist dann »medium«.

ROASTBEEF IN DER SALZKRUSTE

ZUBEREITUNGSZEIT 1 Std.
FÜR 4–6 PORTIONEN

ZUTATEN
- 1 ½ kg Roastbeef mit Fettauflage
- 2 EL grob zerstoßener schwarzer Pfeffer
- 1 Bund Thymian, 1 kg Meersalz, 1 Eiweiß

1. Den Backofen auf 250 °C vorheizen. Das Roastbeef parieren und mit Pfeffer einreiben. Für die Salzkruste die abgezupften Thymianblättchen mit dem Meersalz und dem Eiweiß vermengen.

2. Eine ofenfeste Form – etwas größer als das Fleisch – 1 ½ cm hoch mit dem Salz füllen. Legen Sie das Roastbeef darauf und umhüllen Sie es mit Salz. Das Fleisch 40 bis 45 Minuten im Ofen braten, herausnehmen, die Salzkruste mit einem Hammer aufschlagen, abheben und den Braten tranchieren.

S. 34
WARENKUNDE Roastbeef
S. 118
KÜCHENPRAXIS Fett einschneiden

»Roastbeef mit Jakobsmuschel«

Eine raffinierte und schnelle Abwandlung des klassischen Roastbeefs stellt meine Variante mit Jakobsmuscheln dar – eine edle Spielart von Surf'n'Turf, der Verbindung von Fleisch und Meeresfrüchten.
Dafür schneide ich in 4 Scheiben Roastbeef von je 120 g eine Tasche, in die ich je 1 gesalzene Jakobsmuschel setze. Ich verschließe die Tasche mit einem Zahnstocher oder schnüre das Fleisch zu einem Päckchen, das ich salze und in 2 EL Öl auf jeder Seite kräftig anbrate. Dann gare ich das Fleisch bei 200 °C im vorgeheizten Backofen 6 Minuten und lasse es anschließend in Alufolie gewickelt 3 Minuten ruhen. Währenddessen lasse ich in der Pfanne 30 g Butter aufschäumen, gebe 2 gehackte Knoblauchzehen sowie 2 Rosmarinzweige dazu und schwenke das Fleisch darin erneut 2 Minuten. Als Beilage passt eine Lauchquiche oder eine pikante Apfeltarte.

Bernd Arold

Geschmorter Schweineschinken

ZUBEREITUNGSZEIT 2 Std. 30 Min.
FÜR 4–6 PORTIONEN

FÜR DEN SCHINKEN
- 1 ½ kg gepökelter, leicht geräucherter Schinkenbraten aus der Keule
- 2 EL Öl
- 2 rote Zwiebeln
- 2 Pastinaken (80 g), 2 Möhren
- 1–2 Fenchelknollen
- 3 Stängel Majoran
- 2 EL gehackter Ingwer
- je 2 TL Salz und Zucker
- 4 Lorbeerblätter
- 4 schwarze Kardamomkapseln (Ersatz: grüne Kardamomkapseln)
- 2 Kaffirlimettenblätter (Asialaden)
- 800 ml ungesüßte Kokosmilch
- Saft von 4 rosa Grapefruits (etwa 600 ml)
- 2 EL Schwarzteeblätter (Earl Grey)
- 2 TL gehacktes Koriandergrün

S. 66
WARENKUNDE Schweinekeule

S. 134
KÜCHENPRAXIS Schwarte einschneiden

1. Den Schinkenbraten mit Küchenpapier trockentupfen. Braten Sie das Fleisch in einem feuerfesten Topf auf der Schwarte etwa 2 Minuten in Öl an. Herausnehmen und die Schwarte mit einem scharfen Messer in etwa 1 cm Abstand quadratisch einschneiden.

2. Die Zwiebeln, Pastinaken und Möhren schälen, waschen und wie den Fenchel grob würfeln. Den Backofen auf 160 °C vorheizen. Braten Sie das Gemüse zusammen mit dem Majoran und dem Ingwer im verbliebenen Öl kurz an. Dann alles mit Salz und Zucker würzen, die Lorbeerblätter, den Kardamom sowie die Limettenblätter zugeben und das Gemüse mit der Kokosmilch und dem Grapefruitsaft aufgießen. Alles kurz aufkochen lassen und den Schinken mit der Schwarte nach oben in den Topf legen. Stellen Sie den Topf in den Ofen und garen Sie den Schinken darin offen etwa 2 Stunden, dabei die Schwarte alle 30 Minuten mit dem Fond übergießen.

3. Den Schinken herausnehmen. Geben Sie die Teeblätter in den Fond und lassen Sie sie darin etwa 2 Minuten ziehen.

4. Schneiden Sie den Schinken in Scheiben. Anschließend den Kokosfond durch ein feines Sieb gießen, mit je 2 Scheiben Schinken in vorgewärmten tiefen Tellern anrichten und mit dem Koriandergrün bestreuen. Servieren Sie nach Belieben entweder Brezenknödel oder Bratkartoffeln als Beilage.

Im Asialaden

Alle Zutaten für diesen mit Ingwer und Kardamom interessant gewürzten Schinkenbraten erhalten Sie, sofern sie nicht sowieso in Ihrem Supermarkt vorhanden sind, im Asialaden. Das Fleisch allerdings sollten Sie rechtzeitig bei Ihrem Fleischer vorbestellen, da er es noch pökeln und leicht räuchern muss.

Knuspriger Schweinebauch mit Honig und Senf

ZUBEREITUNGSZEIT 4 Std. 20 Min.

»Gut Ding braucht Weile: Daher sollten Sie sich für dieses an sich ganz einfache Gericht viel Zeit nehmen.«

ZUTATEN
- 600 g Schweinebauch mit Schwarte
- 1 Knoblauchzehe, angedrückt
- 2–3 EL Pökelsalz, frisch gemahlener Pfeffer
- 1 Msp. Kümmel
- 1 EL Tafelsenf oder Dijonsenf (Ersatz: 1 EL mittelscharfer Senf)
- 1 EL Tannenhonig oder anderer würziger Honig

1. Die Schwarte des Schweinebauches mit einem scharfen Messer kreuzweise einschneiden. Zerstoßen Sie den Knoblauch mit etwas Pökelsalz, Pfeffer und Kümmel im Mörser und vermischen Sie die Paste mit dem Senf.

2. Die Schwarte des Schweinebauches kräftig mit der Senfpaste einreiben. Das Fleisch in einen Kunststoffbeutel geben und vakuumieren oder fest verschließen und den Schweinebauch dann im Wasserbad (80 °C) 2 Stunden ziehen lassen.

3. Den Backofen auf 80 °C vorheizen. Den Schweinebauch aus dem Beutel nehmen, dabei den entstandenen Fond auffangen. Braten Sie das Fleisch in einer ofenfesten Pfanne auf der Hautseite langsam bei mittlerer Hitze an, bis die Haut gebräunt und schön kross ist.

4. Vom Herd nehmen und den Schweinebauch auf die Fleischseite drehen. Gießen Sie den aufgefangenen Fond an und garen Sie den Schweinebauch im Ofen noch etwa 2 Stunden.

5. Heizen Sie den Grill vor. Bestreichen Sie die Schwarte mit dem Honig und lassen Sie diesen kurz unter dem heißen Grill karamellisieren. Herausnehmen, den Schweinebauch in Scheiben schneiden, auf Tellern anrichten und dazu Blattsalate mit einem süßen Senfdressing servieren.

S. 64
WARENKUNDE Schweinebauch
S. 134
KÜCHENPRAXIS Schwarte einschneiden

Koteletts vom Spanferkel mit eingelegten Rettichnudeln

ZUBEREITUNGSZEIT 1 Std.
MARINIERZEIT DER RETTICHNUDELN 30 Min.

FÜR DIE RETTICHNUDELN
- 160 g geschälter Schwarzer Rettich
- 160 g geschälter Weißer Rettich
- 40 g feine Schalottenwürfel
- ½ Knoblauchzehe, fein gewürfelt
- ½ Chilischote, fein gewürfelt, Salz
- 2 TL Lindenblütenhonig
- 30 ml Cidre- oder Apfelessig
- 20 g Apfelfruchtfleisch der Sorte Granny Smith, geschält und fein gewürfelt
- 40 ml Walnussöl
- 10 g Walnusskerne, gehackt
- 20 g Radieschen, fein gewürfelt
- 1 EL fein geschnittene Kerbelblättchen
- 1 EL Schnittlauchröllchen

FÜR DIE SPANFERKELKOTELETTS
- 12 Spanferkelkoteletts ohne Schwarte, je 80 g
- Salz, frisch gemahlener Pfeffer
- 2–3 EL Öl zum Braten
- 2 Zweige Rosmarin
- 2 Knoblauchzehen, angedrückt
- 10 g Butter, 1 Schalotte, fein gewürfelt
- 50 ml trockener Weißwein
- 150 ml Geflügelfond (S. 149)
- 1 TL Dijonsenf, 20 g kalte Butter

FÜR DIE MEERRETTICHKRUSTE
- 1 Eigelb
- 1 EL geriebenes Weißbrot ohne Rinde
- 1 EL geriebener Meerrettich
- etwas Zitronensaft
- Salz, frisch gemahlener Pfeffer
- 1 EL geschlagene Sahne

1. Für die Rettichnudeln die Rettiche schneiden, wie unten in Step 1 erklärt, und mit den Schalotten-, Knoblauch- und Chiliwürfeln vermischen, salzen und 10 Minuten stehen lassen. Mischen Sie dann den Honig und den Essig, die Apfelwürfel und das Walnussöl unter. Sollte der Honig zu fest sein, diesen mit dem Essig kurz erwärmen. Anschließend Walnusskerne und Radieschenwürfel zufügen, alles gut durchmischen und die Rettichnudeln etwa 30 Minuten bei Raumtemperatur in der Marinade ziehen lassen.

2. Den Ofen auf 180 °C vorheizen. Die Spanferkelkoteletts sorgfältig trockentupfen, salzen und pfeffern. Erhitzen Sie das Öl in einer ofenfesten Pfanne und braten Sie die Koteletts darin von beiden Seiten kurz an. Rosmarin und Knoblauch zufügen und die Koteletts im Ofen noch 10 Minuten braten, dabei einmal wenden.

3. In der Zwischenzeit für die Meerrettichkruste alle Zutaten bis auf die Sahne verrühren. Dann die geschlagene Sahne unterheben und die Paste nochmals mit Salz und Pfeffer abschmecken.

4. Koteletts herausnehmen und warm stellen. Knoblauch und Rosmarin entfernen und das Bratfett abgießen. Lassen Sie die Butter in der Pfanne kurz aufschäumen und dünsten Sie die Schalottenwürfel darin glasig an. Mit dem Weißwein ablöschen, diesen rasch stark reduzieren, dann den Geflügelfond zugießen und diesen auf die Hälfte einkochen lassen. Die Sauce durch ein feines Sieb gießen und den Senf unterrühren. Die Sauce mit der kalten Butter binden und mit Salz und Pfeffer abschmecken.

5. Die Koteletts zum Gratinieren vorbereiten, wie in Step 2 gezeigt, und unter dem vorgeheizten Grill 3 bis 4 Minuten überbacken.

6. Die Rettichnudeln abschmecken, die Kräuter unterrühren und nach Belieben mit einer Fleischgabel – wie Spaghetti – aufdrehen und in der Mitte der Teller anrichten. Die Zwiebel-, Knoblauch- und Chiliwürfel darauf verteilen, die Koteletts daneben anrichten und mit der Sauce überziehen. Garnieren Sie die Koteletts vor dem Servieren nach Belieben mit Rosmarin, Kerbel und Schnittlauch.

S. 74
WARENKUNDE Spanferkel
S. 114
KÜCHENPRAXIS Braten im Ofen

RETTICH SCHNEIDEN
und Meerrettichpaste auftragen

(1) Zum Schneiden der Rettichnudeln gibt es zwei Möglichkeiten: Entweder die beiden Rettichstücke in 5 bis 10 mm dicke Scheiben schneiden, mehrere übereinander legen und mit dem Sparschäler etwa 18 cm lange Streifen abschälen. Oder Sie schneiden die Stücke mit dem Rettichschneider in etwa 15 cm lange Spiralen. Das Ergebnis ist dabei zwar weniger fein, dafür geht's mit dieser Methode wesentlich schneller.

(2) Die vorbereitete Meerrettichpaste mit einer Palette oder einem Löffel gleichmäßig dick auf den Koteletts verstreichen.

(1)

(2)

Hackbraten von Schwein und Rind

ZUBEREITUNGSZEIT 1 Std. 50 Min.

FÜR DEN HACKBRATEN
- 500 g Schweinefleisch vom Bauch
- 500 g Rindfleisch von der Schulter
- 2 Zwiebeln, geschält, 40 g Butter
- 2 Knoblauchzehen, abgezogen
- 1 Bund glatte Petersilie
- 2 Brötchen vom Vortag
- ⅛ l Milch, 2 Eier
- gemahlener Kümmel, 1 TL Paprikapulver
- 1 EL scharfer oder mittelscharfer Senf
- 2–4 TL gehackter Majoran
- Salz, frisch gemahlener Pfeffer
- 1–2 EL Öl für das Blech

1. Die beiden Fleischsorten mit Küchenpapier trockentupfen, in Würfel schneiden und beiseite stellen.

2. Die Zwiebeln in dünne Scheiben schneiden. Zerlassen Sie die Butter und braten Sie die Zwiebeln darin langsam goldgelb an. Den Knoblauch fein würfeln. Die Petersilie waschen, trockenschütteln und die Blättchen abzupfen. Geben Sie den Knoblauch und die Petersilienblättchen zu den Zwiebeln und braten Sie alles weitere 2 Minuten, dann abkühlen lassen.

3. Den Backofen auf 170 °C vorheizen. Schneiden Sie die Brötchen in Scheiben und weichen Sie sie in der Milch ein. Das Fleisch zusammen mit der Zwiebelmischung und den gut ausgedrückten Brötchen durch die mittlere Scheibe des Fleischwolfes drehen.

4. Die Masse mit den Eiern, den Gewürzen, dem Senf sowie dem Majoran gut vermengen und mit Salz und Pfeffer abschmecken. Formen Sie aus dem Fleischteig einen Laib, setzen Sie ihn auf ein gefettetes Blech und braten Sie ihn im heißen Ofen etwa 1 Stunde.

5. Herausnehmen, den Hackbraten in Scheiben schneiden und nach Belieben mit Gemüse oder Blattsalaten der Saison und einer pikanten Sauce servieren.

»Würziger wird der Hackbraten, wenn Sie die fein gewürfelten Zwiebeln roh und außerdem noch Paprikawürfel und eine Prise Curry unter den Fleischteig mischen.«

S. 132
KÜCHENPRAXIS Hackfleisch

S. 298 – 304
REZEPTE Saucen

Glacierte Kalbshaxe mit Gremolata

ZUBEREITUNGSZEIT 2 Std. 20 Min.

FÜR DIE KALBSHAXE
- 1 Kalbshaxe mit Knochen, etwa 1,2–1,4 kg
- Salz, frisch gemahlener weißer Pfeffer
- 1 EL Mehl, 30 g Butterschmalz
- 150 g Kalbsknochen mit etwas Fleisch, klein gehackt
- 60 g Butter
- 4 Schalotten, geschält und geviertelt
- $\frac{1}{8}$ l Weißwein
- Zitronensaft, 35 g kalte Butterstücke

FÜR DIE GREMOLATA
- 30–40 g Butter
- 20 g gehackte glatte Petersilie
- Schale von $\frac{1}{2}$ unbehandelten Zitrone, gehackt oder in Streifen geschnitten
- $\frac{1}{2}$ Knoblauchzehe, fein gehackt

S. 49
WARENKUNDE Kalbshaxe
S. 114
KÜCHENPRAXIS Braten im Ofen

1. Heizen Sie den Backofen auf 180 °C vor. Die Kalbshaxe trockentupfen und von den gröbsten Häuten und Sehnen befreien, die gesamte Muskelhaut muss jedoch intakt bleiben. Die Haxe salzen, pfeffern und mit Mehl bestauben. Braten Sie die Haxe in Butterschmalz in einem tiefen Fleischtopf oder in einem Bräter rundherum an.

2. Die Kalbshaxe herausnehmen und die Knochen mit den Parüren in 30 g Butter langsam hellbraun braten. Die Schalotten zufügen und alles mit dem Weißwein ablöschen. Gießen Sie vorsichtig seitlich ein wenig Wasser an, legen Sie die Haxe auf die Knochen und bestreichen Sie sie mit der übrigen Butter. Die Haxe in den Ofen schieben.

3. Übergießen Sie die Haxe alle 15 Minuten mit Bratfond und etwas Wasser. Dabei nicht zu viel auf einmal angießen. Erst, wenn alles fast vollständig verdampft ist, wieder etwas Wasser nachgießen.

4. Prüfen Sie nach 1 Stunde 45 Minuten, ob das Fleisch weich ist und sich vom Knochen zu lösen beginnt, dann die Haxe herausnehmen und warm stellen.

5. Knochen und Parüren 10 Minuten mit etwas Wasser aufkochen, dann durch ein feines Sieb gießen. Schmecken Sie die Sauce mit Salz, Pfeffer und Zitronensaft ab und binden Sie sie mit der kalten Butter.

6. Für die Gremolata die Butter in einer Pfanne aufschäumen lassen. Schwenken Sie die übrigen Zutaten kurz darin und gießen Sie die Gremolata über die Haxe. Dazu passen gebratene Pilze und Blattspinat.

Beilagen

Zu der köstlichen Kalbshaxe aus dem Ofen schmeckt auch selbst gemachtes Kartoffelpüree, ein mit Kräutern verfeinertes Lauchpüree oder auch junges glasiertes Gemüse. Wenn Sie ein Freund des frischen Zitronenaromas sind, können Sie für die Gremolata auch die Schale 1 ganzen Zitrone verwenden.

Kalbsschwanz, gefüllt

ZUBEREITUNGSZEIT 3 Std. 15 Min.
MARINIERZEIT 12 Std.

FÜR DEN KALBSSCHWANZ
- 2 Kalbsschwänze, je etwa 400–450 g, nicht zu dünn
- 60 ml Weißwein, ½ Bund glatte Petersilie, Blätter grob gehackt
- 2 Zweige Thymian, frisch geriebene Muskatnuss
- 1 Knoblauchzehe, abgezogen und in feine Scheiben geschnitten
- 1 Schweinenetz (1 Stunde gewässert), Salz, 2 EL Olivenöl

FÜR DIE FÜLLUNG
- 4 große mehlig kochende Kartoffeln (600 g)
- 100 g Champignons, 50 g durchwachsener Speck, fein gewürfelt
- 1 Zwiebel, fein gewürfelt, 10 g Butter, 2 Eigelbe, 20 g Maisstärke
- 1 EL gehackte glatte Petersilie, 1 TL gehackter Liebstöckel
- Salz, frisch gemahlener Pfeffer, frisch geriebene Muskatnuss

FÜR DIE SAUCE
- 20 g Butter, je 50 g Möhren und Staudensellerie, gewürfelt
- 80 g Zwiebel, gewürfelt, ⅛ l Weißwein, ½ l Kalbsjus (S. 150)
- 1 Zweig Thymian, 1 Knoblauchzehe, angedrückt

1. Die Kalbsschwänze auslösen, wie rechts in Step 1 gezeigt, gut plattieren und in eine Form legen. Fügen Sie den Weißwein, die Petersilie, den Thymian, Muskat sowie den Knoblauch zu und lassen Sie das Fleisch in der Marinade 12 Stunden im Kühlschrank durchziehen.

2. Den Backofen auf 190 °C vorheizen. Für die Füllung backen Sie die Kartoffeln in der Schale 1 Stunde im Ofen. Herausnehmen, pellen und die Kartoffeln durch ein Sieb passieren. Die Pilze putzen und würfeln. Braten Sie die Champignons mit dem Speck und der Zwiebel in Butter an und mischen Sie sie unter die Kartoffelmasse. Eigelbe, Stärke und Kräuter zufügen und die Masse mit Salz, Pfeffer und Muskat würzen.

3. Nehmen Sie die Kalbsschwänze aus der Marinade und entfernen Sie die Kräuter sowie den Knoblauch. Anschließend das Fleisch sorgfältig trockentupfen und füllen, wie in Step 2 bis 4 gezeigt.

4. Die Medaillons salzen und im Öl anbraten, herausnehmen und das Öl abgießen. Für die Sauce die Butter in der Pfanne aufschäumen lassen und das Gemüse darin anbraten. Löschen Sie es mit dem Wein ab und gießen Sie den Kalbsjus an. Thymian und Knoblauch zufügen, die Medaillons wieder einlegen und im heißen Ofen etwa 1 Stunde 20 Minuten offen schmoren, dabei ab und zu mit dem Fond übergießen.

5. Die Medaillons herausnehmen, die Sauce durch ein feines Sieb gießen und abschmecken. Richten Sie die Medaillons mit der Sauce an und servieren Sie nach Belieben junge Möhren und Morcheln dazu.

KALBSSCHWANZ

im Ganzen auslösen

(1) Die Knorpel des Kalbsschwanzes mit einem scharfen Messer so freilegen, dass im Fleisch möglichst wenig Löcher sind und es ringsum noch zusammenhängt.

(2) Die Kalbsschwänze parallel – das Ende jeweils versetzt – auf ein Brett legen, salzen und mit der Füllung bestreichen.

(3) Die Füllung gleichmäßig auf den beiden Fleischteilen verteilen und alles von der Längsseite her aufrollen.

(4) Die Rolle quer in Medaillons schneiden und diese jeweils in ein ausreichend großes Stück Schweinenetz wickeln.

Grillen, Pökeln und Räuchern

Feuer, Salz und Rauch geben Fleisch noch mehr Aroma und verleihen ihm ein leckeres Aussehen.

Die ältesten Garmethoden der Welt

Während Grillen sich mehr und mehr zum Volkssport Nummer eins entwickelt, sind die traditionellen Techniken des Pökelns und Räucherns fast schon in Vergessenheit geraten – entdecken Sie sie neu.

SCHON IN DER STEINZEIT verfügten die Menschen über detailliertere Kenntnisse bei der Zubereitung von Fleisch als lange angenommen: Mit Werkzeugen zerlegten sie ihre Jagdbeute fachgerecht, wie heutige Knochenfunde belegen. Gegrillt war das Fleisch dann leichter verdaulich als roh und geräuchert ergab es einen guten Wintervorrat. Über die Jahrtausende hinweg hat sich diese Vorliebe für den Geschmack von Gegrilltem und Geräuchertem erhalten. So dient Räuchern heute – ebenso wie das Pökeln – in Zeiten moderner Kühltechnik nicht mehr in erster Linie der Haltbarmachung, gefragt ist das spezielle Aroma von Rauch und Salz.

SALZ KONSERVIERT

Spätestens seit der Zeit, als die Menschen begannen, Haustiere zu halten, benötigten sie Salz, um das Fleisch haltbar zu machen – rot wurde es jedoch erst sehr viel später. Denn Kochsalz allein entzieht dem Fleisch zwar Feuchtigkeit und reduziert das Risiko des Bakterienbefalls. Aber erst wenn eine geringe Menge Nitrat oder Nitrit mit hinzukommt, verfärbt sich das Fleisch von Grau in Rot. Allerdings können bei Pökelfleisch durch die Einwirkung großer Hitze so genannte Nitrosamine entstehen, die im Verdacht stehen, krebserregend zu sein. Daher wird gepökeltes Fleisch grundsätzlich nie gegrillt. Sein gelegentlicher Verzehr gilt jedoch als unbedenklich. Gepökelt wird heute mit einer Mischung aus Kochsalz und Nitritpökelsalz. Wenn Sie es selbst einmal probieren wollen, finden Sie auf den folgenden Seiten einige spannende Rezepte.

AB IN DEN RAUCH

Dem Räuchern geht oft eine Konservierung in Salz voraus, wobei diese vor allem bei der Kalträucherung eine wichtige Funktion hat: Da die Rauchtemperatur im Gegensatz zum Warmräuchern (zwischen 50 und 70 °C) dabei nur um die 20 °C beträgt, schützt das Salz das Fleisch vor Bakterien. Dafür sind kaltgeräucherte Fleischstücke länger haltbar als warmgeräucherte. Beim Heißräuchern gart das Räuchergut zugleich, hier beträgt die Temperatur um die 80 °C. Während sich das Heißräuchern auch im Wok durchführen lässt, benötigen Sie zum Kalträuchern einen speziellen Räucherofen. Falls Sie dennoch einmal einen Schinken oder ein anderes gepökeltes Teilstück selbst in den kalten Rauch hängen wollen, bitten Sie einfach Ihren Fleischer darum, es für Sie mitzuräuchern.

AUF DEN ROST ODER IN DIE GRILLPFANNE

Grillen kann ganz Unterschiedliches bedeuten: ohne großen Aufwand »grillen« lässt sich ein vorher leicht mit Öl bepinseltes Steak in einer Grillpfanne auf dem Herd. Auch das Grillen mit dem Gasgrill erfordert außer der Bereitstellung des Gerätes keine große Vorbereitung. Etwas mehr Zeit benötigen Sie beim klassischen Grillen über einer Holzkohlenglut. Diese muss nämlich heiß genug sein, bevor das Grillgut auf den Rost kommt. Wann das so weit ist, sehen Sie an den Kohlen selbst: Erst wenn eine dünne graue Ascheschicht die Oberfläche überzieht, ist die richtige Betriebstemperatur erreicht – jetzt können Sie das Grillgut auf den leicht geölten Rost legen.

Spießchen aus Holz

Wenn Sie keine Metallspieße haben, können Sie auch Bambus- oder Holzspießchen verwenden, diese müssen Sie dann allerdings zuvor mindestens 30 Minuten in kaltes Wasser legen.

GRILLEN JA, VERBRENNEN NEIN

Wie groß die Hitze beim Grillen sein sollte, hängt nicht zuletzt vom verwendeten Fleischstück ab. So empfiehlt sich das direkte Grillen – hierbei wird das Grillgut direkt über der Glut platziert – vor allem für flache Fleischscheiben. Zum Grillen größerer Stücke ist eine indirekte Hitzeeinwirkung besser, wie sie etwa mit einem Kugelgrill erzeugt werden kann. Hierfür legen Sie eine Aluschale unter das Fleisch und schichten die Grillkohle seitlich daneben ein.

Das eignet sich gut zum Grillen

Das beliebteste Grillsteak stammt vom Schwein, genauer gesagt, vom Hals oder Kamm. Gut durchwachsen übersteht es die trockene Hitze der Glut hervorragend, ohne dabei auszutrocknen. Generell ist marmoriertes Fleisch zum Grillen zu bevorzugen, weil die feinen Fettäderchen das Fleisch schön saftig halten. Zudem spielen sie auch als Aromaträger eine wichtige Rolle, da bei Grillsteaks der aufliegende, etwas dickere Fettrand in aller Regel vorher entfernt wird, um ein Hochschlagen der Flammen zu vermeiden. Im Folgenden finden Sie eine kleine Übersicht, welche Teilstücke von welchem Tier zum Grillen am besten geeignet sind und wie lange sie brauchen.

DAS BESTE VON RIND UND KALB

Aus der Hochrippe geschnittene Steaks vom Rind schmecken vom Grill ganz köstlich. Ohne Knochen werden sie meist etwa 2 ½ cm dick geschnitten und benötigen dann 10 bis 12 Minuten auf dem Rost, bis sie medium sind. Zum Grillen geeignet sind auch Filetsteaks oder Rumpsteaks, ihre Garzeit ist ähnlich. 4 bis 5 cm dicke Rinderkoteletts mit Knochen brauchen 15 bis 20 Minuten, bis das Fleisch innen schön rosa ist. Kalbfleisch ist eigentlich fast zu schade zum Grillen; wenn Sie wollen, können Sie jedoch selbstverständlich auch Kalbssteaks und -koteletts grillen. Mit einer Stärke von 2 cm benötigen sie 10 bis 12 Minuten, 2 ½ cm dick geschnitten sollten Sie dafür etwa 7 Minuten Grillzeit von jeder Seite einplanen.

DAS BESTE VOM SCHWEIN

Neben den beliebten Nackensteaks eignen sich auch andere Teile vom Schwein sehr gut zum Grillen, etwa die fleischigen Rippen, Spareribs, Filetscheiben oder auch aus der Schulter geschnittene Steaks. Bei 2 cm dicken Fleischscheiben oder Rippen beträgt die Grillzeit 12 bis 14 Minuten, ein ganzes Filet von 350 bis 450 g benötigt etwa 30 Minuten und für 1 ½ kg Spareribs am Stück sollten Sie 1 bis 1 ½ Stunden einrechnen.

DAS BESTE VOM LAMM

Ausgezeichnet schmecken auch Koteletts, Rippchen, Nackensteaks oder Beinscheiben vom Lamm. Mit einer Stärke von 2 ½ cm sollten sie 10 bis 12 Minuten auf dem Rost liegen, 4 cm dicke Doppelkoteletts benötigen 14 bis 16 Minuten. Für ein Lammkarree von 650 g beträgt die Grilldauer etwa 25 Minuten.

Marinieren

Durch eine würzige Marinade, aromatisiert mit Thymian, Rosmarin, Oregano und Knoblauch, gewinnt das Fleisch beim Grillen an Geschmack, das Öl hält es schön saftig. Legen Sie das Fleisch 3 bis 4 Stunden vorher in die Marinade und lassen Sie es zugedeckt im Kühlschrank durchziehen. Vor dem Grillen dann alle Zutaten der Marinade wieder abstreifen.

Marinaden zum Grillen

KORIANDER-MARINADE FÜR LAMM

ZUBEREITUNGSZEIT 10 Min.

ZUTATEN
- 1 Tomate, 1 kleines Bund Koriandergrün
- 1 zerdrückte Knoblauchzehe mit Schale
- je 1 Zweig Thymian und Rosmarin
- 1 TL Currypulver, 1 TL Fenchelsamen
- 200 ml Olivenöl

1. Schneiden Sie die Tomate mit Haut und Samen in feine Würfel. Das Koriandergrün waschen, trockenschütteln und fein hacken.

2. Vermischen Sie in einer flachen Form die Tomatenwürfel sowie das Koriandergrün mit den restlichen Zutaten für die Marinade.

ORANGEN-MARINADE FÜR KALB

ZUBEREITUNGSZEIT 10 Min.

ZUTATEN
- 1 Chilischote, 3 Salbeiblätter
- 200 ml Traubenkernöl
- Saft von 1 Orange, frisch gepresst
- ½ TL Pimentkörner, 1 Kardamomkapsel
- etwas frisch geriebene Muskatnuss

1. Halbieren Sie die Chilischote, entfernen Sie die Samen und schneiden Sie das Fruchtfleisch in feine Streifen. Die Salbeiblätter waschen, trockentupfen und in Streifen schneiden.

2. Verrühren Sie die Chilistreifen sowie die Salbeiblätter in einer flachen Form mit den restlichen Zutaten für die Marinade.

INGWER-MARINADE FÜR SCHWEIN

ZUBEREITUNGSZEIT 10 Min.

ZUTATEN
- 1 Stück frische Ingwerwurzel (2 cm)
- 4 Pfefferminzblätter
- 200 ml Öl
- 1 EL Haselnussöl
- ½ TL Zimtpulver
- abgeriebene Schale von 1 Limette

1. Schälen Sie den Ingwer und schneiden Sie ihn in dünne Scheiben. Die Pfefferminzblätter waschen, trockentupfen und in Streifen schneiden.

2. Verrühren Sie den Ingwer und die Minzestreifen in einer flachen Form mit den restlichen Zutaten für die Marinade.

Spieße und Lammhals vom Grill

SCHWEINEFLEISCH-SPIESSE

ZUBEREITUNGSZEIT 30 Min.
FÜR 4–5 SPIESSE

FÜR DIE SCHWEINEFLEISCH-SPIESSE
- 300 g Schweinefilet, 1 rote Zwiebel
- 2 junge Kohlrabi, 8 Physalis
- 4–5 große, möglichst verholzte Zweige Rosmarin zum Aufstecken, die meisten Nadeln entfernt
- 1 TL Currypulver, 1 TL Salz

FÜR DAS GRILLÖL
- 150 ml Öl, 2 Knoblauchzehen, durchgedrückt
- 2 TL gehackte Rosmarinnadeln

1. Schneiden Sie das Schweinefilet in 2 cm große Würfel. Die Zwiebel und die Kohlrabi schälen und jeweils in 12 Spalten teilen, alle Zutaten sollten etwa gleich groß sein. Die Fleischwürfel jeweils abwechselnd mit den Zwiebelspalten, Physalis und Kohlrabispalten auf einen Rosmarinzweig stecken und die Spieße mit Currypulver und Salz würzen.

2. Vermischen Sie die Zutaten für das Grillöl miteinander und bepinseln Sie die Spieße damit. Dann die Spieße in der Grillpfanne oder auf dem vorgeheizten Grill etwa 15 Minuten unter mehrmaligem Wenden braten oder grillen.

LAMMFLEISCH-SPIESSE

ZUBEREITUNGSZEIT 35 Min.
FÜR 4–5 SPIESSE

ZUTATEN
- 300 g Lammnuss, 1 rote Zwiebel, geschält
- 1 gelbe Paprikaschote, geputzt, ½ Ananas
- 4–5 dünne Stängel Zitronengras oder 2–3 dicke Stängel, der Länge nach halbiert
- 1 TL Tandoori-Pulver (Asialaden), 1 TL Salz

1. Schneiden Sie das Fleisch in etwa 2 cm große Würfel. Die Zwiebel in 12 Spalten schneiden. Das Paprikafruchtfleisch waschen und in 16 Stücke teilen. Die Ananas schälen, Augen und Strunk entfernen und das Fruchtfleisch in Stücke schneiden. Achten Sie darauf, dass alle Zutaten in etwa die gleiche Größe haben.

2. Stecken Sie das Fleisch abwechselnd mit den Zwiebel- und Paprikaspalten sowie den Ananaswürfeln auf die Zitronengrasstängel. Mit Tandoori-Pulver und Salz würzen, mit Öl oder Grillöl (wie links) bepinseln und die Spieße in der Grillpfanne etwa 15 Minuten braten oder auf dem vorgeheizten Grill unter mehrmaligem Wenden grillen.

S. 70, 84, 86
WARENKUNDE Schweinefilet, Lamm

S. 118
KÜCHENPRAXIS Fleisch schneiden

LAMMHALS VOM GRILL

ZUBEREITUNGSZEIT 1 Std.
MARINIERZEIT 8–12 Std.
FÜR 6 PORTIONEN

FÜR DEN LAMMHALS
- etwa 1 kg Lammhals ohne Knochen
- 1 EL schwarze Pfefferkörner
- 2 ganze Sternanis
- 1 EL Fünf-Gewürze-Pulver, 1 EL geriebener frischer Ingwer
- 1 EL grobkörniger scharfer Senf
- 1 kleine Knoblauchzehe, abgezogen
- 2 getrocknete Shiitake-Pilze, ¼ l Hoisin-Sauce
- 125 g Frühlingszwiebeln, geputzt, 2 EL helle Sojasauce
- ¼ l trockener Sherry, Salz, 3 EL Olivenöl

1. Den Lammhals waschen und trockentupfen. Rösten Sie den Pfeffer mit dem Sternanis ohne Fett kurz an und zerreiben Sie beides im Mörser. Dann das Fünf-Gewürze-Pulver, den Ingwer, den Senf sowie den Knoblauch untermischen und den Lammhals gut mit der Würzpaste einreiben.

2. Bringen Sie die Pilze mit der Hoisin-Sauce, den Frühlingszwiebeln, der Sojasauce und dem Sherry zum Kochen. Die Flüssigkeit um ein Drittel einkochen und abkühlen lassen. Den Lammhals darin 8 bis 12 Stunden marinieren.

3. Den Backofen auf 200 °C vorheizen. Das Fleisch aus der Marinade nehmen, abtupfen, salzen und mit Öl bepinseln. Braten Sie den Lammhals im Ofen auf einem Rost über einem mit Wasser gefüllten Blech oder legen Sie ihn auf den vorgeheizten Grill. Nach 30 bis 35 Minuten (65 °C Kerntemperatur) herausnehmen und das Fleisch vor dem Servieren 10 Minuten ruhen lassen.

Phantasievoll

Die Zutaten für die Spieße können Sie ganz nach Belieben auswählen – hier sind der Phantasie keine Grenzen gesetzt. Wichtig ist nur, dass alle Stücke und Würfel in etwa gleich groß sind.

Spareribs vom Spanferkel

ZUBEREITUNGSZEIT 1 Std. 30 Min.
MARINIERZEIT 12 Std.

FÜR DIE SPARERIBS

- 3 kg Schweinerippchen, Salz, 1 Bouquet garni
- 2 rote Zwiebeln, 2 Knoblauchzehen
- 20 ml Olivenöl, 20 g brauner Zucker
- 100 g pürierte Tomaten aus der Dose
- 30 ml Rotweinessig, 6 EL Honig
- 100 ml Sojasauce, 50 ml Ketjap Manis (Asialaden)
- 1 unbehandelte Zitrone, in Scheiben geschnitten
- 100 g Schwarte vom rohen, geräucherten Schinken oder Wammerl
- frisch gemahlener Pfeffer, Worcestersauce
- je 1 Zweig Rosmarin und Thymian
- 2 EL Dijonsenf

1. Die Spareribs kalt abspülen. Lassen Sie die Spareribs anschließend in kochendem Salzwasser zusammen mit dem Bouquet garni bei schwacher Hitze etwa 20 Minuten köcheln.

2. Stellen Sie in der Zwischenzeit die Marinade her: Dafür die Zwiebeln schälen, den Knoblauch abziehen und beides in feine Scheiben schneiden.

3. Erhitzen Sie das Öl in einer Pfanne und dünsten Sie die Zwiebel- und Knoblauchscheiben darin glasig an. Anschließend den Zucker, das Tomatenpüree, den Essig, den Honig, die Sojasauce, das Ketjap Manis, die Zitronenscheiben sowie die Schwarte zugeben und alles kurz mitdünsten. Würzen Sie die Marinade mit Salz, Pfeffer und Worcestersauce, fügen Sie die Kräuter zu und lassen Sie alles noch etwa 10 Minuten leicht köcheln. Dann die Marinade durch ein Sieb gießen, etwas abkühlen lassen und den Senf einrühren.

4. Die Spareribs herausnehmen, trockentupfen und etwas abkühlen lassen. Übergießen Sie sie mit der Marinade und lassen Sie die Spareribs zugedeckt etwa 12 Stunden im Kühlschrank durchziehen.

5. Heizen Sie den Grill vor. Anschließend die Marinade von den Rippchen abstreifen. Legen Sie die Spareribs auf den Rost und grillen Sie sie von beiden Seiten etwa 10 Minuten, bis sie überall schön knusprig sind, dabei das Fleisch mehrmals mit der Marinade bestreichen. Als Beilage können Sie einen Salat von jungem Spitzkohl reichen.

Vom Holzkohlengrill

Wenn Sie die Spareribs auf dem Holzkohlengrill zubereiten aber nicht vorher kochen wollen, verlängert sich die Garzeit um etwa ein Drittel. In diesem Fall sollten Sie etwa 30 Minuten Grillzeit insgesamt einrechnen. Dabei darf die Hitze der Glut jedoch nicht zu groß sein, weil das Fleisch sonst außen verbrennt oder viel zu trocken wird, bis es innen gar ist.

S. 65
WARENKUNDE Spareribs

S. 142
KÜCHENPRAXIS Marinieren

Schweinebraten am Spieß

ZUBEREITUNGSZEIT 3 Std.
FÜR 6–8 PORTIONEN

FÜR DEN SCHWEINEROLLBRATEN

- 2–2 ½ kg Schulter, Keule oder Rücken vom Jungschwein, für einen Rollbraten vorbereitet
- je 3 EL gehackte Thymian- und Majoranblättchen
- 2 TL gehackte Beifußblätter, nach Belieben
- 2 Knoblauchzehen, abgezogen und fein gehackt
- 4 EL Olivenöl, Salz, frisch gemahlener Pfeffer

ZUM GRILLEN

- 2 EL grobes Meersalz
- 2 TL frisch gemahlener weißer Pfeffer
- 1 EL edelsüßes oder scharfes Paprikapulver
- 4 EL Olivenöl, ½ l helles Bier

1. Legen Sie den Braten mit der Schwarte nach unten auf die Arbeitsplatte. Vermischen Sie für das Kräuteröl die Kräuter mit dem Knoblauch und dem Öl. Separat für das Würzöl zum Grillen Meersalz, Pfeffer und Paprikapulver mit dem Öl verrühren.

2. Den Backofen auf der Grillstufe oder 175 °C Umluft vorheizen. Den Braten auf der Fleischseite mit dem Kräuteröl bepinseln, salzen, pfeffern und in Form binden. Stecken Sie den Rollbraten auf den Grillspieß und befestigen Sie ihn über einer mit Wasser gefüllten Fettpfanne im Ofen.

3. Die Schwarte mit dem Würzöl bepinseln und das Fleisch 2 bis 2 ½ Stunden grillen. Die Schwarte in den letzten 30 Minuten immer wieder mit dem Bier übegießen, damit sie schön knusprig wird. Das Fleisch ist fertig, wenn es 85 °C Kerntemperatur hat.

»Spanferkel am Spieß«

Wenn Sie ein ganzes Spanferkel (8 bis 12 kg) am Spieß grillen wollen, reiben Sie es außen gründlich mit der Mischung aus Öl, Salz, Pfeffer und Paprika ein. Innen würzen Sie es mit dem Kräuteröl vom Rezept oben, dabei die Mengen jeweils verdreifachen! Das Spanferkel auf den Grillspieß stecken. Damit nichts anbrennt, umwickeln Sie Füße, Schwänzchen und Ohren mit Alufolie und binden Sie die Vorderläufe mit einem dicken Draht eng an den Kopf.
Entfachen Sie aus einem halben Sack Holzkohle eine schöne Glut. Verteilen Sie die Kohle in Form eines Hundeknochens: Die Wärme zieht automatisch zur Mitte. Wenn die Glut perfekt ist, hängen Sie den Spieß mit dem Spanferkel auf den Grillböcken ein. Bepinseln Sie die Schwarte jede halbe Stunde mit Öl! Das Spanferkel ist fertig, wenn es eine Kerntemperatur von 85 °C hat, das dauert in der Regel 4 ½ bis 5 ½ Stunden. Wenn Sie es in der letzten halben Stunde öfter mit Bier übergießen, wird die Schwarte schön knusprig.

Markus Bischoff

Urlaubserinnerungen und Lamm vom Grill

Unsere ersten kulinarischen Auslandserfahrungen sind dänischer Natur. Da fuhren wir in den Sommerferien regelmäßig hin. Dänemark war prima und der Sand auf der Insel Fanø blendend weiß. Bei der Zusammenstellung unseres Urlaubsmenüs vor dem Strandbesuch folgten Mama und Papa widerstandslos unseren Regieanweisungen. Wir wollten Pølser. Pølser sind knallrote Würstchen mit Ketchup, Senf und Röstzwiebeln, eingeklemmt zwischen zwei wattigen Brötchenhälften. Und wir wollten Softeis. Das tauchte der Verkäufer in flüssige Schokolade, die sofort zu einem hauchzarten Film gefror – ein systemgastronomischer Spezialeffekt der Extraklasse. Dass es eine größere Delikatesse als die Kombination von Pølser, Softeis und Sandstrand geben könnte, überstieg unsere kulinarische Vorstellungskraft. Es hätte ewig so weitergehen können.
Ging es aber nicht. Im nächsten Sommer wurden wir nach Jugoslawien verfrachtet. Auf der Insel Rab gab es keinen Sandstrand. Und wie wir feststellen mussten, gab es auch keine Pølser und kein Softeis. Auf Rab wehte ernährungstechnisch ein anderer Wind, die Küche im Hotel International brillierte abends mit Schnitzelvariationen und Pommes vom Thermowagen. Experimentell veranlagten Touristen bot sie gastronomische Landeskunde in Form von Cévapčići. Aus einem Porträt über der Bar lächelte Tito milde zu uns herab.
Doch dann kam Toni. Toni besaß ein klappriges Boot, wenig Zähne und lief barfuß. Er verkaufte unseren Eltern ein unvergessliches Erlebnis – ohne ein Wort Deutsch zu sprechen. Toni war der geborene Geschäftsmann. Am nächsten Morgen bestiegen wir sein Boot, dann knatterte er mit uns über die Adria zu einer winzigen Nachbarinsel, die so klein war, dass sie nicht einmal einen Namen hatte. Toni sprang ins Wasser und zog unser Boot ans Ufer.
An Land warteten Tonis Freunde. Die schlugen sich auf ihrer Mini-Insel als Bauern und Fischer durch. Eine kleine Herde Schafe und Ziegen lief zwischen Felsen, Stühlen und Tischen herum. Ohne lange zu fackeln, schnappten sich Toni und sein Freund eins von den Lämmern, warfen es auf die Seite und – na ja, es dauerte nicht lange, und schon baumelte sein Fell an der Leine.
Toni und sein Freund waren echte Grillkünstler, ein winziges Feuer aus knochentrockenen Reben und Treibholz genügte ihnen, um das Tierchen in eine duftende Delikatesse zu verwandeln. Immerfort verbrannten sie harzige Inselkräuter in der sanften Glut, über der sie das Lamm in gebührendem Abstand am Spieß drehten und es milde räucherten. Auch im Innern hatten sie es kräftig mit Rosmarin, Thymian, Oregano, Salbei und Fenchel präpariert. Um das zarte Fleisch vor dem Austrocknen zu schützen und gleichzeitig zu würzen, bepinselten sie den Braten immerfort mit Meerwasser – genial!

Und ihren eigenen Durst löschten sie großzügig mit Prosek, dem süßen Likörwein Dalmatiens. Nach zwei, drei Flaschen war das Lamm fertig. Fertig heißt nicht, dass sie es am Stück servierten, sondern es blieb über der Glut und jeder zupfte oder schnitt sich kleine Stückchen ab, zwischen ultrakross und supersaftig. Als Beilage gab es Feigen vom Baum.
Dieser Tag blieb nicht folgenlos. Unser Vater wurde von einem Virus infiziert, der Jahre lang in ihm schlummerte und heftig ausbrach als er mit uns aufs Land zog. Dort traf er Reinhold. Die beiden wurden auf Anhieb dicke Freunde und legten sich eine Schafherde zu. Am Anfang hielten sie nur ein paar gewöhnliche Texel, später aber sattelten sie um auf edle Suffolk mit schwarzem Kopf und feinem Fleisch. Die Tiere leben auf einer uralten Streuobstwiese direkt am Haus unserer Eltern und dort beißen sie auch ins Gras.
Eines unserer Lieblingsrezepte für Lammrücken aus eigener Zucht ist folgendes: Lammrücken salzen und extrem scharf anbraten. Wieder abkühlen lassen. Ihn mit einer aus Butter, Senf, Weißbrotkrümeln und Petersilie hergestellten Persillade verhüllen. Das Ganze dann im Ofen garen. Dazu gibt es Rosmaringlace, Serviettenknödel und Wirsing mit Orangenschale.

Mit den Jahren haben sich die vierbeinigen Rasenmäher ziemlich stark vermehrt; es ist eine stattliche Herde aus ihnen geworden. Während Reinhold sich bei seinen Tieren auf die Herstellung von Jagdwurst spezialisiert, versucht unser Vater im Frühling auf seine ganz spezielle Weise, der Lämmerflut Herr zu werden. Sein Spezialgebiet ist der Frischversand. Keine Reise tritt er ohne ein ganzes Tier im Kofferraum an (immer perfekt abgehangen!) und beschenkt uns mit den prallsten Keulen, saftigen Rückenstücken, zarten Schultern. Und was gibt es Gutes, wenn wir zuhause zu Besuch sind? Dreimal dürfen Sie raten.

Lamm zum Grillen wird am besten zerlegt – mit mediterranen Kräutern gewürzt und mit Salzwasser bestrichen wird es zum kulinarischen Erlebnis.

Von der Zubereitung ganzer Tiere – im Ofen wie auf dem Grill – haben wir inzwischen Abstand genommen, da es praktisch unmöglich ist, alle Teile gleichzeitig auf den Punkt zu bringen. Entweder ist der Rücken saftig, dann sind die Keulen noch roh. Sind die Keulen gar, ist der Rücken hinüber. Den knöpfen wir uns immer solo vor, während wir die Schultern meistens zu Ragouts verarbeiten und die Keulen am Stück braten. Dazu kappen wir die Sehnen an der Haxe und lösen das obere Kugelgelenk aus der Hüftschale. So kann sich das Muskelfleisch beim Braten zusammenziehen, ohne dass der Saft verloren geht.
Absoluter Höhepunkt ist natürlich das Osterlamm. Bei unseren Eltern bereiten wir es im steinernen Brotbackofen zu, behutsam angeheizt mit mehrjährig abgelagertem Buchenholz. Wenn die Hitze stimmt, rechen wir die Glut auseinander und schieben den Doppelkeulenbraten hinein. Den haben wir vorher nach Tonis Art mit einer Kräutermischung eingerieben und dann in ein Schweinenetz gewickelt, damit die Kräuter mit dem Fleisch immer schön auf Tuchfühlung bleiben. Und das Meerwasser? Das basteln wir uns selbst zusammen: 50 Gramm grobes Meersalz in einem Liter Wasser auflösen und fertig ist die Adria. Am Ende der Garzeit werfen wir jede Menge Kräuter in die Glut. Genau wie Toni. Und wenn der duftende Doppellauf auf den Tisch kommt, wird er vor der vollzählig angetretenen Großfamilie tranchiert. Zwischen ultrakross und supersaftig ist für jeden was dabei.

Cornelius und Fabian Lange

Geräucherte Kalbsbäckchen mit Brunnenkresse-Risotto

ZUBEREITUNGSZEIT 3 Std.
PÖKELZEIT 2–3 Tage – KÜHLZEIT 2 Std.

FÜR DIE KALBSBÄCKCHEN

- 4 Kalbsbäckchen, pariert, je 200 g (Ersatz: Schweinebäckchen)
- 100 ml Weißwein, 50 ml Weißweinessig
- 1 Bouquet garni aus Möhre, Knollensellerie, Lauch, Petersilie und Thymian
- frisch gemahlener Pfeffer, 150 ml Kalbsjus

FÜR DIE PÖKELLAKE

- 40 g grobes Meersalz, 25 g Pökelsalz
- 2 Lorbeerblätter, 1 Knoblauchzehe
- 2 TL Pfefferkörner, 1/2 TL Wacholderbeeren
- je 1 Zweig Rosmarin und Thymian

ZUM RÄUCHERN

- 1–2 EL Buchenräuchermehl (aus dem Anglerbedarf)

S. 44
WARENKUNDE Backen
S. 149
KÜCHENPRAXIS Geflügelfond

· 5 Wacholderbeeren, ½ frisches Lorbeerblatt (Ersatz: ½ getrocknetes Lorbeerblatt)
· je 1 kleiner Zweig Rosmarin und Thymian

FÜR DEN RISOTTO

· 1 Bund Brunnenkresse
· 400 ml Geflügelfond (S. 149) oder Gemüsefond
· 2 Schalotten, fein gewürfelt, 60 g Butter
· 160 g Risottoreis, etwa Arborio oder Carnaroli
· Salz, 200 ml Weißwein
· 60 g frisch geriebener Parmesan

1. Die Kalbsbäckchen sorgfältig trockentupfen. Kochen Sie in einem großen Topf alle Zutaten für die Pökellake mit 2 ½ l Wasser auf und lassen Sie die Lake abkühlen. Die Kalbsbäckchen einlegen und 2 bis 3 Tage in der Pökellake – je nach Dicke der Bäckchen, pro Tag dringt die Lake 1 cm weiter in das Fleisch ein – zugedeckt im Kühlschrank aufbewahren.

2. Bringen Sie am Tag der Zubereitung 1 ½ bis 2 l Wasser in einem Topf zusammen mit dem Wein und dem Essig zum Kochen und legen Sie das Bouquet garni ein. Die Bäckchen aus der Lake nehmen, gut abtropfen lassen und im Weißwein-Essig-Sud bei mittlerer Hitze in 35 bis 45 Minuten weich kochen.

3. Herausnehmen, die Bäckchen mit Küchenpapier trockentupfen und im Räucherofen oder im Wok leicht räuchern, wie rechts in Step 1 bis 3 gezeigt.

4. Für den Risotto die Brunnenkresse gut waschen, trockenschleudern und die Blättchen von den Stielen zupfen. Den Geflügelfond aufkochen und die Brunnenkressestiele einlegen. Nehmen Sie den Topf vom Herd und lassen Sie alles zugedeckt etwa 30 Minuten ziehen. Anschließend den Fond durch ein Sieb gießen und warm halten.

5. Die Schalottenwürfel in 20 g Butter glasig anschwitzen, den Reis zufügen, leicht salzen und die Körner glasig werden lassen. Löschen Sie den Reis mit dem Weißwein ab und lassen Sie ihn fast vollständig einkochen. Nach und nach den heißen Fond zugießen und den Risotto unter häufigem Rühren köcheln, bis der Reis gar, im Kern jedoch noch bissfest ist. Anschließend rühren Sie die restliche Butter sowie den Parmesan unter und lassen den Risotto einige Minuten auf der ausgeschalteten Herdplatte stehen.

6. Inzwischen den Kalbsjus in einer Pfanne aufkochen, die Bäckchen pfeffern, einlegen und den Jus langsam reduzieren, dabei das Fleisch ständig übergießen. Heben Sie die Brunnenkresse unter den Risotto, verteilen Sie diesen auf vorgewärmte Teller und richten Sie die glacierten Kalbsbäckchen darauf an.

KALBSBÄCKCHEN

im Wok räuchern

(1) Einen Wok mit Alufolie auskleiden. Das Räuchermehl einfüllen, die Gewürze zufügen und die Kräuter auf dem Räuchermehl verteilen.

(2) Ein rundes Gitter in den Wok setzen, die gepökelten und gekochten Kalbsbäckchen darauf legen, den Wok mit dem Deckel verschließen und die Hitzequelle einschalten.

(3) Wenn das Räuchermehl zu glimmen beginnt, den Wok vom Herd nehmen – nach Möglichkeit ins Freie stellen – und die Kalbsbäckchen noch 10 bis 12 Minuten leicht räuchern, dann herausnehmen.

Innereien vom Feinsten

Klassiker und neue Kreationen mit Innereien, insbesondere von Zicklein und Kalb – delikat zubereitet und raffiniert gewürzt.

Eine echte Liebhabersache

Feine Leber vom Zicklein, delikates Bries oder zarte Niere vom Kalb: Gerade von Jungtieren sind Innereien besonders wohlschmeckend und zudem relativ wenig mit Schadstoffen belastet.

SEIT JEHER STANDEN INNEREIEN wie das Knochenmark hoch im Kurs. Um an die begehrte Delikatesse zu gelangen, war den steinzeitlichen Jägern keine Mühe zu viel. Während Kutteln, Lunge oder Milz im Laufe der Jahrhunderte typische Zutaten der Alltagsküche waren, wurden die feinen Innereien wie Leber oder Zunge durchaus auch bei großen Festmählern gereicht. Und auch heute stehen die zarten Innereien von Lamm, Kalb und Zicklein bei vielen hoch im Kurs. Insbesondere die Leber, das Bries und die Niere, aber auch Zunge und Herz sind beliebte Spezialitäten.

BEDENKEN UNBEGRÜNDET

Innereien enthalten ganz besonders viel Eiweiß, Vitamine, Mineralstoffe und Spurenelemente, so zählt beispielsweise die Rinderleber zu den besten Vitamin-A-Lieferanten überhaupt. Gleichzeitig weisen Innereien jedoch höhere Purinwerte auf als Muskelfleisch, und die Stoffwechselorgane wie Leber und Niere können stärker mit Schwermetallen belastet sein. In diesem Zusammenhang taucht immer wieder die Frage auf, ob man Innereien überhaupt noch essen sollte. Verneinen kann man sie einzig und allein für Hirn, das zum BSE-spezifischen Risikomaterial zählt und bei uns gar nicht mehr in den Verkauf gelangt. Alle anderen Innereien können bedenkenlos verzehrt werden, wenngleich sie nicht gerade täglich auf dem Speiseplan stehen sollten. Empfehlenswert sind vor allem die Innereien jüngerer Tiere, bei ihnen ist die Schadstoffbelastung in jedem Fall deutlich geringer.

SPEZIELLE VORBEREITUNG NOTWENDIG

Viele Innereien wie etwa Nieren oder Bries benötigen eine spezielle Vorbereitung, damit sie ihren Geschmack optimal entfalten können. Was Sie wobei beachten müssen, erfahren Sie im Kapitel Küchenpraxis (S. 130). Vor allem Wässern oder auch das Einlegen in Milch stehen hier ganz oben auf der Liste, um den kräftigen bis leicht strengen Geschmack von Rinderleber oder Schweinenieren etwas abzumildern. Ein Übriges tut hier die Würzung, nicht von ungefähr werden Innereien wie Nieren, Kutteln oder Lunge traditionell gerne sauer, also gewürzt mit einem Schuss Essig, auf den Tisch gebracht.

GEBRATEN, GEGRILLT UND GESCHMORT

Zarte Leber wird meist in Scheiben oder Streifen geschnitten und nur kurz in der Pfanne gebraten. Wichtig ist dabei – wie übrigens bei allen kurzgebratenen Innereien –, dass sie immer erst nach dem Braten gewürzt wird, weil Salz dem Gewebe Wasser entzieht und die Leber sonst trocken und hart würde. Auch sollte man Leber und Nieren nicht zu dünn schneiden, sie vertragen beide nämlich nicht allzu viel Hitze, und auch das Köcheln in einer Sauce mögen sie nicht. Anders dagegen das Herz, dessen kräftiges Fleisch auch Schmoren gut verträgt. Zum Grillen am Spieß ist es ebenfalls gut geeignet, ebenso wie gewürfelte Niere oder Leber. Dabei sollten Sie jedoch darauf achten, dass die Innereien sowie die restlichen Zutaten alle in etwa gleich groß sind.

LANGE GARZEITEN

Andere Innereien wie Zunge, Kutteln oder Lunge werden erst einmal gekocht – und zwar relativ lange – bevor sie dann je nach Rezept weiterverarbeitet werden können. Im Gegensatz zu Lunge sind Kutteln meist schon vorgekocht erhältlich. Dadurch verkürzt sich die Garzeit um immerhin 5 bis 6 Stunden. Nicht ganz so viel, aber immer noch zwischen 1 und 3 Stunden sparen können Sie, wenn Sie die Zunge von Rind oder Kalb gekocht oder – je nach Rezept – auch gepökelt und gekocht bei Ihrem Fleischer vorbestellen.

Im Sud erkalten lassen

Manche Innereien wie etwa die Lunge oder auch das Herz sollten Sie nach dem Garen im Kochsud erkalten lassen, sonst werden sie trocken, hart und zäh oder im Falle der Lunge auch relativ unansehnlich.

Zickleinleber mit Radicchio

ZUBEREITUNGSZEIT 40 Min.

FÜR DIE ZICKLEINLEBER
- 4 Scheiben Zickleinleber, je 80 g
- 60 ml Olivenöl, 4 Zweige Thymian
- ½ Knoblauchzehe, gehackt
- Saft von 1 Orange
- 20 ml Aceto balsamico
- 20 g Tannenhonig oder ein anderer, würziger Honig
- Salz, frisch gemahlener Pfeffer

FÜR DEN SALAT
- 1 Kopf Radicchio, gewaschen, in Streifen geschnitten und sehr gut trockengeschleudert
- Butterschmalz zum Frittieren, Salz
- 3 Kopfsalatherzen, geviertelt
- 12 Orangenfilets (von 2 Orangen)
- 20 g Pinienkerne, geröstet
- 20 schwarze Oliven, entsteint

1. Die Zickleinleber waschen und trockentupfen. Erhitzen Sie 2 EL Olivenöl und braten Sie den Thymian mit dem Knoblauch darin 1 bis 2 Minuten an, der Knoblauch sollte jedoch nicht braun werden. Die Leber zufügen und von jeder Seite 1 bis 2 Minuten braten. Herausnehmen und warm stellen.

2. Löschen Sie den Bratansatz mit Orangensaft und Balsamico ab und rühren Sie den Honig unter. Vom Herd nehmen und das übrige Olivenöl einrühren. Die Orangen-Vinaigrette mit Salz und Pfeffer abschmecken und warm halten.

3. Für den Salat die Hälfte des Radicchios in Butterschmalz frittieren, auf Küchenpapier abtropfen lassen und salzen. Vermischen Sie den restlichen Radicchio in einer Schüssel mit den Kopfsalatherzen. Mit etwas warmer Orangen-Vinaigrette vermischen und den Salat sofort fächerförmig auf Tellern arrangieren.

4. Die Leber salzen, pfeffern, auf dem Salat anrichten und die Orangenfilets darauf verteilen. Bestreuen Sie alles mit Pinienkernen und Oliven. Den Salat mit der Vinaigrette übergießen und mit Ciabatta servieren.

S. 93
WARENKUNDE Zickleinleber
S. 131
KÜCHENPRAXIS Leber vorbereiten

Kalbsleber mit Grenadine-Sirup

ZUBEREITUNGSZEIT 35 Min.

FÜR DIE KALBSLEBER

- 750 g Kalbsleber am Stück, kalt abgespült, gehäutet und alle Röhren auf der Unterseite entfernt
- 2 EL Butterschmalz
- 40 g Butter
- 1 Zweig Rosmarin
- 2–3 Salbeiblätter
- 1 Knoblauchzehe, angedrückt
- Meersalz, frisch gemahlener Pfeffer

FÜR DEN GRENADINE-SIRUP

- 2 Granatäpfel, 40 ml Grenadine
- Salz, 1 Msp. Szechuanpfeffer, geröstet und im Mörser zerstoßen

1. Heizen Sie den Backofen auf 180 °C vor. Die Kalbsleber bei mittlerer Hitze in einer ofenfesten Pfanne von allen Seiten in Butterschmalz anbraten, anschließend im heißen Ofen in etwa 7 Minuten fertig braten. Herausnehmen und die Kalbsleber an einem warmen Ort bei 30 bis 50 °C noch etwa 5 Minuten ruhen lassen, dabei jedoch nicht in Alufolie wickeln.

2. Für den Sirup die Granatäpfel halbieren und die Kerne jeweils durch Verdrehen der beiden Hälften gegeneinander lockern und herauslösen, dabei alle weißen Innenhäutchen entfernen. Die Hälfte der Granatapfelkerne mit einer Kartoffelpresse oder mit der »Flotten Lotte« entsaften. Kochen Sie den Saft in einer Kasserolle mit der Grenadine auf die Hälfte ein.

3. Die Butter in der Bratpfanne aufschäumen lassen, Kräuter und Knoblauch zufügen. Braten Sie die Leber auf jeder Seite noch ½ bis 1 Minute nach und übergießen Sie sie dabei ständig mit der Butter.

4. Die Kalbsleber mit Salz und Pfeffer würzen und in etwa 5 mm dicke Scheiben schneiden. Rühren Sie die restlichen Granatapfelkerne unter den Sirup und würzen Sie diesen mit 1 Prise Salz sowie etwas geröstetem Szechuanpfeffer. Die Leberscheiben mit dem Grenadine-Sirup auf vorgewärmten Tellern anrichten, mit etwas Meersalz bestreuen und nach Belieben mit Chili-Polenta servieren.

S. 55
WARENKUNDE Kalbsleber

S. 131
KÜCHENPRAXIS Leber vorbereiten

Kalbsleber »Saltimbocca«

Dafür belegen Sie 8 Scheiben Kalbsleber (½ bis 1 cm dick) jeweils mit 1 Salbeiblatt und 1 Scheibe Parmaschinken und stecken beides mit einem Zahnstocher fest. Dann braten Sie die Leber bei mittlerer Hitze mit dem Belag nach unten in heißem Butterschmalz knusprig an. Nach 1 bis 2 Minuten wenden und die Leber auf der anderen Seite fertig braten. Etwas Butter aufschäumen lassen, die Leberscheiben damit übergießen, salzen und pfeffern.

Kalbsnierchensauté mit Apfel und grobem Senf

ZUBEREITUNGSZEIT 30 Min.
ZEIT ZUM WÄSSERN 3 Std.

FÜR DIE KALBSNIERE

- 400 g Milchkalbsniere, vom äußeren Fett und der Außenhaut befreit
- 3–4 EL Öl
- Salz, frisch gemahlener Pfeffer

FÜR DIE SAUCE

- 100 ml Cidre- oder Apfelessig
- 80 g Schalotten, fein gehackt
- 150 ml Cidre (Ersatz: Apfelsaft)
- 100 g säuerlicher Apfel, geschält
- 200 g kalte Butterwürfel, Salz, Pfeffer
- ½ EL grober Senf (Moutarde de meaux)
- 1 Zweig Estragon, die Blättchen in feine Streifen geschnitten
- 2 EL geschlagene Sahne

S. 55
WARENKUNDE Kalbsniere

S. 130
KÜCHENPRAXIS Kalbsniere vorbereiten

1. Die Kalbsniere 3 Stunden wässern, dabei das Wasser mehrmals wechseln. Die Niere herausnehmen und trockentupfen. Halbieren Sie sie längs und entfernen Sie das innen liegende Fett sowie die Nierenstränge, wie auf S. 130 gezeigt. Dann die Kalbsniere quer in dünne Scheiben schneiden.

2. Für die Sauce in einer Kasserolle den Essig mit den Schalotten aufkochen. Reduzieren Sie den Essig um die Hälfte. Dann den Cidre zufügen und den Apfel dazureiben. Lassen Sie alles nochmals um die Hälfte einkochen. Vom Herd nehmen und die kalten Butterwürfel unterschlagen. Schmecken Sie die Sauce mit Salz und Pfeffer ab und halten Sie sie warm.

3. Erhitzen Sie das Öl und braten Sie die Nierchen darin portionsweise an. Mit Salz und Pfeffer würzen, noch kurz weiterbraten, herausnehmen und die Nierchen auf Küchenpapier abtropfen lassen.

4. Ziehen Sie den groben Senf sowie den Estragon unter die Sauce und richten Sie die Nierchen auf vorgewärmten Tellern an. Erst im letzten Moment die geschlagene Sahne unter die Sauce heben, die Nierchen damit überziehen und nach Belieben mit Estragon garnieren. Dazu passen in Butter und Zucker glasierte Apfelscheiben, in Olivenöl geschwenkter Blattspinat oder auch blanchierte Wirsingblätter.

Das Würzen

Da Innereien wie Leber und Nieren schnell trocken und zäh werden, sollten Sie sie nicht vor dem Anbraten, sondern immer erst in der Pfanne würzen. Sie können zum Kalbsnierchensauté übrigens auch die Weiße Pfeffersauce von S. 195 servieren.

Fleisch in der Spitzenküche

Variatio delectat. Dass die Römer zu essen und zu trinken verstanden, ist hinreichend belegt, und der hohe Grad ihrer abwechslungsreichen Kochkunst in Apicius' »De Re Coquinaria« nachzulesen. In der Renaissance erlebten die pompösen Gelage der Römer eine Wiedergeburt. Bergeweise wurden aufwändige Kreationen bei Festmählern aufgetragen. Ein Ochse am Spieß konnte durchaus zum Überraschungsei geraten und mit einem Schaf gefüllt sein, das wiederum ein Spanferkel enthielt, das seinerseits mit einem Fasan gefüttert war, der eine Poularde enthielt, die ihrerseits ein Täubchen barg, in dem sich ein getrüffeltes Ei befand.

Mit Katharina von Medici kamen italienische Köche nach Paris, die in der damaligen Kochkunst den Ton angaben. Und während Luther in Deutschland wider die Schlemmerei predigte, schrieb der päpstliche Beamte Platina »Von der eerlichen zimlichen, auch erlaubten Wolust des Leibs« (1475). Die papsttreuen Franzosen hatten im Gegensatz zu den Deutschen damit keine Mühe, und Paris wurde, wie einst Rom, zum Umschlagplatz jeglicher Nahrungsmittel. »Jeder Arbeiter, jeder kleine Händler, so kümmerlich er auch leben mag«, berichtete der venezianische Gesandte Girolamo Lippomano 1577 erstaunt, »wünscht an Fleischtagen Hammel, Reh, Rebhuhn zu essen wie die Reichen ... Die Pariser Läden sind voll davon.«

1651 legte Françoise Pierre de La Varenne mit »Le Cuisinier François« den Grundstein der französischen Küche. Sein Bemühen um den Eigengeschmack von Fleisch fand nicht nur bei den nachfolgenden Köchen, sondern auch bei Ludwig XIV. großen Anklang. Wie einst Karl der Große ließ der König in seinem Park Gemüsegärten anlegen, um die Beilagen aufzuwerten und die Zubereitung feiner Saucen zu fördern.

Mit der Abschaffung der Monarchie entstanden in Paris die ersten Restaurants. Bekam man bis dahin einfache Fleischspeisen in Herbergen und Schenken, wurde der Gast nun in eleganten Salons wie ein König von Kellnern in Livrée bedient. Raffinierte Fleischgerichte nahmen in der jungen Gastronomie den Spitzenplatz ein. Bis Jean-Anthelme Brillat-Savarin in seiner »Physiologie des guten Geschmacks« 1825 den Stachel ins Fleisch trieb: Fisch, Geflügel und Wild stellte er als Lebensmittel von höchster Eleganz und Feinheit über Schlachtfleisch. Auch wenn Antonin Carême, der große Koch des frühen 19. Jahrhunderts, den Schmorbraten als königlichstes aller Gerichte wertete, und Auguste Escoffier (Bild) im »Guide culinaire« 1901 Fonds aus Knochen und Fleischabschnitten zum Maß aller Kochkunst machte, verwendete die Kochelite mit der Zeit weniger Fleisch. So auch später Paul Bocuse, dessen »Nouvelle Cuisine« überhaupt auf kleinere Portionen setzte.

Mit dem Bocuse-Schüler Eckart Witzigmann, der als erster Koch in Deutschland drei Michelinsterne erhielt, kam neuer Schwung in die Küche der Deutschen. Für ihn ist Fleisch eine »Beilage zu Gemüse und nicht umgekehrt«. Mit Witzigmann stehen auch andere Stars der Kochkunst, wie Wohlfahrt, Winkler oder Müller, für die Hinwendung zu Luxusprodukten, die früher nicht selten Arme-Leute-Kost waren, wie etwa Lachs, Taube oder Lamm. Während Fleisch von Schwein, Rind und Huhn in gutbürgerlichen Restaurants dominiert, verwendet die Spitzengastronomie zusätzlich, was jene eher außer Acht lassen – das Authentische, Regionale und Seltene –, und wendet sich auch wieder den so genannten »einfachen« Fleischgerichten zu, wie Schwartenmagen, Kalbskopf, Beuscherl, Bries oder Kalbskotelett am Knochen.

Ingrid Schindler

Gebackenes Kalbsbries

ZUBEREITUNGSZEIT 40 Min.
ZEIT ZUM WÄSSERN 2 Std.

ZUTATEN
- 350 g Kalbsbries
- Salz, frisch gemahlener Pfeffer
- 3 EL Zitronensaft
- 100 g Mehl, 1 Ei
- 100 g Semmelbrösel
- 100 g Butterschmalz zum Ausbacken

AUSSERDEM
- ½ unbehandelte Zitrone, in dünne Spalten geschnitten
- 4 Stängel glatte Petersilie

S. 54
WARENKUNDE Kalbsbries
S. 131
KÜCHENPRAXIS Kalbsbries vorbereiten

1. Wässern Sie das Kalbsbries 2 Stunden unter fließendem kaltem Wasser. Dann das Bries mit kochendem Wasser überbrühen und kurz darin ziehen lassen, herausnehmen und abtropfen lassen. Von allen Häuten und Äderchen befreien, das Bries quer in Scheiben schneiden und mit Salz, Pfeffer und Zitronensaft würzen. Wenden Sie die Briesscheiben zum Panieren erst in Mehl, dann in verquirltem Ei und zuletzt in den Semmelbröseln.

2. Das Butterschmalz in einer Pfanne erhitzen. Backen Sie die Briesscheiben darin von jeder Seite je nach Dicke 2 bis 3 Minuten schwimmend aus.

3. Richten Sie die panierten Briesscheiben mit Zitronenspalten und Petersilie auf Tellern an. Dazu passt ein knackiger Kopfsalat.

Auf Kalbskopf serviert

Sie können das Bries auch auf Kalbskopf servieren. Dafür schneiden Sie 200 g gepressten Kalbskopf (S. 168) in dünne Scheiben. Dann 2 fein gewürfelte Schalotten in 1 EL Butter anschwitzen, mit 100 ml hellem Kalbsfond (S. 144) ablöschen und reduzieren. Erwärmen Sie den Kalbskopf darin und würzen Sie ihn mit 3 bis 4 EL Estragonessig, Salz und Pfeffer. Den Kalbskopf mit Radieschen und Schnittlauch garnieren und die Briesscheiben darauf anrichten.

Gespicktes Kalbsbries mit Wirsing

ZUBEREITUNGSZEIT 1 Std. 30 Min.
ZEIT ZUM WÄSSERN 2 Std.

FÜR DAS BRIES
- 600 g Kalbsbries, in 4 Nüsschen von je 150 g, von allen Häuten und Äderchen befreit
- 50 g Möhrenstifte, etwa 3 mm x 5 cm
- 50 g Knollenselleriestifte, etwa 3 mm x 5 cm
- Salz, frisch gemahlener Pfeffer
- 2–3 EL Mehl, 2 EL Sonnenblumenöl
- 30 g Butter, 100 ml Weißwein
- 1/8 l Kalbsjus (S. 150), vermischt mit 1/8 l Wasser
- 50 g kalte Butter, in Stücken

FÜR DAS WIRSINGGEMÜSE
- 250 g Wirsing, geputzt, Salz
- 1 Schalotte, fein gewürfelt
- 20 g Butter
- frisch gemahlener Pfeffer
- etwas gemahlener Kümmel
- 1 EL gehackte glatte Petersilie

S. 54
WARENKUNDE Kalbsbries

S. 131
KÜCHENPRAXIS Kalbsbries vorbereiten

1. Das Kalbsbries 2 Stunden unter fließendem kaltem Wasser wässern, dann zwischen Tüchern sorgfältig trocknen. Die Möhren- und Selleriestifte 2 bis 3 Minuten in Salzwasser blanchieren, kalt abschrecken und auf Küchenpapier abtropfen lassen.

2. Den Backofen auf 190 °C vorheizen. Spicken Sie die Briesröschen mit Hilfe einer Spicknadel der Länge nach mit den vorbereiteten Möhren- und Selleriestiften. Dann mit Salz und Pfeffer würzen, mit Mehl bestauben und das Bries in einer ofenfesten Pfanne im heißen Öl rundherum gut anbraten.

3. Fügen Sie die Butter zu, lassen Sie sie hellbraun aufschäumen und löschen Sie alles mit dem Weißwein ab. Diesen beinahe ganz einkochen lassen, dann vorsichtig etwas von der Kalbsjus-Wasser-Mischung am Topfrand angießen. Stellen Sie die Pfanne in den heißen Ofen und garen Sie das Bries unter ständigem Übergießen mit dem Kalbsjus-Wasser-Gemisch in etwa 25 Minuten fertig.

4. Schneiden Sie inzwischen den Wirsing in Streifen, blanchieren Sie ihn und schrecken Sie ihn in Salzwasser kalt ab. Die Schalottenwürfel in der Butter glasig anschwitzen, den Wirsing zufügen, alles mit Salz, Pfeffer und Kümmel würzen und die gehackte Petersilie unterrühren.

5. Nehmen Sie das Kalbsbries aus der Pfanne und stellen Sie es kurz warm. Den Bratfond mit der kalten Butter aufschlagen. Das Kalbsbries in Scheiben schneiden. Verteilen Sie das Wirsinggemüse auf vorgewärmte Teller, richten Sie das Bries darauf an und umgießen Sie es mit dem Jus.

Kalbsrahmbeuscherl mit kleinen Semmelknödeln

ZUBEREITUNGSZEIT 2 Std.
ZEIT ZUM WÄSSERN 12 Std.

FÜR DAS BEUSCHERL
- 400 g Kalbsherz, halbiert
- 700 g Kalbslunge
- 10 ml Champagner- oder Weißweinessig
- 200 ml Riesling, Salz
- 1 Bouquet garni mit Petersilienstängel
- 3 kleine Champignons im Ganzen, geputzt
- 1 Zwiebel, gespickt mit 1 Lorbeerblatt und 2 Gewürznelken
- 2 Schalotten, in feine Würfel geschnitten
- 4 Champignons, in feine Würfel geschnitten
- 30 g Butter, 20 g Mehl, 1 TL Kapern, 1 Sardelle
- 50 g Crème fraîche, 200 g Sahne
- 50 ml Kalbsjus (S. 150)
- frisch gemahlener Pfeffer
- Cayennepfeffer, Worcestersauce
- Schale von ½ unbehandelten Zitrone
- 50 g Möhre, in feinen Streifen
- 150 g Lauch, in feinen Streifen
- 100 g Knollensellerie, in feinen Streifen
- 1 Essiggurke, in feinen Streifen
- 2 EL gehackte glatte Petersilie

FÜR DIE SEMMELKNÖDEL
- 4 Brötchen vom Vortag, ¼ l warme Milch
- 30 g roher durchwachsener Bauchspeck
- 1 weiße Zwiebel, geschält
- 30 g Butter, 2 Eier
- Salz, frisch gemahlener Pfeffer
- frisch geriebene Muskatnuss
- 1 kleines Bund glatte Petersilie, die Blätter fein gehackt
- Semmelbrösel nach Bedarf
- 1 Scheibe Weißbrot vom Vortag, leicht angetrocknet

1. Das Herz und die Lunge 1 bis 2 Stunden wässern, dann 1 Stunde kochen, wie in Step 1 gezeigt. Die Lunge herausnehmen, das Herz noch 20 Minuten weitergaren. Geben Sie beides in eine Schüssel und beschweren Sie die Innereien mit einem Teller, auf den Sie eine mit Wasser gefüllte Schüssel setzen und stellen Sie sie kalt. Durch das Pressen lassen sich Herz und Lunge später besser schneiden. Gießen Sie den Kochfond durch ein Sieb, es sollten etwa 1 ½ l sein.

2. Die Schalotten- und Champignonwürfel in der Butter anschwitzen. Mit Mehl bestauben, Kapern und Sardelle zufügen, alles mit dem übrigen Wein ablöschen und diesen etwas reduzieren. Fügen Sie den Kochfond zu und reduzieren Sie die Flüssigkeit auf etwa ein Drittel. Crème fraîche und Sahne unterrühren, aufkochen lassen, dann den Kalbsjus zugießen und den Topf vom Herd nehmen. Die Rahmsauce mit Salz, Cayenneffeffer, Worcestersauce und der abgeriebenen Zitronenschale abschmecken, passieren und aufschlagen.

3. Für die Knödel die Brötchen in feine Scheiben schneiden, mit der Milch übergießen, abdecken und 10 Minuten ziehen lassen. Speck und Zwiebel fein würfeln und in 10 g Butter glasig dünsten. Die Mischung zu den Brötchen geben und die Eier einarbeiten. Schmecken Sie die Masse mit Salz, Pfeffer und Muskat ab und rühren Sie die Hälfte der Petersilie unter. Sollte sie zu weich sein, arbeiten Sie noch Semmelbrösel unter. Aus der Masse etwa 12 kleine Knödel formen und in kochendem Salzwasser in 10 Minuten gar ziehen lassen.

4. Schneiden Sie die Innereien klein, wie in Step 2 gezeigt. Die Gemüsestreifen in Salzwasser blanchieren, in Eiswasser abschrecken und in einem Sieb abtropfen lassen. Alle Zutaten mit der Essiggurke unter die Rahmsauce mischen und das Beuscherl mit der Petersilie bestreuen.

5. Das Weißbrot im Blitzhacker fein zerkleinern. Lassen Sie die restliche Butter aufschäumen, rühren Sie die Brösel ein und mischen Sie die restliche Petersilie unter. Das Beuscherl mit den Knödeln anrichten und diese mit der Bröselmischung überziehen.

S. 54
WARENKUNDE Innereien vom Kalb
S. 130, 150
KÜCHENPRAXIS Innereien vorbereiten, Jus

HERZ UND LUNGE
kochen und schneiden

(1) In einem Topf 2 l Wasser mit dem Essig und 100 ml Weißwein zum Kochen bringen und leicht salzen. Das Bouquet garni, die Pilze und die gespickte Zwiebel einlegen. Herz und Lunge in den Topf geben und mit einem Teller beschweren, so dass die Innereien immer von Flüssigkeit bedeckt sind, und 1 Stunde köcheln lassen, dabei gelegentlich abschäumen.

(2) Das Herz und die Lunge mit einem scharfen Messer in schmale, etwa 2 bis 3 mm breite Streifen schneiden.

(1)

(2)

Kalbsherz mit Maracujapolenta

ZUBEREITUNGSZEIT 45 Min.

FÜR DAS KALBSHERZ
- 1 Kalbsherz, etwa 600 g, 3 Zweige Rosmarin
- 1 TL Salz, 2 EL Öl
- 30 g Butter
- 3 Knoblauchzehen, angedrückt

FÜR DIE MARACUJAPOLENTA
- 2 Zweige Salbei, 2 EL Öl
- 1 rote Zwiebel, fein gewürfelt
- 8 EL Polentagrieß (etwa 120 g)
- 1 TL gemahlene Kurkuma
- 1 TL gemahlener Kreuzkümmel
- 1 TL Salz, 1 TL Zucker, 1 Chilischote, fein gehackt
- ¼ l Maracujasaft, ¼ l Gemüsefond
- 100 g Butter, 3 frische Maracujas
- 1 EL ungesalzene Pistazienkerne
- 50 g Parmesan, frisch gehobelt oder gerieben

1. Den Backofen auf 200 °C vorheizen. Das Herz längs aufschneiden und von allen Adern und Häutchen befreien. Falls vorhanden, entfernen Sie auch das sichtbare Fett, ohne das Fleisch dabei zu verletzen. Den Rosmarin waschen und trockenschütteln. Das Herz kalt abspülen, trockentupfen, innen und außen salzen, die Rosmarinzweige hineinstecken und das Herz mit Küchengarn zusammenbinden. Falls das Herz vom Fleischer bereits halbiert wurde, geben Sie die Rosmarinzweige hinein, legen dann beide Hälften aufeinander und binden sie zusammen.

2. Braten Sie das Herz in einer ofenfesten Pfanne ringsum im heißen Öl kurz an. Anschließend das Herz auf seine breite Seite stellen und im heißen Ofen in 20 bis 25 Minuten fertig garen.

3. Inzwischen die Polenta zubereiten: Dafür die Salbeiblätter waschen, trocknen und in feine Streifen schneiden. Erhitzen Sie das Öl in einem Topf und braten Sie die Zwiebelwürfel mit dem Polentagrieß darin unter Rühren an. Alles mit Kurkuma, Kreuzkümmel, Salz, Zucker und Chili würzen, den Salbei zufügen und mit Maracujasaft und Gemüsefond ablöschen. Lassen Sie die Polenta 15 Minuten unter Rühren köcheln und fügen Sie dabei nach und nach die Butter zu.

4. Nehmen Sie das Herz aus dem Ofen und lassen Sie es in Alufolie gewickelt 10 Minuten ruhen. Die Maracujas halbieren, das Fruchtfleisch auslösen und durch ein Sieb streichen. Die Pistazien ohne Fett kurz rösten und noch warm mit dem Maracujafruchtfleisch unter die Polenta mengen. Den Topf vom Herd nehmen und den Parmesan unterrühren.

5. Zerlassen Sie die Butter in der heißen Pfanne und geben Sie die Knoblauchzehen zu. Dann das Kalbsherz aus der Alufolie nehmen und 2 Minuten in der Knoblauchbutter schwenken. In dünne Scheiben schneiden, das Kalbsherz mit der Maracujapolenta anrichten und sofort servieren.

S. 55
WARENKUNDE Kalbsherz

S. 130
KÜCHENPRAXIS Herz vorbereiten

Kutteln mit Steinpilzen

ZUBEREITUNGSZEIT 45 Min.
VORKOCHEN DER KUTTELN 1–2 Std.

FÜR DIE KUTTELN

- 500 g gekochte Kalbskutteln
- 80 g Zwiebeln, in feinen Streifen
- 50 g Steinpilzabschnitte (Ersatz: 10 g getrocknete Steinpilze, eingeweicht und ausgedrückt)
- 30 g Butter, 25 g Mehl, 1/4 l Riesling
- 1/2 l Geflügelfond (S. 149), 1 Lorbeerblatt
- 2–3 TL Kümmelsamen, 125 g Crème fraîche
- 125 g Sahne, 2 TL Dijonsenf
- 1 EL Champagner- oder Weißweinessig
- Salz, frisch gemahlener weißer Pfeffer
- 4 Stängel Basilikum, die Blätter abgezupft
- 2 EL geschnittene glatte Petersilie
- 3 EL geschlagene Sahne

FÜR DIE STEINPILZE

- 300 g Steinpilze oder andere Pilze (etwa Egerlinge und 10 g getrocknete Steinpilze)
- 100 g Lauch, 30 g Butter, Salz, Pfeffer

1. Die gekochten Kutteln in Streifen schneiden. Dünsten Sie die Zwiebeln mit den Steinpilzabschnitten in Butter hell an. Dann das Mehl zufügen, kurz mit anschwitzen und mit dem Riesling und dem Geflügelfond aufgießen. Fügen Sie das Lorbeerblatt und den Kümmel zu und lassen Sie die Sauce etwa 15 Minuten köcheln.

2. Das Lorbeerblatt entfernen. Rühren Sie die Crème fraîche und die Sahne unter und lassen Sie die Sauce kurz aufkochen. Dann mit dem Pürierstab aufmixen, durch ein feines Sieb gießen, die Kutteln zugeben und alles kurz aufkochen.

Kutteln vorkochen

Fragen Sie Ihren Fleischer, wie lange er die Kutteln bereits vorgekocht hat. Für dieses Rezept benötigen Sie sie fertig gekocht. Garen Sie die Kalbskutteln im Zweifelsfall selbst vorher zwischen 1 und 2 Stunden in Salzwasser.

3. Putzen Sie die Pilze – Sie sollten sie möglichst nicht oder nur ganz kurz waschen – und schneiden Sie sie in Scheiben. Den Lauch putzen, halbieren, waschen und in feine Streifen schneiden. Die Butter in einer Pfanne zerlassen und die Pilze mit dem Lauch 2 Minuten darin anschwitzen. Würzen Sie die Pilze mit Salz und Pfeffer und geben Sie sie zu den Kutteln. Alles bei schwacher Hitze weitere 2 Minuten durchziehen lassen.

4. Schmecken Sie die Kutteln mit dem Senf und dem Champagner- oder Weißweinessig ab und würzen Sie sie mit Salz und Pfeffer. Zuletzt die Basilikumblättchen und die Petersilie unterrühren und die geschlagene Sahne unterziehen.

In Soja marinierte Kalbszunge

ZUBEREITUNGSZEIT 1 Std. 10 Min.
FÜR 4–6 PORTIONEN

FÜR DIE KALBSZUNGE

- 1 ungepökelte Kalbszunge, etwa 600 g
- 1 Lorbeerblatt, 1 Bouqet garni
- 1 kleine Zwiebel, 2 Gewürznelken
- 5 weiße Pfefferkörner, Salz

FÜR DIE MARINADE

- 80 ml Sojasauce, ½ TL Honig
- 20 ml Ketjap Manis (Asialaden)
- 100 ml Kalbs- oder Geflügelfond (S. 144 oder S. 149)
- je 60 ml Erdnuss- und Maiskeimöl
- 30 ml Reisessig
- 1–2 TL Fischsauce (Nam Pla)
- Salz, frisch gemahlener Pfeffer
- brauner Zucker

S. 44, 55
WARENKUNDE Rinderzunge, Kalbszunge

S. 131
KÜCHENPRAXIS Zunge häuten

1. Die Kalbszunge kalt waschen und in einem Topf mit kaltem Wasser bedecken. Geben Sie das Lorbeerblatt, das Bouquet garni, die Zwiebel, die Nelken, die Pfefferkörner und etwas Salz dazu. Alles zum Kochen bringen und die Kalbszunge bei schwacher Hitze etwa 50 Minuten köcheln lassen. Wenn Sie mit einem spitzen Messer leicht durch die Zungenspitze stechen können, ist sie gar.

2. Stellen Sie in der Zwischenzeit die Marinade her: Dafür die Sojasauce in einer Kasserolle langsam auf die Hälfte einkochen lassen und den Honig darin auflösen. Etwas abkühlen lassen und die Sojasauce mit dem Ketjap Manis und dem Kalbsfond verrühren. Die beiden Ölsorten in dünnem Strahl einlaufen lassen und mit dem Pürierstab untermixen. Rühren Sie den Reisessig und die Fischsauce unter und schmecken Sie die Marinade mit Salz, Pfeffer und etwas Zucker ab.

3. Die gekochte Zunge aus der Brühe nehmen, eiskalt abschrecken und die Haut abziehen. Schneiden Sie die Zunge dann in 2 bis 3 mm dicke Scheiben.

4. Bestreichen Sie die Zungenscheiben dick mit der Marinade und lassen Sie sie vor dem Servieren mindestens 10 Minuten durchziehen. Richten Sie die marinierten Zungenscheiben nach Belieben mit marinierten Keniabohnen oder Pak Choi an.

Weniger Salz

Sie können für dieses Rezept auch eine gepökelte Kalbszunge verwenden. Dann müssen Sie allerdings mit dem Salz beim Würzen vorsichtig sein. Zum Marinieren der Bohnen oder des Kohls können Sie dieselbe Marinade verwenden, gut machen sich außerdem feine, nicht zu scharfe rote Chilistreifen.

Rinderzunge in Rotwein geschmort

ZUBEREITUNGSZEIT 3 Std. 50 Min.

ZUTATEN
- 1 gepökelte Rinderzunge von 600–800 g
- 2 Zwiebeln, 2 Möhren, 2 Petersilienwurzeln
- 100 g Knollensellerie, 1/2 Stange Lauch
- 3 Lorbeerblätter, 1/2 TL Pfefferkörner
- 10 Wacholderbeeren, geriebene Muskatnuss
- 300 g Röstgemüse aus je 100 g Möhren, Knollensellerie und Zwiebeln, walnussgroß gewürfelt
- 1 TL Zucker, 2 EL Öl
- 3/4 l trockener Rotwein, nicht zu säurehaltig, etwa ein Burgunder
- 1 EL Tomatenmark
- 150 ml roter Portwein oder Madeira
- 2–3 EL kalte Süßrahmbutter, in Stücken

1. Die Zunge waschen, in einem großen Topf mit kaltem Wasser bedecken und zum Kochen bringen, dabei den entstehenden Schaum immer wieder abschöpfen, da die Brühe sonst trübe wird.

2. Halbieren Sie die ungeschälten Zwiebeln und rösten Sie sie auf der Schnittfläche in einer Pfanne ohne Fett dunkelbraun an. Die Möhren, Petersilienwurzeln sowie den Sellerie waschen und schälen, den Lauch putzen, gründlich waschen und das ganze Gemüse in grobe Würfel schneiden.

3. Geben Sie die gebräunten Zwiebeln mit dem vorbereiteten Gemüse, den Lorbeerblättern, Pfefferkörnern und Wacholderbeeren sowie 1 guten Prise Muskatnuss zu der Zunge in den Topf. Da sie schon gepökelt ist, wird für den Kochsud kein Salz benötigt, sondern alles erst zum Schluss abgeschmeckt.

4. Die Zunge 1 1/2 bis 2 Stunden bei schwacher Hitze garen, dabei bei Bedarf noch etwas Wasser angießen. Die Zunge ist fertig, wenn sich die Spitze mit einer Fleischgabel oder einem spitzen Messer ohne Widerstand leicht durchstechen lässt.

5. Nehmen Sie die Zunge aus dem Sud und spülen Sie sie kalt ab. Dann die Zunge häuten (S. 131) und zugedeckt beiseite stellen. Den Kochsud durch ein feines Sieb gießen und 2 l abmessen.

6. Braten Sie das Röstgemüse mit dem Zucker im heißen Öl goldbraun an. Dann mit etwas Rotwein ablöschen, dabei den Bratansatz unter Rühren vom Topfboden loskochen. Den Wein vollständig reduzieren, bis das Gemüse wieder zu braten beginnt. Erneut etwas Wein angießen und einkochen lassen – diesen Vorgang insgesamt 3- bis 4-mal wiederholen; zum Schluss das Tomatenmark leicht mit anbraten.

7. Das Gemüse mit dem abgemessenen Sud aufgießen. Reduzieren Sie diesen in 1 bis 1 1/2 Stunden auf etwa 1/4 l, bis eine schöne braune Sauce entstanden ist. Die Sauce durch ein Sieb gießen, mit Portwein oder Madeira verfeinern und sämig einkochen lassen, dann mit der kalten Butter montieren. Schneiden Sie die Zunge in fingerdicke Scheiben, richten Sie sie mit der Sauce auf Tellern an und reichen Sie nach Belieben Kartoffelgratin und Brokkoli dazu.

Köstliche Saucen

Von den großen Klassikern der Saucenküche über leichte Sabayons bis zu asiatischen Kreationen, fruchtigen Ragouts und Chutneys.

Die Kunst der Verfeinerung

Saucen als reine Nebensache zu betrachten, wäre schade. Gerade in der Fleischküche verdienen sie sehr viel mehr Aufmerksamkeit, denn der gute Fleischgeschmack lässt sich durch sie noch steigern.

EINE GUTE SAUCE, kein Problem. Schnell das Instantpulver in den Bratansatz eingerührt, mit etwas Flüssigkeit aufgegossen und fertig. Schade nur, dass mit einer solchen Sauce dann doch jedes Gericht irgendwie gleich schmeckt. Eine selbst zubereitete Sauce verleiht dagegen zartem Fleisch zusätzliche Raffinesse. Und es ist gar nicht so schwer, eine delikate Sauce selbst herzustellen, da ihre Basis – zumindest beim Braten – ja gewissermaßen ganz nebenbei entsteht. Gewusst wie, können Sie daraus dann mit einer Hand voll weiterer Zutaten eine köstliche Sauce zaubern.

SAUCEN AUS DEM BRATANSATZ

Beim langsamen Braten von Fleisch im Ofen löst sich die Frage nach der Sauce beinahe schon von selbst: Die entstandenen Röststoffe ergeben in Kombination mit dem grob gewürfelten Gemüse, das in der Regel mit von der Partie ist, eine gute geschmackliche Grundlage. Daraus lässt sich, während der Braten vor dem Tranchieren noch eine Weile im warmen Ofen ruht, in wenigen Minuten eine ausgezeichnete Sauce zubereiten. Häufig gibt man etwas Fond hinzu, der dann beim Einkochen den Bratansatz löst und die Aromen von Fleisch und Gemüse, Kräutern und Gewürzen verbindet.

EIGENSTÄNDIGE SAUCEN

Etwas schwieriger wird es bei kurzgebratenem oder gegrilltem Fleisch. Zwar lässt sich auch beim Kurzbraten der Bratansatz – das Fett vorher abgießen – als Grundlage für eine Sauce verwenden, doch fehlt hier meist die nötige geschmackliche Dichte. Häufig verzichtet man daher – und bei Gegrilltem sowieso – darauf und bereitet stattdessen eine eigenständige Sauce zu. Als Basis dient entweder ein guter, geschmackvoller und nach Möglichkeit selbst gekochter Fond, der dann je nach Rezept weiterverarbeitet wird. Besonders intensiv und aromatisch geraten Saucen, wenn statt eines einfachen Fonds ein Jus verwendet wird, wie Bobby Bräuer das bei seinen Kreationen vorschlägt (S. 300). Als Jus bezeichnen Profis einen reduzierten Fond, der durch mehrstündiges Kochen mit Knochen, Parüren, verschiedenem Gemüse und Gewürzen geschmacklich verdichtet ist. Den Aufwand für die Zubereitung eines guten Fonds oder Jus sollte man daher nicht scheuen, zumal sich beides sehr gut auf Vorrat herstellen und portionsweise tiefkühlen lässt.

DIE RICHTIGE BINDUNG MACHT'S

Saucen mit Sahne zu verfeinern, ist eine klassische und beliebte Möglichkeit, eine Sauce zu binden. In Frage kommen hierfür neben Sahne auch Crème fraîche oder Crème double, je nachdem, welche Geschmacksrichtung und Sämigkeit erwünscht ist. Wird sie stark reduziert und soll der Geschmack einer Sauce möglichst pur erhalten bleiben, kann auf eine weitere Bindung verzichtet werden. Profis verfeinern eine solche Sauce vor dem Servieren oft noch durch das Einrühren von ein paar Stückchen kalter Butter – montieren – wie es in der Fachsprache heißt. Angenehm leicht sind Sabayons, eine Saucenvariante, bei der die Bindung auf Ei beruht. Die Saucenbasis – meist eine Reduktion – wird hierfür mit Eigelb oder einer Mischung aus Eigelb und Ei auf einem warmen Wasserbad luftig aufgeschlagen.

Optimale Ergänzung

Aufgabe der Saucen ist es, den Eigengeschmack des Fleisches zu unterstreichen oder zu ergänzen, überdecken sollen sie ihn nicht. Achten Sie deshalb bei der Auswahl einer Sauce auch auf die Fleischart und die verwendete Garmethode.

FRUCHTIG, PIKANT ODER MILD?

Zu gegrilltem Fleisch passen pikante Würzsaucen oder fruchtige Chutneys und Dips. Gekochtes Fleisch harmoniert mit Saucen auf Meerrettich- und Kräuterbasis, und zu Gebratenem passen je nach Fleischsorte milde oder kräftige Saucen mit Pfeffer, Pilzen oder auch asiatischen Gewürzen.

Delikate Saucen zu Kurzgebratenem

ROTE ANISSAUCE ZU KALB

ZUBEREITUNGSZEIT 50 Min.

FÜR DIE ANISSAUCE

- 200 g Rote Beten, 4 EL Rotweinessig
- 3 Salbeiblätter, Salz, 1 TL Zucker
- 300 ml Geflügelfond (S. 149)
- 1 ganzer Sternanis, 2 EL Crème fraîche
- 150 g Sahne, 1 EL Anisschnaps, etwa Pastis
- frisch gemahlener Pfeffer, 1 EL Dijonsenf

1. Die Roten Beten schälen und fein würfeln. Geben Sie die Rote-Bete-Würfel mit dem Essig, den Salbeiblättern, Salz und Zucker in einen Topf und dünsten Sie sie zugedeckt in etwa 30 Minuten weich. Bei Bedarf noch etwa 100 ml Wasser zufügen, die Flüssigkeit muss jedoch zum Ende der Garzeit verdampft sein.

2. Geflügelfond und Sternanis zugeben und die Flüssigkeit auf etwa ein Drittel einkochen lassen. Rühren Sie dann die Crème fraîche, die Sahne und den Anisschnaps ein. Alles aufkochen und 5 Minuten ziehen lassen. Anis und Salbei wieder entfernen, die Sauce mit dem Pürierstab aufschäumen und mit Salz, Pfeffer und Senf abschmecken. Dann durch ein feines Sieb gießen und nach Belieben noch etwas reduzieren, die Sauce wird dadurch noch sämiger; sie passt sehr gut zu gebratenem Kalbfleisch.

PFEFFERSAUCE ZU RIND ODER LAMM

ZUBEREITUNGSZEIT 20 Min.

FÜR DIE SAUCE

- 10 g Zucker
- 20 g eingelegte grüne Pfefferkörner, abgetropft
- 2 cl Cognac, 40 ml Madeira
- 200 ml Kalbsjus (S. 150), 10 g Butter
- etwas Pfefferfond aus dem Glas

1. Lassen Sie den Zucker mit den abgetropften Pfefferkörnern in einer Kasserolle karamellisieren. Mit Cognac und Madeira ablöschen und beides auf die Hälfte reduzieren.

2. Den Kalbsjus zufügen und auf die gewünschte Konsistenz einkochen lassen. Die Butter zugeben, alles unter Rühren aufkochen und mit etwas Pfefferfond abschmecken. Servieren Sie die Sauce sofort in einer vorgewärmten Sauciere. Sie schmeckt mit ihrem interessanten Spiel zwischen Süße und Schärfe sehr gut zu dunklem Fleisch wie Rind oder Lamm. Wenn Sie sie zu hellem Fleisch (etwa Kalb oder Schwein) servieren wollen, geben Sie noch etwas Sahne zu.

Mit Aromen spielen

Eine fertige Bratensauce (Jus) können Sie phantasievoll aromatisieren. Bernd Arold empfiehlt, 1 Vanilleschote darin ziehen zu lassen, dann passt die Sauce gut zu Rind oder Lamm. 2 EL Süßholz – 10 Minuten in die Sauce gelegt – verleiht Kalbfleisch eine weihnachtliche Note. Frisch wird die Sauce durch 2 EL Minzeblätter, sie schmeckt sehr gut zu Rind. Mit Eukalyptusblättern passt sie zu Lamm, mit Kamillenblüten zu Kalb.

RAHMSAUCE VOM BRATANSATZ MIT GLACE

ZUBEREITUNGSZEIT 45 Min.

FÜR DAS FLEISCH
- 500 g Rinderfiletspitzen, Salz, Pfeffer
- etwas Mehl, 2 EL Öl zum Braten

FÜR DIE SAUCE
- 20 g Butter, 1 Schalotte, fein gewürfelt (20 g)
- 100 ml Rotwein, 40 ml roter Portwein
- 60 ml Kalbsglace (S. 151), 1 Zweig Rosmarin
- 200 g Sahne, 1 TL Dijonsenf, Salz, Pfeffer
- 1 Spritzer Cognac

1. Den Backofen auf 60 °C vorheizen. Das Fleisch salzen, pfeffern, mit Mehl bestauben und im heißen Öl bei starker Hitze schnell braun anbraten, dann herausnehmen und im Ofen warm stellen. Das Bratfett aus der Pfanne gießen. Die Butter aufschäumen lassen und die Schalotte darin anschwitzen. Den Bratansatz mit Rot- und Portwein loskochen.

2. Reduzieren Sie die Flüssigkeit auf ein Viertel und fügen Sie anschließend die Glace sowie den Rosmarin zu. Alles aufkochen und durch ein Sieb gießen.

3. Die Sahne und den Senf einrühren und die Sauce aufschäumen. Schmecken Sie sie mit Salz, Pfeffer und Cognac ab. Das Fleisch anrichten und mit der Sauce nappieren.

Intensiver Geschmack

Die Rahmsauce links erhält ihr volles Aroma durch die Kombination von Bratansatz einerseits und Kalbsglace (S. 151) andererseits. Nach diesem Rezept können Sie auch verschiedene andere Saucen herstellen, im Prinzip aus jedem angebratenen Fleischstück.

Das Geheimnis einer guten Sauce

Für mich sind natürliche, absolut erstklassige Produkte mit unverfälschtem Geschmack die Voraussetzung für eine gute Küche. Dies gilt für Fleisch, Fisch und Gemüse ebenso wie für Saucen. Nicht umsonst gelten ja gerade sie als Visitenkarte der Küche, als Quintessenz des feinen Geschmacks. In den Saucen konzentrieren sich die Aromen in einer Dichte, wie sie nur durch stundenlanges Reduzieren zu erreichen ist. Das Ergebnis schmeichelt dem Gaumen und ist ein Fest für die Sinne.

Alle Feinschmecker lieben Saucen, doch scheuen viele ihre Zubereitung. Zu aufwändig, zu umständlich, sagen die meisten und greifen rasch zu einem Fertigprodukt. Dass die Zubereitung aromatischer Saucen jedoch kein unüberwindliches Hindernis auf dem Weg zu höheren kulinarischen Weihen ist, möchte ich Ihnen mit meiner Auswahl zeigen: All diese Saucenvariationen lassen sich relativ schnell herstellen, hat man erst einmal die richtige Grundlage parat. Dies kann zum Beispiel ein Fond oder ein Jus vom Kalb oder Lamm sein – der darin konzentrierte Fleischgeschmack ist quasi das geschmackliche Grundgerüst, hinzu kommen dann, je nach Rezept und Verwendung, unterschiedlichste Aromen wie Pilze, Kräuter und Gewürze. In der Regel werden die würzenden Zutaten erst in der Pfanne angeschwitzt, bevor sie dann mit Wein oder auch Höherprozentigem abgelöscht werden. Dann kommt der Fond oder Jus ins Spiel – und auch er wird stark reduziert. Was bleibt ist Geschmack pur. Als Erstes möchte ich Ihnen jetzt eine mediterrane Sauce vorstellen, die sehr gut zu Lamm oder Zicklein schmeckt, aber auch zur kräftigen Heidschnucke passt.

LAMMJUS MIT PAPRIKA UND LAVENDEL

Schneiden Sie 1 geschälte Schalotte sowie 2 geputzte Champignons in feine Scheiben. Dann ½ rote Paprika fein, 1 Tomate grob würfeln und das Gemüse mit 1 frischen Knoblauchzehe sowie mit je 1 Zweig Rosmarin und Thymian in 2 EL Olivenöl kurz anschwitzen. Löschen Sie die Mischung mit 50 ml Weißwein ab und lassen Sie diesen beinahe vollständig einkochen. Anschließend 400 ml Lammjus (S. 150) angießen und diesen um die Hälfte reduzieren. Gießen Sie die Sauce durch ein feines Sieb und schmecken Sie sie mit Salz, Pfeffer aus der Mühle und mit 1 EL Lavendelhonig ab.

TRÜFFELSAUCE

Diese aromatische Sauce schmeckt wunderbar zu Rind- oder Kalbfleisch. Dünsten Sie dafür 30 g fein gehackte Schwarze Trüffeln in 25 g Butter an. Die

Trüffelwürfel mit 10 ml Madeira, 10 ml rotem Portwein und 1 cl Cognac sowie 30 ml Trüffelsaft (aus der Dose oder Trüffeljus) ablöschen und die Flüssigkeit reduzieren. Gießen Sie dann 300 ml Kalbsfond (S. 144) an und lassen Sie ihn um die Hälfte einkochen. Zum Schluss die Sauce durch das Einrühren von 25 g kalter, in Stücke geschnittener Butter binden und mit Salz und Pfeffer abschmecken.

KALBSJUS MIT SENFKÖRNERN

Mit ihrem kräftigen Geschmack passt diese Sauce sehr gut zu Innereien wie Niere oder Leber. Kochen Sie dafür 25 ml Apfelsaft mit 20 ml Weißwein und 1 EL ganzen Senfkörnern, bis diese weich sind und stellen Sie sie dann beiseite. Karamellisieren Sie 30 g Zucker in 10 g Butter und geben Sie 100 g fein geriebenen Apfel zu. Alles mit 20 ml Weißwein, 20 ml weißem Portwein und 25 ml Apfelsaft ablöschen. Dann 1 fein gewürfelte Schalotte, 2 fein gewürfelte Champignons sowie 1 Lorbeerblatt zugeben. 400 ml Kalbsjus (S. 150) angießen und um die Hälfte reduzieren. Binden Sie die Sauce mit 20 g kalten Butterstückchen und gießen Sie sie durch ein feines Sieb, bevor Sie die weichen Senfkörner untermischen.

ORANGENSAUCE

Dank des fruchtigen Charakters begleitet diese feine Sauce helles Fleisch wie Kalb oder Spanferkel aufs Beste. Ziehen Sie dafür von 2 gut gewaschenen, unbehandelten Orangen mit einem Zestenreißer die Schale ab und pressen Sie die Früchte aus. Dann lassen Sie 30 g Butter hell aufschäumen und karamellisieren darin 30 g Zucker. Mit 10 ml Rotweinessig ablöschen und den Orangensaft, die Hälfte der Zesten, den Saft von 1 Zitrone und 2 cl Orangenlikör zufügen. Alles reduzieren, 400 ml Kalbsjus (S. 150) angießen und auf die Hälfte einkochen. Die Sauce durch ein Sieb gießen, salzen und pfeffern. Die restlichen Orangenzesten blanchieren, 6 bis 8 Zitronenmelisseblättchen in feine Streifen schneiden und die Blättchen von 1 Zweig Thymian abzupfen. Montieren Sie die Sauce mit 30 g kalter Butter und verfeinern Sie sie mit den Kräutern und den Zesten.

ROTWEINSAUCE MIT MARK

Diese kräftige Sauce ist ideal zu Rind, etwa zu Filet, Entrecôte oder auch zu einem Côte de boeuf. Dafür wässern Sie zunächst 100 g Rindermark 12 Stunden lang. Dann 1 rote Zwiebel sowie 2 geputzte Champignons in feine Streifen schneiden und in 1 EL Butter kurz anschwitzen. 1 Zweig Thymian sowie ½ Knoblauchzehe zugeben und alles mit 200 ml jungem, säurebetontem Rotwein sowie 50 ml rotem Portwein ablöschen und stark reduzieren. Gießen Sie dann 400 ml Kalbsjus (S. 150) an und lassen Sie ihn auf die Hälfte einkochen. Dann die Sauce durch ein Sieb gießen und mit 25 g kalter, in Stücke geschnittener Butter binden. Zuletzt geben Sie das klein gewürfelte Mark in die heiße Sauce, schmecken sie mit Salz und Pfeffer ab und bestreuen sie mit 2 EL Schnittlauchröllchen.

CURRY-SESAM-SAUCE

Gut mit Lamm oder Kalb harmoniert diese asiatisch inspirierte Sauce. Dafür rösten Sie 60 g weiße Sesamsamen mit 1 EL Honig goldgelb an. Dann fügen Sie 25 g Butter hinzu, würzen die Mischung mit 1 TL Madras-Curry und 1 TL Tandoori-Paste (aus dem Glas) und löschen sie mit 2 EL Balsamico ab. Diesen einkochen lassen, dann 400 ml Lammjus (S. 150) angießen und auf die Hälfte reduzieren. Binden Sie die Sauce mit 25 g kalter, in Stücke geschnittener Butter und verfeinern Sie sie vor dem Servieren mit 6 bis 8 in feine Streifen geschnittenen Minzeblättchen sowie 1 cl Kokoslikör.

Bobby Bräuer

Luftige Sabayons

PAPRIKA-SABAYON ZU KALB, RIND, LAMM

ZUBEREITUNGSZEIT 50 Min.

ZUTATEN
- 2 rote Paprikaschoten (etwa 400 g)
- ½ Zwiebel, geschält, 1 EL Schweineschmalz
- ½ Knoblauchzehe, ⅛ l Rinderbrühe (S. 146)
- Salz, frisch gemahlener Pfeffer
- gemahlener Kümmel, 2 Eigelbe, 1 Ei

1. Die Paprikaschoten von Samen und Scheidewänden befreien und das Fruchtfleisch mit dem Entsafter entsaften, es sollten etwa 350 ml Saft entstehen. Alternativ können Sie das Fruchtfleisch auch pürieren und das Mark mit einem Tuch auspressen.

2. Schneiden Sie die Zwiebel in Scheiben und braten Sie sie in Schweineschmalz hellbraun an. Den Knoblauch zugeben, mit der Rinderbrühe aufgießen und alles kurz aufkochen lassen. Den Paprikasaft zufügen, alles auf etwa 150 ml reduzieren und mit Salz, Pfeffer und Kümmel würzen.

3. Die Reduktion durch ein feines Sieb in eine Rührschüssel gießen und auf Zimmertemperatur abkühlen lassen, dann mit den Eigelben und dem Ei vermischen. Schlagen Sie die Mischung kurz (maximal 3 Minuten, sonst gibt es Rührei) über einem heißen Wasserbad luftig auf. Sofort servieren.

ACETO-SABAYON ZU RIND ODER KALB

ZUBEREITUNGSZEIT 15 Min.

ZUTATEN
- 2 Schalotten, fein gewürfelt, 10 g Butter
- ⅛ l Rinderbrühe (S. 146)
- 60 ml Kalbsjus (S. 150)
- 80 ml sehr guter alter Aceto balsamico (10 Jahre alt)
- Salz, Pfeffer, 2 Eigelbe, 1 Ei

1. Die Schalotten in Butter anschwitzen, mit der Brühe ablöschen und etwas reduzieren. Gießen Sie den Kalbsjus und den Aceto balsamico zu. Salzen, pfeffern, auf Zimmertemperatur abkühlen lassen und die Mischung durch ein feines Sieb gießen.

2. Die Eigelbe sowie das Ei unterrühren und alles in einer Rührschüssel über einem heißen Wasserbad rasch schaumig aufschlagen.

BIER-SABAYON ZU RIND UND SCHWEIN

ZUBEREITUNGSZEIT 15 Min.

ZUTATEN
- 2 Schalotten, fein gewürfelt, 10 g Butter
- ¼ l dunkles Bier (relativ süß)
- ⅛ l Kalbsjus (S. 150), gemahlener Kümmel
- 1–2 Msp. mit Salz zerdrückter Knoblauch
- Salz, frisch gemahlener Pfeffer, 2 Eigelbe
- 100 ml Bratensaft oder reduzierter Kalbsfond

1. Braten Sie die Schalotten in der Butter hellbraun an. Mit Bier und Kalbsjus ablöschen, auf etwa 150 ml reduzieren und mit Kümmel, Knoblauch, Salz und Pfeffer würzen. Die Reduktion durch ein feines Sieb in einen Rührkessel gießen und auf Zimmertemperatur abkühlen lassen.

2. Die Eigelbe untermischen, den Bratensaft durch ein Sieb zugießen und alles über einem heißen Wasserbad rasch schaumig aufschlagen.

S. 146
KÜCHENPRAXIS Rinderbrühe
144, 150
KÜCHENPRAXIS Kalbsfond,-jus

Asiatische Saucen zu Fleisch

TANDOORI-SAUCE

ZUBEREITUNGSZEIT 10 Min.
FÜR 6–8 PORTIONEN

Die Tandoori-Sauce eignet sich ausgezeichnet als Grill-Marinade. Besonders Lamm, Kalb oder auch Geflügel schmeckt sehr gut, wenn man die Fleischstücke etwa 4 Stunden lang in dieser Sauce mariniert. Sie können sie aber auch als Dip zu gebratenem oder gegrilltem Fleisch servieren. In diesem Fall kommen noch ein paar Zutaten hinzu.

FÜR DIE TANDOORI-SAUCE

- 1 Knoblauchzehe
- 400 g Naturjoghurt
- 1 EL Sojasauce
- 30 g rote Tandooripaste
- 1 Prise Zucker
- Salz, frisch gemahlener Pfeffer

Den Knoblauch abziehen und sehr fein hacken. Rühren Sie den Joghurt glatt und vermischen Sie ihn mit dem gehackten Knoblauch, der Sojasauce und der Tandooripaste. Dann die Sauce mit Zucker, Salz und Pfeffer abschmecken.

FÜR DEN TANDOORI-DIP

- 1 Rezept Tandoori-Sauce (links)
- 1 kleine rote Chilischote, fein gewürfelt
- 3–4 EL fein gehacktes Koriandergrün
- 10 g geröstete schwarze Sesamsamen

Die Tandoori-Sauce mit den Chiliwürfeln, dem Koriandergrün sowie dem Sesam vermengen und alles gut miteinander verrühren.

ROTE CURRYSAUCE

ZUBEREITUNGSZEIT 45 Min.
MARINIERZEIT 20 Min.

FÜR DIE CURRYSAUCE

- 50 g rote Currypaste, 1–2 EL Erdnuss- oder Sojaöl
- 80 g Schalotten, geschält und gewürfelt
- 1 Apfel (80 g), geschält und gewürfelt
- 1 Stängel Zitronengras, in Ringe geschnitten
- 20 g Ingwerwurzel, geschält, fein gewürfelt
- 150 ml Kokosmilch
- 100 ml Geflügel- oder Kalbsfond (S. 144 oder S. 149)
- 1 kleine reife Banane, nach Bedarf
- 20 g brauner Zucker, Saft von ½ Limette
- etwa 1 TL Fischsauce (Nam Pla)

1. Rösten Sie die rote Currypaste in etwas Öl an. Die Schalotten- und Apfelwürfel zufügen und leicht anschwitzen. Das Zitronengras, den Ingwer, die Kokosmilch und den Geflügelfond zugeben, aufkochen und die Mischung 5 Minuten köcheln lassen. Dann vom Herd nehmen und die Sauce am Herdrand noch 20 Minuten durchziehen lassen.

2. Mixen Sie die Sauce mit dem Pürierstab auf und gießen Sie sie durch ein feines Sieb – sollte sie noch zu flüssig sein, mit etwas Banane binden. Dazu das Bananenfruchtfleisch mit dem Pürierstab untermixen und die Sauce erneut kurz aufkochen. Die Currysauce vor dem Servieren mit Zucker, Limettensaft und Fischsauce abschmecken.

»Die Currysauce passt sehr gut zu Lamm. Zu Kalbfleisch ist sie ideal, wenn Sie statt der roten gelbe Currypaste und anstelle des Apfels Mango- oder Ananasfruchtfleisch verwenden. Die Produkte für die drei asiatischen Saucen bekommen Sie im Asialaden. «

HOISIN-SAUCE

ZUBEREITUNGSZEIT 20 Min.
FÜR 4–6 PORTIONEN

FÜR DIE HOISIN-SAUCE
- ½ Stange Frühlingslauch (Ersatz: 75 g Frühlingszwiebeln oder Schalotten)
- 1 Chilischote
- 70 g frische Ingwerwurzel
- 3 Dörrpflaumen, ohne Stein
- ¼ Knoblauchzehe, abgezogen
- 3 EL helle Sojasauce
- 2 EL schwarze Bohnenpaste (Ersatz: Erdnussbutter)
- 1 EL Honig oder Zuckermelasse
- 2 TL Reisessig, 2 TL Sesamöl
- frisch gemahlener Pfeffer, Tabasco

1. Den Frühlingslauch putzen, waschen und fein würfeln. Die Chilischote von Stielansatz und Samen befreien und fein würfeln. Schälen Sie den Ingwer und reiben Sie ihn fein. Die Dörrpflaumen in kleine Stücke schneiden.

2. Geben Sie die vorbereiteten Zutaten mit dem Knoblauch in einen Mörser und verarbeiten Sie alles zu einer feinen Paste. Oder pürieren Sie alles im Blitzhacker oder mit dem Pürierstab. Anschließend die Sojasauce, die Bohnenpaste, den Honig, den Reisessig und das Sesamöl unterrühren. Schmecken Sie die Hoisin-Sauce vor dem Servieren mit Pfeffer und 3 Spritzern Tabasco ab.

Chutneys und Fruchtsaucen

APRIKOSENRAGOUT

ZUBEREITUNGSZEIT 15 Min.
MARINIERZEIT 30 Min.

FÜR DAS RAGOUT
- 100 g getrocknete, geschwefelte Aprikosen
- 200 ml weißer Portwein
- 1 Prise Cayennepfeffer
- 1 Prise Fünf-Gewürze-Pulver (Asialaden)
- Salz, Zucker, Aceto balsamico bianco

1. Schneiden Sie die Aprikosen in feine Würfel. Den Portwein aufkochen und bei schwacher Hitze auf etwa 75 ml reduzieren. Geben Sie die Aprikosen zu und lassen Sie sie etwa 5 Minuten darin köcheln. Vom Herd nehmen und die Aprikosen an einem warmen Ort etwa 30 Minuten ziehen lassen.

2. Das Ragout mit Cayennepfeffer, Fünf-Gewürze-Pulver, Salz, Zucker und Essig pikant abschmecken.

QUITTENPÜREE

ZUBEREITUNGSZEIT 1 Std.
FÜR 4–6 PORTIONEN

FÜR DAS PÜREE
- 400 g Zucker, 200 ml Apfelsaft
- 200 ml Weißwein, 2 EL Honig
- 2 ganze Sternanis
- 1 kg ungeschälte, abgeriebene Quitten, in grobe Stücke geschnitten (Ersatz: säuerliche Äpfel, etwa Boskoop)
- 15 g Butter, Salz, frisch gemahlener Pfeffer
- 2 EL Apfel-Honig-Essig oder Apfelessig

1. Karamellisieren Sie den Zucker mit 2 EL Wasser hellbraun. Dann mit dem Apfelsaft, dem Weißwein und gut ½ l Wasser ablöschen.

2. Honig, Sternanis sowie die Quittenstücke dazugeben und alles 30 bis 40 Minuten köcheln lassen.

3. Streichen Sie die weichen Quitten durch ein feines Sieb und füllen Sie das Püree in eine Schüssel. Die Butter einrühren und das Quittenpüree pikant mit Salz, Pfeffer und Essig abschmecken.

4. Stellen Sie das Quittenpüree zum Abkühlen beiseite und schlagen Sie es unmittelbar vor dem Servieren noch einmal kräftig auf.

KÜRBIS-CHUTNEY

ZUBEREITUNGSZEIT 2 Std.
FÜR 5 GLÄSER von je 250 ml Inhalt

FÜR DAS CHUTNEY
- 1 kg Kürbis, 1 Mango, 2 Äpfel, ¼ Ananas
- 200 g rote Zwiebeln, gewürfelt
- 20 g Ingwerwurzel, 2–3 Knoblauchzehen
- 1 ganzer Sternanis, 1 Macis
- 2 Lorbeerblätter, 3 Gewürznelken
- 2 getrocknete rote Chilischoten, zerstoßen
- 120 g brauner Rohrzucker, 200 ml Obstessig
- 2 EL Tomatenmark, Salz, Pfeffer

1. Den Kürbis schälen, entkernen und das Fruchtfleisch 1 cm groß würfeln. Die Mango würfeln, wie in Step 1 gezeigt. Die Äpfel schälen und entkernen. Die Ananas schälen und den Strunk entfernen. Schneiden Sie beides in etwa 1 cm große Würfel.

2. Die Kürbis- und Apfelwürfel mit den Zwiebeln in einen Topf geben. Den Ingwer reiben und den Knoblauch andrücken. Binden Sie beides mit den Gewürzen in ein Säckchen, wie in Step 2 erklärt. Chilis, Zucker und Essig zugeben und das Tomatenmark unterrühren. Bringen Sie alles langsam zum Kochen und lassen Sie das Chutney 1 Stunde bei schwacher Hitze köcheln, dabei wiederholt etwas Wasser angießen (etwa ¼ l). Die Mango- und Ananaswürfel zufügen und alles noch 30 Minuten köcheln lassen.

3. Entfernen Sie das Gewürzsäckchen. Das Chutney salzen, pfeffern, heiß in Gläser füllen und abkühlen lassen. Es hält sich im Kühlschrank etwa 2 Monate.

MANGO SCHNEIDEN
und Gewürzsäckchen binden

(1) Das Mangofruchtfleisch vom Stein schneiden und längs und quer in 1 cm Abstand parallel einschneiden. Die Mangostücke leicht hochwölben und das Fruchtfleisch von der Schale trennen.

(2) Ingwer und Knoblauch mit dem Sternanis, der Macis, den Lorbeerblättern und den Gewürznelken auf ein Stück Mulltuch legen, die Ecken hochschlagen und mit Küchengarn zu einem Säckchen zusammenbinden. So können Sie alle Gewürze auf einmal wieder entnehmen. Das funktioniert auch mit einem entsprechend großen Teesieb aus Metall.

(1)

(2)

Feine Buttervariationen und Dips

KRÄUTERBUTTER

ZUBEREITUNGSZEIT 30 Min.
FÜR 8–10 PORTIONEN

FÜR DIE BUTTER

- 3 EL glatte Petersilienblättchen
- 1 EL Schnittlauchröllchen
- 1 EL Basilikumblättchen
- je 1 TL Liebstöckel-, Thymian- und Oreganoblättchen
- 250 g weiche Butter, 1 EL Schalottenwürfel
- 2 Knoblauchzehen, sehr fein gehackt
- 2 TL Limettensaft
- 1 TL Salz, ¼ TL gemahlener weißer Pfeffer

1. Die Kräuter waschen, sehr gut trockenschleudern und fein hacken. Rühren Sie die weiche Butter glatt, aber nicht schaumig und würzen Sie sie mit den Schalottenwürfeln, dem Knoblauch, dem Limettensaft, Salz und Pfeffer. Dann die Kräuter untermischen, dabei jedoch nicht zu lange rühren, weil die Butter sich sonst durch den Kräutersaft grün verfärbt.

2. Die Kräuterbutter wieder etwas fester werden lassen und auf ein Pergamentpapier geben. Formen Sie sie vorsichtig zu einer Rolle und stellen Sie die Kräuterbutter kalt.

3. Die Butter kurz vor dem Servieren aus dem Kühlschrank nehmen, das Papier entfernen und die Kräuterbutter in 3 bis 5 mm dicke Scheiben schneiden.

Sehr aromatisch

Butter ist ein hervorragender Geschmacksträger. Einmal erwärmt, nimmt sie die Aromen von Kräutern oder Gewürzen sehr gut auf und eignet sich daher als aromatischer Begleiter zu gebratenem Fleisch. Wichtig ist jedoch, die Butter nicht zu heiß werden zu lassen, da sonst das Eiweiß ausflockt und sie ihre cremige Konsistenz verliert.

ZIMTBUTTER

ZUBEREITUNGSZEIT 20 Min.
FÜR 4–6 PORTIONEN

ZUTATEN

- 100 g Butter, 2 Zimtstangen
- 30 g kalte Butterflocken, Salz
- Sojasauce (keine süße), nach Belieben

1. Erhitzen Sie 100 g Butter auf 60 °C, geben Sie die Zimtstangen zu und lassen Sie sie 10 Minuten in der Butter ziehen. Anschließend die Zimtstangen herausnehmen und die Butter etwas abkühlen lassen.

2. Die aromatisierte Butter mit den kalten Butterflocken mit dem Pürierstab aufmixen und mit Salz abschmecken. Nach Belieben können Sie auch noch etwas Sojasauce unterrühren.

EISENKRAUTBUTTER

ZUBEREITUNGSZEIT 20 Min.
FÜR 4–6 PORTIONEN

ZUTATEN

- 100 g Butter, 2 EL Eisenkrautblättchen, frisch oder getrocknet
- 30 g kalte Butterflocken, Worcestersauce

1. Erhitzen Sie 100 g Butter auf 60 °C und lassen Sie das Eisenkraut 15 Minuten darin ziehen. Die Butter durch ein feinmaschiges Sieb gießen und etwas abkühlen lassen.

2. Mixen Sie die aromatisierte Butter mit den kalten Butterflocken mit dem Pürierstab auf und schmecken Sie sie mit 4 Tropfen Worcestersauce ab.

MANGO-CHILI-TOMATEN-DIP

ZUBEREITUNGSZEIT 20 Min.
FÜR 4–6 PORTIONEN

ZUTATEN

- 2 Tomaten, 1 Mango, 1 rote Zwiebel, gewürfelt
- 1 TL gehackter Ingwer
- 1 EL Öl, ½ TL Salz, ½ TL Chilipulver
- 1 TL Ahornsirup oder Honig
- 1 TL gehackter Dill

1. Die Tomaten blanchieren, häuten, die Samen entfernen und das Fruchtfleisch klein würfeln. Schneiden Sie das Mangofruchtfleisch vom Stein, befreien Sie es von der Schale und würfeln Sie es ebenfalls.

2. Braten Sie die Zwiebel, die Mango und den Ingwer in Öl an. Alles mit Salz und Chilipulver würzen, den Ahornsirup unterrühren und zwei Drittel der Masse pürieren. Rühren Sie die restliche Masse und die Tomatenwürfel unter und würzen Sie den Dip mit Dill. Kalt servieren.

PFIRSICH-GURKEN-ZIEGENKÄSE-DIP

ZUBEREITUNGSZEIT 20 Min.
FÜR 6–8 PORTIONEN

ZUTATEN

- 1 festfleischiger Pfirsich, 200 g Salatgurke
- 1 rote Zwiebel, fein gewürfelt, 1 EL Öl
- ½ TL Salz, ½ TL Zucker
- 1–1 ½ TL Currypulver
- 2 TL gehackte Estragonblättchen
- 2 EL schnittfester Ziegenfrischkäse, etwa Sainte-Maure, klein gewürfelt

1. Den Pfirsich blanchieren, häuten, vom Stein befreien und klein würfeln. Die Gurke schälen, halbieren, Kerne entfernen und das Fruchtfleisch würfeln.

2. Die Pfirsich-, Gurken- und Zwiebelwürfel in Öl kurz anbraten. Mit Salz, Zucker und Curry würzen und den Estragon zugeben. Zuletzt die Ziegenkäsewürfel untermischen und den Dip warm servieren.

ANANAS-DATTELKRAUT-DIP

ZUBEREITUNGSZEIT 35 Min.
FÜR 6–8 PORTIONEN

ZUTATEN

- 8 ungesüßte getrocknete Datteln, entkernt
- 80 g Weißkohlblätter, in feinen Streifen
- 1 rote Zwiebel, fein gewürfelt
- 1 EL gehackte Pinienkerne, 1 EL Öl
- ½ TL Salz, ½ TL Zucker
- 1 TL Currypulver
- ½ Ananas (500 g), geschält und klein gewürfelt
- 2 EL BBQ-Ketchup oder Tomaten-Ketchup
- 2 TL gehacktes Koriandergrün

1. Die Datteln fein hacken. Braten Sie die Kohlstreifen mit der Zwiebel, den Pinienkernen und den Datteln kurz in Öl an. Mit Salz, Zucker und Curry würzen, dann die Ananaswürfel 2 Minuten mitbraten.

2. Vom Herd nehmen, Ketchup und Koriandergrün zufügen, abkühlen lassen und den Dip kalt servieren.

ABSCHÄUMEN: Fonds, Saucen oder Brühen vom »Schaum« aus geronnenem Eiweiß und Trübstoffen befreien, der sich beim Kochen an der Oberfläche absetzt.

ABSCHMECKEN: Geschmackliche Vollendung von Speisen, die letzte Phase des Würzens.

ABSCHRECKEN: Heißes Gargut in (eis)kaltes Wasser legen oder kalt abspülen, um den Garprozess zu stoppen.

ABSTECHEN: Formen von Nocken oder Klößchen mit Hilfe von zwei, in heißes Wasser getauchten Löffeln.

ANSCHWITZEN: In Fett leicht dünsten, ohne dass das Gargut Farbe nimmt.

ARROSIEREN: Wiederholtes Begießen des Garguts mit Bratfett oder Bratfond.

AUSSTECHEN (bei Fleisch): Einzelne Fleischstücke, etwa eines Ragouts, mit einer Gabel aus der Sauce nehmen.

BACKOFENTEMPERATUR: Je nach Gerät kann die Temperatur des Backofens von der eingestellten Gradzahl abweichen, daher sollte die Temperatur mit einem Backofenthermometer überprüft werden.

BARDIEREN: Fleisch oder Geflügel zum Schutz vor Austrocknung mit dünnen Speckscheiben umbinden.

BIOLOGISCHE WERTIGKEIT: Die biologische Wertigkeit ist ein Maß für die Eiweißqualität. Sie gibt an, wie viel Gramm körpereigenes Eiweiß man aus 100 g eines speziellen Lebensmitteleiweißes, etwa aus Rindfleisch, aufbauen kann.

BLANCHIEREN: Lebensmittel wie Gemüse oder Fleisch in siedendem Salzwasser kurz kochen, um es von Verunreinigungen zu befreien oder um Häute und Schalen besser entfernen zu können.

BOUQUET GARNI: Würzsträußchen aus verschiedenen Kräutern, Gemüsearten und Gewürzen zur Verfeinerung von Fonds und Brühen. Klassisch ist die Zusammenstellung aus Möhre, Staudensellerie, Petersilienwurzel, Thymian und Lorbeer.

BRUNOISE: In gleichmäßig feine Würfel geschnittenes Gemüse.

CONFIT: von frz. confire – einlegen. Fleisch- oder Geflügelstücke, etwa Gans, im eigenen Fett gegart und anschließend darin haltbar gelagert.

CONSOMMÉ: Geklärter, kräftiger Fond von Fleisch, Wild, Geflügel oder Fisch.

CRÉPINETTE: von frz. crépine – Schweinenetz. Würstchen oder kleines Fleischstück mit Farceauflage in Schweinenetz gewickelt und gegart.

ENTFETTEN: Auch als Degraissieren bezeichnet. Entfernen des Fetts von Brühen und Fonds mit einem Löffel, absaugen mit Küchenpapier oder abheben des erstarrten Fettes von der erkalteten Brühe.

FARCE: Gewürzte gebundene Füllung für Pasteten oder Terrinen aus zerkleinertem Fleisch, Geflügel, Wild oder Fisch.

FARCIEREN: Mit einer feinen, gewürzten und gebundenen Masse (Farce) füllen oder bestreichen.

FLOTTE LOTTE: Passiergerät mit Siebboden, durch den mit von einer Kurbel angetriebenen Metallblättern Lebensmittel, etwa Tomaten, durchgedrückt werden.

FOND: Grundbrühe (auf der Basis von Knochen, Parüren und Gemüse), die als Grundlage für die Herstellung von Suppen und Saucen verwendet wird.

GEWÜRZSÄCKCHEN: Kleiner Beutel aus Mulltuch oder Behälter aus Metall zum Mitgaren von Gewürzen; ermöglicht deren einfache und vollständige Entnahme.

GLACE (de viande): Sirupartig eingedickter aromatischer Fleischsaft zum Verbessern von Saucen sowie zum Überziehen von Fleisch.

GLACIEREN: Fleisch, Wild oder Geflügel mit Glace überglänzen.

GLASIEREN: Überziehen von Speisen mit einer dünnen Glasurschicht, etwa aus Zucker oder Eis.

GRATINIEREN: Ein Gericht bei starker Oberhitze oder unter dem Grill überbacken, so dass es eine hell- oder goldbraune Kruste bekommt.

JULIENNE: In sehr feine Streifen geschnittenes Gemüse. Wird als Einlage für Suppen oder auch als kleine Gemüsebeilage verwendet.

JUS: Beim Braten von Fleisch austretender, fettfreier Saft, der beim Erkalten geliert. Der Begriff wird in der Küche auch für konzentrierte Fonds aus Knochen, Parüren und Gemüse verwendet.

KARAMELLISIEREN: Gargut, etwa Gemüse, mit geschmolzenem Zucker überziehen. Dazu wird Zucker erhitzt oder Zuckersirup eingekocht, bis er gleichmäßig hell oder dunkel gebräunt ist. Oder den Zucker in einer Kasserolle zerlassen und das Gargut darin schwenken.

KARKASSE: Bei Fleisch und Geflügel werden die Knochen, bei Fisch die Gräten als Karkassen bezeichnet. Sie werden für die Herstellung von Fonds verwendet.

KLÄREN: Bei Kraftbrühen alle trübenden Bestandteile entfernen. Mit Hilfe von Eiweiß und gehacktem Klärfleisch werden diese Bestandteile beim Kochen gebunden und entfernt.

MIREPOIX: Klein gewürfeltes, geröstetes Wurzelgemüse, dient zum Aromatisieren von Braten oder Saucen.

MONTIEREN: Eiskalte Butterstückchen mit dem Schneebesen oder Pürierstab in eine Sauce oder Suppe einarbeiten. Dadurch wird die Flüssigkeit leicht gebunden, sämiger und erhält einen feinen Buttergeschmack.

NAPPIEREN: Überziehen von Speisen mit Sauce oder Gelee.

PAILLARD: Dünn geklopftes Schnitzel von Kalb oder Rind zum Kurzbraten.

PARIEREN: Fleisch, Geflügel, Wild oder Fisch von nicht essbaren Teilen befreien und gleichmäßig zuschneiden.

PARÜREN: Abschnitte, die beim Parieren anfallen, sie werden für die Herstellung von Fonds und Saucen verwendet.

PASSIEREN: Flüssigkeiten, Pürees oder Farcen durch ein Tuch oder ein mit einem Tuch ausgelegtes Sieb gießen; auch durch ein feines Sieb streichen oder drücken.

PASSIERTUCH: Spezielles Tuch aus einem gazeähnlichen Gewebe (Etamin), das zum Durchgießen von Flüssigkeiten verwendet wird. Es ist in gut sortierten Haushaltswarengeschäften erhältlich.

PASTETENGEWÜRZ: Eine Gewürzmischung aus 20 g weißen Pfefferkörnern, 10 g Korianderkörnern, 25 g Thymian, 25 g Basilikum, 10 g Gewürznelken, 20 g geriebener Muskatnuss, 15 g Lorbeerblättern, 10 g Pimentkörnern, 10 g gemahlener Muskatblüte (Macis) sowie 30 g getrockneten Steinpilzen. Alle Zutaten im Blitzhacker zu Pulver zerkleinern.

PLATTIEREN: Fleischscheiben mit dem Fleischklopfer oder mit dem Plattiereisen gleichmäßig flach klopfen. Dadurch wird die natürliche Bindegewebsstruktur des Fleisches etwas gelockert und eine einheitliche Stärke erzielt, so dass das Fleisch beim Braten etwas zarter wird und überall gleichmäßig gart.

REDUZIEREN: Flüssigkeiten wie Fonds, Brühen oder Saucen im offenen Topf einkochen lassen, um das Aroma zu intensivieren.

SCHWEINENETZ: Fetthaltige Gewebehaut des Bauchfells vom Schwein. Schweinenetz wird häufig als Hülle für Farcen oder zum Zusammenhalten von Fleischscheiben mit Auf- oder Einlage verwendet. Das Fett tritt bei der Zubereitung aus dem netzartigen Gewebe aus.

SPICKEN: Durchziehen von tiefgekühlten Speckstreifen mit Hilfe einer Spicknadel durch größere Fleischstücke zum Schutz vor dem Austrocknen. Auch, nicht zu tiefes Einbringen von Kräutern oder Knoblauch mit dem Spickmesser in Fleisch zum Aromatisieren.

TAMARINDENSAFT: Wird aus dem getrockneten Mark von Tamarindenschoten hergestellt, das man in heißem Wasser einweicht und dann auspresst. Das Säuerungsmittel kann durch Zitronensaft ersetzt werden. Tamarindenmark ist im Asialaden erhältlich.

TRANCHIEREN: von frz. trancher – abschneiden; tranche – Scheibe. Fachgerechtes Aufschneiden und Portionieren von Fleisch, Geflügel oder Wild, etwa einen Braten in Scheiben schneiden.

VAKUUMIEREN: Lebensmittel unter Luftentzug und Unterdruck in einen Kunststoffbeutel einschweißen. Dadurch werden die Oxidationsvorgänge verringert und die Haltbarkeit von Speisen verlängert.

WÄSSERN: Lebensmittel in Wasser legen, um bestimmte Stoffe herauszulösen, insbesondere bei Innereien wie Bries, Nieren oder Schweinenetz.

ZESTEN: Dünne, etwa streichholzlange Streifen der Schale von Zitrusfrüchten.

ZESTENREISSER: Mit dem Zesteur oder Zestenreißer wird die Schale von Zitrusfrüchten in Zesten direkt von der Frucht abgezogen. Größere Schalenstücke werden mit dem Messer fein geschnitten.

Das Register enthält zoologische Bezeichnungen (lateinische Namen kursiv), relevante Fachbegriffe aus der Küchenpraxis sowie Rezepte (mit • gekennzeichnet).

A

B

C

D

E

F

G

S

Unsere Spitzenköche ...

BERND AROLD

Zu Recht wird Bernd Arold als Meister phantasievoller Gerichte bezeichnet, der mit den verschiedensten Kräutern und Gewürzen und vor allem mit Fruchtsäften spannende kulinarische Kreationen schafft. Nach seiner Ausbildung zum Koch in Würzburg waren »Käfer« in München und die renommierten »Schweizer Stuben« in Bettingen Stationen seiner Kochkarriere. Zu Stefan Marquard, als dessen Schüler er sich nach wie vor versteht, kam er dann in den »3 Stuben« in Meersburg und folgte ihm anschließend nach München ins »Lenbach«. Marquards Philosophie, die keine Rezepte und vor allem keine Kompromisse kennt, nahm Bernd Arold als Küchenchef mit in das »EssNeun« in München: Dort entpuppt sich vor den Augen des staunenden Gastes beispielsweise ein »Tiramisu« als geschichtetes Teriyaki-Tunfisch-Sushi mit Zitronengras, Frischkäse und Kaffee.

MARKUS BISCHOFF

Seinen Ruf als hervorragender Koch begründete Markus Bischoff mit seiner Arbeit in den unterschiedlichsten Spitzenrestaurants: So war er unter anderen in der »Auberge de l'Ill« in Illhäusern (Frankreich), bei Eckart Witzigmann in der »Aubergine« in München und im »Leeberghof« am Tegernsee als Küchenchef tätig. Seit einiger Zeit begrüßt Markus Bischoff seine Gäste nun im malerisch gelegenen Lokal am Tegernsee, dem Restaurant »Bischoff am See«: Dort begeistert er seine Gäste immer wieder mit seinem außergewöhnlichen Kochstil, der bayerische, aber auch italienische und asiatische Akzente aufweist. Markus Bischoff hat sich so manche Auszeichnung erkocht: 17 Punkte Gault Millau und ein Michelin-Stern sprechen für sich. In der eigenen Kochschule (www.bischoff-am-see.de) gibt er Interessierten sein Wissen in kleiner, lockerer Runde weiter.

INGO BOCKLER

Gute Produkte in ein gutes Essen zu verwandeln – das ist das ebenso einfache wie erfolgreiche Motto, nach dem Ingo Bockler kocht. Nach seiner Ausbildung war er in den unterschiedlichsten Restaurants tätig, so im Hotel »Alpenhof« in Murnau oder dem »Schlossrestaurant Schöningen«. Als Küchenchef im Restaurant »Merlin« in Großburgwedel erhielt er für seine kreative Küche den begehrten Michelin-Stern. Derzeit ist er Küchenchef im Hotel »Hohenhaus« in Herleshausen. Die moderne Klassik bildet in seiner Küche die Basis für seine kreativen Gerichte, die jedes für sich als individuelle Highlights aus seiner Küche kommen. So versetzt beispielsweise seine ganz besondere Spezialität »Geschmorte Ochsebacken« seine Gäste immer wieder aufs Neue in Entzücken.

BOBBY BRÄUER

»... Bobby Bräuer ist ein Cagliostro am Herd, ein Zauberer ...«
So beschreibt der Food-Journalist August F. Winkler die Kochkünste des Spitzengastronoms. Bobby Bräuers Werdegang liest sich wie ein »Who's who« großer Köche: Lehre bei Otto Koch, Stationen bei Dieter Müller, André Jäger und als Sous-Chef in Eckart Witzigmanns »Aubergine«. Seine Neigung zur leichten, mediterranen Küche erwarb er sich in Italien und Frankreich. Unter seiner Leitung wurde die Küche des Hotels »Königshof« in München dreimal »Hotel-Restaurant des Jahres« der Zeitschrift BUNTE. Für das »Victorian« in Düsseldorf holte er den Stern zurück. Mittlerweile verwöhnt er die Gäste des Sterne-Restaurants »Quadriga« im Berliner 5-Sterne-Hotel »Brandenburger Hof« mit seiner ausgezeichneten Küche, in der die Produkte stets im Mittelpunkt des Geschmacks stehen.

GERD EIS

Gerd Eis zog es nach seiner Ausbildung zum Koch schnell ins Ausland: Sieben Jahre kochte er in Asien in Spitzenrestaurants wie dem »Kamala Bay Terrace« in Phuket, dem »Plume« im »Regent Hotel« in Hong Kong oder dem »The Imperial Queen's Park« in Bangkok, bis er als Meister der asiatischen Küche in seine Heimat zurückkehrte und im Firstclass-Restaurant »Ente« in Wiesbaden »Chef de cuisine« wurde. Kulinarische Köstlichkeiten wie »Heide-Ente aus dem Rohr mit Petersilienpüree und Sherryzwiebeln« begeisterten dort den Gast und so ließen die Auszeichnungen auch nicht lange auf sich warten: Über der »Ente« leuchtete ein Michelin-Stern und der Gault Millau versah ihn mit 17 Punkten. Seit Beginn 2006 sucht Gerd Eis nun als Leiter der »Gastronomie« bei »Food Affairs« neue Herausforderungen .

CHRISTIAN PETZ

Für Spitzenkoch Christian Petz gilt: »... wenn man sich an ein Essen erinnert, dann waren es meistens gute einfache Sachen«. Nach dem Abschluss seiner Ausbildung zum Koch startete Christian Petz seine Wanderjahre durch die besten Restaurants Mitteleuropas: So arbeitete er im »Königshof« in München, bei Eckart Witzigmann im Restaurant »Aubergine« in München und schließlich im Hotel »Hilton Plaza« in Wien. Seinen Ruf als Wiener Spitzenkoch begründete er im »Palais Schwarzenberg« und im »Meinl im Graben«, wo er bereits im zweiten Jahr nach der Eröffnung 17 Punkte vom Gault Millau erhielt. Mittlerweile serviert der Kenner mediterraner Küche im »Palais Coburg« seine unverkünstelten köstlichen Kreationen, für die ihn der Guide Michelin bereits mit einem Stern ausgezeichnet hat.

IMPRESSUM

Verlag	© 2006 TEUBNER Grillparzerstr. 12, D-81675 München TEUBNER ist ein Unternehmen des Verlagshauses GRÄFE UND UNZER, GANSKE VERLAGSGRUPPE Teubner-Leserservice@graefe-und-unzer.de www.teubner-verlag.de
Programm- und Verlagsleitung	Dorothee Seeliger
Projektleitung und Redaktion	Dr. Maria Haumaier
Redaktion, Text und Lektorat	Katrin Wittmann, w & w Verlagsservice, Füssen
Bildredaktion und Assistenz	Sonja Ott-Dörfer
Herstellung	Susanne Mühldorfer
Beratung	Bobby Bräuer
Rezepte	Bernd Arold, Markus Bischoff, Ingo Bockler, Bobby Bräuer, Gerd Eis, Christian Petz
Freie Autoren	Historie und Sonderseiten: Ingrid Schindler Sonderseiten: Margarethe Brunner, Ursula Heinzelmann, Cornelius und Fabian Lange, Ingrid Schindler, Katrin Wittmann
Fotografie	Alle Rezeptaufnahmen, Haupttitel sowie Kapitelaufmacher: Westermann Studios GbR: Nikolai Buroh Fotografische Mitarbeit: Bea Singer, Thordis Rüggeberg Foodstyling: Roland Geiselmann, Volker Hobl, Maren Jahnke Styling: Katrin Heinatz Assistenz: Yvonne Gastler, Britta Kohl Alle Warenkunde- und Küchenpraxisaufnahmen: Foodfoto Teubner, Füssen Odette Teubner, Andreas Nimptsch Foodstyling: Odette Teubner Kapitelaufmacher »Warenkunde« (S. 12–16): Studio L'EVEQUE, Tanja und Harry Bischof, München
Gestaltungskonzept	independent Medien-Design, München, Sandra Gramisci
Layout, Satz und Bildredaktion	Gabriele Wahl, w & w Verlagsservice, Füssen
Reproduktion	ReproMayer, Reutlingen
Druck	Firmengruppe APPL, aprinta druck, Wemding
Buchbinderei	Sigloch, Blaufelden
Auflage/Jahr	2. Auflage 2007
ISBN	978-3-8338-0167-9

GRÄFE UND UNZER

100 JAHRE GANSKE VERLAGSGRUPPE

Ein Unternehmen der
GANSKE VERLAGSGRUPPE

Ein besonderer Dank geht an die **CMA, Bonn,** für die Unterstützung bei der Realisation dieses Buches.

Bestes vom Bauern CMA

Wir danken der Firma RÖSLE für die Bereitstellung der verschiedenen Küchenutensilien sowie Frau **Manuela Ferling,** Agentur Kochende Leidenschaft, für die Vermittlung der Köche (www.kochende-leidenschaft.de). Außerdem danken wir Herrn Michael Kleiber und Mitarbeitern, Metzgerei Kleiber, Memmingen; Metzgerei Kohler, Kempten; Frau Linder, Haflingerhof Roßhaupten sowie Abraham Schinken GmbH & Co. KG, Seevetal.

Bildnachweis:
S. 6: Mauritius-Images (Foodpix); S. 7: Mauritius-Images (Hans Reinhard) S. 10: akg-images; S. 11: akg-images (Electa); S. 20: Forum Fotoagentur; S. 22: Dieter Fürrutter; S. 24: CORBIS/zefa (Hans Reinhard); S. 28, links: CORBIS/zefa (Hans Reinhard); S. 52, links: CORBIS (Massimo Borchi); S. 52, rechts: CORBIS (Michael Prince); S. 56: CORBIS (Tom Stewart); S. 60, links: Dr. Wittmann, Bayerische Landesanstalt für Landwirtschaft, Institut für Tierzucht, Poing/Grub; S. 60, rechts: akg-images; S. 61, links: Rolf Apeltauer, Bäuerliche Erzeugergemeinschaft Schwäbisch Hall; S. 61, rechts: Dr. Wittmann, Bayerische Landesanstalt für Landwirtschaft, Institut für Tierzucht, Poing/Grub; S. 69: StockFood (Holsten, Ulrike); S. 76: blickwinkel (G. Weber); S. 80: Mauritius-Images (Hans Reinhard); S. 81: Gabriele Wahl; S. 87: CORBIS (Galen Rowell); S.94: Gabriele Wahl; S. 96, links: CORBIS (Layne Kennedy); S. 96, rechts: CORBIS (Arthur Morris); S. 100, S. 101: Gabriele Wahl; S. 278: StockFood (Nilsson, Pepe); S. 279: Mauritius-Images (Journey) ; S. 287: akg-images
Schwarz-Weiß-Fotos: S. 8, S. 9, S. 28 (rechts), S. 29, S. 35, S. 68, S. 99, S. 128, S. 129, S. 138, S. 139, S. 159, S. 168, S. 177, S. 183, S. 191, S. 193, S. 197, S. 203, S.206, S. 210, S. 214, S. 221, S. 229, S. 233, S. 237, S. 244, S. 251, S. 253, S. 257, S. 261, S. 277, S. 300, S. 301, alle Foodfoto Teubner